德阳华强沟崖墓

四川省文物考古研究院
德阳市文物考古研究所　编著
德阳市旌阳区文物保护管理所

文物出版社
北京·2024

图书在版编目（CIP）数据

德阳华强沟崖墓 / 四川省文物考古研究院, 德阳市文物考古研究所, 德阳市旌阳区文物保护管理所编著. 北京 : 文物出版社, 2024. 11. -- ISBN 978-7-5010-8522-4

Ⅰ. K878.84

中国国家版本馆CIP数据核字第20249LB088号

审图号：川-S〔2024〕05008号

德阳华强沟崖墓

编　　著：四川省文物考古研究院
　　　　　德阳市文物考古研究所
　　　　　德阳市旌阳区文物保护管理所

责任编辑：孙　丹
封面设计：程星涛
责任印制：王　芳

出版发行：文物出版社
社　　址：北京市东城区东直门内北小街2号楼
邮　　编：100007
网　　址：http://www.wenwu.com
邮　　箱：wenwu1957@126.com
经　　销：新华书店
印　　刷：宝蕾元仁浩（天津）印刷有限公司
开　　本：889mm×1194mm　1/16
印　　张：29.5
版　　次：2024年11月第1版
印　　次：2024年11月第1次印刷
书　　号：ISBN 978-7-5010-8522-4
定　　价：380.00元

Huaqianggou Cliff Tombs in Deyang

(With an English Abstract)

by

Sichuan Provincial Institute of Cultural Relics and Archaeology

Deyang Municipal Institute of Cultural Relics and Archaeology

Cultural Relics Protection and Management Institute of Jingyang District, Deyang City

Cultural Relics Press

Beijing · 2024

目　录

图版

图表目录

图版目录

第一章 概况

华强沟崖墓群位于四川省德阳市旌阳区双东镇高华强村和东湖乡大地村（图1–1），因所在的小河沟——华强沟而得名。

第一节 地理环境与历史沿革

（一）地理环境

地理环境主要包括地质、地貌、河流和植被等。

1. 地质

华强沟崖墓群所在区域的地质区块属于扬子准地台区的川西台陷和川北台陷，具体处于川西台陷的两个Ⅳ级单元龙泉山穹褶束以及成都断凹的川东端缘部分，少部分分布于川北台陷盐亭断凹的一小部分。出露地层从第四系到震旦系均有，以白垩系和侏罗系上统为主[1]。

2. 地貌

华强沟崖墓群地处龙泉山北部余脉，为丘陵地貌，具体属中北部低丘宽谷亚区，地势起伏不大，丘陵之间较为宽阔，宽200~500米，最宽可达2000米，是丘间平坝的集中分布区域。丘陵形状有圆形、方形、三角形、长条形、不规则形等，海拔460~650米，切割深度在50米左右，丘体坡度不大，起伏较为缓和，多为孤丘、垄岗状丘、长垣状丘，或组合成环状丘，丘坝交错，水系发育[2]（图版1–1，1）。

3. 河流

华强沟崖墓群所在的华强沟属于长江流域沱江的支流绵远河的一支，西距绵远河约2.4千米。华强沟发源于海拔651.8米的三耳岩，经刘家院子、和尚湾、周家店子，在矮子桥与另一支流汇合后进入绵远河一级支流，经新石桥、荣华桥、宝珠寺，在钟家院子附近汇入绵远河干流。华强沟及其所属绵远河的径流主要由降雨形成，径流的年内变化不均匀，水量主要集中在汛期，即每年5月至9月，

---

[1] 德阳市地方志编纂委员会：《德阳市志（1995~2006）》第68~69页，方志出版社，2012年。
[2] 德阳市地方志编纂委员会：《德阳市志（1995~2006）》第70~71页，方志出版社，2012年。

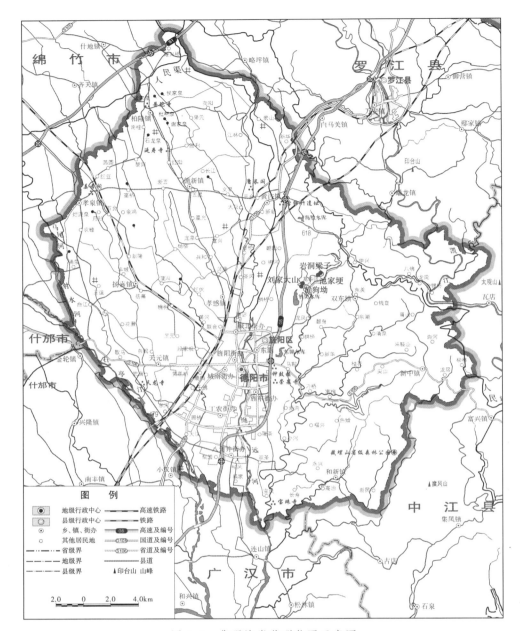

图 1-1　华强沟崖墓群位置示意图

枯水期即每年 11 月至次年 4 月径流小[1]。

4. 植被

华强沟崖墓群所在区域的植被主要为常绿阔叶林，具体为低山偏湿性常绿阔叶林，外貌浓绿色，林冠参差不齐，成层较为明显，可分为青冈林常绿阔叶林和油樟林常绿阔叶林两种类型。青冈林常绿阔叶林的乔木层主要由常绿树种细叶青冈、油樟、四川木姜子和卵叶钓樟等组成，少有糙皮桦、红麸杨、华鹅耳枥等其他落叶树种；灌木层常见川莓、刺悬钩子、猫儿刺、蕊帽忍冬、鸡桑、海州常山、铁仔、

[1]德阳市地方志编纂委员会：《德阳市志（1995~2006）》第 80 页，方志出版社，2012 年。

鞘柄菝葜等；蕨类植物发育较好，主要有阴地蕨、对马耳蕨、华北鳞毛蕨、东方荚果蕨、狭叶凤尾蕨等。油樟林常绿阔叶林的乔木层主要由常绿树种油樟、卵叶钓樟组成，有少量绒叶木姜子、细叶青冈，偶有野漆树、蜀榆等其他落叶树种；灌木层常见鞘柄菝葜、蕊帽忍冬、刺悬钩子、川莓、鸡桑等；草本层常见丝叶苔草、禾叶土麦冬、矛叶荩草、犁头草、西南冷水花等；另外可见凤尾蕨、华北鳞毛蕨、对马耳蕨等部分蕨类植物[1]。

（二）气候资源

气候资源主要包括气候、气温、降水、日照、风、岩石和土壤等。

1. 气候

华强沟崖墓群的具体经纬度为北纬31.179691°~31.193008°、东经104.441795°~104.464724°。由于地形地貌复杂，气候差异较大，但总体上仍旧属于中纬度亚热带湿润性季风气候，气候温和，四季分明，雨量充沛。气候资源的季节性变化和年际变化较大，光、热、水资源匹配不尽合理；与国内同纬度地区相比，光照时数偏少[2]。

2. 气温

华强沟崖墓群所在地区1995年至2006年的平均气温为16.3℃~17.1℃，最冷月出现在1月，平均气温5.5℃~6.1℃，最热月为7月至8月，平均25.7℃~26.8℃，年极端最高气温为38.9℃，年极端最低气温为-4.4℃[3]。高温和低温的情况不多，虽然夏天超过100天，但35℃以上的高温日并不多。历年中4月至10月的月平均气温值高于年平均值，春季和秋季平均气温相差不大，而且春季的平均气温上升快，秋季平均气温下降快。夏季（6月~8月）气温变化小，冬季（12月~2月）平均气温不低于6℃[4]。

多年年平均无霜期日数为283~293天，平均初霜日一般出现在11月下旬，平均终霜日大多出现在3月上旬末。平均霜期一般在71~82天[5]。

3. 降水

华强沟崖墓群所在地区的降雨较为充沛，多年平均降水量为709.5~982.6毫米，一日最大降水量为281.2毫米，雨量主要集中在7月和8月，月总降水量分别为162毫米和210毫米左右，约占全年降水总量的70%，降水量最少月为12月和1月，分别为4.9毫米和9.1毫米左右。暴雨期普遍出现在5月至9月。常年暴雨出现的始终期分别在6月底、7月初和8月下旬，常年大雨出现的始终期分别在5月底到6月初和9月中旬前后[6]。

4. 日照、风

华强沟崖墓群所在地多年平均总日照数为868.4~1236.8小时，月日照时数以12月、1月最少，平均只有49.2小时，7月、8月日照时数最多，平均136.4~137.8小时。年平均雾日为37天，秋、冬季

[1] 德阳市地方志编纂委员会：《德阳市志（1995~2006）》第87页，方志出版社，2012年。
[2] 德阳市地方志编纂委员会：《德阳市志（1995~2006）》第72~73页，方志出版社，2012年。
[3] 德阳市地方志编纂委员会：《德阳市志（1995~2006）》第73页，方志出版社，2012年。
[4] 德阳市地方志编纂委员会：《德阳市志（1995~2006）》第74页，方志出版社，2012年。
[5] 德阳市地方志编纂委员会：《德阳市志（1995~2006）》第76页，方志出版社，2012年。
[6] 德阳市地方志编纂委员会：《德阳市志（1995~2006）》第73、99页，方志出版社，2012年。

为雾日的高发期，11 月至 12 月的雾日最多[1]。

崖墓群所在区域的最多风向为静风，风向频率为 34%，次多风向为东北风，风向频率为 11%[2]。

5. 岩石

开凿华强沟崖墓的岩石主要为砂岩，赋存于白垩系地层中，少量产于侏罗系中，主要岩石为长石石英砂岩、粉砂质石英砂岩、岩屑石英砂岩和石英砂岩，颜色以灰色、青灰色为主，次为土红色。该区域内除了砂岩之外，另有砖瓦用页岩，赋存地层为白垩系、侏罗系、三叠系，岩性为泥岩、砂质泥岩、粉砂质泥岩[3]。

6. 土壤

华强沟崖墓群所在丘陵区的成土母质以紫色砂页岩为主，由于富含碳酸钙，阻碍了富铝化过程，加之岩层松软，冲刷厉害，土壤不断形成，并不断流失，使成土过程常被打断。土体上下颜色均一，发育停留在初期阶段，形成年幼的岩性土、紫色土。多数紫色砂页岩、泥岩较厚，形成土壤后质地较黏重，个别层段有较厚的砂岩暴露，便于开凿崖墓[4]。

（三）历史沿革

华强沟崖墓行政区划属于德阳市旌阳区，故对德阳市和旌阳区分别进行介绍。

1. 德阳市

关于德阳市的历史沿革和"德阳"之名的由来，德阳市文物考古研究所刘章泽等在《古绵竹去向与德阳历史发展脉络——从绵竹故城遗址、金土村遗址研究到德阳政区史的重构之一》[5]、《"德阳""旌阳"地名考源——从绵竹故城遗址、金土村遗址研究到德阳政区史的重构之三》[6]（以下分别简称《脉络》《考源》）中有较为系统的研究。

（1）"德阳"得名由来

《考源》详细介绍了历史文献中"德阳"一词的记载情况：

"德阳"一词最初是与"刑阴"相对而言出现的，本义指"德"在治国中与"刑"的辩证关系，出自马王堆帛书《黄帝四经》："凡谌之极，在刑与德……刑德相养，逆顺若成。刑晦而德明，刑阴而德阳，刑微而德彰"。《管子》亦称："是故阴阳者，天地之大理也"，"阳为德，阴为刑，和为事"。奉行黄老之术的汉景帝将自己陵庙命名为"德阳宫"，《史记》："中（元）四年三月，置德阳宫。"《汉书》："四年春三月，起德阳宫"，臣瓒《汉书集解音义》注云："是景帝庙也。帝自作之，讳不言庙，故言宫。"东汉明帝修建洛阳北宫，正殿亦名"德阳殿"，张衡《东京赋》："逮至显宗，六合殷昌，乃新崇德，遂作德阳。"李尤《德阳殿铭》曰："皇穹垂象，以示帝王。

［1］德阳市地方志编纂委员会：《德阳市志（1995~2006）》第 73、79 页，方志出版社，2012 年。

［2］德阳市地方志编纂委员会：《德阳市志（1995~2006）》第 73 页，方志出版社，2012 年。

［3］德阳市地方志编纂委员会：《德阳市志（1995~2006）》第 99 页，方志出版社，2012 年。

［4］德阳市地方志编纂委员会：《德阳市志（1995~2006）》第 81~82 页，方志出版社，2012 年。

［5］刘章泽、刘天海、何普：《古绵竹去向与德阳历史发展脉络——从绵竹故城遗址、金土村遗址研究到德阳政区史的重构之一》，《巴蜀史志》2023 年第 2 期。

［6］刘章泽、刘天海、何普：《"德阳""旌阳"地名考源——从绵竹故城遗址、金土村遗址研究到德阳政区史的重构之三》，《巴蜀史志》2023 年第 5 期。

紫微之则，弘诞弥光。大汉体天，承以德阳。"汉武帝时，董仲舒提出"罢黜百家，独尊儒术"，融合道家、法家、阴阳五行说等发展了儒家"以德治国"思想，认为"天道之大者在阴阳。阳为德，阴为刑"。从《黄帝四经》到董仲舒，从"德阳宫"到"德阳殿"，治国思想已由黄老之术变为儒家学说，"德阳"一词内涵发生了一定的变化。今人所谓"大德如阳""德政如阳"，则应视为延伸含义，形容厚德载物、崇尚德政等新的城市精神。

（2）德阳市沿革

先秦时期的德阳为古蜀国所辖，公元前316年秦灭巴蜀，分置巴郡、蜀郡[1]，德阳属蜀郡。西汉时期的德阳归属广汉郡，根据《汉书》[2]记载，广汉郡属益州，广汉郡下辖绵竹县、汁方县、雒县、郪县，均属今德阳市辖区。

结合《后汉书》[3]的记载可知，东汉时期今德阳市仍属益州广汉郡所辖，包含雒县、绵竹县、什邡县、郪县。尽管此时广汉郡下始有德阳县，为德阳得名之始，但其所辖之地不在今德阳市辖区之内，"当在梓潼县北亦作汉德"[4]，《考源》对此亦言：

> 东汉德阳县治地在今江油市东北雁门镇（一说小溪坝镇，旧志称在梓潼县北），东汉末年刘备入川（212年）前德阳县已徙治今遂宁市，原地或由汉德县取代，或废为德阳亭。

蜀汉至隋代今德阳市的历史沿革尚不明晰，直至唐代才比较清楚。《脉络》对蜀汉至唐代以前今德阳市的部分历史沿革有全新的论述：

> 蜀汉分绵竹设阳泉，东晋末至南朝先后在古绵竹境内建立晋熙、南阴平等侨郡县……魏蜀"绵竹之战"使绵竹故城遭受巨大破坏，又经多次战乱，其地位不断衰落，实县反被侨郡南阴平所辖。北周（或说西魏）废南阴平郡为县，古绵竹废入南阴平县，寻（或说隋）并废入雒县。隋开皇十八年（598年）改雒为绵竹，隋大业初复名为雒，大业二年（606年）改孝水为绵竹。唐武德三年（620年）析雒置德阳实为古绵竹复县，只是原名已不可再用，故借原广汉郡下辖废县名德阳。

综上，结合《华阳国志》[5]等相关记载，蜀汉时期今德阳市分属益州广汉郡和东广汉郡，广汉郡下辖雒县、什邡县、绵竹县以及阳泉县，东广汉郡下辖五城县、郪县。西晋时从广汉郡分置新都郡（新都国[6]），均归属梁州，所辖雒县、什方县、绵竹县属今德阳市辖区，原阳泉县并入绵竹县，废原东广汉郡入广汉郡，仅所辖的五城县属于今德阳市辖区[7]。南朝宋时期，广汉郡由梁州复归益州，废新都郡为新都县，改绵竹县为阳泉县，与原新都郡所辖雒县、什邡县均由广汉郡管辖，与广汉郡原辖的伍城县和郪县均属今德阳市辖区[8]。南齐时因之[9]。两晋南北朝时期，除了上述实县之外，还先后建立晋熙、苌阳、南阴平、南武都等侨郡县。北周时，苌阳、南武都并入晋熙县，后废晋熙县入阳泉，

[1]〔晋〕常璩著，任乃强校注：《华阳国志校补图注》第128页，上海古籍出版社，1987年。
[2]〔汉〕班固撰，〔唐〕颜师古注：《汉书》卷二十八《地理志》第1597页，中华书局，1962年。
[3]〔晋〕司马彪撰，〔梁〕刘昭注补：《后汉书·郡国志》第3508页，中华书局，1965年。
[4]任乃强、杨伟立：《绵阳地区十九县（上）》，《社会科学研究》1981年第3期。
[5]〔晋〕常璩著，任乃强校注：《华阳国志校补图注》第163~167页，上海古籍出版社，1987年。
[6]谭其骧：《中国历史地图集（第三册）》第47~48页，中国地图出版社，1996年。
[7]〔唐〕房玄龄等撰：《晋书》卷一十四《地理志》第437页，中华书局，1974年。
[8]〔梁〕沈约撰：《宋书》卷三十八《州郡志》第1170页，中华书局，1974年。
[9]〔梁〕萧子显撰：《南齐书》卷十五《州郡志》第299页，中华书局，1972年。

改属晋熙郡，绵竹县并入南阴平县，后又并入雒县，仍属广汉郡。晋熙郡、广汉郡连同玄武郡均属今德阳市辖区。隋代今德阳市属新城郡郪县、飞乌县，蜀郡绵竹县、玄武县、雒县以及金山郡万安县，其中开皇初废原万安郡、昌城郡、晋熙郡、玄武郡为县，昌城郡改为郪县，开皇十八年（598 年）改雒县为绵竹县，改晋熙县为孝水县。大业初又复改绵竹县为雒县，大业二年（606 年）改孝水县为绵竹县[1]。

唐初基本沿袭旧置，改隋金山郡为绵州、隋新城郡为梓州[2]。武德三年（620 年），分蜀郡雒县、绵竹县置德阳县，新设濛州，绵竹属之，改蜀郡玄武县属梓州，改后周方宁县为什邡县[3]，隶蜀郡。武德四年（621 年），改蜀郡为益州，析盐亭及剑州之黄安、阆州之西水置飞乌县，属梓州梓潼郡[4]。贞观二年（628 年），濛州绵竹县改属益州。调露元年（679 年），于梓州下分郪、飞乌二县置铜山县。垂拱二年（686 年），置汉州，领雒、德阳、什邡三县[5]，《新唐书》则将绵竹也归汉州德阳郡[6]。天宝元年（742 年），改万安县为罗江县，隶绵州巴西郡[7]。

北宋乾德三年（965 年），置汉州德阳郡，领雒、什邡、绵竹、德阳四县，隶属西川成都府路，另绵州下辖罗江县，潼川府路属潼川府下辖中江县。南宋时，汉州德阳郡仍置，领县与北宋时相同[8]。

元初设潼川府，下辖中江县，改绵州为成都路管辖。中统元年（1260 年），复置汉州，属成都路，下辖什邡、德阳、绵竹三县。至元八年（1271 年），升德阳县为德州。至元十三年（1276 年），降德州为德阳县，直隶成都路，省绵竹县入汉州，后复置。至元十八年（1281 年），德阳县复归汉州管辖。至元二十年（1283 年），省魏城县入绵州，改隶潼川府，下辖罗江县，省铜山县入中江县[9]。

明洪武三年（1370 年），设绵州，隶属成都府，下辖罗江县。洪武四年（1371 年），于成都府置汉州，领什邡、绵竹、德阳三县。洪武六年（1373 年）十二月，省罗江县并入绵州。洪武九年（1376 年）四月，降潼川府为潼川州，直隶四川布政司，辖中江县。洪武十年（1377 年）五月，省什邡县并入绵竹县，省德阳县并入汉州，省中江县并入潼川州。洪武十三年（1380 年）十一月，复设罗江县、绵竹县、德阳县、中江县[10]。

清初，仍如明制。顺治十六年(1659 年)，省罗江县入德阳县，属成都府。康熙二十六年（1687 年），降汉州为散州（单州），不再辖县。雍正五年（1727 年），以德阳县、绵竹县隶属绵州直隶州，汉州、

[1] 〔唐〕魏徵等撰：《隋书》卷二十九《地理志》第 824、826~827 页，中华书局，1973 年。
[2] 《新唐书》认为天宝元年（742 年）才将金山郡改为绵州巴西郡、新城郡改为梓州梓潼郡（〔宋〕欧阳修、宋祁撰：《新唐书》卷四十二《地理志》第 1088、1089 页，中华书局，1975 年）。
[3] 《新唐书》认为什邡县乃武德二年（619 年）从雒县析置（〔宋〕欧阳修、宋祁撰：《新唐书》卷四十二《地理志》第 1081 页，中华书局，1975 年）。
[4] 〔宋〕欧阳修、宋祁撰：《新唐书》卷四十二《地理志》第 1088 页，中华书局，1975 年。
[5] 〔后晋〕刘昫等撰：《旧唐书》卷四十一《地理志》第 1663~1666、1669、1672 页，中华书局，1975 年。唐代德阳市建置沿革的介绍内容如无注释，则均引自《旧唐书》。
[6] 〔宋〕欧阳修、宋祁撰：《新唐书》卷四十二《地理志》第 1081 页，中华书局，1975 年。
[7] 〔宋〕欧阳修、宋祁撰：《新唐书》卷四十二《地理志》第 1089 页，中华书局，1975 年。
[8] 〔元〕脱脱等撰：《宋史》卷八十九《地理志》第 2210~2212、2216 页，中华书局，1977 年。
[9] 〔明〕宋濂等撰：《元史》卷六十《地理志》第 1434~1435、1440~1441 页，中华书局，1976 年。
[10] 〔清〕张廷玉等撰：《明史》卷四十三《地理志》第 1024~1025、1040 页，中华书局，1974 年。

什邡县分属成都府卫州、繁州，并于绵州直隶州之下新设罗江县。雍正十二年（1734年），设潼川府，领中江县。乾隆三十五年（1770年），省罗江县。嘉庆六年（1801年），复设罗江县[1]。

民国二年（1913年），改汉州为广汉县，除中江县属川北道之外，其余均属川西道。民国二十四年（1935年），川北道改四川省第十二行政督察区，川西道改四川省第十三行政督察区[2]。

1949年12月德阳市解放，1950年初除中江县属遂宁专员公署之外，德阳县、广汉县、什邡县、绵竹县、罗江县归绵阳专员公署。1952年9月成立四川省人民政府，撤销川东、川南、川西、川北行署区，德阳市仍属绵阳专区。1953年7月，广汉县、什邡县划归温江专员公署。1958年10月，遂宁专署撤并入绵阳专署，中江县来属。1959年3月，撤销罗江县，其绝大部分乡镇并入德阳县。1960年1月，什邡县并入广汉县。1963年1月，什邡县复置。1983年3月，温江专署撤销，广汉县和什邡县划归成都市。1983年8月，国务院批准设立德阳市，驻德阳城关，将绵阳专署的德阳、中江、绵竹三县和成都市的广汉、什邡二县划归德阳市管辖[3]。1984年9月，撤销德阳县建制，设立德阳市市中区。1988年4月，撤销广汉县，设立广汉市，仍由德阳市代管。1995年11月，撤销什邡县，设立什邡市，仍由德阳市代管。1996年8月，撤销德阳市市中区，分设旌阳区和罗江县。1996年10月，撤销绵竹县，设立绵竹市，仍由德阳市代管[4]。2017年，撤销罗江县，设立罗江区[5]。至此形成今德阳市行政建制和区域。

2. 旌阳区

旌阳区之"旌阳"的得名，据《考源》分析，与东晋许逊有关：

> 许逊（239~374年），字敬之，江西南昌人，东晋道士，被净明道派尊奉为祖师。晋太康元年（280年）"为蜀旌阳县令"，故称"许旌阳"。

> 许逊所任"旌阳"在今湖北省枝江市北。……"旌阳"虽属荆州，但为三国时蜀汉属地，故称为"蜀旌阳"，而在传述过程中又从"蜀旌阳"逐渐演变到"蜀郡旌阳"……《玉隆集·旌阳许真君传》则将旌阳县定在了德阳："乃于太康元年（280年）起为蜀郡旌阳县令……旌阳县属汉州，真君飞升之后，诏改为德阳，表君之德及民也。寻移县治于西偏，以故地为观，今号旌阳观。"此后，许逊所任的"旌阳县"被普遍接受为德阳。

可见，旌阳区之"旌阳"的得名，源于"从'蜀旌阳'到'蜀郡旌阳'"的"阴差阳错的误会"，以及"白玉蟾将'旌阳'定在德阳"的"明显的附会"。之后，诚如《考源》所总结的那样：

> 尽管"旌阳"地名为附会的产物，但却在德阳深深地扎下了根，德阳今仍别称"旌城"。"旌阳"在德阳作为地名始于明代，"明洪武初，编户六里，曰荣华、曰仁义、曰孝泉、曰永宁、曰旌阳、曰市溪"。清代德阳驿站名"旌阳驿"，南城楼名为"旌阳"。1940年在城厢北部置旌阳镇。1952年设旌阳乡，1981年将城关镇更名为旌阳镇。1983年德阳建市，将原德阳县改设市中区，

[1] 赵尔巽等撰：《清史稿》卷六十九《地理志》第2208~2211、2225~2226、2231~2232页，中华书局，1977年。
[2] 德阳市地方志编纂委员会：《德阳市志（1995~2006）》第50页，方志出版社，2012年。
[3] 德阳市地方志编纂委员会：《德阳市志（1995~2006）》第50页，方志出版社，2012年。
[4] 德阳市地方志编纂委员会：《德阳市志（1995~2006）》第51页，方志出版社，2012年。
[5] 吴晓彤：《德阳市罗江区正式挂牌 德阳行政区划变为2区3市1县》，《四川在线》2017年11月10日（https://sichuan.scol.com.cn/dwzw/201711/56026752.html）。

1996 年分设旌阳区和罗江县。

综上所述，旌阳区的建置晚至 1996 年 8 月才形成，在此之前无单独行政建制。根据德阳市的历史沿革可大致明确旌阳区在历史上所属行政区划，详见下表。

时期	秦	西汉	东汉	蜀汉	西晋	宋	南齐	北周
郡	蜀	广汉	广汉	广汉	新都	广汉	广汉	广汉
县	—	绵竹	绵竹	绵竹	绵竹	阳泉	阳泉	南阴平
时期	北周	隋 598	隋 605	唐 620	唐 621	唐 686	宋 965	元 1260
州	—	—	—	—	益	汉	汉	汉
郡	广汉	蜀	蜀	蜀	—	—	德阳	—
县	雒	绵竹	雒	德阳	德阳	德阳	德阳	德阳
时期	元 1271	元 1276	元 1281	明 1371	明 1377	明 1380	清 1687	清 1727
路 / 府	成都	成都	成都	成都	成都	成都	成都	—
州	德	—	汉	汉	汉	汉	—	绵
县	—	德阳	德阳	德阳	—	德阳	德阳	德阳
时期	1913	1935		1950	1952	1983	1984	1996
大区	川西	十三行政督察区		川西	—	—	—	—
地	—	—		绵阳	绵阳	德阳	德阳	德阳
县	德阳	德阳		德阳	德阳	德阳	市中区	旌阳区

第二节　工作背景与工作过程

对华强沟崖墓群的发掘工作属于配合性和抢救性考古发掘，主要是为了配合华强沟水库的建设而紧急开展的（图版 1-1，2）。2010 年 10 月底，中共德阳市委、德阳市人民政府规划了旌阳区华强沟水库，并于 2011 年 2 月被水利部长江水利委员会列入《西南五省重点水源工程建设规划》和《长江委水利"十二五"规划》[1]。之后经过详细测绘、规划，确定了水库的坝址和淹没区。

为配合华强沟水库的建设，受长江勘测规划设计研究有限责任公司委托，四川省文物考古研究院、德阳市文物考古研究所于 2012 年 2 月对水库淹没区进行了文物考古调查与勘探工作。在此期间发现了华强沟崖墓群以及清代墓葬、碑刻等其他重要的地面文物。

2016 年 12 月 26 日至 2017 年 1 月 20 日、2017 年 2 月 12 日至 2 月 18 日，四川省文物考古研究院

---

[1] 陈晓霞：《为城市解"渴"》，《德阳日报》2017 年 3 月 2 日第 1 版。

与德阳市旌阳区文物保护管理所对前期考古调查发现的清代墓地进行了资料信息提取，如拍照、绘图、测量等。从 2017 年 3 月 16 日至 6 月 13 日，四川省文物考古研究院、德阳市文物考古研究所与德阳市旌阳区文物保护管理所联合对华强沟崖墓群进行了抢救性考古发掘，在水库蓄水之前将崖墓及随葬文物等珍贵历史信息尽可能全面、详细地抢救发掘、揭示出来。

2017 年 7 月 20 日至 10 月 27 日、2021 年 7 月 16 日至 8 月 27 日，四川省文物考古研究院组织人员对华强沟崖墓的各类原始图纸、文字记录、表格以及出土文物进行了系统整理，并形成了本报告的初稿。2022 年 5 月 16 日，四川省文物考古研究院在广汉考古整理基地举行了《德阳华强沟崖墓》报告编写的专家咨询会，来自四川大学考古文博学院、成都文物考古研究院、德阳市文物考古研究所、绵阳市博物馆等单位的专家对本报告的编写体例、大纲进行了审定，提出修改意见，并形成本报告最终的内容编排体系。本次专家咨询会的召开也标志着《德阳华强沟崖墓》报告的编写工作正式启动。2024 年 4 月 30 日，报告正文、插图、插表、图版以及附录全部编写、修改完毕，并最终定稿。

上述工作由四川省文物考古研究院主持，德阳市文物考古研究所、德阳市旌阳区文物保护管理所予以协助，工作人员也主要来自以上三个单位。本次发掘由四川省文物考古研究院周科华担任项目负责人，负责统筹发掘、整理、报告编写等各个环节工作。参与野外发掘的人员有四川省文物考古研究院雷雨、冉宏林、曾俊、吴长元、焦中义和德阳市旌阳区文物保护管理所邓莉、廖明娟、岳鹏、王唯，四川省文物考古研究院罗泽云、段家义以及德阳市文物考古研究所何普短暂参与了发掘。参与资料整理和报告编写工作的人员有四川省文物考古研究院冉宏林、王彦玉、吴长元、曾俊、罗泽云、江聪、焦中义、张新霁、谢莎、吴宗丽、郭文雪、袁鹏斐，西南民族大学 2018 级本科生张博千石、吴昊，景德镇陶瓷大学 2019 级本科生荣治峰、2021 级硕士研究生李楠和天水师范学院 2019 级本科生齐云鹤、库婷婷、张娟玲、张倩、赵梅含。

第三节　发掘概况

一、发掘地点、面积与崖墓数量

华强沟崖墓群位于旌阳区双东镇高华强村 4 组、5 组、11 组和东湖乡大地村 4 组，分为 4 个小墓群，分别是东湖乡大地村 4 组的刘家大山墓群和黄狗坳墓群、双东镇高华强村 4 组和 5 组的岩洞梁子墓群、双东镇高华强村 11 组的池家埂墓群。其中刘家大山墓群和黄狗坳墓群隔小沟相望，相距不足 300 米，池家埂墓群和岩洞梁子位于同一座小山的山脊南、北两侧，直线距离约 500 米（见图 1-2）。

所有崖墓的墓口均已暴露，前期调查也未发现除了崖墓之外的其他历史时期遗存，加上发掘条件严重受限，因此本次发掘并未将整个墓群所在区域全部揭露，只对墓口所在的狭小区域进行了发掘，故发掘总面积较小，仅 912 平方米。

池家埂墓群只发现 2 座崖墓，保存状况甚差，为了工作安全起见，该墓群仅提取相关资料，未予发掘，其余三个墓群共计清理崖墓 76 座。

二、发掘区堆积状况

由于受发掘方法的限制，崖墓所在区域的整体堆积状况并不清楚。不过，综合以往川渝地区发现的崖墓来看，墓葬都远离居住区域，崖墓所在区域基本没有同时期的居住遗存。华强沟崖墓同样如此，从墓口区域的发掘情况可知，地表之下覆盖厚 5~10 厘米的表土层，土质十分疏松，包含大量的植物根茎、落叶等，其下即为基岩。崖墓即开口于基岩表面，崖墓所在区域不见任何其他历史时期遗存。

三、发掘方法

针对崖墓的发掘，以往并没有专门的发掘方法，一般都直接从墓口向内逐步清理。本次发掘的崖墓无一例外全部被盗，墓口之内堆积着大量扰乱填土，随葬品混杂其中，即便专门针对崖墓设定发掘方法也不会获取太多有用信息，而且作为配合性、抢救性发掘，发掘的时间严重受限，故本次发掘与以往多数的崖墓发掘方法一样，大致分为以下几个步骤（图版 1-2）：

首先，以已经暴露的崖墓墓口为线索，将崖墓的墓道、墓口所在区域全部揭开。明确崖墓的发掘工作量以及崖墓的保存状况，评估崖墓的安全性和发掘的可能性，确定是否发掘崖墓墓室。

其次，如果可以开展后续发掘，则先清理墓道内的填土，在此期间明确墓道两侧石壁是否有附属构造以及墓道底部是否有排水设施。若保存状况较好，还要判断墓道填土堆积状况，分析墓道填土的形成过程，即崖墓的埋葬方式、营造顺序等。

再次，清理墓门，确认墓门的形制，判断墓门与墓道的关系以及墓门的开凿方式。如果还保存有封门，则需了解封门材料、封门方式，明确封门是否经过多次开启和封闭，重点观察封门与墓道填土的关系。

最后，向内依次清理甬道、墓室、侧室以及壁龛、灶台等附属构造。了解崖墓各组成部分是否存在多次开凿的情况，确认是否有保留原位的葬具、墓主人骨骸、随葬品等，观察墓壁、墓顶保留的雕刻、装饰乃至题记等，判断墓葬开凿技术、排水系统等。

四、编号说明

华强沟崖墓所涉编号按照国家文物局于 2009 年颁行的《田野考古工作规程》[1] 相关条款执行，具体说明如下：

（一）墓群

编号原则为"发掘年份 + 所在区县拼音首字母 + 遗址 / 墓地名称拼音首字母"，故华强沟崖墓刘家大山墓群、黄狗坳墓群和岩洞梁子墓群的完整编号分别为"2017JL""2017JH""2017JY"。为报

---

[1] 国家文物局：《田野考古工作规程》第 14~16 页，文物出版社，2009 年。

告行文方便，上述编号省略"2017J"。

（二）墓葬

各墓以"M"为代号，其后附加在发掘期间按照发掘时间顺序依次给定的阿拉伯数字编号，则崖墓的编号为"LM2""HM24"和"YM17"等。

（三）随葬品

随葬品按照确认时间的先后依次给定编号，附加在墓葬编号之后，以比号相隔，如"LM22：4""HM15：3"和"YM1：6"等，可移动的葬具如陶棺、石棺也归入随葬品一起编号。

第四节　报告编写

一、报告内容

本报告所包含的内容为发掘华强沟崖墓所获全部信息、资料，包括以下五个方面：

第一，本次发掘的基本情况，如发掘对象所在地的自然地理环境和历史沿革，发掘工作的背景、缘起、工作方法、工作时间、工作单位与工作人员等，尽可能详尽地介绍本次发掘工作的各方面信息，方便读者了解华强沟崖墓发掘结果和材料现状的背景和原因。

第二，墓群或墓地的整体状况，如墓群所处的位置，墓群所在区域的堆积状况，墓群的保存状况，各墓群内墓葬之间的空间位置关系等，方便读者了解墓群的整体情况，构建将单座崖墓置于所在墓群或墓地的整体中去考察研究的可能性。

第三，崖墓的综合特征或一般特征，主要从墓葬各部位形制、装饰、开凿方法、葬具、随葬品等多个方面进行归纳、总结和提炼，让读者不用查阅每一座墓葬具体信息即可全盘掌握各崖墓群的基本特征，方便读者阅读和开展相关研究。

第四，每座崖墓的各方面特征，包括保存状况、墓向、墓葬形制、装饰内容及其所在位置、开凿方法、葬具、葬式、随葬品种类及数量、随葬品的摆放位置及放置状态、随葬品的形制和纹饰特征等，辅以相关的线图、表格、拓片和照片等。

第五，崖墓的初步研究，分别从墓葬形制和随葬品两个方面着手开展分期和年代研究，并依据现有的发掘材料开展关于华强沟崖墓所呈现的历史与社会等方面的初步讨论。

二、编写体例

本报告将采用"综分体"[1]的报告编写体例，发表的材料分为"综述"和"分述"两部分，其中

---

[1]雷兴山、王洋：《田野发掘报告的编写理念与方法》，王巍、余西云主编《中国考古学理论与方法（Ⅰ）》第135~141页，科学出版社，2020年。

"综述"即上述第三类报告内容，"分述"则主要指上述第四类报告内容。考虑到已发掘的华强沟崖墓包含三个小墓群，其中刘家大山墓群和岩洞梁子墓群相距较远，彼此之间可能存在较大的差别，不宜将三个小墓群的墓葬糅合在一起进行综述，因此考虑以小墓群为单元分别进行"综述"和"分述"。本报告章节安排如下：

第一章"概况"，呈现上述第一类报告内容，对华强沟崖墓所在地域的自然地理环境和历史沿革、发掘工作基本概况以及本报告相关设计与构思内容进行介绍。

第二、三、四章分别发表刘家大山、黄狗坳、岩洞梁子三个小墓群及崖墓的材料，涵盖上述第二、三、四类内容，主要包括墓群的整体情况、墓葬的综合特征，以及每座墓葬的各方面详细信息。

第五章主要呈现关于华强沟崖墓的相关初步研究，即上述第五类内容，主要包括墓葬年代、墓主身份、墓葬开凿规划、陶俑商品化等方面。

三、关于报告固定用语的说明

为规范本报告的行文，对相关固定用语进行界定和解释说明，大致包括如下内容：

（一）崖墓

崖墓在明清时期及以前多被视为"神仙洞府""蛮洞""獠洞"，未能辨识为墓葬，只有南宋时期的洪适将其确认为墓葬[1]。1914年法国传教士色伽兰（Victor Segalen）在四川考察期间将这类墓葬称为"汉崖墓"[2]，但同时期也有学者称为"石窟"[3]。到20世纪40年代，不少学者已经将其称为"崖墓"[4]。此后尽管还有少数学者将其称为"汉系崖墓"[5]和"岩墓"[6]等，但"崖墓"已经基本成为这类墓葬的固定名称。罗二虎先生对四川地区崖墓的发现历史和研究历程进行了详细的梳理，并对崖墓进行了详细的定义，即"在石崖壁面以九十度角向内开凿成墓室的一种特殊的墓葬。……基本结构一般可分为墓道、墓门、甬道、前室、中室、后室、前堂、侧厅、耳室和侧室等部分。……墓室内、外还常有利用山岩凿就而与墓穴融为一体的附属设施，如灶台案龛、壁龛、排水沟、龛形石棺（椁）、原岩石棺、棺台和房形石柜等"[7]。本报告发表的墓葬材料，各方面特征都符合上述关于"崖墓"的定义，故这批墓葬均可称为"崖墓"。

（二）墓向

以往报告均以崖墓中轴线与正北方向夹角来确定墓向，不过是以墓室向墓道方向与磁北方向的夹

[1] 罗二虎：《四川崖墓的初步研究》，《考古学报》1988年第2期。
[2] 〔法〕色伽兰著，冯承钧译：《中国西部考古记》图十，中华书局，1955年。
[3] 罗希成：《蜀新津堡字山石窟内之石棺》，《美术生活》1937年第39期。
[4] 商承祚：《四川新津等地汉代崖墓砖墓考略》，《金陵学报》1940年第10卷第1、2期。
[5] 罗开玉：《古代西南民族崖葬研究》，《考古》1991年第5期。
[6] 黄泗亭：《贵州习水县发现的蜀汉岩墓和摩崖题记及岩画》，《四川文物》1986年第1期。四川省文管会、雅安地区文教局、荥经县文化馆等：《四川荥经水井坎沟岩墓》，《文物》1985年第5期。袁国腾：《内江市岩墓情况综述》，《四川文物》1997年第5期。
[7] 罗二虎：《四川崖墓的初步研究》，《考古学报》1988年第2期。

角度数而非类似先秦时期墓葬以墓道向墓室方向与磁北方向夹角度数作为墓向。本报告遵循旧制，以墓室向墓道方向与磁北方向的夹角度数作为崖墓方向。

（三）墓葬构造

崖墓广泛分布于四川盆地及周边邻近区域如云贵高原北部、川西山地东部以及峡江地区，各地区崖墓的构造和形制有所区别。罗二虎先生将四川地区的崖墓主要分为六型，其中前四型分别以墓室多少区分为单室墓、双室墓、三室墓、多室墓，第五型为侧厅套侧室、耳室墓，第六型为前堂后穴墓，此外还有异形双穴墓、崖洞砖室墓两种特殊形制[1]。

罗二虎先生对于崖墓的分类是目前最为细致、系统的研究成果，不过也存在着分类标准不统一的局限，前四型依据墓室多少划分，但第五、六型则是从崖墓的整体布局作区别的，若考虑墓室数量，则第五、六型都可以归入前四型中。因此，我们认为崖墓的分类还是首先从墓葬整体布局着手，可分为三大类：

甲类　纵列式。即主要的墓葬设施如墓道、墓门、甬道、墓室都沿着一条中轴线纵向排布，而中轴线设施两旁有辅助的构造如侧室、壁龛等，如德阳中江塔梁子M3[2]。

乙类　横列式。即在墓门以内有一个横长方形的享堂，在享堂后壁横向并列向后开凿墓室，如乐山市柿子湾崖墓A区M6[3]。

丙类　变形纵列式。这类崖墓的中轴线上仍有墓道、墓门、甬道和墓室，不过不再作为墓葬的主体，主体转移为分布在中轴线设施两旁横向排列的侧室，如成都新津大云山M1[4]。

上述三类崖墓，以甲类分布范围最广，在整个四川盆地及邻近区域都有发现，乙类主要分布在乐山一带，丙类则基本只见于成都周边[5]。华强沟崖墓的整体布局属于甲类，不见乙类和丙类。

由于崖墓材料发表较多，研究成果也十分丰富，不同学者对于崖墓的相同构造都有不同的称呼，以下以形制最复杂、墓葬构造最多的绵阳三台紫荆湾M3[6]和德阳中江塔梁子M3为例，对华强沟崖墓所属甲类崖墓的形制构造的名称进行界定（图1-2）。

墓道、墓门　以往关于"墓道"和"墓门"的称呼较为统一，罗二虎先生对二者的定义和形制特征进行了详细的概括[7]，其所指的墓葬部位十分明确。墓门的门框如有多个，以往报告或简报或以"层"为量词[8]，如双层门框、三层门框，或以"重"为量词[9]，如双重门框、三重门框，本报告

[1] 罗二虎：《四川崖墓的初步研究》，《考古学报》1988年第2期。
[2] 四川省文物考古研究院、德阳市文物考古研究所、中江县文物保护管理所：《中江塔梁子崖墓》图一五，文物出版社，2008年。
[3] 四川省文物考古研究院、乐山大佛风景名胜区管理委员会：《四川乐山市柿子湾崖墓A区M6调查简报》，《四川文物》2014年第4期。
[4] 成都文物考古研究所、新津县文物管理所：《成都市新津县大云山东汉崖墓的清理》，《考古》2011年第5期。
[5] 于瑞琴：《川渝地区汉代崖墓时空分布研究》第6~15页，西华师范大学硕士学位论文，2016年。
[6] 四川省文物考古研究院、绵阳市博物馆、三台县文物管理所：《三台郪江崖墓》图一〇一，文物出版社，2007年。
[7] 罗二虎：《四川崖墓的初步研究》，《考古学报》1988年第2期。
[8] 成都市文物考古研究所、新都区文物管理所：《成都市新都区互助村、凉水村崖墓发掘简报》，成都市文物考古研究所编著《成都考古发现（2002）》第316~358页，科学出版社，2004年。
[9] 四川省文物考古研究院、自贡市盐业历史博物馆、自贡市沿滩区文物管理所：《自贡市黄泥土山崖墓群清理简报》，《四川文物》2009年第1期。

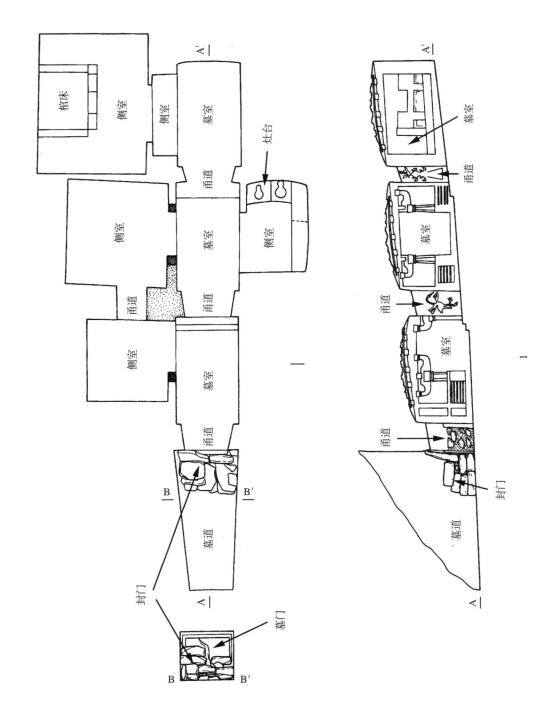

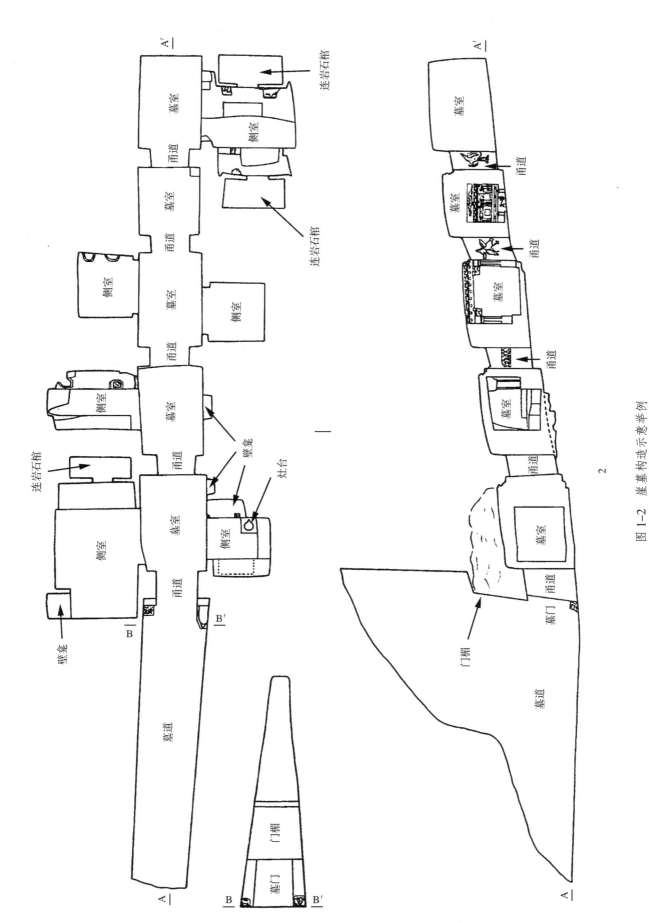

图 1-2　崖墓结构示意举例

1. 紫荆湾 M3　2. 塔梁子 M3

采用后者。封闭墓门的材料,以往统称"封门",本报告继续沿用之。

门楣　"门楣"所指部位,主要是墓门之上墓道前端石壁凸出的部位,也有称之为"照墙"者,且将门楣之下的空间称为"门廊"[1]。由于该部位位于墓门上方,显然与房屋的门有关,因此称之为"门楣"较为恰当。

甬道　对于甬道的称呼较为统一,所指部位也比较固定,几乎没有其他命名,唯极少数报道中简称为通道。

墓室　"墓室"所指的崖墓部位较为统一,指的是崖墓中轴线上紧接甬道的空间较大的区域。当存在多进墓室的时候,一般分别称为"前室""中室""后室",若墓室超过 3 个,则除了前室和后室的称呼不变之外,中间多个墓室分别以数字编号命名,如"二室""三室""四室"等[2]。部分墓室的底面分了多个台面,多数简报或报告不甚注意,少数报道将其视为分室的依据,将原本一个独立的墓室视为前、后两个墓室[3],也有将其视为墓室的多级台面,类似台阶一样[4],本报告同意后者,将其视为墓室底部的不同台面。

侧室　主要指墓室两侧分布的面积较大的结构空间,由于这些区域的原始功能有所不同,大小尺寸也并不固定,因此历来有不同的称呼。其中面积较小的多被冠以"耳室"[5],面积稍大的多被视为放置葬具的地方,故多被称为"棺室"[6]或"尸台"[7],部分因为雕刻有石棺,也被称为"函室"[8]。华强沟崖墓的这部分构造在面积上并没有显著区别,也没有雕刻石棺,故在没有明确证据能指向其准确功能和用途的前提下,暂且还是以最中性的"侧室"来命名之。

壁龛　与侧室的位置大体相当,大多都位于墓室两侧壁面上,只是面积要小得多。关于其命名,基本没有异议,均以"壁龛"名之,只是由于位置或功能的不同,会专门以"后龛""侧龛""灶龛""案龛"等进行具体定名。

灶台　指向最为明确,名称也相对较为固定,只有极少数报道称之为"石灶"[9],本报告继续沿用"灶台"的名称。部分崖墓因为墓室空间有限,灶台面积较小,无法凿刻灶眼,故而向墓壁内侧借空间,形成了灶龛。考虑到此灶龛并非一个独立的构造,而是因为灶台出现,与灶台伴生,故不再将其单独视为崖墓的一种构造。

棺床　主要指墓室或侧室中明显高出地面的一片区域,空间正好可以容纳葬具或墓主人,因此其

---

[1] 四川省文物考古研究院、自贡市盐业历史博物馆、自贡市沿滩区文物管理所:《自贡市黄泥土山崖墓群清理简报》,《四川文物》2009 年第 1 期。

[2] 四川省文物考古研究院、德阳市文物考古研究所、中江县文物保护管理所:《中江塔梁子崖墓》第 20~31 页,文物出版社,2008 年。

[3] 云南省博物馆文物工作队:《云南昭通象鼻岭崖墓发掘简报》,《考古》1981 年第 3 期。昭通市文物管理所、盐津县文化馆:《云南盐津县墨石沟东汉崖墓清理简报》,《四川文物》2015 年第 3 期。

[4] 四川省文物考古研究院、绵阳市文物管理局、涪城区文物管理所:《四川绵阳市涪城区桐子梁东汉崖墓发掘简报》,《四川文物》2015 年第 4 期。

[5] 四川省文物考古研究院、绵阳市博物馆、三台县文物管理所:《三台郪江崖墓》第 15 页,文物出版社,2007 年。

[6] 胡学元、杨翼:《乐山麻浩鱼村崖墓清理简报》,《四川文物》1995 年第 1 期。

[7] 绵阳博物馆、绵阳市文物稽查勘探队:《四川绵阳市朱家梁子东汉崖墓》,《考古》2003 年第 9 期。

[8] 四川乐山市文管所:《四川乐山市中区大湾嘴崖墓清理简报》,《考古》1991 年第 1 期。贵州省文物考古研究所、赤水市文物管理所:《贵州赤水市复兴马鞍山崖墓》,《考古》2005 年第 9 期。

[9] 四川省文物考古研究所、剑阁县文管所:《剑阁县演圣镇截山村崖墓发掘简报》,《四川文物》2004 年第 3 期。泸州市博物馆:《泸县出土画像石棺》,《四川文物》2010 年第 6 期。

名称多与之有关，或称之为"棺台"[1]，或称之为"尸台"[2]。考虑到古人"视死如生"的观念，墓主人生前应该是躺在床上，死后放置的区域，似乎也应该类比命名，姑且命名为"棺床"。

　　崖墓设施构造所在方位参照面对崖墓墓门向内的视角分左、右，靠近墓道一端为外端或前端，反之则为内端或后端。若同一个方位所在区域包含多个设施构造，则进一步按照上、中、下予以区分。

（四）装饰

　　崖墓的装饰按照制作方法的不同分为彩绘和雕刻两类。彩绘装饰多数较为简单，仅以黑彩表现斗拱、窗棂、梁架等建筑部件，少数崖墓如塔梁子M3[3]绘制墓主人生前宴饮场景，与画像砖、画像石的类似题材特征相近。雕刻装饰的内容有三大类，或仿造现实生活中的建筑，或体现墓主人升仙愿望的神怪题材，或刻画宴乐、服侍一类人物形象，与陶俑的构成情况相似。以往学者对于崖墓装饰多有研究，尤其是建筑类雕刻装饰[4]，针对比较重要的崖墓，如郪江崖墓[5]、乐山崖墓[6]等都有比较系统的讨论。对于阙楼[7]、门楣装饰等也有专门的研究。而对于升仙题材类的装饰，一般聚焦于比较常见的装饰内容，如"西王母"[8]、"狗咬耗子"[9]、"鱼鸟图"[10]、疑似"佛像"[11]等。本次发掘包含装饰的崖墓不多，且装饰多较简单，本报告拟直接参考以往相关报告、论著进行命名。

（五）葬具

　　崖墓葬具按照材质的区别可分为砖棺、陶棺、石棺，其中石棺又有可移动和不可移动之别。以往学者对于崖墓葬具的命名基本相同，又略有不同。陶棺又被称为瓦棺[12]，本报告继续沿用"陶棺"的称呼。不可移动的石棺有石函[13]、原岩石棺[14]、崖棺[15]等名称，本报告沿用部分简报的命名，称之为"连岩石棺"[16]。

[1] 景竹友：《三台新德乡东汉崖墓清理简报》，《四川文物》1993年第5期。德阳市文物考古研究所、什邡市文物保护管理所：《四川什邡市虎头山东汉至东晋时期崖墓》，《考古》2007年第10期。

[2] 四川省文物考古研究院、三台县文物管理所：《绵遂高速公路（三台段）果园山崖墓发掘简报》，《四川文物》2014年第4期。

[3] 四川省文物考古研究院、德阳市文物考古研究所、中江县文物保护管理所：《中江塔梁子崖墓》第57~61页，文物出版社，2008年。

[4] 马晓亮：《四川盆地崖墓建筑研究》，科学出版社，2019年。

[5] 孙华：《三台郪江崖墓所见汉代建筑形象述略》，《四川文物》1991年第5期。

[6] 向玉成：《乐山崖墓所见汉代岷江中游地区建筑形制略考》，《四川文物》2003年第6期。

[7] 赵殿增、袁曙光：《"天门"考——兼论四川汉画像砖（石）的组合与主题》，《四川文物》1990年第6期。唐长寿：《汉代墓阙门阙考辨》，《中原文物》1991年第3期。

[8] 干树德：《东汉崖墓石棺上的西王母像》，《四川文物》1992年第5期。

[9] 宋超：《三台郪江崖墓"狗咬耗子"图像再解读》，《四川文物》2008年第6期。

[10] 刘弘：《汉代鱼鸟图小考》，《四川文物》1991年第1期。

[11] 唐长寿：《乐山麻浩、柿子湾崖墓佛教年代新探》，《东南文化》1989年第2期。

[12] 四川省文物管理委员会：《四川遂宁船山坡崖墓发掘简报》，《考古与文物》1983年第3期。

[13] 四川乐山市文管所：《四川乐山市中区大湾嘴崖墓清理简报》，《考古》1991年第1期。邹西丹：《泸州市石洞镇发现东汉"延熹八年"纪年画像石棺》，《四川文物》2007年第6期。

[14] 四川省文物考古研究院、宜宾市文化广电新闻出版局、宜宾县文物管理所：《四川宜宾县猫猫沱汉代崖墓群M10、M11发掘简报》，《四川文物》2017年第3期。

[15] 雷建金：《内江市关升店东汉崖墓画像石棺》，《四川文物》1992年第3期。

[16] 四川省文物考古研究院、乐山大佛风景名胜区管理委员会：《四川乐山市柿子湾崖墓A区M6调查简报》，《四川文物》2014年第4期。

（六）随葬品

崖墓的随葬品大致可分为四类：

一是陶容器，包括釜、鍪、盆、甑、罐、瓮、钵等。多数器物的命名都比较统一，唯钵有"盒"[1]、"碗"[2]等不同称呼，也有将其错认为"器盖"者[3]，本报告以"钵"名之。此外，有少数简报将多数学者视为陶瓮的器物称为罐，而将陶罐视为陶瓮，本报告统一将高体、小口、有领的陶容器称为陶罐，而将矮体、大口、短领甚至无领的陶容器称为陶瓮，与多数学者的命名相同。

二是陶模型明器，包括房、塘、灶、井等。其中陶塘有"池塘"[4]、"水塘"[5]、"水田"[6]等称谓，本报告简单以"塘"名之，其余模型明器的名称较为一致，本报告沿用以往的名称，不做更改。

三是陶俑，分为人物类和动物类陶俑。其中动物类陶俑如鸡、鸭、羊、狗、蟾蜍等的名称较为统一，没有太大的变动，而人物类陶俑则有不同的命名，区别主要体现在以下几个方面：

首先是命名原则各有不同。以往学者或从人物的身份和职能出发命名，如侍俑、劳作俑、乐舞俑等，或根据陶俑特殊动作或特殊部位命名，如抚耳俑、抚琴俑、提罐俑、背袋俑。更有甚者，在同一简报或报告中陶俑的命名原则不同。

其次是对陶俑的动作或部位的认识有所不同而造成命名不同。比较典型的是一类在身体斜前侧放置长方形部件的站立陶俑，不同学者对于该长方形部件有不同的认识，或认为是锸刀，或认为是臿，或认为是扬扇，故有执锸俑[7]、执臿俑[8]、"持扬扇俑"[9]的不同命名。

再次是对界定描述详略不同而造成命名不同。如侍俑细分为男侍俑、女侍俑，抚耳俑又有抚耳唱歌俑[10]，提袋俑又被称为执扇提袋俑[11]。

最后是对动作的描述有所不同。主要体现在"执""持""捧""扶"等动词的使用上，如持箕俑[12]/执箕俑[13]、执笙俑[14]/捧笙俑[15]、扶锸俑[16]/持锸刀俑[17]等。

---

[1] 重庆市文化局、湖南省考古研究所、湖南省津市市博物馆等：《重庆奉节拖板崖墓群2005年发掘报告》，《江汉考古》2007年第3期。

[2] 何志国：《四川绵阳河边乡东汉崖墓》，《考古》1988年第3期。

[3] 四川省文物考古研究所：《四川宜宾横江镇东汉崖墓清理简报》，《华夏考古》2003年第1期。

[4] 何志国：《四川绵阳河边乡东汉崖墓》，《考古》1988年第3期。

[5] 成都市文物考古研究所、新都区文物管理所：《成都市新都区互助村、凉水村崖墓发掘简报》，成都市文物考古研究所编著《成都考古发现（2002）》第316~358页，科学出版社，2004年。

[6] 绵阳博物馆：《四川绵阳何家山1号东汉崖墓清理简报》，《文物》1991年第3期。

[7] 成都市文物考古研究所、新都区文物管理所：《成都市新都区互助村、凉水村崖墓发掘简报》，成都市文物考古研究所编著《成都考古发现（2002）》第316~358页，科学出版社，2004年。

[8] 四川省文物考古研究院、泸州市博物馆：《四川泸州河口头汉代崖墓清理简报》，《四川文物》2006年第5期。

[9] 四川省文物考古研究院、绵阳市文物管理局、涪城区文物管理所：《四川绵阳市涪城区桐子梁东汉崖墓发掘简报》，《四川文物》2015年第4期。

[10] 胡学元：《乐山市中区高笋田东汉崖墓清理简报》，《四川文物》1988年第3期。

[11] 重庆市文化遗产研究院、璧山区文物管理所：《重庆市璧山区蛮洞坡崖墓群M1发掘简报》，《四川文物》2018年第1期。

[12] 周杰华：《夹江千佛岩东汉崖墓清理简报》，《四川文物》1988年第6期。

[13] 胡学元、杨翼：《乐山麻浩鱼村崖墓清理简报》，《四川文物》1995年第1期。

[14] 绵阳博物馆：《四川绵阳何家山1号东汉崖墓清理简报》，《文物》1991年第3期。

[15] 绵阳博物馆、绵阳市文物稽查勘探队：《四川绵阳市朱家梁子东汉崖墓》，《考古》2003年第9期。

[16] 何志国：《四川绵阳河边乡东汉崖墓》，《考古》1988年第3期。

[17] 帅希彭：《彭山发现岩墓与砖墓相结合的墓制》，《四川文物》1986年第4期。

考虑到陶俑体现的人物身份和职能存在不确定性，聚讼不断，本报告拟在索德浩的分类[1]基础上，采用考古学基础命名原则，参照陶俑的特殊动作或特殊部位进行命名。不过，在此之上可以大致按照陶俑的身份和职能进行分类，如乐舞俑之下细分抚耳俑、抚琴俑、击鼓俑，劳作俑之下细分执畚箕俑、提罐俑、背袋俑等。针对同一类陶俑存在不同命名的现状，本报告采用以往最常见的命名，如执笙俑、吹箫俑等。对于陶俑命名中的动词，作如下限定：

手中所拿之物非自然下垂，且完全离地，称"执"；

手中所拿之物自然下垂且未触地，称"提"；

手中所拿之物过肩，称"背"；

手中所拿之物触地，称"扶"；

其他动作则据实描述，如"抚""吹"等。

若手中所拿之物有进一步的区别，则在描述中具体界定，在名称中不再细化界定，保持命名简洁易懂。

四是其他质地的随葬器物。数量不多，包括铁釜、铁剑、铜镜、铜锥、铜钱等，这些器物在本报告中的名称与以往报告没有区别。

---

[1] 索德浩：《四川汉代陶俑与汉代社会》第55~73页，文物出版社，2020年。

第二章　刘家大山墓群

　　刘家大山墓群得名于崖墓群所在小山坡的小地名——刘家大山。本章主要对刘家大山墓群的基本情况和崖墓的形制特征、装饰内容、随葬品等进行详细介绍。

第一节　墓葬分布

　　刘家大山墓群共发现墓葬32座（附表一），均顺着山势分布（图2-1；图版2-1、2-2）。由于崖墓群位于长条状矮丘山脊南、北两侧，故而分为两排。山脊北侧只并排分布3座墓葬，即LM30、LM31和LM32。山脊南侧大致并排分布29座墓葬，即LM1至LM29。

　　根据彼此相互靠近程度以及墓葬方向，可以大致将32座墓葬分为十组：LM1和LM2为第一组，LM3为第二组，LM4、LM5、LM6为第三组，LM7、LM8、LM9为第四组，LM10至LM15以及LM22为第五组，LM16至LM20以及LM23、LM24、LM28为第六组，LM21、LM25至LM27为第七组，LM29为第八组，LM30、LM31为第九组，LM32为第十组。

　　所有墓葬分布有序，除了LM4和LM5因为过于靠近而存在打破关系之外，其余墓葬之间均存在一定的间隔，或许当初这批崖墓在形成过程中有过有意识的规划。同组墓葬的开凿总体上保持在同一高度，不过也有例外，如第五组的LM22、第六组的LM28的开凿高度明显高于同组其余崖墓。

　　崖墓的开凿方向总体上与山体的走势垂直，便于提供开凿墓室足够的高度和空间，但LM1、LM2和LM32明显并非如此。

第二节　墓葬综述

　　以下从保存状况、墓向、形制、装饰、开凿方法、葬具、随葬品等七个方面对刘家大山墓群32座墓葬进行综合介绍。

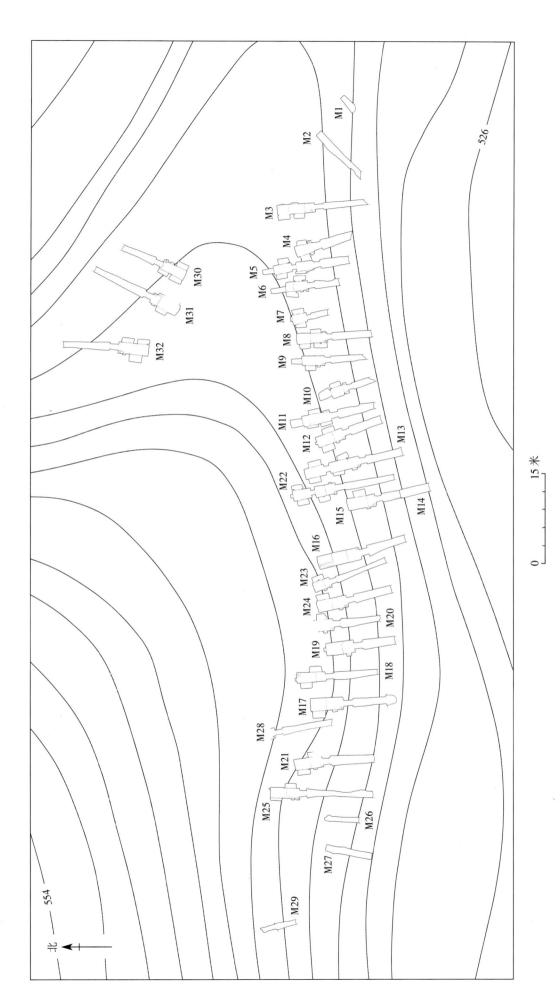

图 2-1　刘家大山墓群平面分布图

北

554

526

M1
M2
M3
M4
M5
M6
M7
M8
M9
M10
M11
M12
M13
M14
M15
M16
M17
M18
M19
M20
M21
M22
M23
M24
M25
M26
M27
M28
M29
M30
M31
M32

0　　　　15 米

一、保存状况

所有崖墓因为自然和人为的原因，保存均较差（图版 2-3），主要表现在：

其一，由于年代久远，且岩体较为松软，岩石本身存在的纹理缝隙不断扩大，导致崖墓顶部和侧壁垮塌。未发掘完毕的崖墓，如 LM20、LM28 的顶部岩块垮塌严重，已无法观察墓室顶部形制，塌落的岩块堵塞墓室，致发掘无法开展。已发掘的部分墓葬，垮塌依旧较为严重，如 LM5，侧壁严重垮塌，墓壁及壁龛均不完整；LM7 的墓室顶部完全垮塌且早已不存，导致墓葬现存部分严重风化。

其二，崖墓所在岩体距地表较浅，且所在地区的气候适宜深根系植物的生长，因此刘家大山墓群的所有崖墓都受到植物生长的影响。在紧挨墓壁的部位分布着大量植物根系，对崖墓构造造成了较大的破坏，而且多数根系沿着岩体自然纹理生长，也扩张了岩体裂缝，加速了岩体垮塌进程。

其三，崖墓被盗扰在文献中即有记载，故刘家大山墓群被盗亦属正常，所有墓葬无一幸免。在发掘之前地表已经暴露出在墓门处经盗扰塌陷形成的孔洞，墓室内部堆满被盗后从外部落入的填土，所有随葬品被严重扰乱且破损严重，几乎无完整器，只有少数位于角落者幸免，不见墓主人骨骼和完整葬具。

其四，人为改造和利用少数暴露较早的崖墓。因崖墓周围岩体较为稳固且可避风雨而被作为临时存储场所，放置薪柴、秸秆等。LM32 较为特殊，被改为一座砖瓦窑，因此墓壁、墓底和部分构造被严重破坏。

二、墓向

由于崖墓开凿于山体之中，且越向内对山体高度的需求就越大，因此崖墓一般都是大致垂直于山体开凿。刘家大山墓群的崖墓同样如此，由于刘家大山大致呈东西走向，故开凿于此的崖墓，方向基本呈南北向。位于山脊北侧的 3 座墓葬，墓向朝北，基本集中在 30° 左右；位于山脊南侧的其余 29 座墓葬，墓向总体朝南，大致集中于 160° 至 190° 之间；LM1 和 LM2 的开凿方向并非与山体完全垂直，故墓向有较大差别，在 230° 左右。

三、形制

除了疑似未开凿完毕而只有墓道的 LM1、LM2、LM26、LM27、LM29 以及因为安全原因未发掘完毕的 LM14、LM20、LM28 之外，其余 24 座墓葬按照墓室数量多少可分两类[1]（图 2-2）：

甲类　单室墓，共计 21 座，即 LM3、LM4、LM6、LM7、LM8、LM9、LM10、LM11、LM12、LM15、LM16、LM17、LM18、LM19、LM21、LM23、LM24、LM25、LM30、LM31、LM32。根据墓室长短分二型：

---

[1] 三个墓群完整的形制类型划分详见结语，各章内仅介绍本墓群具有的类型。

类	型	亚型	举例
甲	A	Aa	1. LM16
		Ab	2. LM8
		Ac	3. LM11
	B	Bb	4. LM7
		Bc	5. LM10
乙	A	A	6. LM13
	B	Ba	7. LM22
		Bb	8. LM5

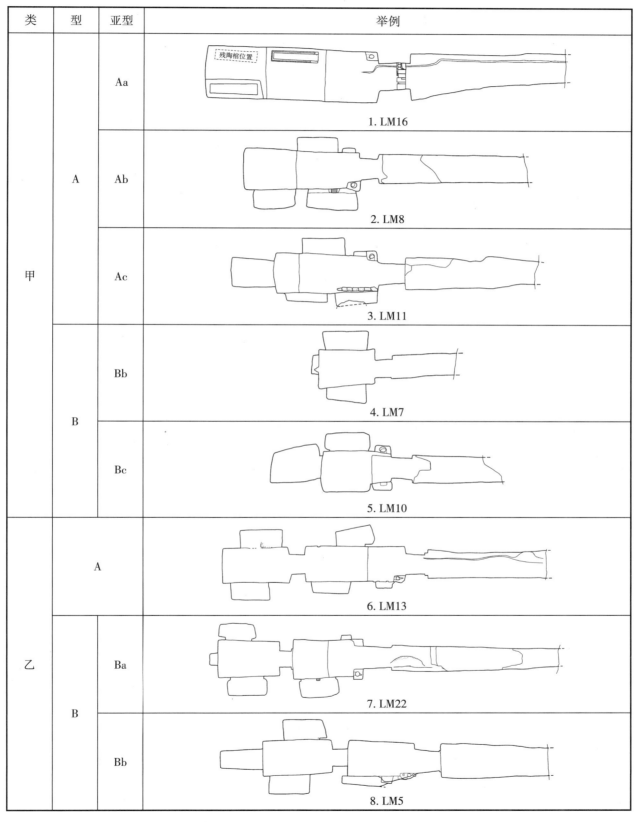

图 2-2　刘家大山崖墓形制类型划分示意图

A 型　墓室较长，长宽比超过 2，共计 17 座，即 LM3、LM6、LM8、LM9、LM11、LM12、LM15、LM16、LM17、LM18、LM19、LM21、LM24、LM25、LM30、LM31、LM32。根据有无侧室及侧室位置分三亚型：

Aa 型　无侧室，仅 2 座，即 LM16、LM19。

Ab 型　侧室位于墓室两侧（或一侧），共计 12 座，即 LM3、LM8、LM12、LM15、LM17、LM18、LM21、LM24、LM25、LM30、LM31、LM32。

Ac 型　侧室位于墓室两侧及后端，共计 3 座，即 LM6、LM9、LM11。

B 型　墓室较短，长宽比不足 2，共计 4 座，即 LM4、LM7、LM10、LM23。根据侧室位置分二亚型：

Bb 型　侧室位于墓室两侧，共 3 座，即 LM4、LM7、LM23。

Bc 型　侧室位于墓室两侧及后端，仅 LM10 一座。

乙类　双室墓，共计 3 座，即 LM5、LM13、LM22。根据前室长短分二型：

A 型　前室较长，长宽比超过 2，仅 LM13 一座。侧室均位于墓室两侧。

B 型　前室较短，长宽比不足 2，仅 LM5 和 LM22 两座。根据侧室位置分二亚型：

Ba 型　侧室位于墓室两侧，LM22 属于此亚型。

Bb 型　侧室位于墓室两侧及后端，LM5 属于此亚型。

具体到各个构造部位特征：

1. 墓道

所有崖墓的墓道均呈窄长条状。多数崖墓的墓道外窄内宽，仅 LM1、LM3、LM7、LM8、LM12、LM13、LM15、LM26、LM27 例外，其中 LM1、LM26 墓道外宽内窄，其余墓葬的墓道则内外基本等宽。

考虑到排水的需求，多数崖墓的墓道底部都是内高外低，但也有例外者，LM5、LM10、LM11、LM12、LM18、LM19、LM20、LM21、LM24、LM26、LM30、LM32 等 12 座墓葬的墓道底部内外基本齐平甚至外高内低，其中 LM12、LM20、LM21、LM24、LM32 尚有排水沟可以向外排水，LM26 未开凿完毕，并无排水需求，其余 6 座崖墓并未发现排水设施，其排水设施若非被后期破坏，则其墓内排水是个问题。

2. 墓门

除了 LM1、LM2、LM26、LM27、LM29 等 5 座未开凿完毕的崖墓之外，其余墓葬的墓门形状以长方形或方形为主，上下基本等宽，LM3、LM4、LM8、LM10、LM11、LM17、LM24、LM25、LM28、LM32 等 10 座崖墓的墓门形状为梯形，上窄下宽，但上、下宽度差别不甚明显，整体而言较为接近长方形或方形。

多数崖墓的墓门为双重门框，只有 LM3、LM6、LM7、LM8、LM9、LM10、LM11、LM22、LM23、LM24 等 10 座墓葬的墓门为单门框，LM16 的墓门顶部为双重，侧边为单重，较为特殊。

墓门所在平面多斜立，与墓道底部所在平面的夹角较大，一般在 80° 左右，但也有少数崖墓例外，LM3、LM5、LM6、LM8、LM9 的墓门所在平面几乎与墓道底部垂直，而 LM4 墓门明显倾斜度更大，与墓道底部夹角接近 60°，LM30 墓门与墓道底部的夹角略大，接近 70°。

由于被盗扰严重，封门基本不存，仅 LM16、LM25 可见砖砌封门，位于墓门以内的甬道偏外侧的部位。

3. 门楣

墓门所在石壁保存较为完好的 21 座墓葬中，只有 LM6、LM8、LM9、LM11、LM18、LM19、LM21、LM23、LM28 等 9 座崖墓有门楣，且形制较为简单。将墓门顶部及靠上部的石壁向内收形成一道外凸的区域，以此形成墓门上方类似屋檐的结构，如 LM6、LM8、LM9、LM11、LM23 和 LM28，其中 LM9、LM23 雕刻有类似建筑的檐、椽等结构部位。其余 3 座墓葬只是将靠上部的石壁向内收，墓门顶部并未内收。

4. 甬道

甬道形制较为简单，均为直壁、平顶，部分墓葬的甬道顶部略呈内高外低的斜平面。甬道窄于墓道和墓室，平面形状以长方形或方形为主，LM4、LM5、LM8、LM9、LM11、LM20、LM21、LM22、LM23、LM24、LM25、LM30、LM32 的甬道平面呈外窄内宽的梯形。

甬道底部一般都直接与墓道底部相连，或平或内高外低，只有 LM4、LM5、LM11、LM20、LM24、LM25 等 6 座墓葬的甬道底部与墓道底部未相连，在墓门处形成高、低两个台面。

5. 墓室

刘家大山崖墓的墓室均大致呈长方形，有长有短，已如上述。LM4、LM10 的墓室前端内收较为明显，与其他崖墓区别较大。

墓室顶部均为拱顶，横断面呈圆弧状，但是弧度有所不同：有的弧度较大，如 LM19、LM24；有的弧度较小，如 LM5、LM6、LM12、LM16、LM22；部分崖墓的墓室顶部近似平顶，如 LM11、LM13、LM15；LM3、LM8、LM10、LM18 等墓室顶部则类似券顶，两侧斜收，中部近平。多数墓葬的墓室顶部斜直分布，内高外低，部分墓葬的墓室顶部中间比内、外端低，如 LM22 后室、LM24。

绝大多数崖墓的墓室壁斜直内收，壁面略有弧度；LM3、LM6、LM7、LM16 的墓室壁竖直不内收；LM19、LM24 的墓室壁与顶部连为一体，内收明显且壁面弧度较大。

多数崖墓的墓室顶部与壁之间有明显的折棱，作为顶、壁之间的界线；个别崖墓的墓室顶、壁之间无明显分界，如 LM9、LM19、LM24。

墓室底部总体较为平整，无凹凸不平者。为便于排水，绝大多数都是内高外低，与墓道、甬道的底部走势相同，但 LM4、LM20、LM21 和 LM32 例外，墓室底部内外基本持平。除 LM4、LM5、LM7 外，多数墓葬的墓室底部存在台阶，将墓室底部分为高度不同的多个区域。LM3 和 LM16 有 2 级台阶，分布于墓室前、后，将墓室底部大致三等分，其余墓葬的墓室底部均只有 1 级台阶，LM6、LM11 的台阶位于墓室后部，LM8、LM9、LM17、LM19、LM21、LM22、LM24、LM25 的台阶位于墓室中部，LM10、LM12、LM13、LM15、LM18、LM23、LM30、LM31 的台阶位于墓室前部，其中 LM10、LM30 的台阶大致呈"U"字形。

6. 侧室

侧室主要位于墓室左、右两侧，LM5、LM6、LM9、LM10 和 LM11 在墓室后端还有一个纵深向后的侧室。侧室总体位于墓室的中后部，部分在墓室一侧有 2 个侧室的崖墓，其中靠前的侧室位置靠近墓室前端，如 LM8、LM11、LM18、LM21、LM25、LM30、LM32，而只在墓室一侧有 1 个侧室的崖墓，侧室均位于墓室中后部。墓室两侧有侧室的崖墓，其侧室总体上都错位分布，只有 LM4、LM7 和 LM30 的左、右侧室大致对称分布。

侧室的平面形状总体上比较相似，均呈长方形，宽度相若，只有 LM5 前室左侧室、LM10 的左侧室、LM11 左后侧室、LM13 前室左侧室、LM25 左侧室和 LM31 左前侧室甚窄。位于墓室两侧的部分侧室因为入口处有所内收，形成以往学者所谓的"龛形石棺"，如 LM6 右侧室、LM9 左侧室、LM10 右侧室和 LM22 侧室。位于墓室后端的侧室均大致呈梯形，越靠内则越窄。

多数崖墓的侧室为斜顶、近直壁，顶部略有弧度，壁面弧度甚小，顶、壁之间转折较为明显，包括 LM3、LM4、LM5、LM7、LM8、LM10、LM11、LM12、LM13、LM17、LM18、LM20、LM21、LM23、LM25。LM6、LM32 侧室以及 LM22 的前室侧室的顶和壁弧度较大，顶、壁之间无明确分界。LM15 的侧室为平顶，LM24 的侧室以及 LM22 的后室侧室为拱顶，均较为罕见。侧室底部均较为平整，绝大多数墓葬的侧室底部与墓室底部都有一定高差，只有 LM3 左后侧室底部直接与墓室底部连在一起，较为特殊。

7. 壁龛

绝大多数崖墓的壁龛都位于墓室前部左、右两侧，除此之外，LM3 的壁龛位于墓室中后部一侧，LM7、LM18、LM19 的壁龛位于墓室后壁，LM12、LM22、LM25 除了有壁龛位于墓室前部左、右两侧之外，还有壁龛位于墓室后壁。

作为崖墓的重要构造，壁龛与灶台、侧室都相对均衡地分布在墓室四周，因此壁龛基本上与侧室是分散分布的，很少挤在一起，但也有例外，LM4、LM5、LM8、LM9、LM10 的壁龛紧挨侧室，可能与墓室面积较小有关。壁龛与灶台一般在墓室同一侧集中分布，只有 LM3、LM19 的壁龛和灶台相隔甚远，LM4、LM8、LM10、LM22、LM31 的壁龛和灶台则是分布于墓室两侧。

壁龛的形制一般都比较简单，平面多呈长方形，只有 LM3 有一平面呈三角形的壁龛，顶部斜直，壁面竖直，底近平，整体均较平整，无明显凹凸。

8. 灶台

每座崖墓基本上只有 1 座灶台，但 LM10、LM22 都有与灶台或灶龛相似的石台或壁龛，意味着可能存在着未完工的第 2 座灶台。几乎所有的灶台都位于墓室前端两侧，只有 LM7、LM18 的灶台位于墓室后端。灶台的开凿方式分三类：其一是在开凿墓室过程中直接预留近方形的石台并开凿成灶台；其二是在开凿好的墓室壁上向外掏凿深壁龛，在壁龛底部凿刻成灶台；其三是结合了前两种开凿方式，在开凿墓室过程中预留石台，但石台面积较小，不足以加工成灶台，因此在石台所在位置继续向墓室侧壁外掏凿浅壁龛，再于石台和壁龛底部连通的台面上凿刻灶台。为便于区别，将上述三种开凿方式形成的灶台分别命名为台式灶台、龛式灶台、复式灶台。

龛式灶台的壁龛一般与崖墓的壁龛是独立分布的，但也有如 LM7、LM11 将壁龛与灶龛连通的做法。

灶台整体平面大致呈方形，台面平整。均为单眼灶，圆形灶眼，后部有窄长的烟道，顶部或平直或拱形。位于墓室前端两侧的灶台，灶门朝向墓室后端，多与墓室中轴线平行，LM4、LM5、LM6、

LM8、LM10、LM11、LM19、LM24、LM25、LM30、LM31、LM32 的灶门朝向与墓室中轴线垂直，其中除了 LM24、LM31、LM32 的灶台开凿方式为第一种之外，其余 9 座墓葬的灶台开凿方式均为第二种或第三种。灶台位于墓室后端的 LM7、LM18，其灶门朝向墓室前端，与墓室中轴线平行。

9. 排水设施

现存排水设施的崖墓不多，其中 LM6 的墓道左侧保留有排水管道，乃陶筒瓦依次铺设而成。LM12、LM13、LM14、LM15、LM16、LM17、LM20、LM21、LM24 以及 LM32 保留有排水沟，其中 LM17、LM20、LM21 的排水沟呈直线状分布于甬道与墓道的中部，LM12、LM13、LM14、LM15、LM16、LM24、LM32 的排水沟偏于甬道和墓道的一侧，其中 LM12 和 LM13 的排水沟外端形状不甚规则，似随岩体走势随意凿刻。

10. 其他

LM8 的左前侧室、LM22 的前室左侧室、LM23 的右侧室均在靠近墓室壁的中央凿刻立柱，立柱均有斗拱雕刻。

LM6、LM8、LM9、LM10、LM11、LM13、LM25 的墓室侧壁上方、LM11 的甬道两侧壁上方、LM18 的墓室底部靠近四角均有数量不等的圆形小凹窝，用途不甚明确，根据以往学者研究或许与凿刻崖墓有关。

四、装　饰

刘家大山崖墓的装饰均较为简单（附表二），分为两种：

1. 雕刻

绝大多数雕刻都是浅浮雕，雕刻内容均是与建筑相关的构件，如斗拱、檐椽、窗棂等。

雕刻斗拱的有 LM6、LM8、LM13、LM18、LM20、LM22、LM23、LM25，其中 LM8、LM23 的斗拱位于立柱之上，LM22 在立柱和侧室两侧的墓室侧壁上均装饰斗拱，其余墓葬的斗拱装饰均位于侧室两侧的墓壁上。斗拱可分三类：其一为把头拱，或曰"一斗三升"，柱头之上承栌斗，栌斗之上承弓形曲头横拱，拱头和拱心之上分别托升，见于 LM8、LM13、LM18，其中只有 LM8 雕刻较为精细，栌斗、拱、升以及栌斗与柱头之间的皿板均有表现；其二为"一斗二升"，只见于 LM23，与"一斗三升"不同的是，拱心所托并非升而是梁头；其三为丁头拱，与前两种斗拱不同之处在于横拱形式，横拱两侧下垂而非如弓形曲头横拱一般直接弯曲上升，而且柱头直接上承横梁，横拱直接插于柱头两侧或一侧，LM6、LM13、LM18、LM20、LM22 以及 LM25 的斗拱均属此类，此类斗拱一般雕刻较为粗略，除了 LM13 之外，均未表现出升以及横拱与柱头之间的准确关系。

LM9、LM11、LM23 雕刻有檐椽，形制简单，其中 LM9 和 LM23 均只在门楣处雕刻方形椽头，LM11 则在墓室后壁侧室上方雕刻一排圆形椽头和屋顶轮廓。

LM13 在前室右侧室外侧墓室壁上镂雕窗棂，窗棂的棂条上竖下平，形制较为简单。

LM13 除了上述斗拱、窗棂雕刻之外，在壁龛下部壁面雕刻出案桌样式，表明壁龛的用途为案桌，在前室两端甬道口上部雕刻三叉形结构，寓意不明，或许与建筑的斗拱等构造有关。

LM3、LM12、LM13、LM18、LM22 的墓室顶部中央有 1 到 2 个垂悬的半球形构件，可惜下部均残断，疑似简化的垂瓜藻井。

除了浅浮雕外，LM13 在窗棂上方线刻双阙。

2. 彩绘

LM3 在墓室左侧壁和后壁上方保留黑色彩绘，表现斗拱、枋等建筑结构。

五、开凿方法

此批崖墓的开凿方法较为简单，根据罗二虎的研究，四川地区崖墓的大体量岩体开凿，使用的应该是"冲击式顿钻法"[1]。待崖墓的主体空间成形之后，再使用铁质钻、凿等工具进行精细加工，因此在崖墓内壁上可见"冲击式顿钻法"的使用痕迹，即上文所述的圆形小凹窝，以及精细加工留下的斜向平行的凿刻痕和向内凿刻的密集小孔（图版 2-4）。

由于崖墓所在地的岩体并非都是纯净的易于开凿的软质砂岩，还包含有较多质地坚硬的岩体，因此古人在开凿崖墓过程中遇到这些坚硬岩体则会避让，导致部分崖墓的墓道、墓室的底部或侧壁有部分变形，表面也不甚平整，如 LM11、LM22 的墓道，LM6、LM19 的墓室。若实在无法避让则会放弃，LM1、LM2、LM26、LM27、LM29 等 5 座未开凿完毕的崖墓均是如此。

六、葬具

24 座开凿完毕且完整发掘的崖墓，只有 LM16 保存有葬具，其一为墓室左后方的连岩石棺，其二为墓室右中后方的两具陶棺。葬具平面形状为长方形，表面无装饰。由于在墓葬被盗扰的堆积中没有发现用于砌棺的砖块，推测应该不会使用砖棺。至于是否使用木棺或竹席一类的葬具，因为年代久远且被盗扰，已不存任何残留痕迹，故难以确定。

七、随葬品

除了未开凿完毕的 LM1、LM2、LM26、LM27、LM29 和未发掘完毕的 LM14 之外，其余 26 座崖墓均出土随葬品，其中 LM20 和 LM28 没有发掘完毕，其随葬品总体情况并不明确。

根据质地的不同，可将刘家大山崖墓随葬品分为陶器、铜器、铁器、玉石器等四种，其中陶器最多，铁器和玉石器所见最少。陶器由于烧成温度较低，且被盗扰严重，故保存甚差，出土时几乎均为碎片，罕见完整器。铁器锈蚀十分严重，器物原貌难以辨认。铜器保存相对较好，但其中数量最多的铜钱因为铸造较差也有较多破损。

根据以往学者研究，结合刘家大山崖墓的实际情况，可将陶器主要分为容器、俑和模型明器三类：

---

[1]罗二虎：《四川崖墓开凿技术探索》，《四川文物》1987 年第 2 期。

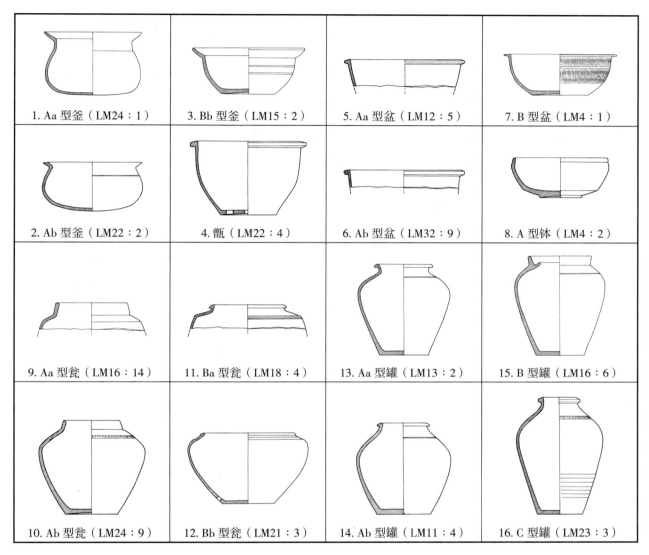

1. Aa 型釜（LM24：1）	3. Bb 型釜（LM15：2）	5. Aa 型盆（LM12：5）	7. B 型盆（LM4：1）
2. Ab 型釜（LM22：2）	4. 甑（LM22：4）	6. Ab 型盆（LM32：9）	8. A 型钵（LM4：2）
9. Aa 型瓮（LM16：14）	11. Ba 型瓮（LM18：4）	13. Aa 型罐（LM13：2）	15. B 型罐（LM16：6）
10. Ab 型瓮（LM24：9）	12. Bb 型瓮（LM21：3）	14. Ab 型罐（LM11：4）	16. C 型罐（LM23：3）

图 2-3　刘家大山崖墓陶容器类型划分示意图

陶容器的种类不多，只见釜、盆、甑、瓮、罐、钵等[1]。

釜　共 7 件，出自 LM15、LM18、LM20、LM22、LM24 和 LM25。均为夹砂陶，陶色或为浅褐色，或为灰色。侈口，宽折沿，沿面斜直，尖圆唇。根据底部形态分二型：

A 型　圜底近平。根据腹部形态分为二亚型：

Aa 型　垂腹。如 LM24：1，圜底近平。上腹部有一道旋纹，底部饰绳纹（图 2-3，1）。

Ab 型　鼓腹。如 LM22：2，圜底近平。上腹部有一道旋纹，底部饰绳纹（图 2-3，2）。

B 型　平底。根据腹部形态分为二亚型：

Bb 型　斜弧腹。如 LM15：2，平底略内凹。腹部饰两道旋纹（图 2-3，3）。

盆　共 24 件，出自 LM4、LM5、LM9、LM12、LM13、LM16、LM17、LM22、LM24、LM25、

---

[1] 三个墓群所出陶容器完整的类型划分详见结语，各章内仅介绍本墓群具有的类型。

LM30 和 LM32。均为泥质灰褐陶。敞口，窄平折沿，方唇，平底。除了少数饰旋断绳纹之外，多数素面无纹。根据腹部特征分二型：

A 型　深斜腹。根据口沿特征分为二亚型：

Aa 型　沿略宽，方唇较薄。如 LM12：5（图 2-3，5）。

Ab 型　沿甚窄，方唇较厚。如 LM32：9（图 2-3，6）。

B 型　浅弧腹。如 LM4：1，腹部饰旋断绳纹（图 2-3，7）。

甑　共 9 件，出自 LM6、LM9、LM17、LM18、LM19、LM21、LM22、LM24 和 LM25。均为泥质灰褐陶。除了底部有箅孔之外，形制、纹饰特征与陶盆没有明显区别。如 LM22：4（图 2-3，4），故上述统计的陶盆数量中或许也包含了陶甑。

瓮　共 11 件，出自 LM12、LM16、LM18、LM19、LM21、LM24、LM25 和 LM32。均为泥质灰褐陶。宽扁体，大口，方圆唇，圆肩，深腹，小平底。部分肩部饰绳纹带或旋纹。根据口、领部形态分二型：

A 型　敛口、有矮敛领。根据肩部特征分二亚型：

Aa 型　窄肩近折。如 LM16：14（图 2-3，9）。

Ab 型　肩部较宽。如 LM24：9（图 2-3，10）。

B 型　侈口，卷沿，基本无领。根据肩部特征分二亚型：

Ba 型　窄肩近折。如 LM18：4（图 2-3，11）。

Bb 型　肩部较宽。如 LM21：3（图 2-3，12）。

罐　共 58 件，出自 LM3、LM5、LM6、LM7、LM9、LM10、LM11、LM12、LM13、LM15、LM16、LM17、LM18、LM19、LM22、LM23、LM24、LM25、LM28、LM30 和 LM32。高体，侈口，卷沿，圆唇，圆肩，深斜腹，平底。肩部多饰一道旋纹。根据陶质陶色和口、领部特征分三型：

A 型　均为夹细砂泥质灰褐陶，有矮领。根据领部特征分二亚型：

Aa 型　领部外侈。如 LM13：2（图 2-3，13）。

Ab 型　领部微内敛。如 LM11：4（图 2-3，14）。

B 型　夹砂红褐陶，无领。如 LM16：6（图 2-3，15）。

C 型　夹砂灰陶，小口，领部微外侈。如 LM23：3（图 2-3，16）。

钵　共 10 件，出自 LM4、LM12、LM17、LM21、LM22、LM23、LM25 和 LM32。均为泥质灰褐陶。为 A 型，直口微敛，尖圆唇，浅腹，上腹微鼓，下腹斜收，上、下腹之间转折明显，平底微凸似假圈足。素面。如 LM4：2（图 2-3，8）。

陶俑均为夹细砂陶，陶色以红褐色为主，少数陶俑的颜色略浅，为浅褐色或灰褐色。种类较少，从形象上可分为人物俑和动物俑两种。

人物俑根据体现的内容可分为劳作、宴饮、辟邪等三类。

劳作类　属于此类的有扶扬扇俑、提袋俑、执畚箕俑、执镰刀俑和执物俑。

扶扬扇俑　仅确认 1 件，即 LM16：5（图 2-4，1）。体量较小，站立姿态。无冠，长发及腰，面容平静，身着右衽过膝深衣，双手扶扬扇短柄，扇面竖直侧立于身前左侧地面。

提袋俑　仅确认 2 件，均出自 LM16。体量甚小，站立姿态。头披长巾，面容平静，身着右衽

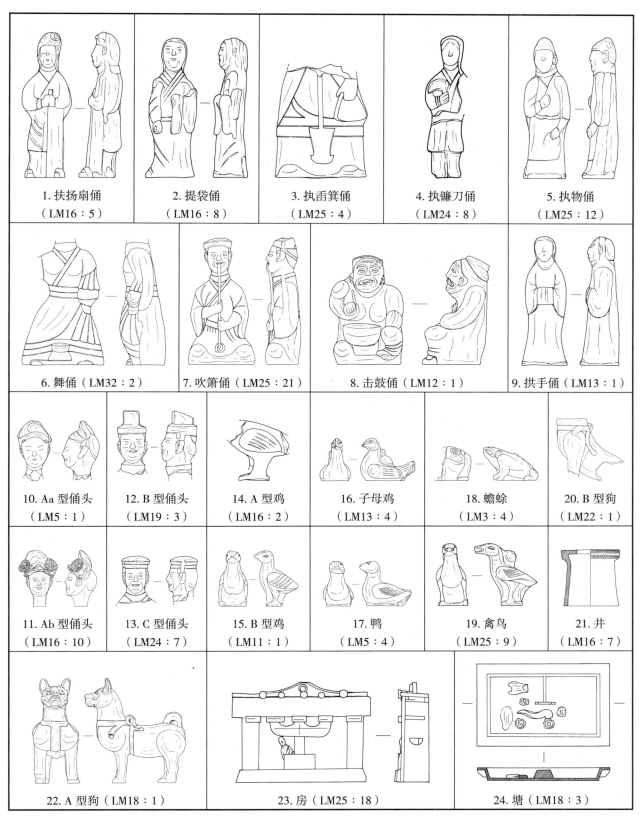

图 2-4 刘家大山崖墓陶俑及陶模型明器类型划分示意图

触地深衣，右手自然下垂，手中似握物，左手屈于左腹，提袋，袋自然下垂。如LM16：8（图2-4，2）。

执畚箕俑　仅确认2件，分别出自LM10和LM25。仅存下半身，站立姿态。着过膝深衣，右手执畚，左手微屈，执箕，畚竖直位于正中央，箕位于腰左侧。如LM25：4（图2-4，3）。

执镰刀俑　仅确认1件，即LM24：8（图2-4，4）。体量较小，站立姿态。头戴平巾帻，身着右衽深衣，右手屈于右胸前，斜执镰刀。

执物俑　共确认7件，分别出自LM17、LM25和LM32。体量较小，站立姿态。头戴尖帽，身着右衽深衣，右手屈于胸前，左手下垂微屈于左腿前，执圆形或椭圆形物件。如LM25：12（图2-4，5）。

宴饮类　属于此类的有舞俑、吹箫俑、击鼓俑和拱手俑。

舞俑　仅确认3件，出自LM19和LM32。体量较大，女性，站立姿态，略有扭曲，呈跳舞状态。身着右衽触地深衣，右臂向侧前方伸出，左臂微屈于腰部左侧，左手隐于长袖之中。如LM32：2（图2-4，6）。

吹箫俑　仅确认2件，出自LM5和LM25。体量较大，踞坐姿态，上身挺直。头戴平巾帻，身着右衽深衣，双膝外露，双手握竖箫，箫上端与口相触，作吹箫状。如LM25：21（图2-4，7）。

击鼓俑　仅确认1件，即LM12：1（图2-4，8）。体量较大，坐姿较为怪诞、滑稽，两腿之间置鼓。头戴平顶矮冠，张口似唱，赤身，赤脚，右手握槌，作击鼓状，左手屈于抬起的左膝之上。

拱手俑　共确认41件，几乎每座墓葬都有出土，仅LM4、LM8、LM11、LM15、LM16、LM18、LM20、LM21、LM23、LM25和LM31没有出土。体量相对较小，站立姿态。头披巾，身穿圆领深衣，双手合握于腹部并隐于长袖之中。如LM13：1（图2-4，9）。

辟邪类　属于此类的只有执蛇斧（钺）俑。

执蛇斧（钺）俑　仅确认2件，出自LM3和LM5。无完整器，仅存残片，体量应较大，可辨蛇、斧（钺）、长舌等部位，故确认为执蛇斧（钺）俑。

除此之外，刘家大山崖墓还出土俑头18件，出自LM3、LM5、LM9、LM10、LM13、LM15、LM16、LM18、LM19、LM21、LM22、LM24、LM25和LM32。根据所戴冠帽的不同分三型：

A型　头未戴冠，梳扇形双高髻。根据冠额是否装饰簪花分二亚型：

Aa型　无簪花装饰。如LM5：1（图2-4，10）。

Ab型　有簪花装饰。如LM16：10（图2-4，11）。

B型　头戴介帻。如LM19：3（图2-4，12）。

C型　头戴平巾帻。如LM24：7（图2-4，13）。

动物俑绝大多数表现的是家畜或家禽，如狗、鸡、鸭，此外有少数反映丧葬观念的动物俑，如蟾蜍等。

狗　共确认12件，分别出自LM5、LM9、LM13、LM17、LM18、LM21、LM22、LM24、LM25、LM31和LM32。体量较大，体态壮硕，颈部有拴狗绳。根据狗的姿势分二型：

A型　站姿，四肢着地。如LM18：1（图2-4，22）。

B型　坐姿，前肢站立，后肢坐地。如LM22：1（图2-4，20）。

鸡　共确认20件，分别出自LM5、LM11、LM12、LM16、LM17、LM19、LM22、LM25和LM32。均为站立姿态。根据体量大小及双脚的塑造特征分二型：

A型　体量较大，双脚分开塑造。如LM16：2（图2-4，14）。

B型　体量较小，双脚合体塑造为一个空圆柱形。如LM11：1（图2-4，15）。

子母鸡　共确认4件，分别出自LM11、LM13、LM22和LM25。体量较小，母鸡趴卧状，背部有一只小鸡。如LM13：4（图2-4，16）。

鸭　共确认11件，分别出自LM5、LM6、LM13、LM16、LM24和LM25。体量较小，整体形态与子母鸡较为相似。如LM5：4（图2-4，17）。

蟾蜍　仅确认1件，即LM3：4（图2-4，18）。

除此之外，LM25还随葬一件陶禽鸟，整体造型形似B型陶鸡，背部似有小禽鸟，喙似马嘴，较为奇特（图2-4，19）。

陶模型明器均为夹砂陶，颜色以红褐色居多，另有少数呈灰褐色。保存均较差，复原完整器甚少，从中可辨别出房、塘和井三种。

房　共确认22件，出自LM9、LM10、LM11、LM13、LM15、LM16、LM17、LM18、LM19、LM21、LM22、LM24、LM25、LM30和LM32。造型较为简单，面阔一间，中间有一斗三升斗拱，如LM25：18（图2-4，23）。

塘　共确认15件，出自LM3、LM5、LM7、LM8、LM11、LM12、LM16、LM18、LM19、LM20、LM21、LM22和LM32。平面呈长方形，宽沿，斜壁，平底，整体呈浅盘状，塘中部有半隔挡将其大致等分，塘内分布着荷叶、鱼等水生动植物。如LM18：3（图2-4，24）。

井　仅确认1件，即LM16：7（图2-4，21）。造型简单，整体形似圆柱形器座，敛口，方唇，上腹外鼓，下腹外撇，口外侧饰戳印纹。

除了上述三类主要的陶器之外，刘家大山崖墓还随葬有棒形的陶制器物，用途不明。

铜器以铜钱为主，出自LM6、LM13、LM17、LM18、LM21、LM23和LM25。每墓出土数量不等，最少出土1枚，如LM23，最多出土14枚，如LM21。均为圆形方穿，甚薄，可分为五铢钱和无文钱两种：

五铢钱　一面穿两侧铸篆体"五铢"二字，直径2.3~2.6厘米，穿边长0.9~1.3厘米。根据是否有郭分二型：

A型　有郭。如LM21：2-1（图2-5，1）、LM25：16-1（图2-5，2）。

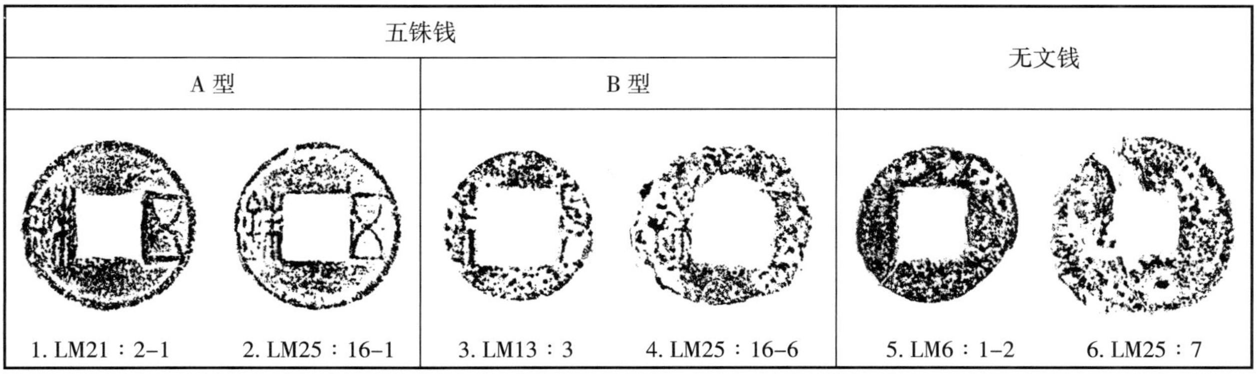

五铢钱				无文钱	
A型		B型			
1. LM21：2-1	2. LM25：16-1	3. LM13：3	4. LM25：16-6	5. LM6：1-2	6. LM25：7

图2-5　刘家大山崖墓铜钱类型划分示意图

B 型　无郭。如 LM13：3（图 2-5，3）、LM25：16-6（图 2-5，4）。

无文钱　钱币表面无文字。无郭，尺寸均较小，直径多为 2.3 厘米，穿边长约 1 厘米。如 LM6：1-2（图 2-5，5）、LM25：7（图 2-5，6）。

除了铜钱之外，仅 LM32 出土 1 枚铜镜。

铁器仅出土 3 件，分别出自 LM10、LM16 和 LM25。除了 LM10 所出铁器可辨认为 1 件铁锥之外，其余 2 件均锈蚀、残损严重，不辨器类。

玉石器出土甚少，只有 LM16 随葬 2 件云母片，完整形制与用途均不明。

由于崖墓被严重盗扰，绝大多数随葬品已经不在原位，原本的摆放位置和放置状态不甚清楚。不过，从 LM5、LM18、LM32 可以大致确认陶俑和陶模型明器都放置在墓室地面，相对来说，动物类陶俑靠近墓室前部，而人物俑则靠近墓室后部。

第三节　墓葬分述

结合以上综述，对刘家大山墓群 32 座崖墓逐一介绍如下。

一、LM1

位于墓群的最东端偏南，西侧为 LM2，二者并排分布，方向基本平行。墓向 227°。未开凿完毕，仅有露天的墓道。墓道平面呈梯形，残长 3.1 米，外端宽而内端窄，内宽 0.8、外宽 1.2 米。整体由内向外倾斜，易于排水。未见任何装饰及葬具、随葬品。墓壁保存有近似圆点状凿痕（图 2-6；图版 2-5）。

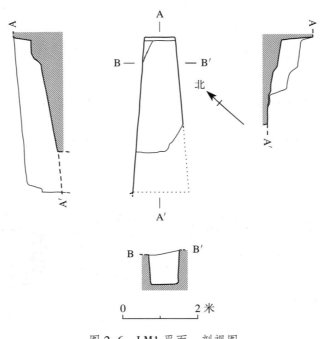

图 2-6　LM1 平面、剖视图

二、LM2

位于墓群东端，东侧靠近 LM1 且与之并排分布，西侧 10 至 15 米为 LM3，但二者墓道外端相距较近，不足 5 米。墓道开口高度比 LM1 低，与 LM3 的墓道开口高度相近。墓向 232°。未开凿完毕，仅有露天墓道。墓道平面呈长条状，残长 10.3 米，内端略宽于外端，内宽 1.4、外宽 0.95 米。整体内高外低，易于排水。墓道底部可见明显的三级台面，墓道后壁中部亦有一道明显的台面。未见任何装饰及葬具、随葬品。墓道底部和壁面保存有大致平行的线状凿痕（图 2-7；图版 2-6）。

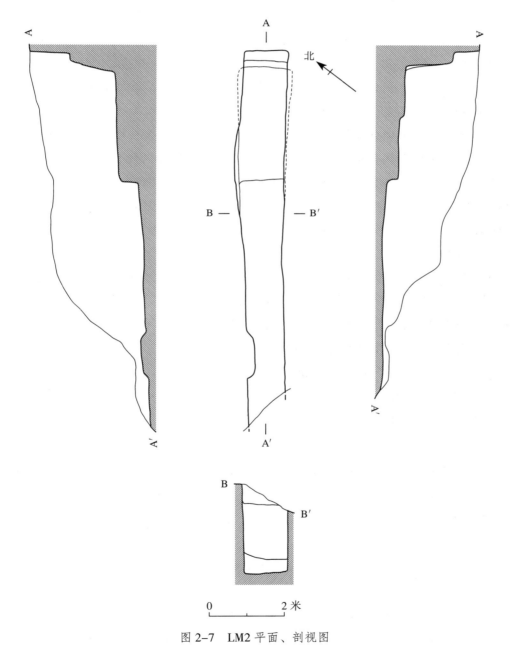

图 2-7　LM2 平面、剖视图

三、LM3

被盗扰。位于墓群东部，东侧 10 至 15 米为 LM2，西侧距 LM4 约 5 米，位置相对较为孤立。墓道开口高度与 LM2 相当，比 LM4 的墓道开口低。

墓向 176°，与 LM1 和 LM2 的墓向夹角较大，将近 50°，与 LM4 存在约 10° 夹角。

单室墓（甲 Ab 型），残长 14.55、宽 2.55 米（图 2-8）。

墓道呈长条形，残长 7.15 米，外端与内端基本等宽，宽 0.9~1.15 米。底部整体内高外低，易于排水，较为平坦（图版 2-7，1）。

墓门竖直，与墓道底部夹角大致为直角，立面呈梯形，上窄下宽，高 1.2、上宽 0.65、下宽 0.8 米。单重门框，无门楣。

长方形甬道，进深 1.35、面阔 0.8、高 1.15~1.2 米。顶部水平状，顶面较为平坦，直壁，斜直坡底，底部与墓道底部和墓室底部连为一体。

长方形墓室较长，拱形顶近券顶，顶部中央近平，两侧斜弧外敞，顶、壁转折明显，近直壁，顶与底整体呈内高外低的倾斜状。底部较为平坦，有两个台阶将底面大致平分为三个均等台面，各级台面高差约 0.15 米。墓室进深 6.1、面阔 1.55~1.65、高 1.45~1.75 米（图版 2-7，2；图版 2-8，2）。

两个侧室，均位于墓室左壁，口略内收，平面均呈袋状长方形，斜弧顶，直壁，平底。左前侧室面阔 1.8、进深 0.8、高 0.7 米，底部比墓室底部高 0.5 米。左后侧室面阔 1.95、进深 0.9、高 0.85 米，底部比墓室底部高 0~0.25 米。

两个壁龛，均位于墓室右壁。靠前的壁龛位于墓室右壁中部，平面大致呈梯形，立面形状大致呈长方形，面阔 1.05~1.15、进深 0.2、高 0.6 米；斜直顶，直壁，平底，底部距墓室底部 0.15~0.2 米。靠后的壁龛位于墓室右壁后部，平面呈三角形，立面形状呈长方形，面阔 0.55、进深 0.15、高 0.35 米。近平顶，直壁，斜直底，底部距墓室底部约 0.4 米。

台式灶台位于墓室左前角，与壁龛相隔较远。平面呈长方形，内外长 0.8、左右宽 0.45、高 0.25~0.45 米。单眼灶，灶眼为圆形，直径约 0.2 米，后部有窄长条烟道。灶门呈长方形，高 0.15、宽 0.25 米，朝向后端，与墓室中轴线平行（图版 2-8，1）。

不见任何排水设施、葬具以及墓主人骨骼。

墓室顶部中央对应墓室底部台阶处有两个圆柱形浮雕，疑似简化垂瓜藻井。靠前的垂瓜藻井直径约 0.5 米，靠后的垂瓜藻井直径约 0.3 米，残存高度不足 0.1 米（图版 2-9，1）。除此之外，在墓室左壁和后壁的顶、壁交界处有黑色彩绘，主要形象为简化的一斗三升斗拱和枋等房屋构件（图版 2-9，2、3）。

墓道、墓室壁面以及墓室顶部保存有平行线性和圆点状凿痕。

随葬品均因为盗扰而脱离原始位置，从填土出土的残片中大致可辨认出陶容器有 1 件罐、2 件器底，陶俑有 1 件拱手俑、1 件执蛇斧（钺）俑、1 件俑头、1 只蟾蜍以及 2 只不可辨种属的动物，此外还有 1 件陶塘和 1 件不知用途的陶棒。

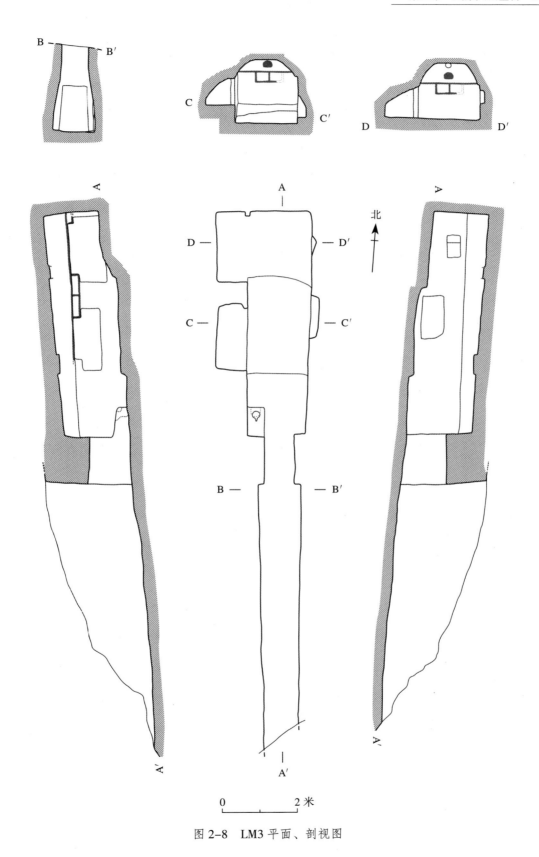

图 2-8　LM3平面、剖视图

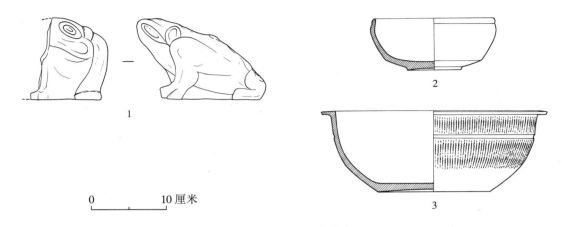

图 2-9 LM3、LM4 随葬陶器

1. 蟾蜍（LM3：4） 2. 钵（LM4：2） 3. 盆（LM4：1）

陶蟾蜍 LM3：4，仅存一半，夹砂褐陶。趴卧状，前肢斜立，后肢蜷曲。长 17.2、残宽 10、高 10.6 厘米（图 2-9，1；图版 2-9，4）。

四、LM4

被盗扰。位于墓群东部，东侧距 LM3 约 5 米，西侧紧邻 LM5 且与之有打破关系，可惜无法确定打破顺序（图版 2-11，1）。墓道开口高度比 LM3 略高，但略低于 LM5。

墓向 163°。与 LM3 和 LM5 均存在约 10° 夹角。

单室墓（甲 Bb 型），残长 9.9、残宽 2.8 米（图 2-10）。

墓道呈长条形，残长 5.45 米，内端略宽于外端，宽 1.2~1.7 米。底部近平，内侧略高于外侧，易于排水，较为平坦（图版 2-10，1）。

墓门斜立，与墓道底部夹角为 70°，立面呈梯形，上窄下宽，高 1.3、上残宽 1.1、下宽 1.25 米。双重门框，无门楣。

梯形甬道，外窄内宽，进深 1.35、面阔 1.1~1.4、残高 1.35 米。顶部残缺，直壁，平底，底部与墓道底部相接处有矮台阶，比墓道高 0.1 米。

长方形墓室较短，外端略窄于内端，拱形顶近平，外端部分坍塌，两侧斜弧略外敞，顶、壁转折明显，斜直壁，顶与底整体呈水平状，底部较为平坦，略有起伏。墓室进深 3.05、面阔 1.4~1.85、高 2.1 米（图版 2-10，2）。

两个侧室，分处墓室后部左、右两侧，平面近似长方形，口部略宽于内部，斜弧顶，直壁，平底。左侧室大部分被盗洞破坏，只残存口部，口部上边缘呈弧形，面阔 1.6、进深 0.35~0.45、高 1.2 米，底部比墓室底部高 0.4 米。右侧室面阔 1.65、进深 0.75、高 0.95 米，底部比墓室底部高 0.5 米。

墓室左前方侧壁有一个壁龛，开凿方向略向左前方，平面近似梯形，立面形状为长方形，面阔 0.62、进深 0.3~0.45、高 0.4 米。平顶，直壁，平底，底部距墓室底部 0.8 米。

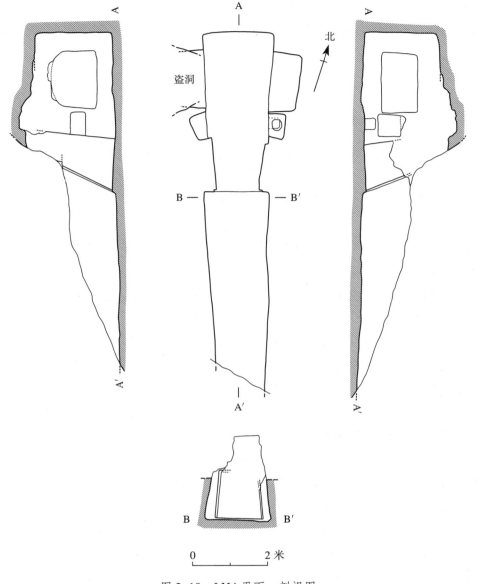

图 2-10 LM4 平面、剖视图

　　龛式灶台位于墓室右前方，与壁龛左右相对。开凿方向与壁龛轴对称，平面形状与壁龛相似，灶龛立面大致呈方形，面阔 0.6、进深 0.35~0.45、高 0.6 米，灶台面与墓室底部高差 0.35 米。单眼灶，灶眼为圆形，直径约 0.25 米。灶门呈长方形，高 0.3、宽 0.3 米，朝向左侧，与墓室中轴线垂直。

　　不见任何排水设施、装饰、葬具以及墓主人骨骼。

　　墓道、墓室壁面以及墓室顶部保存有较大的圆点状凿痕。

　　随葬品均因为盗扰而脱离原始位置，从墓道和甬道填土中出土保存相对较为完整的陶盆和陶钵各 1 件。

　　陶盆　LM4：1，保存完整，泥质灰褐陶。B 型，整体宽扁，敞口，窄平折沿，薄方唇，浅鼓腹，平底微内凹。腹部饰旋断绳纹。口径 30、底径 14.8、高 11 厘米（图 2-9，3；图版 2-10，3）。

陶钵　LM4：2，保存完整，泥质灰褐陶。属 A 型，整体宽扁，直口微敛，尖圆唇，浅腹，上腹微鼓，下腹斜收，上、下腹之间转折明显，平底微凸似假圈足。素面。口径 16、底径 7.2、高 7 厘米（图 2-9，2；图版 2-10，4）。

五、LM5

被盗扰。位于墓群东部，东、西两侧分别紧邻 LM4 和 LM6 且与 LM4 有打破关系，可惜无法确定打破顺序（见图版 2-11，1）。墓道开口高度比 LM4 略高，但略低于 LM6。

墓向 172°。与 LM4 存在不足 10° 的夹角，与 LM6 几乎平行。

双室墓（乙 Bb 型），残长 13.9、宽 3.25 米（图 2-11）。

墓道呈长条形，残长 4.65 米，内端略宽于外端，外端宽 1.2、内端宽 1.5 米，底部外侧高于内侧，似不利于排水（图版 2-11，2）。

墓门竖直，与墓道底部夹角近 90°，顶部部分坍塌，立面略呈梯形，上窄下宽，高 1.2、上宽超过 0.85、下宽 0.95 米。双重门框，无门楣。

梯形甬道，外窄内宽，进深 1、面阔 0.85~1.1、高 0.65~1.15 米。顶部残缺较甚，残存部分较为平坦，整体内高外低，直壁，底部近平，底部与墓道底部相接处有矮台阶，高差 0.05 米。

两个墓室，平面形状均呈长方形，拱形顶，弧度较小，顶、壁转折明显，斜直壁，顶与底整体呈内高外低的倾斜状，底部较为平坦。前室和后室之间的甬道大致呈长方形，面阔 0.75、进深 0.65、高 1.15 米；顶部和底部均内高外低，表面较为平整，甬道底部比前室底部高约 0.4 米。后甬道与前室后壁交界的门框呈梯形，单重门框，宽 0.55~0.75、高 1.15 米。前室顶部和左前壁坍塌，进深 2.8、面阔 1.35~1.55、残高 1.7 米（图版 2-12，1），后室进深 2.95、面阔 1.45~1.55、高 1.5~1.7 米（图版 2-12，2）。

四个侧室，分处前室左后侧，后室左、右两侧及后端。前室左侧室平面近长条状梯形，后侧部分深入前室后壁之内，面阔 1.9、进深 0.45、残高 1.25 米；顶部和前部被盗洞破坏，直壁，平底，底部比前室底部高 0.35~0.6 米。后室左侧室位置相对靠后，顶部大部分坍塌，平面近似长方形，面阔 1.7、进深 0.8、高 0.8 米；斜直顶，斜直壁，平底，底部比后室底部高 0.2~0.4 米。后室右侧室位置靠前，口部有内收，上边缘呈弧形，平面近似长方形，面阔 1.5~1.8、进深 0.85、高 1 米；斜直顶，斜壁近直，平底，底部比后室底部高 0.25~0.35 米。后室后侧室处于后室后壁中央，平面略呈梯形，面阔 0.7~0.9、进深 1.8、高 1 米；平顶，斜直壁，平底，底部比后室底部高 0.25 米。

前室左侧有两个壁龛，均残损，完整形状不明，平顶，直壁，平底。左前壁龛平面似为长方形，立面形状似为长方形，面阔 0.3、进深 0.1、高 0.3 米，底部距前室底部 1.15 米。左后壁龛位置相对左前壁龛靠后且低，平面形状似为梯形，立面形状为长方形，面阔 0.45、进深 0.2、高 0.4 米，底部距前室底部 0.15~0.2 米。

复式灶台位于前室左前角，台式部分平面呈长条形，龛式部分则大致呈月牙形，整体复原面阔约 0.65、进深 0.15~0.3 米。灶龛残损，立面形状大致呈长方形，直壁，残高 0.85 米，灶龛底面距前室底部，即灶台高 0.3 米。单眼灶，灶眼为圆形，复原直径约 0.15 米，灶眼两侧各有两个小圆孔，复原直径约

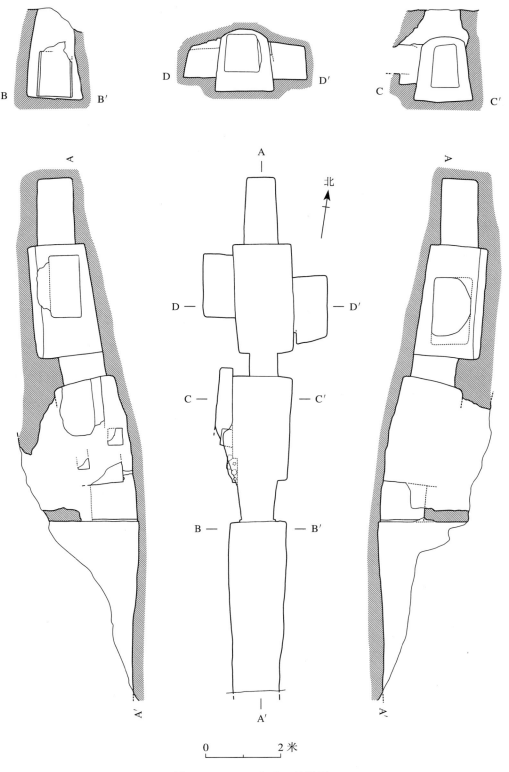

图 2-11　LM5 平面、剖视图

0.05~0.1 米。灶门残失，形制不明，朝向右侧，与墓室中轴线垂直。

不见任何排水设施、装饰、葬具以及墓主人骨骼。

墓道、墓室壁面以及墓室顶部保存有较大的圆点状凿痕。

在后室右前角底部发现 4 件大致位于原位的随葬陶俑，包括 1 件陶俑头、1 件陶鸡和 2 件陶鸭，陶俑头应该被扰动过，而 3 只陶家禽则并排直立，头朝向墓门方向（图版 2-13，1）。除此之外，从填土中的陶片辨识出 1 件盆、1 件罐、1 件执蛇斧（钺）俑、1 件吹箫俑、1 件拱手俑、1 只狗、2 只鸡和 2 只鸭，另外还有 1 件陶塘。

陶俑头　仅 1 件，即 LM5：1。仅存陶人俑头部，夹细砂红褐陶。Aa 型，头未戴冠，梳扇形双高髻，面容平静。宽 12、残高 22 厘米（图 2-12，1；图版 2-13，2）。

陶鸡　共辨识 3 件，均为夹细砂红褐陶。形制属于 B 型，体量较小，站立姿态。头高昂，背部自然向尾部倾斜，尾部不明显，似为小鸡，双脚合体塑造为一个空圆柱形。标本 LM5：3，保存较为完整。头尾长 7.5、宽 4.9、高 8.8 厘米（图 2-12，2；图版 2-13，3）。

陶鸭　共辨识 4 件，均为夹细砂红褐陶。体量较小，头高昂，趴卧姿态。标本 LM5：2，保存较为完整。头尾长 9.1、宽 5.2、高 8.2 厘米（图 2-12，3；图版 2-13，4）。标本 LM5：4，保存较为完整。头尾长 9.2、宽 5.5、高 8.1 厘米（图 2-12，4；图版 2-13，5）。

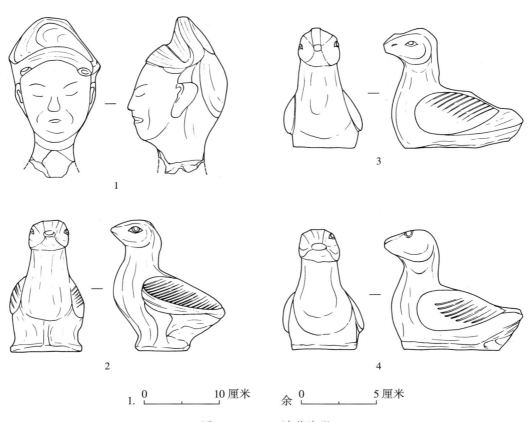

图 2-12　LM5 随葬陶器

1. 陶俑头（LM5：1）　2. 陶鸡（LM5：3）　3、4. 陶鸭（LM5：2、LM5：4）

六、LM6

被盗扰。位于墓群东部，东侧紧邻 LM5，二者之间有盗洞相连，西侧距 LM7 将近 5 米。墓道开口高度比 LM5 略高（见图版 2-11，1），但低于 LM7 将近 1 米。

墓向 174°，与 LM5、LM7 基本平行。

单室墓（甲 Ac 型），残长 11.05、宽 3.5 米（图 2-13）。

墓道呈长条形，残长 3.95、宽 0.9~1.3 米。东侧壁中部因避让坚硬岩体而向西侧外凸，底部凹凸不平，内外近水平无明显倾斜（图版 2-14，1）。

墓门竖直，与墓道底部夹角近 90°，立面呈长方形，高 1.2、宽 0.9 米。单重门框，墓门上方约 0.4 米的墓壁微微外凸，形成简易门楣。

近长方形甬道，进深 1.1、面阔 0.95、高 1.2 米。平顶，直壁，底部近平，底部与墓道底部相通。

长方形墓室较长，外端略窄于内端，拱形顶，弧度较小，顶、壁转折明显，直壁，顶与底整体呈内高外低的倾斜状。底部较为平坦，略有起伏，右后部因为石质坚硬而形成长条形突起，中后部有一道高约 0.1 米的台阶将墓室底面分成两部分。墓室进深 3.6、外端面阔 1.3、内端面阔 1.6、高 1.85 米（图版 2-14，3）。

三个侧室，分处墓室后部左、右两侧以及后部中央。左侧室顶部部分坍塌，平面近似梯形，面阔 1.85、进深 0.65~1、高 0.9 米；斜弧顶，斜直壁，顶、壁分界不明显，平底，底部比墓室底部高 0.3 米。右侧室顶部和后部坍塌且被盗洞破坏，平面近似圆角矩形，外侧口部略有内收，面阔 1.9、进深 0.95、高 0.8 米；斜弧顶，斜直壁，顶、壁分界不明显，平底，底部比墓室底部高 0.4~0.5 米。后侧室顶部前端部分坍塌，平面呈长条梯形，面阔 0.75~0.9、进深 2.4、高 0.8~1 米；顶、壁特征与墓室相似，顶部由外向内倾斜，底部水平状，底部比墓室底部高 0.2 米。

墓室左前方侧壁有一个壁龛，平面近似梯形，立面形状为长方形，面阔 0.6、进深 0.2、高 0.35 米。平顶，直壁，平底，底部距墓室底部 0.95 米。

复式灶台位于前室左前角，台式部分残损，仅存部分平面呈三角形，复原整体应呈长条形。龛式部分平面呈长方形，立面形状呈长方形，平顶，直壁，整体面阔 0.5、进深 0.45、高 0.95 米，灶龛底面距墓室底部，即灶台高 0.3 米。单眼灶，复原灶眼应为圆形，直径约 0.2 米，后部有窄长条状烟道。灶门残失，形制不明，朝向右侧，与墓室中轴线垂直。

在墓道左前方残留一条排水管道，以筒瓦覆盖为之（图版 2-14，2）。

墓室左侧壁的左侧室和壁龛之间，以及墓室右侧壁的右壁龛两侧均半浮雕丁头拱，柱头上承横梁，两侧下垂的横拱直接插于柱头两侧（图版 2-15）。

墓道、墓室壁面以及墓室顶部保存有较大的圆点状凿痕。此外，在墓室顶部两侧保留有 5 个直径约 0.05~0.1 米的小圆孔，应该是开凿墓室保留的痕迹。

不见葬具以及墓主人骨骼。

随葬品均因为盗扰而脱离原始位置，从填土出土的陶片中大致可辨认的容器有 1 件甑、1 件罐以

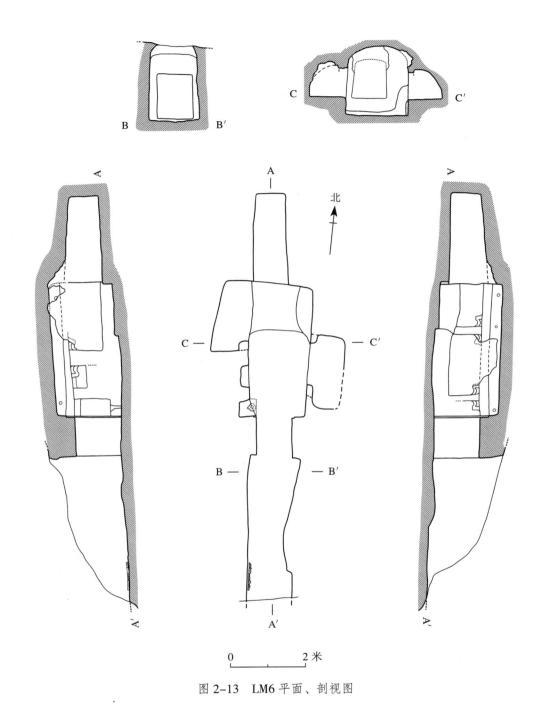

图 2-13 LM6 平面、剖视图

及容器底部残片 2 件，陶俑有 2 件拱手俑、1 只鸭以及 1 件不辨器类的陶俑，此外还出土 2 枚铜钱。

铜钱 LM6：1-1，A 型五铢钱，保存完整，"五铢"二字漫灭。直径 2.55、穿径 0.9 厘米，重 3.1 克（图 2-14，1）。LM6：1-2，无文钱，保存完整，无郭，似被剪。直径 2.1、穿径 1 厘米，重 0.9 克（图 2-14，2）。

0 ————————— 2 厘米

图 2-14　LM6 随葬铜钱

1. LM6：1-1　2. LM6：1-2

七、LM7

被盗扰。位于墓群东部，东侧距 LM6 约 5 米，西侧紧邻 LM8。墓道开口高度比 LM6 高出约 1 米，比 LM8 高出超过 2 米。

墓向 173°，与 LM6、LM8 基本平行。

单室墓（甲 Bb 型），残长 6.15、宽 3.15 米（图 2-15）。

墓道呈长条形，内外基本等宽，残长 2.7、宽 1.1 米。底部平坦，内高外低，利于排水（图版 2-16，1）。

墓门斜立，顶部缺失，与墓道底部夹角约 80°，立面似呈长方形，残高 2.1、宽 0.75 米。单重门框。

近长方形甬道，进深 0.75、面阔 0.8、残高 1.1 米。顶部缺失，直壁，底部平坦，内高外低，底部与墓道底部连为一体。

近长方形墓室较短，外端略窄于内端，顶部缺失，斜壁近直，底部较为平坦，内高外低。墓室进深 2.4、外端面阔 1.5、内端面阔 1.7、残高 1.1 米（图版 2-16，2）。

两个侧室，分处墓室中部左、右两侧，顶部残缺，斜直壁，平底。左侧室平面近似梯形，面阔 1.7、进深 0.5~0.85、残高 0.75~0.95 米，底部比墓室底部高 0.15~0.3 米（图版 2-16，3）。右侧室平面近似长方形，内部略宽于口部，面阔 1.75~1.95、进深 0.8、残高 0.6~0.95 米，底部比墓室底部高 0.15~0.4 米（图版 2-16，4）。

墓室后壁中央有一个壁龛，与灶龛连为一体，平面近似长方形，立面形状为长方形，面阔 0.55、进深 0.25~0.3、高 0.3 米。平顶，直壁，平底，底部距墓室底部 0.35 米。

龛式灶台位于墓室后壁中央，与壁龛相连。平面形状近似正方形，面阔 0.35、进深 0.3 米。灶龛立面呈长方形，高 0.45 米，灶台面与墓室底部高差，即灶台高度 0.35 米。单眼灶，残，灶眼为圆形，直径似为 0.15 米，后部有窄长条烟道。灶门梁残缺，立面呈圆弧长方形，高约 0.25、宽 0.3 米，朝向前端，与墓室中轴线平行。

不见任何排水设施、装饰、葬具以及墓主人骨骼。

墓道、墓室壁面及侧室壁面保存有较大的圆点状凿痕。

随葬品均因为盗扰而脱离原始位置，从填土出土的陶片中大致可辨认 1 件罐、2 件容器底部残片、2 件拱手俑、1 件不辨类别陶俑以及 1 件陶塘模型。

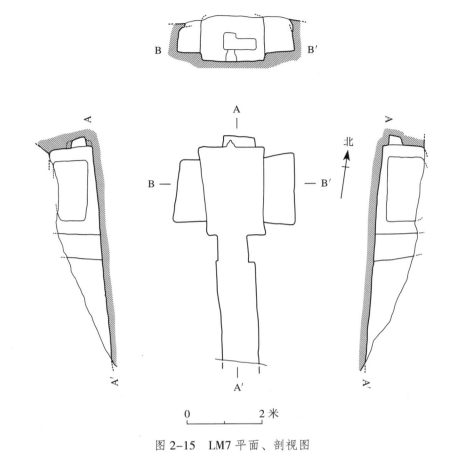

0　　　　　2 米

图 2-15　LM7 平面、剖视图

八、LM8

被盗扰。位于墓群东部，东侧紧邻 LM7，西侧紧邻 LM9。墓道开口高度比 LM7 低超过 2 米，比 LM9 低将近 1 米。

墓向 177°，与 LM9 基本平行。

单室墓（甲 Ab 型），残长 12.1、宽 3.1 米（图 2-16）。

墓道呈长条形，内外基本等宽，残长 6.4、宽 1.1~1.25 米。靠近内侧底部有两个台阶，形制不甚规则，表面较为平坦。整体内高外低，利于排水（图版 2-17，1）。

墓门竖直，与墓道底部夹角近 90°，立面近呈梯形，高 1.2、宽 0.7~0.85 米。单重门框，墓门上方约 0.1 米处向外扩出 0.15 米平檐，其上 0.65~0.75 米处墓壁开始向后收缩，此为 LM8 的门楣。

梯形甬道，外窄内宽，进深 0.7、面阔 0.85~0.95、高 1.2 米。平顶，内高外低，直壁，底部近平，底部与墓道内端第三级台面底部连为一体。

近长方形墓室较长，外端略窄于内端，拱形顶中部近平，两侧斜弧略外敞，整体近似券顶，顶、壁转折明显，转折处有一周宽约 0.1 米的平檐，斜直壁，顶与底整体呈内高外低的倾斜状。底部较为平坦，中部有一道台阶将墓室底部大致对半分为两部分，高差约 0.15~0.2 米。墓室进深 5、外端面阔 1.6、内

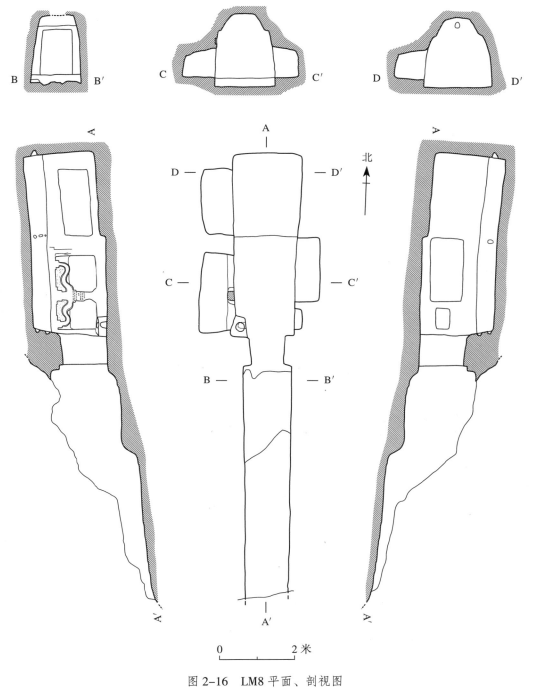

图 2-16 LM8 平面、剖视图

端面阔 1.8、高 1.8~1.9 米（图版 2-17，2、3）。

　　三个侧室，分处墓室左、右两侧，平面近似长方形，斜直顶，斜直壁，平底。左前侧室口部中央有 1 立柱，截面似圆角长方形，宽 0.25、厚 0.15、高 0.58 米，立柱上方为类似门帘一类结构。左前侧室面阔 2.05~2.2、进深 0.9、高 0.5~0.7 米，底部比墓室底部高 0.25 米。左后侧室面阔 1.75、进深 0.8、高 0.65~0.8 米，底部比墓室底部高 0.2 米。右侧室面阔 1.7、进深 0.65、高 0.8 米，底部比墓室底部高

0.25 米。

　　墓室右前方侧壁有一个壁龛，平面近似长方形，立面形状为长方形，面阔 0.55、进深 0.2、高 0.4 米。平顶，直壁，平底，底部距墓室底部 0.4 米。

　　台式灶台位于墓室左前角，与壁龛大致相对。平面形状近似梯形，内外长 0.5、左右宽 0.2~0.4、高 0.25 米。单眼灶，灶眼为圆形，直径约 0.25 米。灶门大致呈长方形，门梁为弧形，高 0.15、宽 0.1~0.2 米，朝向右侧，与墓室中轴线垂直。

　　不见任何排水设施、葬具以及墓主人骨骼。

　　左前侧室立柱浮雕大型一斗三升斗拱，立柱及皿板表面装饰密集点状纹饰，双拱跨度较为夸张，拱头向下弯曲，拱及三升均素面无装饰（图版 2-18）。

　　墓道、墓室壁面以及墓室顶部保存有平行线状以及大型圆点状凿痕。此外，在墓室两侧及内、外两端上部有直径约 0.05~0.15 米的小圆孔，似为整体开凿遗留痕迹。

　　随葬品均因为盗扰破碎且脱离原始位置，从填土出土陶片中仅辨识出陶俑和陶塘模型各 1 件。

九、LM9

　　被盗扰。位于墓群东部，东侧紧邻 LM8，西侧距 LM10 将近 5 米。墓道开口高度比 LM8 高约 1 米，与 LM10、LM11 和 LM12 的墓道开口高度相若。

　　墓向 177°，与 LM10 存在超过 15° 的夹角，与 LM8 大致平行。

　　单室墓（甲 Ac 型），残长 12、宽 2.45 米（图 2-17）。

　　墓道呈长条形，内端略宽于外端，残长 5.7、宽 0.85~1.2 米。底部略有凹凸，内高外低，利于排水（图版 2-19，1）。

　　墓门竖直，与墓道底部夹角近 90°，立面呈长方形，高 1.3、宽 0.75 米。单重门框，墓门上方呈三级阶梯状斜向外凸，各级阶梯高差约 0.2~0.25 米，因而形成门楣（图版 2-19，3）。

　　梯形甬道，外窄内宽，进深 0.9、面阔 0.75~1.05、高 1.4 米。顶部平坦，整体内高外低，直壁，底部近平，底部与墓道底部连为一体。

　　长方形墓室较长，拱形顶近平，两侧斜弧略外敞，顶、壁转折不甚明显，斜直壁，顶与底整体呈内高外低倾斜状。底部较为平坦，中部有一台阶将墓室底部大致二等分，台阶高 0.25~0.35 米，走向不甚规整，与避让坚硬石质不无关系。墓室进深 3.7、面阔 1.65、高 1.5~1.8 米（图版 2-19，2）。

　　两个侧室，分处墓室左侧和后部。左侧室平面近似长方形，口部略内收呈袋状，斜直顶，近直壁，平底；面阔 1.55~1.7、进深 0.8、高 0.65 米，底部比墓室底部高 0.3 米。后侧室顶、壁特征与墓室近同，顶部外高内低，平底较为水平；面阔 0.8~1、进深 1.7、高 0.85~0.95 米，底部比墓室底部高 0.15 米。

　　墓室左前方侧壁有一个壁龛，平面近似长方形，立面形状为长方形，面阔 0.6、进深 0.25、高 0.35 米。平顶，直壁，平底，底部距墓室底部 0.85 米。

　　台式灶台位于墓室左前角，靠近壁龛。平面形状近似梯形，内外长 0.6、左右宽 0.25~0.4、高 0.3 米。单眼灶，灶眼为圆形，直径约 0.2 米。灶门呈长方形，高 0.15、宽 0.2 米，朝向后端，与墓室中轴线平行。

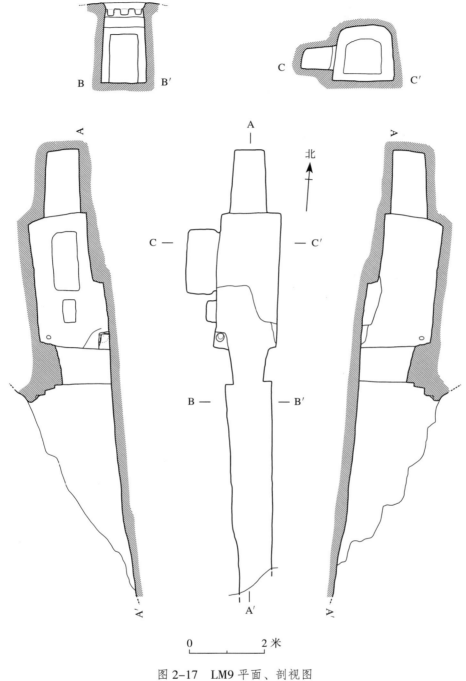

图 2-17　LM9 平面、剖视图

不见任何排水设施、葬具以及墓主人骨骼。

门楣处半浮雕 3 个屋椽，立面形状大致呈方形，其上为横向的屋檐，与屋椽方向垂直（图版 2-19，3）。

墓道、墓室壁面以及墓室顶部保存有较大的圆点状凿痕。墓室前端顶部两侧保留有小圆孔，直径约 0.1 米，应属整体开凿保留的痕迹。

随葬品均因为盗扰破碎且脱离原始位置，从填土陶片中辨识出 1 件盆、1 件甑、6 件罐、2 件拱手俑、

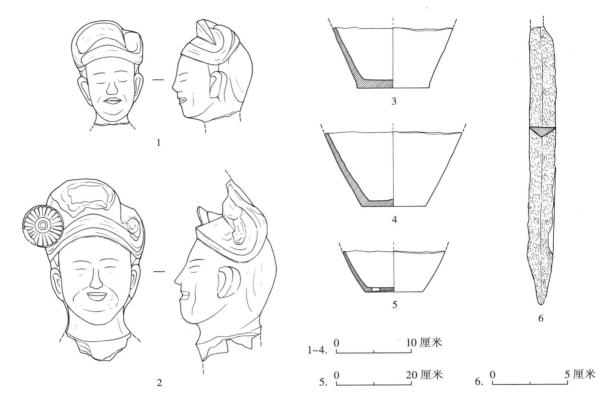

图 2-18　LM9、LM10 随葬器物

1、2.陶俑头（LM10：1、LM9：1）　3、4.陶罐（LM10：3、LM9：2）　5.陶瓿（LM9：3）　6.铁锥（LM10：5）

1 件俑头、1 只狗、2 座房屋模型以及 1 件不辨器类的陶俑。

陶瓿　LM9：3，仅存底部，泥质灰褐陶。斜腹微鼓，平底微内凹。底径 15.2、残高 11.2 厘米（图 2-18，5）。

陶罐　LM9：2，仅存底部，夹细砂泥质灰褐陶。斜直腹，平底。底径 8.4、残高 10.2 厘米（图 2-18，4）。

陶俑头　LM9：1，仅残存陶俑头部，夹细砂红褐陶。Ab 型，头未戴冠，梳扇形双高髻，额头右侧有一簪花，面容微笑。宽 16.2、残高 24.6 厘米（图 2-18，2；图版 2-19，4）。

一○、LM10

被盗扰。位于墓群中部，东侧距 LM9 约 5 米，西侧距 LM11 将近 3 米。墓道开口高度与 LM9、LM11 和 LM12 相若。

墓向 161°，与 LM9 有超过 15° 的夹角，和 LM11 的夹角不足 10°。

单室墓（甲 Bc 型），残长 9.5、宽 2.5 米（图 2-19）。

墓道呈长条形，内外基本等宽，残长 3.6、宽 1.05~1.65 米。底部凹凸不平，近墓门处有一不规则台阶，高度约 0.15 米，整体外高内低，中部低洼，极不利于排水（图版 2-20，1）。

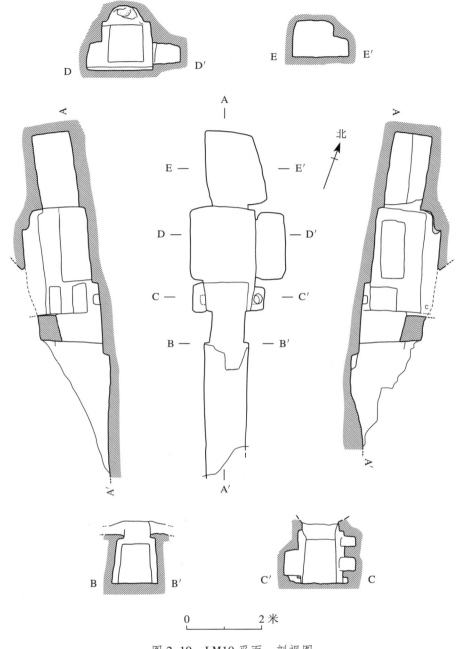

图 2-19　LM10 平面、剖视图

　　墓门近乎竖直，与墓道底部夹角接近 90°，立面呈梯形，高 1、宽 0.7~0.9 米。单重门框，无门楣。

　　长方形甬道，进深 0.9、面阔 0.85、高 1.1 米。顶部较为平坦，整体内高外低，直壁，底部近平，由内向外倾斜，底部与墓道底部连为一体。

　　长方形墓室较短，外端略窄于内端，前半部墓室顶部缺失，残存顶部呈拱形，中部近平，两侧斜弧略外敞，整体形似券顶，顶、壁转折明显，转折处有一周宽约 0.15 米的平檐，斜壁近直，顶与底整体内高外低。底部较为平坦，略有起伏，前部有一高 0.15 米的台阶将墓室底部分为两部分，靠近墓室右壁处台阶转而向外，整体形似"L"走向。墓室进深 2.9、外端面阔 1.2、内端面阔 1.7、高 1.3~1.5 米（图版 2-20，2）。

　　三个侧室，分处墓室左、右两侧和后部。左侧室平面近似窄长方形，口部略宽于内部，斜直顶，斜弧壁，平底，底部与墓室底部相连；面阔 2、进深 0.3、高 0.75 米。左侧室进深甚小，怀疑与此处岩体坚硬无法继续开凿有关。右侧室平面近似圆角长方形，口部略内收呈袋状，斜弧顶，直壁，近似平底；面阔 1.6~1.75、进深 0.75、高 0.6 米，底部比墓室底部高 0.2 米。后侧室平面近似刀形，主体为长方形，其顶、壁、底特征及倾斜状况与墓室无明显区别，主体右侧另凿出斜直顶、直壁、平底的侧室，侧室底部与主体底部连为一体；后侧室整体面阔 1.6、进深 2.1、高 1 米，口部面阔 0.95、高 1 米，底部距墓室底部 0.15 米。

　　墓室左前方侧壁有两个壁龛，平面形状和立面形状均近似长方形，平顶，直壁，平底。上部壁龛面阔 0.75、进深 0.25~0.35、高 0.3 米。下部壁龛垂直位于上部壁龛之下，上部壁龛底部与下部壁龛顶部间距 0.3 米，下部壁龛面阔 0.85、进深 0.25~0.35、高 0.35 米，底部距墓室底部 0.3 米。在下部壁龛下方中央的墓室侧壁上凿有小孔，立面形状与灶门相似，因此怀疑下部壁龛属未开凿完毕的龛式灶台。

　　龛式灶台位于墓室右前角，与壁龛左右相对。平面形状与壁龛相似，立面大致呈方形，面阔 0.65、进深 0.3、高 0.7 米，灶台面与墓室底部高差，即灶台高度 0.2 米。单眼灶，灶眼为圆形，直径约 0.2 米。灶门呈长方形，高 0.15、宽 0.25 米，朝向左侧，与墓室中轴线垂直。

　　不见任何排水设施、装饰、葬具以及墓主人骨骼。

　　墓道、墓室壁面以及墓室顶部保存有较大的圆点状凿痕和平行线性凿痕。在墓室右壁前端顶部保留有一个直径约 0.1 米的圆孔，似为整体开凿保留的痕迹。

　　随葬品均因为盗扰破碎且脱离原始位置，在填土中发现若干陶片，从中辨识出 2 件罐、1 件执箕俑、1 件拱手俑、1 件俑头、1 座陶房模型以及 1 件无法辨识类别的陶俑残片，另外发现 1 件铁锥。

　　陶罐　LM10：3，仅存底部，夹细砂泥质灰褐陶。斜直腹，平底。底径 9.6、残高 8.2 厘米（图 2-18，3）。

　　陶俑头　LM10：1，仅残存陶俑头部，夹细砂红褐陶。Aa 型，头未戴冠，梳扇形双高髻，面容平静。宽 9.4、残高 14 厘米（图 2-18，1；图版 2-20，3）。

　　铁锥　LM10：5，锈蚀严重，仅能分辨出长条形的整体形状，一端较尖锐，一端残，一面整体沿中脊凸起，另一面较为平整。残长 19、宽 1.9 厘米（图 2-18，6；图版 2-20，4）。

一一、LM11

　　被盗扰。位于墓群中部，东侧距 LM10 将近 3 米，西侧紧邻 LM12。墓道开口高度与 LM9、LM10、LM12 相近。

　　墓向 169°，与 LM10 和 LM12 的夹角均将近 10°，与 LM13 基本平行。

　　单室墓（甲 Ac 型），残长 13.75、宽 3.2 米（图 2-20）。

　　墓道呈长条形，内端略宽于外端，残长 6、宽 1~1.15 米。靠外侧壁面向中间有所收缩，底部平坦，

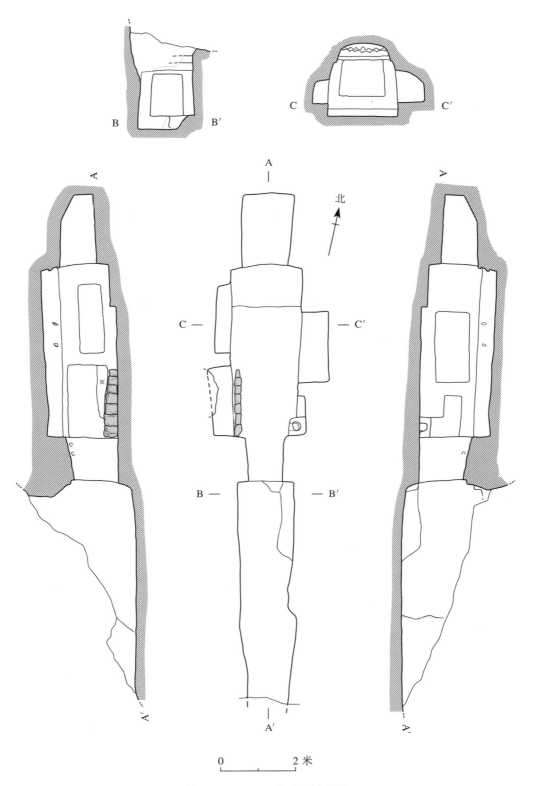

图 2-20　LM11 平面、剖视图

内外近水平无明显倾斜（图版2-21，1）。

墓门近乎竖直，与墓道底部夹角将近90°，立面近呈梯形，高1.65、宽0.7~0.9米。单重门框，墓门上方向外形成三级阶面，总体高度约0.7米，之后开始向后收缩形成门楣。

梯形甬道，外窄内宽，进深1.2、面阔0.9~1.1米。顶部平坦，整体内高外低，直壁，底部平台，内外基本等高，高1.2~1.9米，底部与墓道底部相接处有矮台阶，比墓道高0.35米。

长方形墓室较长，外端略窄于内端，拱形顶近平，两侧斜弧略外敞，顶、壁转折明显，转折处有一周宽约0.05米的平檐，斜弧壁，顶与底内端略高于外端。底部较为平坦，后部有一高0.15~0.2米的台阶，将墓室底部分为前、后两个台面。墓室进深4.7、外端面阔1.1、内端面阔1.9、高1.8~1.95米（图版2-21，2、3）。

四个侧室，分处墓室左、右两侧和后部，平面近似长方形。左前侧室底部与LM12有盗洞相连，斜直顶，斜弧壁，平底；口部之前有一排立石，直径由外向内逐渐变小，从0.35米减小至0.15米（图版2-22，2）；面阔1.9、进深0.5~0.65、高1.05米，底部比墓室底部高0.25米。左后侧室斜直顶，斜弧壁，平底；面阔1.8~1.95、进深0.45、高0.65米，底部比墓室底部高0.2~0.35米。右侧室斜弧顶，直壁，平底；面阔1.9、进深0.7~0.85、高0.9米，底部比墓室底部高0.35米。后侧室平顶，前部基本呈水平状，后部向后下方倾斜，斜直壁，平底，底部略内高外低；面阔1.2~1.3、进深1.85、高1米，底部比墓室底部高0.3米。

墓室右前方侧壁有一个壁龛，平面近似长方形，立面形状为长方形，面阔0.55~0.6、进深0.2~0.25、高0.45米。平顶，直壁，平底，底部比墓室底部高0.65米（图版2-21，4）。

复式灶台位于墓室右前角，与壁龛相邻。整体平面近似正方形，内外面阔0.45、左右进深0.4~0.45米。灶龛立面大致呈长方形，与壁龛连为一体，平顶，直壁。灶龛进深0.25、高0.8米，灶台面与墓室底部高差，即灶台高度0.3米。单眼灶，灶眼为圆形，直径约0.2米。灶门近似方形，弧形门梁，高0.2、宽0.2米，朝向左侧，与墓室中轴线垂直（图版2-21，4）。

不见任何排水设施、葬具以及墓主人骨骼。

墓室后壁后侧室上方有一排半浮雕圆形椽头，呈现屋檐的形态（图版2-22，1）。

墓道、墓室壁面以及墓室顶部保存有较大的圆点状凿痕。甬道和墓室侧壁上方有小型圆孔，直径约0.05~0.1米，应是整体开凿时遗留的痕迹。

随葬品均因为盗扰破碎且脱离原始位置，在填土中发现移位的陶罐1件、陶鸡1只、陶子母鸡1只，以及1件不辨器类陶俑、2件陶房和2件陶塘的碎片若干。

陶罐 LM11：4，残破，但可复原，夹细砂泥质灰褐陶。属Ab型，侈口，卷沿，口沿近直微内敛，圆唇，矮束领，圆肩微溜，深斜腹，平底。素面。口径9.2、底径9.6、高16.6厘米（图2-21，3）。

陶鸡 LM11：1，保存完整，夹砂红褐陶。属B型，体量较小，站立姿态。头高昂，双脚合体塑造为一个空圆柱形。长7.7、宽5.1、高10厘米（图2-21，2；图版2-22，3）。

陶子母鸡 LM11：2，保存完整，夹砂红褐陶。趴卧姿态。头微低，脖微曲，背部驮一只小鸡。长19、宽10.2、高16.2厘米（图2-21，1；图版2-22，4）。

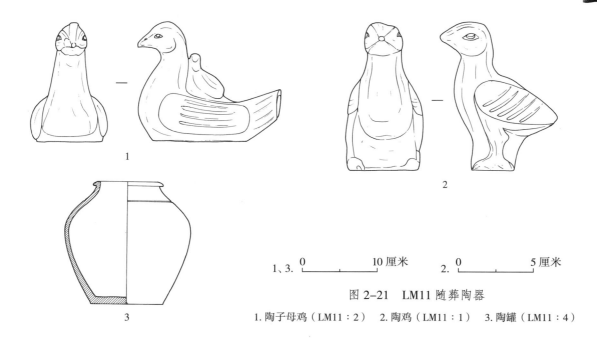

1、3. 0 ————————— 10 厘米   2. 0 ————————— 5 厘米

图 2-21　LM11 随葬陶器

1. 陶子母鸡（LM11∶2）　2. 陶鸡（LM11∶1）　3. 陶罐（LM11∶4）

一二、LM12

被盗扰。位于墓群中部，东侧紧邻 LM11，西侧距 LM13 约 3~5 米。墓道开口高度与 LM9、LM10、LM11 相若，高出 LM13 墓道开口约 1 米。

墓向 162°，与 LM11 和 LM13 均有将近 10° 的夹角。

单室墓（甲 Ab 型），残长 10.95、宽 3.8 米（图 2-22）。

墓道呈长条形，内外基本等宽，中部略有内收，残长 5.25、宽 1.25~1.5 米。底部较为平坦，内外水平状，无明显倾斜（图版 2-23，1）。

墓门微微斜立，与墓道底部夹角为 80°，立面近似方形，高 1.2、宽 1.1~1.2 米。双重门框。无门楣。

近长方形甬道，进深 1、面阔 0.95~1、高 1.1 米。顶部平坦，内端略高于外端，直壁，底部近平，底部与墓道底部连为一体无台阶。

长方形墓室较长，拱形顶中部近平，两侧斜弧略外敞，近似券顶，顶、壁转折明显，转折处有小平檐，斜直壁，顶与底整体内高外低。底部较为平坦，中前部有一台阶，高 0.1~0.15 米，将墓室底部分为前、后两部分。墓室进深 4.55、面阔 1.5~1.8、高 2 米（图版 2-23，2）。

两个侧室，分处墓室左、右两侧，平面和立面均近似长方形，斜直顶，直壁，平底。左侧室偏后，面阔 1.9~2、进深 0.9、高 0.85 米，底部比墓室底部高 0.15~0.4 米。右侧室偏前，面阔 2、进深 1~1.1、高 1.05 米，底部比墓室底部高 0.1~0.25 米。

三个壁龛。左侧壁龛位于墓室左前方，平面呈长方形，立面形状为长方形，面阔 0.55、进深 0.5、高 0.35 米；平顶，直壁，平底，底部距墓室底部 0.85 米。后中部壁龛位于墓室后壁中部，平面近似梯形，立面形状为长方形，面阔 0.4~0.5、进深 0.25、高 0.35 米；斜直顶，直壁，平底，底部距墓室底部

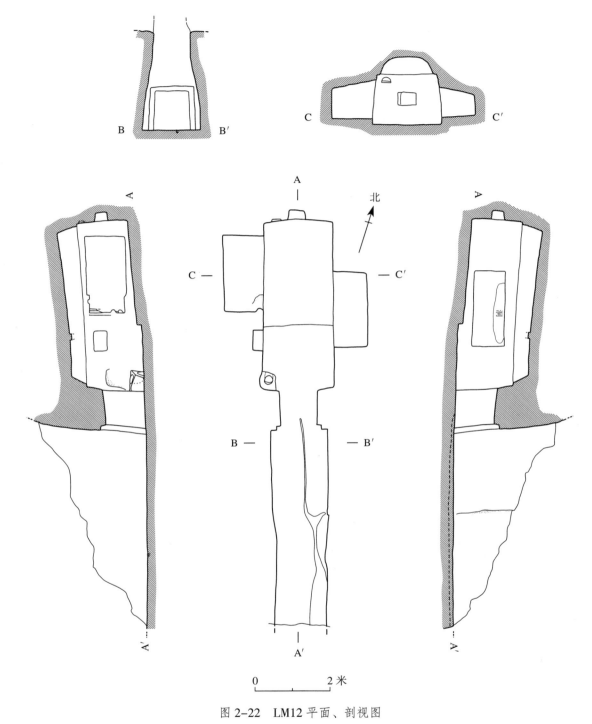

图 2-22　LM12 平面、剖视图

0.5 米。后左壁龛位于墓室后壁左上角，平面近似长方形，立面形状为半圆形，面阔 0.25、进深 0.05、
高 0.15 米；平顶，直壁，平底，底部距墓室底部 1.1 米（图版 2-23，3）。

　　台式灶台位于墓室左前角，靠近左侧壁龛。平面近似长方形，内外长 0.5、左右宽 0.45、高 0.4 米。
单眼灶，灶眼为圆形，直径约 0.25 米。灶门近呈方形，高 0.15、宽 0.15 米，朝向后端，与墓室中轴线平行（图版 2–23，4）。

　　墓道偏右侧有一条大致与墓道平行的排水沟，长 5.65 米，近墓门处较窄，宽 0.05 米，墓道中外部变宽，最宽 0.45 米，深 0.1 米。

　　与底部台阶对应的墓室顶部有一垂瓜藻井浮雕装饰，平面呈圆形，直径 0.15 米，下部残断（图版 2–24，1）。

　　墓道、墓室壁面以及墓室顶部保存有较大的圆点状凿痕和平行线状凿痕。

　　不见葬具以及墓主人骨骸。

　　随葬品均因为盗扰破碎且脱离原始位置，填土陶片中可辨容器有 4 件盆、3 件瓮、6 件罐和 1 件钵，陶俑则有 1 件击鼓俑、6 件拱手俑、2 只鸡，另外还有 1 件陶塘模型。

　　陶盆　多为 Aa 型，斜敞口，窄平折沿，方唇，深斜直腹，平底。多数为素面。LM12：5，仅存口腹部，口径 37.6、残高 8.4 厘米（图 2–23，1）。LM12：7，仅存口腹部，口径 40、残高 8 厘米（图 2–23，4）。

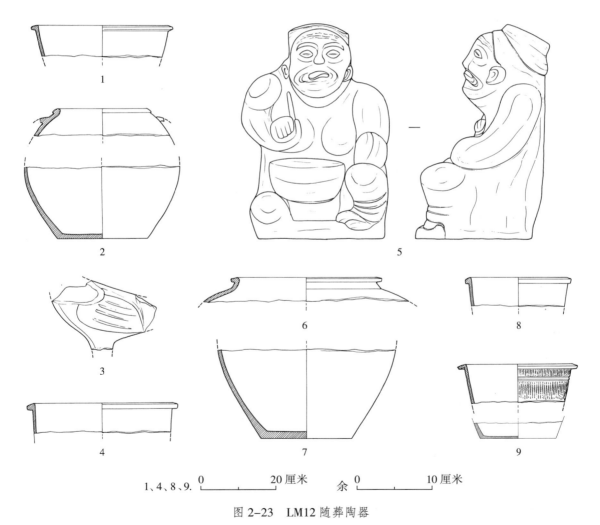

图 2–23　LM12 随葬陶器

1、4、8、9.陶盆（LM12：5、LM12：7、LM12：9、LM12：8）　2、6、7.陶瓮（LM12：3、LM12：6、LM12：4）

3.陶鸡（LM12：2）　5.陶击鼓俑（LM12：1）

LM12：8，腹部饰旋断绳纹，口径32、底径20、残高14.2厘米（图2-23，9）。LM12：9，仅存口腹部，属Ab型，方唇较厚。口径28、残高8厘米（图2-23，8）。

　　陶瓮　均为Bb型，敛口，方唇，广圆肩，鼓腹较深，平底。素面。LM12：3，肩部残存对称双耳，口径12.8、底径12、残高13.6厘米（图2-23，2）。LM12：4，仅存腹底部，底径12、残高12.2厘米（图2-23，7）。LM12：6，仅存口肩部，有窄沿，口径20、残高3.8厘米（图2-23，6）。

　　陶击鼓俑　LM12：1，修复复原，夹细砂红褐陶。体量较大，坐姿较为怪诞、滑稽，两腿之间置鼓。头戴平顶矮冠，张口似唱，赤身，赤脚，右手握槌，作击鼓状，左手屈于抬起的左膝之上。宽19.4、高29.4厘米（图2-23，5；图版2-24，2）。

　　陶鸡　LM12：2，仅存身体，夹细砂红褐陶。属A型，体量较大，双脚分开塑造。残长13.6、残高13.6厘米（图2-23，3）。

一三、LM13

　　被盗扰。位于墓群中部，东侧距LM12约3~5米，西侧紧邻LM22。墓道开口高度比LM12和LM22低约1米。

　　墓向169°，与LM11和LM22基本平行，与LM12有将近10°的夹角。

　　双室墓（乙A型），残长16、宽3.6米（图2-24）。

　　墓道呈长条形，中部略窄，内端和外端略宽，残长5.8、宽1.25~1.4米。底部中部和内端较为平坦，外端有坚硬山体，不易开凿，凹凸不平形似台阶。整体内高外低，易于排水（图版2-25，1）。

　　墓门近似竖直，与墓道底部夹角近90°，立面近方形，高1.25、宽1.15米。双重门框，无门楣。

　　梯形甬道，外窄内宽，进深1、面阔0.95~1.05、高1.2米。顶部平坦，直壁，底部近平，顶与底均内高外低，底部与墓道底部连为一体。

　　双墓室，平面呈长方形，拱形顶中部近平，两侧斜弧略外敞，形似券顶，顶、壁转折明显，转折处有窄平檐，斜直壁，底部较为平坦，顶与底均内高外低。前室较长，底部靠前部有一高0.15米台阶，进深5、面阔1.85、高1.9米（图版2-25，2、3）。后室较短，进深3.4、面阔1.8、高1.85米（图版2-26，1、2）。前室和后室之间的甬道平面近似长方形，进深0.7、面阔1、高1.2米；顶部平坦，直壁，平底，顶与底均内高外低，底部与前室后部底面以及后室底部连通为一体，甬道与前室后壁交界口高1.2、宽1米。

　　四个侧室，前室和后室各二，均为斜直顶，斜直壁，平底，立面形状近似长方形。前室左侧室平面呈梯形，口部宽于后部。面阔1.7~2、进深0.5~0.6、高0.7米，底部比前室底部高0.15米。前室右侧室平面近似梯形，开凿方向并非垂直于墓室中轴线，而是斜向右前方，外侧口部有所内收，形似袋状；面阔1.4~1.9、进深0.7~1.1、高1米，底部比前室底部高0.2~0.25米。后室左侧室平面近似长方形，口部两侧上部有类似门帘的装饰，应属斗拱雕刻预留位置；面阔1.9、进深0.9、高0.7~0.9米，底部比后室底部高0.55米。后室右侧室平面呈长方形，口部两侧上方有类似门帘，属于斗拱雕刻预留位置；面阔2、进深0.95、高0.9米，底部比后室底部高0.1~0.15米。

　　前室左前方有一壁龛，平面形似长方形，立面形状为圆角长方形，面阔1、进深0.3、高0.45米。

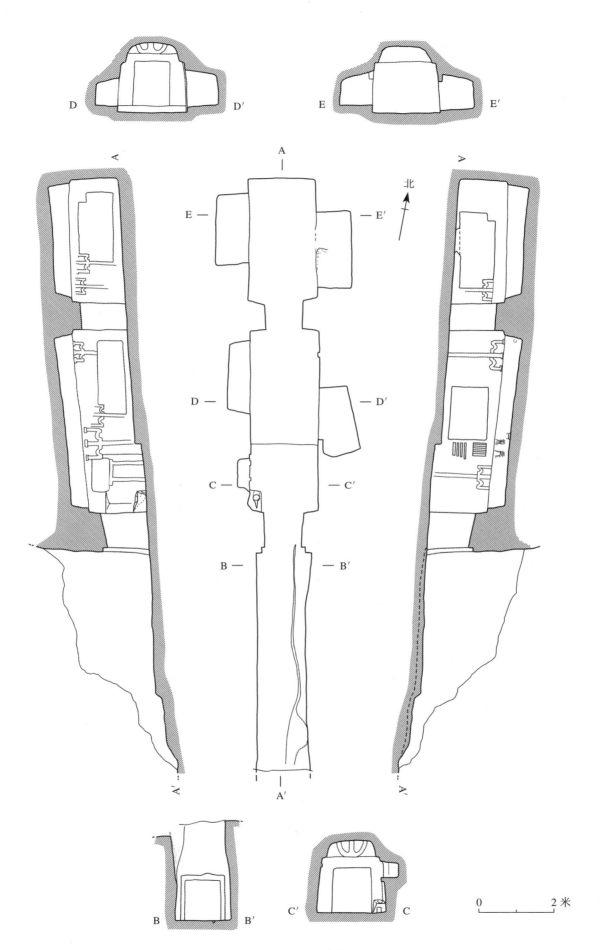

图 2-24 LM13平面、剖视图

斜直顶，直壁，平底，底部距前室底部 0.9~1 米（图版 2-26，3）。

台式灶台位于前室左前角，靠近壁龛。平面近似长方形，内外长 0.55、左右宽 0.3~0.35、高 0.25~0.35 米。单眼灶，灶眼为圆形，直径约 0.2 米，后部有窄长烟道。灶门呈方形，高 0.15、宽 0.15 米，朝向后端，与墓室中轴线平行（图版 2-26，3）。

墓道右侧有一条大致与墓道平行的排水沟，内端和中部均较窄，墓道外端部分较宽，长 6、宽 0.05~0.55、最深 0.15 米。

装饰较为丰富，大致分四类：第一类为半浮雕，在前室右前壁雕刻一斗三升斗拱（图版 2-27，1）；在前室左壁、前室右后壁、后室左壁、后室右壁雕刻丁头拱（图版 2-28）；在前室前壁前甬道上方以及前室后壁后甬道上方雕刻三叉形图案，寓意不明，或许与建筑的斗拱等构造有关（图版 2-27，3、4）；在壁龛下部壁面雕刻出案桌样式，表明壁龛的用途为案桌（图版 2-26，3）。第二类为浮雕，即前室台阶对应的墓室顶部有一浮雕垂瓜藻井，圆形，直径 0.15 米，表面雕刻瓜棱，下部残缺，残高 0.05 米（图版 2-27，5）。第三类为镂雕，在前室右前壁斗拱内侧、前室右侧壁龛口部外侧雕刻有窗棂，棂条上竖下平，形制较为简单（图版 2-27，1）。第四类为线刻，在前室右侧壁顶部偏前线刻两座阙楼，为汉代画像石比较常见的双阙题材（图 2-25；图版 2-27，2）。

墓道、墓室壁面以及墓室顶部保存有较大的圆点状凿痕。

不见葬具以及墓主人骨骼。

0   10 厘米

图 2-25　LM13 前室右壁双阙线刻

　　随葬品均因为盗扰破碎且脱离原始位置，在填土中发现 1 件保存较为完整的陶罐以及 4 枚铜钱，从碎片中辨识出 2 件陶盆、2 件陶罐、1 件陶容器、1 件陶勺形器、6 件陶拱手俑、2 件陶俑头部、1 只陶狗、1 只陶子母鸡、1 只陶鸭、2 件不明器类陶俑、2 件陶房模型以及 1 件不知用途的陶棒。

　　陶罐　均为夹细砂泥质灰褐陶。标本 LM13：2，保存完整。属 Aa 型，侈口，卷沿外侈，圆唇，矮束领，圆肩，深斜腹，平底。肩部有一道旋纹。口径 12、底径 10、高 18.8 厘米（图 2-26，5；图版 2-29，1）。

　　陶勺形器　LM13：9，夹细砂红褐陶。完整形制不明，残存部分呈勺形，平面近似圆形，残存把部。素面。残长 5.6、宽 5.2、高 5.8 厘米（图 2-26，2）。

　　陶拱手俑　体量相对较小，站立姿态。头披巾，身穿圆领深衣，双手合握于腹部并隐于长袖之中。标本 LM13：1，宽 5.1、高 14.9 厘米（图 2-26，3；图版 2-29，2）。LM13：7，背部有缺，宽 4.47、高 17.1 厘米（图 2-26，1）。

　　陶子母鸡　LM13：4，保存较为完整，体量较小，母鸡趴卧状，背部有一只小鸡。长 19.2、宽

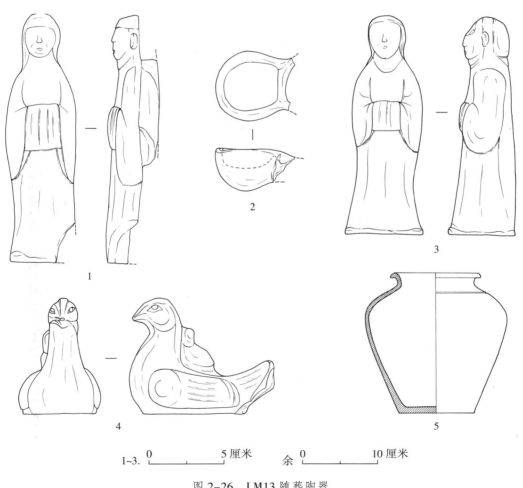

图 2-26　LM13 随葬陶器

1、3.陶拱手俑（LM13：7、LM13：1）　2.陶勺形器（LM13：9）　4.陶子母鸡（LM13：4）　5.陶罐（LM13：2）

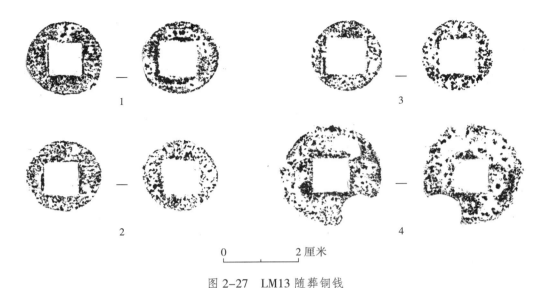

图 2-27　LM13 随葬铜钱

1. LM13：6-1　2. LM13：5　3. LM13：3　4. LM13：6-2

10.8、高 15.6 厘米（图 2-26，4；图版 2-29，3）。

铜钱　LM13：3，B 型五铢钱，无郭，似被剪，较薄，方穿。直径 1.95、穿径 0.9 厘米，重 1.28 克（图 2-27，3；图版 2-29，4）。LM13：5，B 型五铢钱，无郭，似被剪，较薄，方穿。直径 2、穿径 0.95 厘米，重 1.01 克（图 2-27，2；图版 2-29，5）。LM13：6-1，无文钱，无郭，似被剪，较薄，方穿。直径 2、穿径 0.9 厘米，重 1.23 克（图 2-27，1；图版 2-29，6 左）。LM13：6-2，A 型五铢钱，有郭，较薄，方穿。字面漫灭，无法看清。直径 2.8、穿径 0.95 厘米，重 2.33 克（图 2-27，4；图版 2-29，6 右）。

一四、LM14

被盗扰。位于墓群中部，东侧紧邻 LM22，正上方为 LM15（图版 2-30，1），西侧距 LM16 将近 10 米。墓道开口高度在整个墓地中最低，比 LM15、LM16 和 LM22 的墓道开口均低超过 2 米。墓向 172°，中轴线与 LM15 重合，与 LM22 大致平行，与 LM16 有一定夹角。墓道呈长条形，残长 4.8、宽 1.4~1.55 米，底部近平，内高外低。墓道偏右侧有一条排水沟，整体近呈直线，在墓门外向右侧拐折，长 2.85、最宽 0.05、最深 0.1 米。墓门斜立近直，与墓道底部夹角近 80°，立面形状近方形，高 1.25、宽 1.2 米，双重门框，无门楣（图 2-28；图版 2-30，2）。为安全计，LM14 仅清理了墓道及墓门，其余部位未清理，情况不明。

一五、LM15

被盗扰。位于墓群中部，LM14 正上方，东侧紧邻 LM22，西侧距 LM16 将近 10 米。墓道开口高

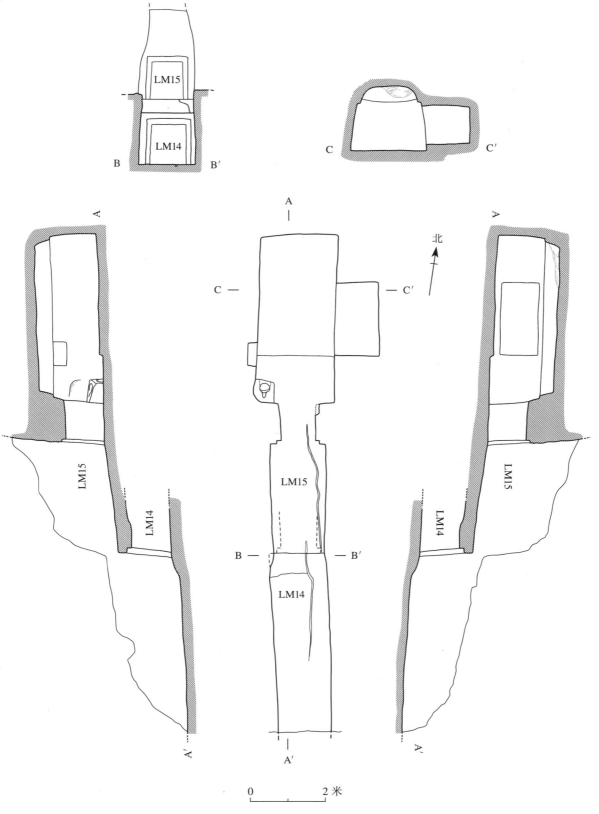

图 2-28　LM14、LM15平面、剖视图

出 LM14 超过 2 米，与 LM16 和 LM22 的墓道开口高度大致相当而略低。

墓向 172°，中轴线与 LM14 重合，与 LM22 大致平行，与 LM16 有一定夹角。

单室墓（甲 Ab 型），残长 8.65、宽 3.5 米（图 2-28）。

墓道呈长条形，外端略窄，残长 3、宽 1.3~1.95 米。底部近平，内高外低，利于排水（图版 2-30，3）。

墓门近乎竖直，与墓道底部夹角近 90°，立面近呈方形，高 1.15、宽 1.05~1.1 米。双重门框，无门楣。

近长方形甬道，进深 1、面阔 0.9~1、高 1.05 米。顶部较为平坦，直壁，底部近平，顶与底整体内高外低，底部与墓道底部连为一体。

长方形墓室较长，拱形顶近平，两侧斜弧略外敞，形似券顶，顶、壁转折明显，转折处有窄平檐，斜直壁微弧，底部较为平坦，顶与底均内高外低。底部近甬道一侧有一台阶，高 0.1 米，将墓室底部分为两部分。墓室进深 4.55、面阔 2~2.15、高 1.7 米（图版 2-31，1、2）。

一个侧室，位于墓室右侧，平面与立面均呈长方形，面阔 1.9、进深 1.15、高 1 米。斜弧顶近水平状，直壁，平底，底部比墓室底部高 0.15 米。

墓室左前方侧壁有一个壁龛，平面近似长方形，立面形状为长方形，面阔 0.65、进深 0.25、高 0.35 米。平顶，直壁，平底，底部距墓室底部 0.85~0.95 米。

台式灶台位于墓室左前角，靠近壁龛。平面形状近长方形，内外长 0.55、左右宽 0.5、高 0.45 米。单眼灶，灶眼为圆形，直径约 0.25 米，后部有窄长条烟道。灶门呈长方形，高 0.2、宽 0.3 米，朝向后端，与墓室中轴线平行。

墓道偏右侧有一条排水沟，与 LM14 排水沟较为相似，整体近呈直线，在墓门外向右侧拐折。长 3.3、最宽约 0.1、最深 0.1 米。

不见任何装饰、葬具以及墓主人骨骼。

墓道、墓室壁面以及墓室顶部保存有较大的圆点状凿痕。

随葬品均因为盗扰破碎且脱离原始位置，从填土陶片中辨识出 1 件釜、2 件罐、1 件不明容器、1 件俑头以及 1 件陶房模型。

陶釜 LM15：2，拼对复原，泥质灰褐陶。属 Bb 型，整体宽扁，敞口，宽折沿，沿面内凹，与 A 型陶釜的口沿较为相似，薄方唇，浅鼓腹，平底微内凹。腹部饰两道旋纹。口径 27.2、底径 12.6、高 11.2 厘米（图 2-29，2；图版 2-31，3）。

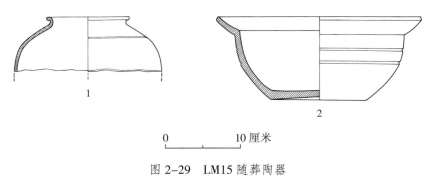

图 2-29　LM15 随葬陶器

1. 陶罐（LM15：1）　2. 陶釜（LM15：2）

陶罐　LM15：1，仅存口肩部，夹细砂泥质灰褐陶。属 Aa 型，高体，侈口，卷沿外侈，圆唇，矮束领，圆肩。肩部饰一道旋纹。口径 10.8、残高 7.4 厘米（图 2-29，1）。

一六、LM16

被盗扰。位于墓群中部，东侧距 LM14、LM15 将近 10 米，西侧紧邻 LM23。墓道开口高出 LM14 超过 2 米，与 LM15 墓道开口高度相若而略高，低于 LM23 墓道开口超过 1 米。

墓向 166°，与 LM14、LM15 略有夹角，与 LM23 几乎平行。

单室墓（甲 Aa 型），残长 14.5、宽 2.15 米（图 2-30）。

墓道呈长条梯形，中轴线与墓室中轴线有所偏离，残长 6.3、宽 1.2~1.95 米。底部近平，内高外低，易于排水（图版 2-32，1）。

墓门斜立近直，与墓道底部夹角为 80°，立面呈长方形，高 1.25、宽 1.1 米。单重门框，但门梁处有一级内收门框，无门楣。墓门内约 0.2 米处有封门，先以墓砖砌置 11 层，之上以石板竖立封闭，整体厚 0.35 米（图版 2-32，2）。

长方形甬道，进深 1.25、面阔 1.05~1.15、高 1.4 米。顶部平坦，直壁，底部近平，顶与底整体内高外低，底部与墓道底部直接相连。

长方形墓室甚长，拱形顶，弧度较小，顶、壁转折明显，转折处有小平檐，直壁，顶与底整体内高外低。底部较为平坦，有两个台阶，高 0.2 米，大致将墓室底部三等分。墓室进深 6.95、面阔 2.1~2.15、高 1.95~2.25 米（图版 2-32，3、4）。

无侧室无壁龛。

台式灶台位于墓室右前角，平面形状近似长方形，内外长 0.5、左右宽 0.35、高 0.15~0.3 米。单眼灶，灶眼为圆形，直径约 0.15 米。灶门略呈方形，高近 0.2、宽约 0.2 米，朝向后端，与墓室中轴线平行。

在墓室前端、甬道和墓道内分布着排水沟，起于墓室前端中部偏右，后转向甬道右侧，出墓门继续向墓道右侧偏移，后沿着墓道右壁处向外侧延伸，整体较窄。长 8.25、最宽 0.15 米、最深 0.2 米。

不见任何装饰。

墓道、墓室壁面以及墓室顶部保存有较大的圆点状凿痕以及斜向平行线状凿痕。

在墓室第二级和第三级台面发现葬具（图版 2-33，1）。第三级台面左侧为一具长方体连岩石棺，表面无雕刻，长 2.25、宽 0.8、高 0.75 米（图版 2-33，2）。第二级台面右侧发现一具残破陶棺，子母口，素面，残长 1.85、宽 0.45、高 0.6 米（图版 2-33，3）。从残留的葬具碎片来看，似乎在第三级台面右侧还有一件葬具，似为陶棺。

不见墓主人骨骼。

随葬品均因为盗扰破碎且脱离原始位置，保存较为完整的陶器有 2 件罐、2 件提袋俑、1 件扶扬扇俑、1 只鸭以及 1 件陶井，从陶器残片中分辨出 3 件盆、1 件瓮、4 件罐、1 件不明容器、1 件俑头、1 只鸡、2 件陶房模型以及 2 件陶塘模型，另外还出土 1 件不辨器类的铁器以及 2 片用途不明的云母片。

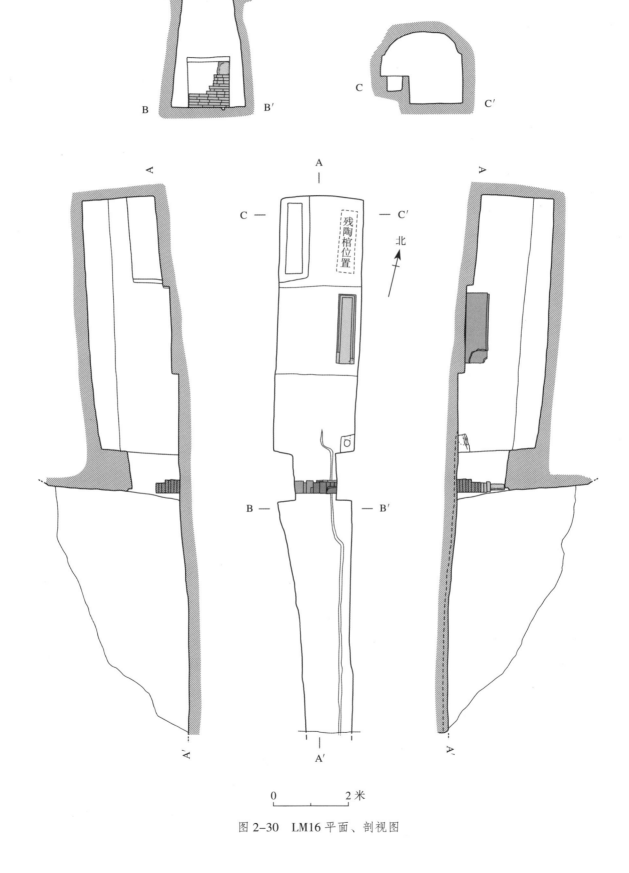

图 2-30 LM16 平面、剖视图

陶盆　均为泥质灰褐陶。LM16：15，仅存口腹部。属 Aa 型，敞口，平折沿，方唇较薄，深斜腹微鼓。素面。口径 44、残高 10 厘米（图 2-31，3）。LM16：16，仅存底部。斜直腹微鼓，平底。素面。底径 16.4、残高 8.5 厘米（图 2-31，9）。

陶瓮　LM16：14，仅存口肩部，泥质灰褐陶。属 Aa 型，大敛口，方圆唇，矮领，窄圆肩近折。素面。口径 14、残高 5.2 厘米（图 2-31，2）。

陶罐　多为夹细砂泥质灰褐陶，均为高体，侈口，卷沿，圆唇，圆肩，深斜腹，平底，多数有矮束领。肩部多有一道旋纹。LM16：1，仅存底部。斜直腹，平底。素面。底径 8.2、残高 6 厘米（图 2-31，4）。LM16：6，保存完整，夹砂红褐陶。属 B 型，沿面斜侈近直，内侧起榫近似子母口。口径 15.2、底径 11.2、高 24.4 厘米（图 2-31，7；图版 2-34，1）。LM16：9，保存完整。属 Aa 型，口沿明显外侈。口径 10.4、底径 7.6、高 15 厘米（图 2-31，6；图版 2-34，2）。LM16：13，仅存口肩部。属 Aa 型，特征与 LM16：9 相近。素面。口径 17.2、残高 3.6 厘米（图 2-31，1）。LM16：18，仅存底部。斜直腹，平底。素面。底径 8.2、残高 6.8 厘米（图 2-31，8）。

陶提袋俑　均保存完整，夹细砂灰褐陶。体量甚小，站立姿态。头披长巾，面容平静，身着右衽

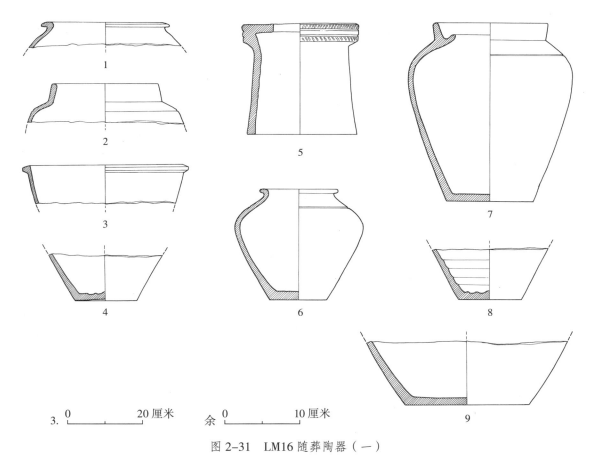

图 2-31　LM16 随葬陶器（一）

1、4、6、7、8. 陶罐（LM16：13、LM16：1、LM16：9、LM16：6、LM16：18）　2. 陶瓮（LM16：14）　3、9. 陶盆（LM16：15、LM16：16）　5. 陶井（LM16：7）

触地深衣，右手自然下垂，手中似握物，左手屈于左腹，提袋，袋自然下垂。LM16∶3，高12、宽4.1
厘米（图2-32，1；图版2-35，1）。LM16∶8，高10.9、宽5.1厘米（图2-32，2；图版2-35，2）。

　　陶扶扬扇俑　LM16∶5，保存完整，夹细砂灰褐陶。体量较小，站立姿态。无冠，长发及腰，面
容平静，身着右衽过膝深衣，双手扶扬扇短柄，扇面竖直侧立于身前左侧地面。高17.6、宽5.9厘米（图
2-32，6；图版2-35，3）。

　　陶俑头　LM16∶10，保存完好，浅褐色夹细砂陶。属Ab型，头梳扇形双高髻，前额两侧装饰簪花，
前额系头巾，面带微笑。宽18.6、残高27.6厘米（图2-32，3；图版2-34，3）。

　　陶鸡　LM16∶2，仅存身和双脚，夹细砂红褐陶。属A型，体量相对较大，站立姿态，双脚分

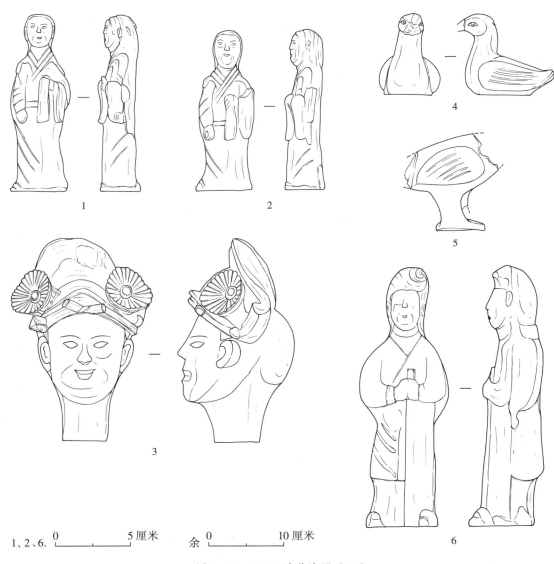

1、2、6. |0———————5厘米　　余 |0———————10厘米

图2-32　LM16随葬陶器（二）

1、2.陶提袋俑（LM16∶3、LM16∶8）　3.陶俑头（LM16∶10）　4.陶鸭（LM16∶4）　5.陶鸡（LM16∶2）
6.陶扶扬扇俑（LM16∶5）

开塑造。长 12.3、残高 12.8 厘米（图 2-32，5）。

陶鸭　LM16：4，保存近完好，喙残缺，夹细砂红褐陶。体量较小，卧姿。长 11.7、宽 8、高 11.3 厘米（图 2-32，4；图版 2-35，4）。

陶井　LM16：7，保存完整，夹砂红褐陶。整体形似圆柱形器座。顶部侧边装饰戳印纹。口径 15.6、底径 14.4、高 15.2 厘米（图 2-31，5；图版 2-34，4）。

一七、LM17

被盗扰。位于墓群西部，东侧距 LM18 约 4 米，西侧紧邻 LM28。墓道开口低于东侧 LM18 超过 1 米，低于西侧 LM28 将近 4 米。

墓向 180°，与 LM18 大致平行，与 LM28 夹角近 10°。

单室墓（甲 Ab 型），残长 13.9、宽 3.25 米（图 2-33）。

墓道呈长条形，内宽外窄，残长 7、宽 1.15~1.4 米。底部近平，外高内低（图版 2-36，1）。

墓门斜立，与墓道底部夹角近 75°，立面呈梯形，高 1.4、宽 0.95~1.1 米。双重门框，墓门上方约 1.5 米的墓壁微内收，形成简易门楣。

梯形甬道，外窄内宽，进深 1.4、面阔 0.9、高 1.3 米。顶部平坦，直壁，底部近平，顶与底整体内高外低，底部与墓道底部连为一体。

长方形墓室较长，拱形顶，弧度较小，顶、壁转折明显，转折处有小平檐，斜直壁微弧，顶与底整体呈内高外低倾斜状。底部较为平坦，中后部有一台阶，高 0.15 米。墓室进深 5.3、面阔 2.1、高 2.05 米（图版 2-36，3、4）。

墓室左后部有一侧室，平面近似长方形，外侧略宽于内侧，立面大致呈长方形，面阔 2.05、进深 1.15、高 0.95 米。弧顶近平，斜直壁，平底，底部比墓室底部高 0.3 米。

墓室左前侧壁有一个壁龛，平面呈长方形，立面形状为长方形，面阔 0.8、进深 0.35、高 0.45 米。斜直顶，直壁，平底，底部距墓室底部 0.8 米。

台式灶台位于墓室左前方，靠近壁龛。平面形状近似平行四边形，内外长 0.65、左右宽 0.45、高 0.4 米。单眼灶，灶眼为圆形，直径约 0.2 米，灶眼后部有一窄长烟道。灶门呈长方形，高 0.2、宽 0.15 米，朝向后端，与墓室中轴线平行（图版 2-36，2）。

排水沟位于墓葬正中，贯穿墓道、甬道和墓室前端。窄长条形，长 8.95、最宽 0.15、最深 0.45 米。

不见任何装饰、葬具以及墓主人骨骼。

墓道、墓室壁面以及墓室顶部保存有较大的圆点状凿痕。

随葬品均因为盗扰破碎且脱离原始位置，保存相对较为完好的有 1 件陶钵、1 件陶执物俑以及 4 枚铜钱。在陶器碎片中辨识出 3 件盆、1 件甑、2 件罐、1 件拱手俑、1 只狗、1 只鸡以及 2 件陶房模型。

陶甑　LM17：5，仅保存口腹和部分底部，泥质灰褐陶。除了底部有圆形甑孔之外，其余形制与纹饰特征与 A 型 I 式陶盆相似。口径 40、底径 16、残高 12.8 厘米（图 2-34，2）。

陶钵　LM17：1，保存完好，为泥质灰褐陶。属 A 型，直口微敛，尖圆唇，浅腹，上腹微鼓，下

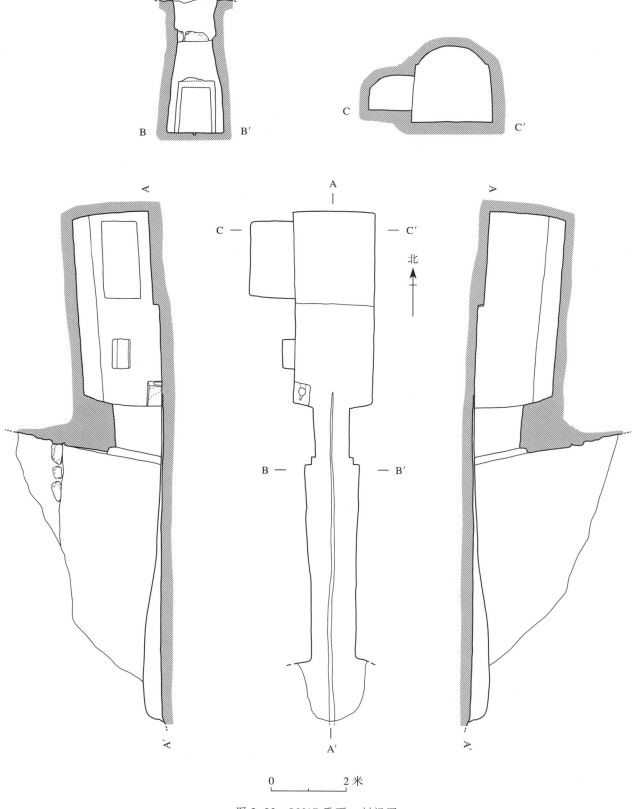

图 2-33 LM17 平面、剖视图

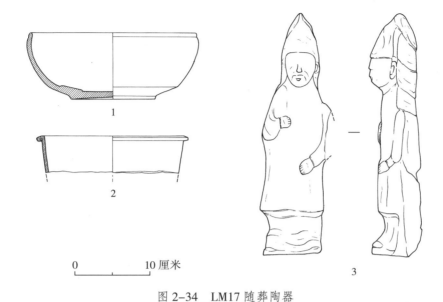

图 2-34 LM17 随葬陶器

1. 陶钵（LM17：1） 2. 陶甑（LM17：5） 3. 陶执物俑（LM17：2）

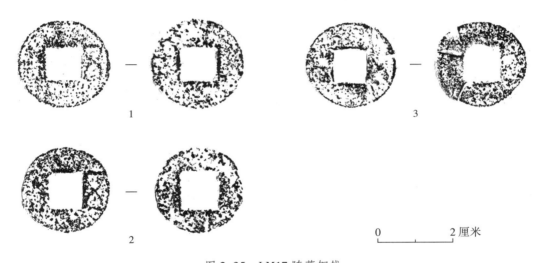

图 2-35 LM17 随葬铜钱

1. LM17：3 2. LM17：4-1 3. LM17：4-2

腹斜收，上、下腹之间转折较为明显，平底微凸似假圈足。素面。口径 22、底径 11.2、高 9 厘米（图 2-34，1；图版 2-37，1）。

陶执物俑 LM17：2，保存相对较好，夹细砂红褐陶。体量较小，站立姿态。头戴尖帽，身着过膝深衣，右手屈于胸前，左手下垂微屈于左腿前，执圆形物件。残宽 4.9、高 16.4 厘米（图 2-34，3；图版 2-37，2）。

铜钱 均为 A 型五铢钱，有郭，方穿，较薄。LM17：3，保存较好，直径 2.45、穿径 0.95 厘米，重 1.82 克（图 2-35，1；图版 2-37，3）。LM17：4-1，保存较差，残碎，直径 2.3、穿径 0.95 厘米，重 1.6 克（图

2-35，2；图版 2-37，4）。LM17：4-2，保存较差，残碎，直径 2.3、穿径 0.95 厘米，重 1.55 克（图 2-35，3；图版 2-37，4）。

一八、LM18

被盗扰。位于墓群西部，东、西两侧分别距 LM19、LM17 约 4 米。墓道开口高度与 LM20 相若，比 LM17、LM19 墓道开口高出 1 米有余。

墓向 178°，与 LM17 大致平行，与 LM19 略有夹角。

单室墓（甲 Ab 型），残长 13、宽 3.5 米（图 2-36）。

墓道呈长条形，内宽外窄，残长 6.9、宽 0.9~1.3 米。底部凹凸不平，内低外高（图版 2-38，1）。

墓门近乎竖直，与墓道底部夹角近 90°，立面呈长方形，高 1.25、宽 1.15 米。双重门框，墓门上方约 0.9 米的墓壁内收约 0.35 米，形成简易门楣。

近长方形甬道，进深 1.25、面阔 0.9、高 1.15 米。顶部平坦，直壁，底部近平，顶与底整体内高外低，底部与墓道底部连为一体。

长方形墓室较长，外端略窄于内端，拱形顶近平，两侧斜弧略外敞，整体形似券顶，顶、壁转折明显，转折处有窄平檐，斜弧壁，顶与底整体呈内高外低的倾斜状。底部较为平坦，近口部有一高约 0.1 米的台阶。墓室进深 4.7、外端面阔 1.5、内端面阔 1.75、高 1.8~1.95 米（图版 2-38，2、3）。

两个侧室，分处墓室左、右两侧，平面和立面均近似圆角长方形，斜直顶，斜弧壁，平底。左侧室面阔 1.9、进深 1.4、高 0.7 米，底部比墓室底部高 0.3~0.45 米。右侧室面阔 1.7~2、进深 0.9、高 0.7 米，底部比墓室底部高 0.4~0.55 米。

墓室后壁中央偏左有一个壁龛，平面近似长方形，立面形状为长方形，面阔 0.5、进深 0.2、高 0.3 米。斜直顶，直壁，平底，底部距墓室底部 0.4 米。

台式灶台位于墓室右后方，靠近壁龛。平面形状近似长方形，左右长 0.7、前后宽 0.55、高 0.4 米。单眼灶，灶眼为圆形，直径约 0.25 米。灶门大致呈方形，高 0.25、宽 0.25 米，朝向前端，与墓室中轴线平行。

不见任何排水设施、葬具以及墓主人骨骼。

墓室左壁前部和右壁后部可见浅浮雕的斗拱装饰，前者疑似"把头拱"，后者似为"丁头拱"。墓室顶部与底部台阶大致对应处有一圆形垂瓜藻井浮雕，下部残断，直径约 0.2 米。

墓道、墓室壁面以及墓室顶部保存有较大的圆点状凿痕。在靠近墓室底部四角处有小圆孔，或许与开凿墓室有关。

除了陶狗位于墓室左前角（图版 2-39，1），以及陶瓮倾倒在灶台之前（图版 2-39，2）外，其余随葬品均因为盗扰破碎且脱离原始位置，从陶器残片中分辨出 1 件釜、1 件甑、3 件罐、1 件不明陶容器、1 件俑头、1 件不知名陶俑、1 件陶塘模型以及 1 件不明用途的陶棒。此外还出土 2 枚铜钱。

陶瓮　LM18：4，仅存口肩部，泥质灰褐陶。属 Ba 型，大口，卷沿，侈口，方圆唇，基本无领，窄圆肩近折。肩部饰多道旋纹。口径 24.8、残高 8 厘米（图 2-37，2）。

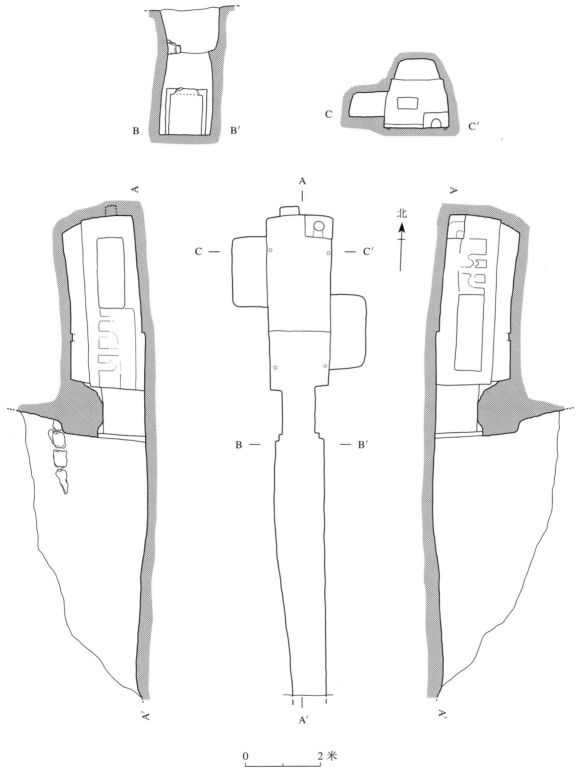

图 2-36　LM18 平面、剖视图

陶俑头 LM18：5，夹细砂红褐陶。头戴平巾帻，表情安详。宽 12.2、残高 13.8 厘米（图 2-37，3）。

陶狗 LM18：1，保存较为完整，夹细砂红褐陶。属 A 型，体量较大，体态壮硕，颈部有拴狗绳，站姿，四肢着地。长 44.8、宽 21.2、高 47 厘米（图 2-37，4；图版 2-39，3）。

陶塘 LM18：3，保存较为完整，夹砂红褐陶。整体呈浅盘状，塘中部有半隔挡将其大致等分，在其中一半内分布着荷叶、荷花和鱼等水生动植物。长 48.2、宽 30.4、高 4.8 厘米（图 2-37，1；图版 2-39，5、6）。

铜钱 均为 A 型五铢钱。有郭，方穿，较薄，保存较好。LM18：2-1，直径 2.25、穿径 0.9 厘米，重 1.7 克（图 2-38，1；图版 2-39，4右）。LM18：2-2，直径 2.2、穿径 0.9 厘米，重 1.8 克（图 2-38，2；图版 2-39，4左）。

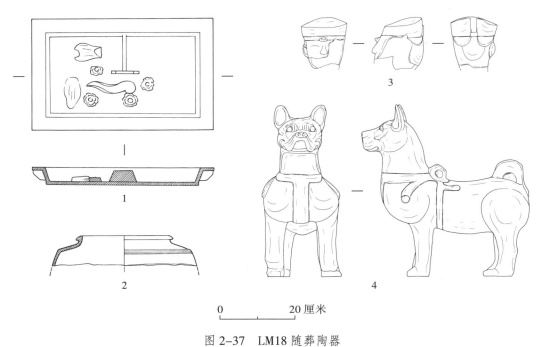

图 2-37 LM18 随葬陶器

1.陶塘（LM18：3） 2.陶瓮（LM18：4） 3.陶俑头（LM18：5） 4.陶狗（LM18：1）

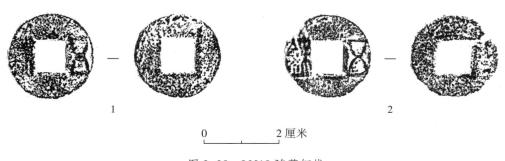

图 2-38 LM18 随葬铜钱

1.LM18：2-1 2.LM18：2-2

一九、LM19

被盗扰。位于墓群西部，东侧距 LM20 约 3 米，西侧距 LM18 约 4 米。墓道开口低于 LM20、LM18 超过 1 米，与 LM23、LM24 的墓道开口高度相若。

墓向 172°，与 LM18 略有夹角，与 LM20 大致平行。

单室墓（甲 Aa 型），残长 11.15、宽 2.15 米（图 2-39）。

墓道呈长条形，内端略宽于外端，残长 5.15、宽 1.35~1.7 米。底部凹凸不平，内低外高（图版 2-40，1）。

墓门斜立，与墓道底部夹角 70°，立面呈长方形，门梁部分缺失，高 1.45、宽 1.25 米。双重门框，墓门上方约 1.65 米的墓壁内收约 0.4 米，形成简易门楣。

长方形甬道，进深 1.25、面阔 1、高 1.35 米。顶部平坦，内高外低，直壁，底部平坦且呈水平状，底部与墓道底部连通无台阶。

长方形墓室较长，拱形顶，弧度较大，顶、壁分界不明显，斜弧壁，顶与底整体内高外低。底部较为平坦，中部有一高近 0.15 米的台阶。墓室进深 4.55、面阔 2.05~2.1、高 1.7~1.9 米（图版 2-40，2、3）。

无侧室。

墓室后壁中央有一个壁龛，平面近似长方形，立面形状为长方形，面阔 0.65、进深 0.35、高 0.35 米。平顶，直壁，平底，底部距墓室底部 0.8 米。

龛式灶台位于墓室左前方。平面近似长方形，立面大致呈梯形，斜顶，直壁。面阔 0.8、进深 0.5、高 0.6~0.8 米。灶台面与墓室底部高差，即灶台高度 0.25 米。单眼灶，灶眼为圆形，直径约 0.25 米，后部有窄长条烟道。灶门大致呈半圆形，直径约 0.2 米，朝向右侧，与墓室中轴线垂直（图版 2-40，4）。

不见任何排水设施、装饰、葬具以及墓主人骨骼。

墓道、墓室壁面以及墓室顶部保存有较大的圆点状凿痕，后壁上部有细密放射状凿痕。

随葬品均因为盗扰破碎且脱离原始位置，保存完整者只有 1 件陶瓮以及 2 件陶俑头，陶器残片中可辨的器类包括 1 件甑、7 件罐、2 件不明容器、2 件舞俑、2 件拱手俑、1 只鸡、2 件陶塘模型、2 件陶房模型以及 1 件不明模型。

陶瓮 LM19：5，保存完整，泥质灰褐陶。属 Ba 型，宽扁体，大侈口，卷沿，方圆唇，窄圆肩近折，深腹，小平底。素面。口径 24.4、底径 12、高 21.6 厘米（图 2-40，4；图版 2-41，3）。

陶罐 LM19：1，保存有口部和腹底部，夹细砂泥质灰褐陶。属 Aa 型，高体，侈口，卷沿，圆唇，矮束领外侈，深斜腹，平底。素面。口径 10.8、底径 9.2、残高 22 厘米（图 2-40，5）。

陶舞俑 LM19：2，仅存部分身体，夹细砂红褐陶。体量较大，女性，站立姿态，略有扭曲，呈跳舞状态。身着右衽触地深衣，右臂残缺，左臂微屈于腰部左侧，左手隐于长袖之中。残宽 19.8、残高 24.8 厘米（图 2-40，2）。

陶俑头 均为夹细砂红褐陶，表情安详。LM19：3，属 B 型，头戴介帻。宽 8.6、残高 18.2 厘米

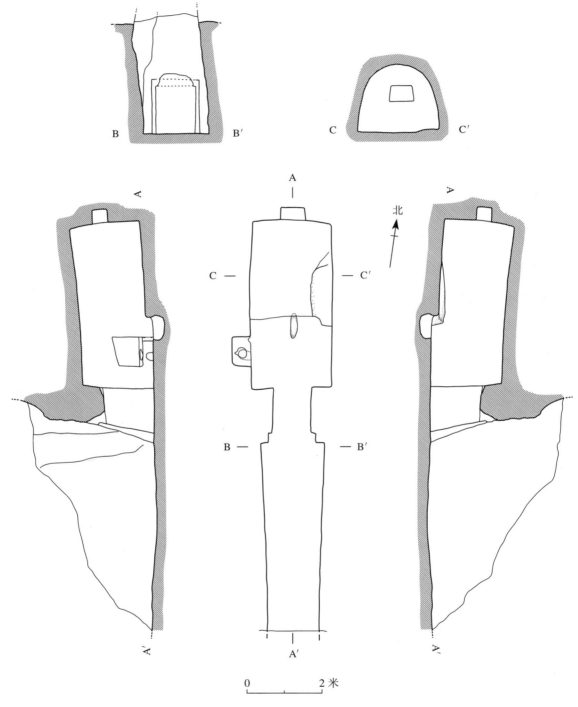

北

0　　　　　2米

图 2-39　LM19 平面、剖视图

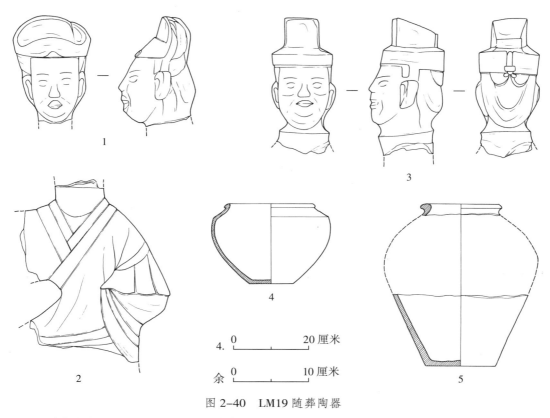

图 2-40　LM19 随葬陶器

1、3. 陶俑头（LM19∶4、LM19∶3）　2. 陶舞俑（LM19∶2）　4. 陶瓮（LM19∶5）　5. 陶罐（LM19∶1）

（图 2-40，3；图版 2-41，1）。LM19∶4，属 Aa 型，头未戴冠，梳扇形双高髻，前额无簪花装饰。宽 10.4、残高 14.4 厘米（图 2-40，1；图版 2-41，2）。

二〇、LM20

被盗扰。位于墓群中部，东侧紧邻 LM24，西侧距 LM19 约 3 米。墓道开口高度比左、右的 LM19、LM24 高出 1 米有余。

墓向 175°，与 LM19 大致平行，与 LM24 略有夹角。

单室墓，残长 7.8、残宽 3.1 米（图 2-41）。

墓道呈长条形，内宽外窄，残长 6.5、宽 0.9~1.5 米。底部凹凸不平，内低外高（图版 2-42，1）。

墓门斜立近直，与墓道底部夹角近 90°，立面呈长方形，高 1.35、宽 1.25 米。双重门框，无门楣。

梯形甬道，外窄内宽，进深 1.1、面阔 0.9~1、高 1.2 米。顶部平坦，直壁，底部近平，顶与底整体内高外低，底部与墓道底部相接处有矮台阶，高差不足 0.1 米。

长方形墓室，顶部坍塌严重，因安全原因中后部未发掘，故全貌不明。拱形顶近平，两侧斜弧略外敞，顶、壁转折明显，转折处有窄平檐，斜弧壁，顶与底整体内高外低，底部似较为平坦。墓室进深超过 2.65、外端面阔 1.9、高约 1.9 米（图版 2-42，2）。

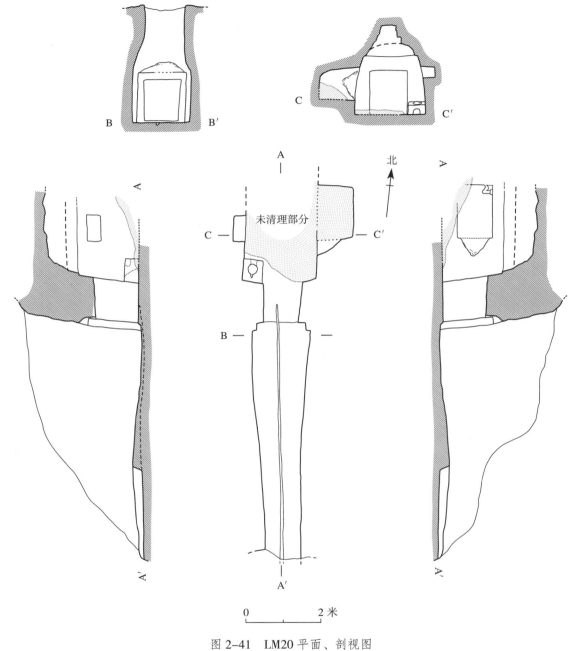

图 2-41　LM20 平面、剖视图

　　墓室右前方有一个侧室，平面呈梯形，外侧略宽于内侧，斜直顶，直壁，平底，立面呈长方形。面阔 1.5、进深 0.95、高 0.9 米，底部比墓室底部高 0.4 米。

　　墓室左前方侧壁有一个壁龛，平面和立面均呈长方形，面阔 0.7、进深 0.3、高 0.35 米。斜顶，直壁，平底，底部距墓室底部 1 米。

　　台式灶台位于墓室左前角，靠近壁龛。平面近似长方形，内外长 0.6、左右宽 0.5、高 0.35~0.4 米。单眼灶，灶眼为圆形，直径约 0.25 米，后部有窄长条烟道。灶门呈长方形，拱形门梁，高 0.2、宽 0.15

米，朝向后端，与墓室中轴线平行（图版 2-42，3）。

甬道前部和墓道中央有一条排水沟，长 7、最宽 0.2、最深 0.25 米。

墓室右壁靠近侧室顶部内侧有丁头拱雕刻。

墓道、墓室壁面以及墓室顶部保存有较大的圆点状凿痕。

不见葬具以及墓主人骨骼。

随葬品均因为盗扰破碎且脱离原始位置，且由于未发掘完，随葬品情况不明，出土陶片中可辨 1 件釜、1 件俑以及 1 件陶塘模型。

二一、LM21

被盗扰。位于墓群西部，东侧距 LM28 超过 5 米，西侧距 LM25 约 5 米。墓道开口略高于 LM25，但低于 LM28 墓道开口约 3 米。

墓向 178°，与 LM25 大致平行，与 LM28 略有夹角。

单室墓（甲 Ab 型），残长 12.9、宽 3.7 米（图 2-42）。

墓道呈长条形，内宽外窄，残长 6.95、宽 1.3~1.65 米，底部近平，内低外高（图版 2-43，1）。

墓门近似竖直，与墓道底部夹角近 90°，立面呈长方形，高 1.35、宽 1.25 米。双重门框，墓门上方约 0.25~0.45 米的墓壁内收约 0.6~0.75 米，形成简易门楣。

梯形甬道，外窄内宽，进深 1.15、面阔 0.9~1.15、高 1.2 米。顶部平坦，内高外低，直壁，底部较为平坦，近似水平，底部与墓道底部直接相连，无台阶。

长方形墓室较长，中前部的顶部以及左、右两侧部分墓壁塌陷。中轴线与墓道中轴线存在一定偏差。拱形顶近平，顶、壁转折明显，转折处有窄平檐，斜直壁，顶与底整体呈水平状。底部较为平坦，中部有一高 0.2 米的台阶。墓室进深 4.6、面阔 1.7、高 1.75~2 米（图版 2-43，2、3）。

两个侧室，分处墓室左、右两侧，平面均近似长方形，斜弧顶，直壁，平底。左侧室外侧口部略内收呈袋状，面阔 1.75~2、进深 0.85、高 0.85 米，底部比墓室底部高 0.2 米。右侧室因为安全原因未全部清理，残存面阔 0.75、进深 0.85、残高 0.35 米，底部比墓室底部高 0.2~0.4 米。

墓室左前方侧壁有一个壁龛，平面呈长方形，立面形状为长方形，面阔 0.65、进深 0.25、高 0.35 米。平顶，直壁，平底，底部距墓室底部 0.7 米。

复式灶台位于墓室左前角，靠近壁龛。平面呈长方形，面阔 0.6、进深 0.35 米。灶龛立面大致呈方形，高 0.75 米，灶台高 0.3 米。单眼灶，灶眼为圆形，直径约 0.2 米，后部有一窄长条烟道。灶门近呈方形，高 0.15、宽 0.15 米，朝向后端，与墓室中轴线平行（图版 2-43，4）。

甬道前部与墓道中央分布一条近直排水沟，在墓道中部处略有弯曲。长 7.9、最宽 0.2、最深 0.15 米。

不见任何装饰、葬具以及墓主人骨骼。

墓道、墓室壁面保存有较大的圆点状凿痕。

随葬品均因为盗扰破碎且脱离原始位置，保存完好的器物有陶瓮、陶钵各 1 件，以及 14 枚铜钱。从陶器残片中分辨出 1 件甑、1 件壶、2 件俑头、1 只狗、2 件陶房模型以及 1 件陶塘模型。

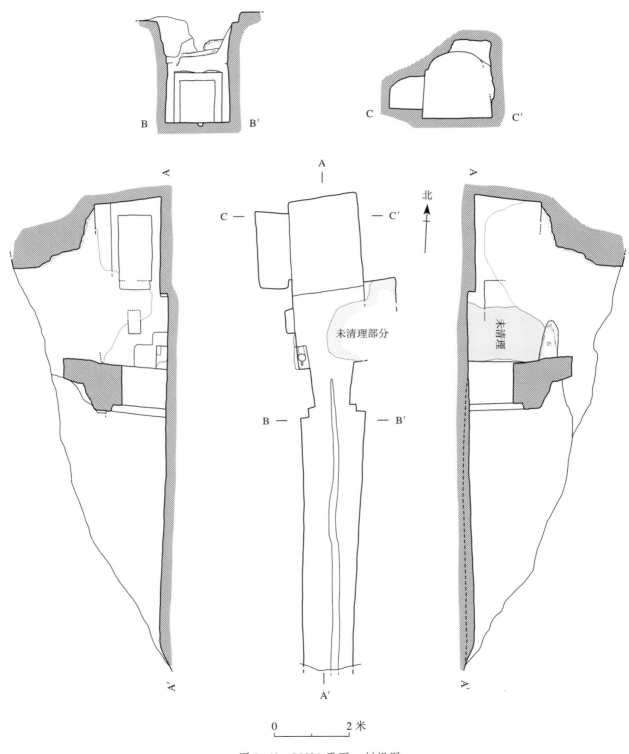

图 2-42 LM21 平面、剖视图

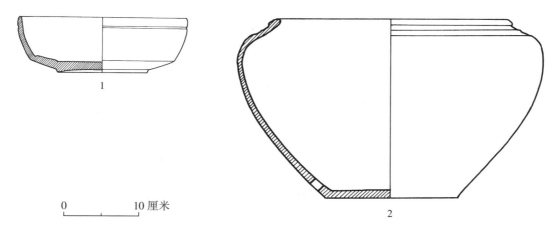

0 _____ 10 厘米

图 2-43　LM21 随葬陶器

1. 陶钵（LM21：4）　2. 陶瓮（LM21：3）

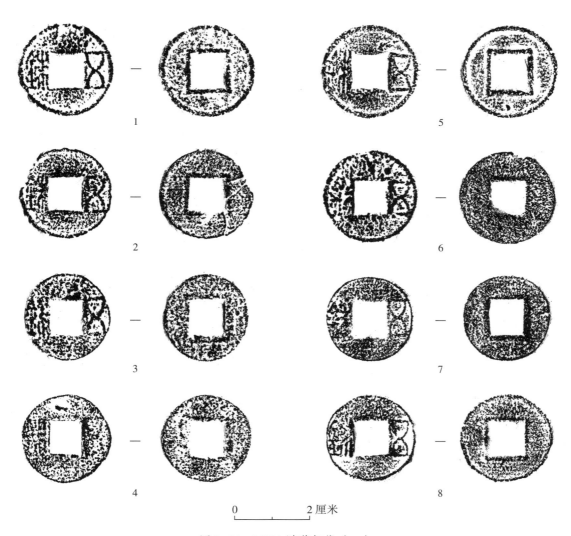

0 _____ 2 厘米

图 2-44　LM21 随葬铜钱（一）

1. LM21：1-1　2. LM21：1-2　3. LM21：1-3　4. LM21：1-4　5. LM21：2-1　6. LM21：2-2　7. LM21：2-3　8. LM21：2-4

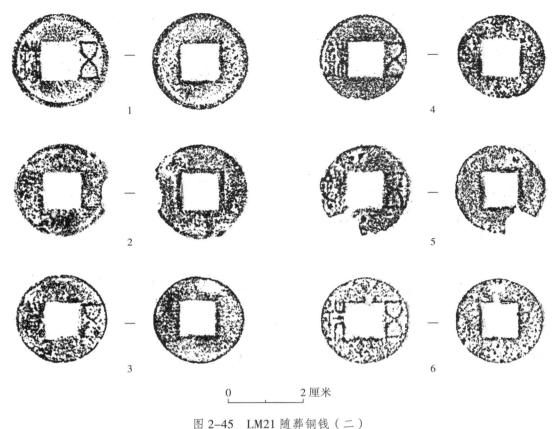

0 ⌐——————⌐ 2厘米

图 2-45 LM21 随葬铜钱（二）

1. LM21：2-5 2. LM21：2-6 3. LM21：2-7 4. LM21：2-8 5. LM21：2-9 6. LM21：5

陶瓮 LM21：3，保存完整，泥质灰褐陶。属 Bb 型，扁体，大侈口，卷沿，方圆唇，圆肩略宽，深腹，小平底，接近底部有一小孔。肩部似有宽旋纹。口径 32、底径 17.6、高 24.4 厘米（图 2-43，2；图版 2-44，2）。

陶钵 LM21：4，保存完整，泥质灰褐陶。属 A 型，直口微敛，尖圆唇，浅腹，上腹微鼓，下腹斜收，上、下腹之间转折明显，平底微凸似假圈足。素面。口径 22、底径 12、高 7.5 厘米（图 2-43，1；图版 2-44，3）。

铜钱 均为 A 型五铢钱，有郭，方穿，较薄。LM21：1-1，直径 2.5、穿径 0.95 厘米，重 1.9 克（图 2-44，1；图版 2-44，1 右）。LM21：1-2，直径 2.45、穿径 1 厘米，重 1.21 克（图 2-44，2）。LM21：1-3，直径 2.25、穿径 1 厘米，重 1.51 克（图 2-44，3；图版 2-44，1 左）。LM21：1-4，直径 2.55、穿径 0.95 厘米，重 2.19 克（图 2-44，4；图版 2-44，1 中）。LM21：2-1，直径 2.55、穿径 0.95 厘米，重 2.19 克（图 2-44，5）。LM21：2-2，直径 2.5、穿径 0.9 厘米，重 2.65 克（图 2-44，6）。LM21：2-3，直径 2.25、穿径 0.95 厘米，重 1.21 克（图 2-44，7）。LM21：2-4，直径 2.4、穿径 0.95 厘米，重 1.71 克（图 2-44，8）。LM21：2-5，直径 2.6、穿径 1 厘米，重 2.41 克（图 2-45，1）。LM21：2-6，直径 2.55、穿径 1 厘米，重 1.81 克（图 2-45，2）。LM21：2-7，直径 2.3、穿径 0.95 厘米，重 1.63 克（图 2-45，3）。LM21：2-8，直径 2.4、穿径 0.9 厘米，重 1.45 克（图 2-45，4）。

LM21：2-9，直径 2.4、穿径 0.95 厘米，重 1.33 克（图 2-45，5）。LM21：5，直径 2.3、穿径 1 厘米，重 1.5 克（图 2-45，6；图版 2-44，4）。

二二、LM22

被盗扰。位于墓群中部，东、西两侧分别紧邻 LM13 和 LM14、LM15。墓道开口高度高出 LM13 约 1 米，高出 LM14 墓道开口超过 2 米，与 LM15 墓道开口高度相若。

墓向 169°，与 LM13、LM14、LM15 近乎平行。

双室墓（乙 Ba 型），残长 16.85、宽 3.6 米（图 2-46）。

墓道呈长条形，内宽外窄，残长 8.05、宽 0.9~1.25 米。底部凹凸不平，大致可分三个不规则的台阶，内高外低，易于排水（图版 2-45，1）。

墓门近乎竖直，与墓道底部夹角近 90°，立面呈长方形，高 1.2、宽 0.95 米。双重门框，但外门框两侧与墓道两侧壁重合，形似单重门框，无门楣（图版 2-45，2）。

梯形甬道，外窄内宽，进深 1.4、面阔 1~1.15 米，顶部平坦，直壁，底部近平，高 1.2 米，顶与底整体内高外低，底部与墓道底部连为一体。

两个墓室，均呈长方形，外端略窄于内端，拱形顶近平，两侧斜弧略外敞，近乎券顶，顶、壁转折明显，转折处有窄平檐，斜壁微弧，顶与底整体内高外低，底部较为平坦。前室两侧壁略向内凹，底中部有一高 0.15 米的台阶，进深 3.4、外端面阔 1.85、内端面阔 1.95、高 1.8~1.9 米（图版 2-45，3）。后室顶部微下凸，进深 3、外端面阔 1.7、内端面阔 1.9、高 1.85~1.9 米（图版 2-45，4）。墓室中间的甬道平面近似长方形，进深 0.5、面阔 0.8、高 1 米。口部有双重门框，面阔 0.95~1、高 1.1 米。顶部平坦，直壁，底部近平，顶与底整体内高外低。底部与前室底部有台阶，高约 0.1 米。

三个侧室，分处前室左侧和后室的左、右两侧，平面近似圆角长方形，口部微内收呈袋状，斜弧壁，平底。前室左侧室为斜弧顶，口部中央有一断面呈圆角长方形立柱，面阔 1.65~1.85、进深 0.95、高 0.6~0.85 米，底部比墓室底部高 0.25~0.5 米。后室左侧室和后室右侧室均为拱形顶，前者面阔 1.6~1.9、进深 0.95、高 0.55~0.8 米，底部比墓室底部高 0.2 米；后者面阔 1.3~1.75、进深 0.85、高 0.65~0.85 米，底部比墓室底部高 0.2~0.25 米。

两个壁龛，分别位于前室右前方和后室后壁中央，平面均呈梯形，立面呈长方形，斜直顶，斜弧壁，平底。前室右壁龛面阔 0.55、进深 0.2、高 0.2 米，底部距墓室底部 1.1 米。后室后壁龛面阔 0.5~0.6、进深 0.4、高 0.55 米，底部距墓室底部 0.35 米。

复式灶台位于前室左前方。平面形状近似方形，内外面阔 0.45、左右进深 0.55、高 0.25~0.4 米。灶龛立面大致呈方形，平顶，直壁，平底，高 0.55 米。单眼灶，灶眼为圆形，直径约 0.3 米，后部有窄长烟道。灶门近呈方形，高 0.2、宽 0.2 米，朝向后端，与墓室中轴线平行。值得注意的是，在前室右前方与灶台相对处同样有一近长方形石台，疑属未完成的灶台。

不见任何排水设施、葬具以及墓主人骨骼。

前室左侧室的立柱有丁头拱的浮雕装饰（图版 2-46，1、2），后室左、右侧室的口部上方两侧同

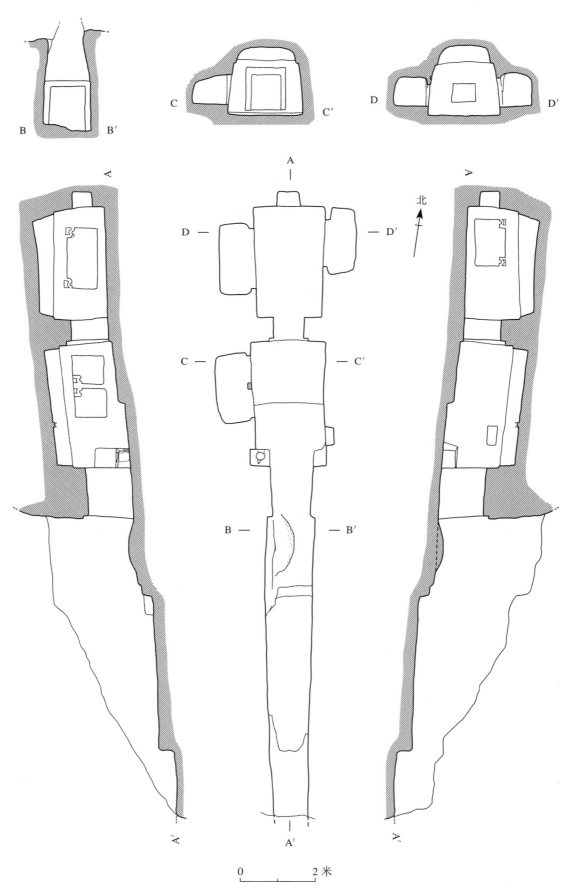

图 2-46 LM22平面、剖视图

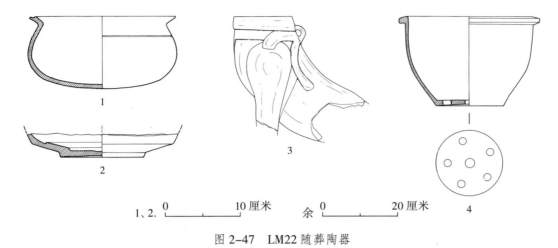

图 2-47　LM22 随葬陶器

1. 陶釜（LM22：2）　2. 陶钵（LM22：5）　3. 陶狗（LM22：1）　4. 陶甑（LM22：4）

样有伸出的半个丁头拱半浮雕装饰（图版 2-46，3）。在前室顶中前部位置有一圆形垂瓜藻井浮雕，下端残断，直径约 0.15 米。

墓道侧壁和内端壁保留有较粗的平行线形凿痕，墓室壁面以及墓室顶部保存有较大的圆点状凿痕。

随葬品均因为盗扰破碎且脱离原始位置，从陶器残片中可辨别 1 件釜、2 件盆、1 件甑、6 件罐、3 件钵、2 件不明容器、5 件拱手俑、1 件俑头、1 只狗、1 只子母鸡、2 只鸡、2 件不明俑、1 件陶房模型以及 1 件陶塘模型。

陶釜　LM22：2，修复复原，夹砂浅褐陶。属 Ab 型，侈口，宽折沿，沿面斜直，尖圆唇，浅鼓腹，圜底近平。上腹部有一道旋纹，底部饰绳纹。口径 19.2、高 9.8 厘米（图 2-47，1；图版 2-47，2）。

陶甑　LM22：4，修复复原，泥质灰褐陶。敞口，平折沿，方唇较薄，深斜腹，平底，底部有 6 个呈梅花形分布的圆形甑孔。素面。口径 37.6、底径 17.6、高 24.4 厘米（图 2-47，4；图版 2-47，3）。

陶钵　LM22：5，仅存底部，泥质灰褐陶。属 A 型，浅折腹，平底微凸似假圈足。素面。底径 11.2、残高 3 厘米（图 2-47，2）。

陶狗　LM22：1，仅存躯干部位，夹细砂红褐陶。属 B 型，体量较大，体态壮硕，坐姿。前肢站立，后肢坐地，颈部有拴狗绳。残长 34.6、残高 33.7 厘米（图 2-47，3；图版 2-47，1）。

二三、LM23

被盗扰。位于墓群中部，东、西两侧分别紧邻 LM16 和 LM24。墓道开口高度与 LM24 相近，高出 LM16 墓道开口超过 1 米。

墓向 164°，与 LM24 略有夹角，和 LM16 几乎平行。

单室墓（甲 Bb 型），残长 12.4、宽 2.8 米（图 2-48）。

墓道呈长条形，两侧壁中部微微向内凹，残长 8.5、宽 0.75~1.15 米。底部靠近墓门部位有四级台阶，

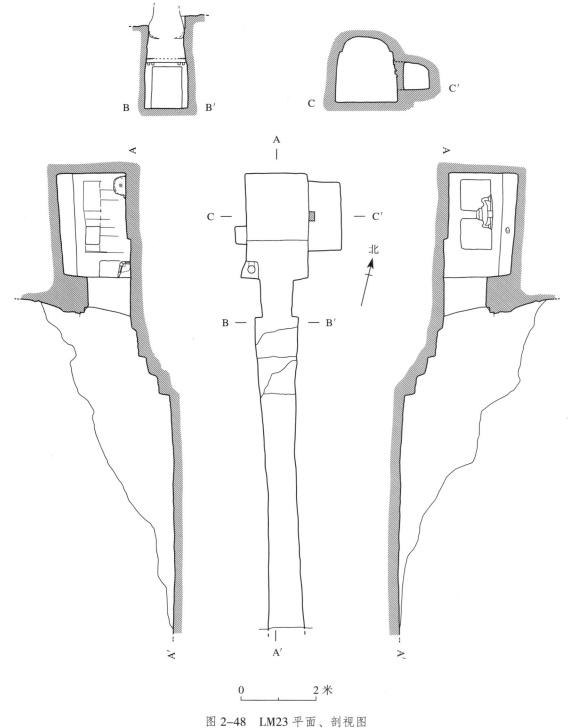

图 2-48　LM23 平面、剖视图

中部和外端较为平坦。整体内高外低，易于排水（图版 2-48，1）。

　　墓门斜立竖直，与墓道底部夹角近 80°，立面呈长方形，高 1.15、宽 0.75~0.8 米。单重门框，墓门上方外凸约 0.15 米，上方 0.6 米处的墓壁向后收缩，形成简易门楣（图版 2-48，2）。

梯形甬道，外窄内宽，进深 1、面阔 0.8~0.9、高 1.1~1.3 米。顶部平坦，直壁，底部近平，顶与底整体内高外低，底部与墓道底部连为一体。

长方形墓室较短，拱形顶弧度较小，顶、壁转折明显，转折处有窄平檐，斜直壁，顶与底整体内高外低。底部较为平坦，中前部有一台阶，高约 0.1 米。墓室进深 2.85、面阔 1.65、高 1.75~1.8 米（图版 2-48，3）。

侧室位于墓室右侧，平面与立面均呈长方形，斜弧顶，直壁，平底，口部中央有一断面呈长方形立柱。面阔 1.85、进深 0.9、高 0.5~0.8 米，底部比墓室底部高 0.2 米。

墓室左前方侧壁有一个壁龛，平面和立面形状均呈长方形，面阔 0.5、进深 0.35、高 0.4 米。平顶，直壁，平底，底部距墓室底部 0.9~0.95 米。

复式灶台位于墓室左前角。平面大致呈梯形，左右面阔 0.35~0.45、内外进深 0.45、高 0.2~0.35 米。灶龛立面大致呈长方形，平顶，直壁，面阔 0.45、进深 0.1、高 0.45~0.55 米。单眼灶，灶眼为圆形，直径约 0.2 米。灶门近呈方形，边长 0.15 米，朝向后端，与墓室中轴线平行。

不见任何排水设施、葬具以及墓主人骨骼。

在门楣处雕刻方形椽头，分布于墓门上方左、右两侧，每侧各 2 个。侧室立柱浮雕一斗二升斗拱（图版 2-48，4）。此外，墓室左壁面有纵横交错的细线刻划纹，暂不明确是否为崖墓雕刻装饰。

墓道、墓室壁面以及墓室顶部保存有较大的圆点状凿痕（图版 2-49，2）和较粗的平行线状凿痕，部分凿痕呈现由细到粗、由浅到深的变化趋势，可以推测开凿方向以及使用的工具（图版 2-49，1）。

随葬品均因为盗扰破碎且脱离原始位置，只有 1 件陶罐保存较为完好，另辨别出 1 件陶钵、1 枚铜钱。

陶罐 LM23：3，保存完整，夹砂灰陶。属 C 型，高体，侈口，卷沿，方圆唇，矮直领，圆肩，深斜腹，平底。肩部饰一周竖向细线纹带。口径 12、底径 12、高 34 厘米（图 2-49，2；图版 2-49，4）。

陶钵 LM23：2，仅存底部，泥质灰褐陶。属 A 型，浅折腹，平底微凸似假圈足。素面。内底有 4 个方形印戳，当中 1 个的文字漫灭，其余 3 个环绕分布，各有 4 个篆文，似为"黄神越章"四字。底径 11.6、残高 5.2 厘米（图 2-49，1；图版 2-49，3）。

铜钱 LM23：1，无文钱，残缺不全，无郭，方穿，甚薄。残直径 1.7、穿径 1 厘米，重仅 0.5 克（图 2-50）。

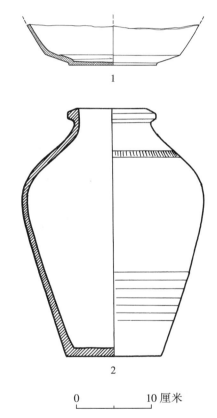

图 2-49 LM23 随葬陶器
1. 陶钵（LM23：2） 2. 陶罐（LM23：3）

图 2-50 LM23 随葬铜钱（LM23：1）

二四、LM24

被盗扰。位于墓群中部，东、西两侧分别邻近 LM23 和 LM20。墓道开口与 LM23 高度相近，低于 LM20 墓道开口约 1 米。

墓向 170°，与 LM20、LM23 略有夹角，总体呈放射状排列。

单室墓（甲 Ab 型），残长 12.2、宽 3.4 米（图 2-51）。

墓道呈长条形，残长 6.2、宽 1.3~1.45 米。底部凹凸不平，内低外高（图版 2-50，1）。填土可分 5 层，第 1 层和第 2 层均以黄褐色粉沙土为主，第 2 层的红色砂岩块比第 1 层多，第 3 层、第 4 层、第 5 层均以红色砂岩块为主，第 4 层夹杂部分黄褐色粉沙土，且大块较多，第 5 层同样如此（图版 2-50，2）。

墓门斜立，与墓道底部夹角为 80°，立面呈梯形，高 1.2、宽 0.8~1 米。单重门框，墓门上方约 0.4 米的墓壁微微外凸，形成简易门楣（图版 2-51，1）。

梯形甬道，外窄内宽，进深 1.15、面阔 0.9~1、高 1.15 米。顶部平坦，直壁，底部不甚平，顶与底整体内高外低，底部与墓道底部相接处有矮台阶，高差 0.2~0.5 米。

长方形墓室较长，拱形顶弧度较大，顶、壁分界不明显，斜弧壁，顶与底整体内高外低，中部略下凸。底部较为平坦，中部有一高约 0.2 米的台阶。墓室进深 4.85、面阔 2~2.1、高 1.8~2.2 米（图版 2-51，2、3）。

侧室位于墓室右侧后部，平面近似长方形，口部略宽，拱形顶，直壁，平底。面阔 1.95~2.1、进深 1、高 0.95 米，底部比墓室底部高 0.25 米。

墓室左前方侧壁有一个壁龛，平面近似长方形，立面形状为长方形，面阔 0.6~0.65、进深 0.25、高 0.3~0.35 米。斜直顶，直壁，平底，底部距墓室底部 0.55~0.6 米。

台式灶台位于墓室左前角，靠近壁龛。平面近似长方形，内外面阔 0.55~0.65、左右进深 0.6、高 0.3~0.4 米。单眼灶，灶眼为圆形，直径约 0.25 米。灶门呈半圆形，直径 0.2 米，朝向左侧，与墓室中轴线垂直。

墓道偏左侧有两条排水沟，大致上、下重叠分布。偏上的排水沟位于墓道偏左侧，直线分布，与墓道平行，残长 2.05、最宽 0.3、最深 0.15 米。以卵石铺地，覆盖大块红砂岩（图版 2-50，3、4）。偏下的排水沟呈直线分布于墓道左侧，与墓道中轴线平行，长 6.25、最宽 0.2、最深 0.15 米。

不见任何装饰、葬具以及墓主人骨骼。

墓道、墓室壁面以及墓室顶部保存有较大的圆点状凿痕和斜向较粗的平行线形凿痕。

随葬品均因为盗扰破碎且脱离原始位置，从陶器残片中分辨出 2 件釜、1 件甑、1 件盆、2 件瓮、2 件罐、1 件不明容器、1 件执镰刀俑、1 件拱手俑、2 件俑头、2 只狗、1 只鸭、1 件不明俑以及 1 件陶房模型。

陶釜　LM24：1，修复复原，夹砂浅褐陶。属 Aa 型，侈口，宽折沿，沿面斜直，尖圆唇，束颈，浅垂腹，圜底近平。底部饰绳纹。口径 22.4、高 14.6 厘米（图 2-52，9；图版 2-52，1）。

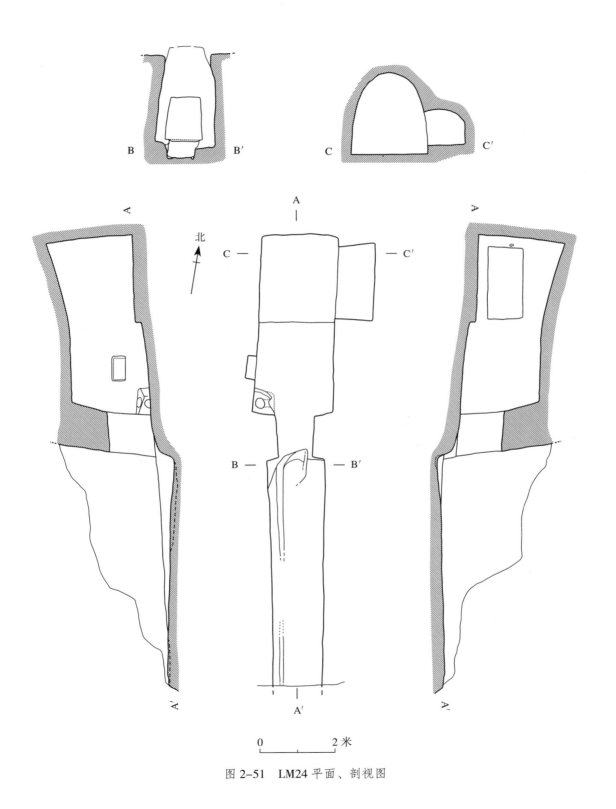

图 2-51 LM24 平面、剖视图

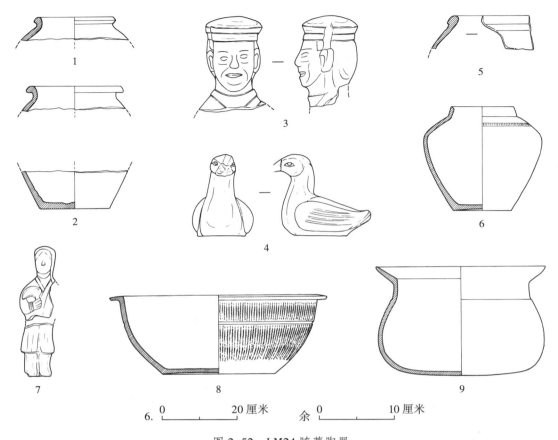

图 2-52　LM24 随葬陶器

1、2. 陶罐（LM24：6、LM24：4）　3. 陶俑头（LM24：7）　4. 陶鸭（LM24：3）　5、6. 陶瓮（LM24：5、LM24：9）

7. 陶执镰刀俑（LM24：8）　8. 陶盆（LM24：2）　9. 陶釜（LM24：1）

陶盆　LM24：2，修复复原，泥质灰褐陶。属 B 型，敞口，窄平折沿，薄方唇，浅鼓腹，平底微内凹。腹部饰旋断绳纹。口径 28.8、底径 14.8、高 10.6 厘米（图 2-52，8；图版 2-52，2）。

陶瓮　均为泥质灰褐陶。宽扁体，大口，方圆唇，圆肩，深腹，小平底。LM24：5，仅存口肩部。属 Bb 型，侈口，卷沿，基本无领，肩部较宽。素面。残高 4.6 厘米（图 2-52，5）。LM24：9，修复复原。属 Ab 型，敛口，有矮敛领，肩部较宽近折。肩部饰竖向细线纹带。口径 16.4、底径 15.2、高 28.4 厘米（图 2-52，6；图版 2-52，3）。

陶罐　均为夹细砂泥质灰褐陶。属 Aa 型，侈口，卷沿，圆唇，矮束领，圆肩。素面。LM24：4，仅存口肩部以及底部，口径 12.8、底径 9.2、残高 8 厘米（图 2-52，2）。LM24：6，仅存口肩部，口径 10.8、残高 3 厘米（图 2-52，1）。

陶执镰刀俑　LM24：8，背部和左侧部分残缺，夹细砂红褐陶。体量较小，站立姿态。头戴平巾帻，身着右衽深衣，右手屈于右胸前，斜执镰刀。残宽 4.2、高 17.8 厘米（图 2-52，7）。

陶俑头　LM24：7，夹细砂红褐陶。属 C 型，头戴平巾帻，面容祥和。宽 9.2、残高 12.8 厘米（图 2-52，3；图版 2-52，4）。

陶鸭　LM24：3，喙部残缺，夹细砂红褐陶。体量较小，卧姿，整体形态与子母鸡较为相似。残长 10.8、宽 8.2、高 11.2 厘米（图 2-52，4）。

二五、LM25

被盗扰。位于墓群西部，东距 LM21 约 5 米，西距 LM26 约 4 米。墓道开口高度略低于 LM21 和 LM26。

墓向 182°，与 LM21、LM26 大致平行。

单室墓（甲 Ab 型），残长 17.15、宽 3 米（图 2-53）。

墓道呈长条形，两侧壁不甚规整，整体两端宽而中间略窄，残长 10.6、宽 1~1.55 米。底部因为坚硬山岩阻碍而显得凹凸不平，内高外低，近墓门处有两级台阶，高约 0.4 米（图版 2-53，1）。

墓门顶部不存，与墓道底部夹角近 90°，立面似呈梯形，残高 1.2、宽 0.8~1 米。双重门框。底部可见砖砌封门，保存较差，仅存最下一层。

梯形甬道顶部不存，外窄内宽，进深 1.15、面阔 0.9~0.95、残高 1.15 米。直壁，底部平坦，内高外低，底部与墓道后端的台阶相连。

长方形墓室较长，顶部前半部残缺，两侧壁也有塌落。拱形顶近平，两侧斜弧略外敞，整体形似券顶，顶、壁转折明显，转折处有小平檐，斜弧壁近直，顶与底整体内高外低。后壁右下方有一小龛，可能为后人所凿。底部较为平坦，中部有一台阶，高 0.15 米。墓室进深 4.7、面阔 1.75、高 1.8~1.9 米（图版 2-53，2）。

两个侧室，分处墓室左、右两侧，平面近似长方形，斜弧顶，直壁，平底。左侧室位于墓室后部，甚窄，面阔 1.9、进深 0.4~0.5、高 0.35 米，底部比墓室底部高 0.5 米。右侧室位于墓室前部，面阔 1.8、进深 0.8、高 0.75 米，底部比墓室底部高 0.25~0.45 米。

墓室左前方侧壁有一个壁龛，平面形状和立面形状均为长方形，面阔 0.5、进深 0.25、高 0.3 米。平顶，直壁，平底，底部距墓室底部 0.7 米。

复式灶台位于墓室左前角，靠近壁龛。平面形状大致呈长方形，内外面阔 0.45~0.5、左右进深 0.55~0.65、高 0.25~0.35 米。灶龛立面大致呈长方形，平顶，直壁，面阔 0.55、进深 0.2、高 0.65 米。单眼灶，灶眼为圆形，直径约 0.2 米。灶门呈半圆形，直径 0.2 米，朝向右侧，与墓室中轴线垂直（图版 2-53，3）。

不见任何排水设施、葬具以及墓主人骨骸。

墓室左前壁偏上位置装饰有半浮雕丁头拱，其中偏外端两个较为完整，在左侧室前端有半个（图版 2-53，4）。

墓室壁面以及顶部保存有较大的圆点状凿痕以及大致平行分布的线性凿痕。

随葬品均因为盗扰破碎且脱离原始位置，其中 3 件陶执物俑、1 件陶拱手俑、5 只陶鸡、1 只陶禽鸟以及 9 枚铜钱相对较为完整，从陶器残片中可辨认 1 件釜、4 件盆、1 件甑、1 件瓮、4 件罐、1 件钵、2 件不明容器、1 件吹箫俑、1 件执耑箕俑、3 件拱手俑、2 件俑头、1 只狗、1 只子母鸡、3 只鸭、1 件陶房模型以及 2 件不明的陶模型。除此之外还有 1 件辨认不清的铁器。

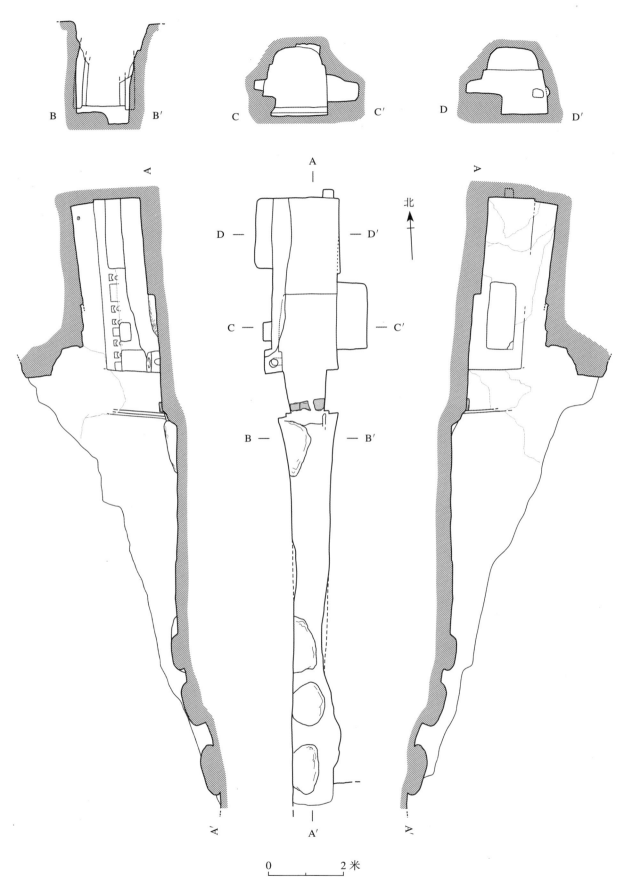

北

0　　　　　2米

图 2-53　LM25 平面、剖视图

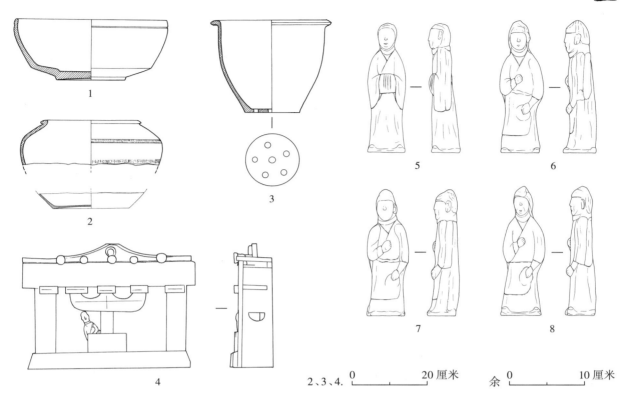

图 2-54 LM25 随葬陶器（一）

1. 陶钵（LM25：5） 2. 陶瓮（LM25：19） 3. 陶甑（LM25：20） 4. 陶房（LM25：18） 5. 陶拱手俑（LM25：15）
6、7、8. 陶执物俑（LM25：11、LM25：12、LM25：13）

陶甑　LM25：20，修复复原，泥质灰褐陶。除了底部有 6 个圆形甑孔之外，其余形制特征与 A 型 I 式陶盆相似。素面。口径 31.9、底径 14.1、高 25.3 厘米（图 2-54，3；图版 2-54，4）。

陶瓮　LM25：19，下腹部残缺，泥质灰褐陶。属 Bb 型，宽扁体，大侈口，卷沿，方圆唇，宽圆肩，深腹，平底内凹。肩部和腹部饰纵向细线纹带。口径 26.4、底径 20、残高 16.2 厘米（图 2-54，2）。

陶钵　LM25：5，修复复原，泥质灰褐陶。属 A 型，直口微敛，尖圆唇，浅腹，上腹微鼓，下腹斜收，上、下腹之间转折明显，平底微凸似假圈足。素面。口径 20.2、底径 8.9、高 8.4 厘米（图 2-54，1；图版 2-54，3）。

陶吹箫俑　LM25：21，修复复原，夹细砂红褐陶。体量较大，踞坐姿态，上身挺直。头戴平巾帻，身着右衽深衣，双膝外露，双手握竖箫，箫上端与口相触，作吹箫状。宽 22.3、高 43.4 厘米（图 2-56，3；图版 2-55，4）。

陶执畚箕俑　LM25：4，仅存下半身，夹细砂红褐陶。站立姿态。着过膝深衣，右手扶畚，左手微屈，执箕，畚竖直位于正中央，箕位于腰左侧。宽 16.8、残高 21 厘米（图 2-55，7；图版 2-55，2）。

陶执物俑　均保存完整，夹细砂浅褐陶。体量较小，站立姿态。头戴尖帽，身着右衽深衣，右手屈于胸前，左手下垂微屈于左腿前，执圆形物件。LM25：11，宽 5.8、高 17.9 厘米（图 2-54，6；图

版 2-56，1）。LM25：12，宽 5.5、高 17.2 厘米（图 2-54，7；图版 2-56，2）。LM25：13，宽 5.9、高 17.5 厘米（图 2-54，8；图版 2-56，3）。

陶拱手俑　LM25：15，保存完整，夹细砂浅褐陶。体量相对较小，站立姿态。头披巾，身穿圆领深衣，双手合握于腹部并隐于长袖之中。宽 5.1、高 17.5 厘米（图 2-54，5；图版 2-56，4）。

陶俑头　均为夹细砂红褐陶。属 Aa 型，头未戴冠，梳扇形双高髻，无簪花装饰。LM25：3，宽 12.4、残高 20 厘米（图 2-56，1；图版 2-55，1）。LM25：10，宽 13、残高 19.8 厘米（图 2-56，2；图版 2-55，3）。

陶鸡　绝大多数保存完整，均为夹细砂红褐陶。属 B 型，体量较小，站立姿态，双脚合体塑造为一个空圆柱形。LM25：1，长 9.2、宽 5.1、高 11.1 厘米（图 2-55，4）。LM25：2，头部残缺，残长 7.8、宽 5.1、残高 9.2 厘米（图 2-55，3）。LM25：6，长 8.7、宽 5.2、高 11.4 厘米（图 2-55，2；图版 2-57，1）。LM25：8，长 9.1、宽 5.2、高 11.5 厘米（图 2-55，1；图版 2-57，2）。LM25：14，长 8.8、宽 5.4、高 11.8 厘米（图 2-55，5；图版 2-57，3）。

陶禽鸟　LM25：9，保存完整，夹细砂红褐陶。整体形制特征与 B 型陶鸡相似，唯背部似有小禽鸟，喙似马嘴。长 13.2、宽 6.8、高 13.4 厘米（图 2-55，6；图版 2-57，4）。

陶房　LM25：18，修复复原，夹砂红褐陶。屋顶呈人字坡，房檐处有 5 个圆形房椽，面阔一间，中间有一斗三升斗拱，后有一斜探出身子的小人俑。通长 45.6、厚 11.6、房屋面阔 40、进深 9.2、通高 33.4 厘米（图 2-54，4；图版 2-54，1）。

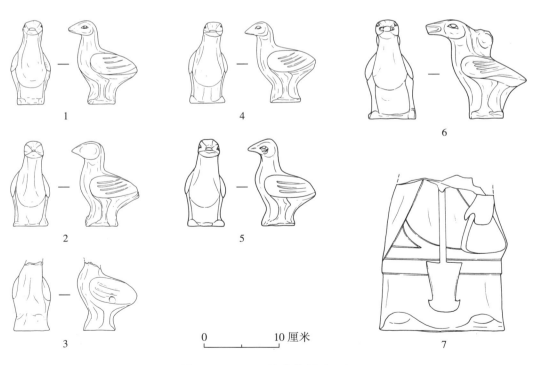

图 2-55　LM25 随葬陶器（二）

1、2、3、4、5.陶鸡（LM25：8、LM25：6、LM25：2、LM25：1、LM25：14）　6.陶禽鸟（LM25：9）　7.陶执畚箕俑（LM25：4）

图 2-56　LM25 随葬陶器（三）

1、2. 陶俑头（LM25：3、LM25：10）　　3. 陶吹箫俑（LM25：21）

铜钱　均有方穿，较薄，绝大多数为 A 型五铢钱，有郭。LM25：7，无文钱。直径 2.7、穿径 0.9 厘米，重 1.72 克（图 2-57，1）。LM25：16-1，直径 2.5、穿径 1 厘米，重 1.75 克（图 2-57，2；图版 2-54，2）。LM25：16-2，直径 2.55、穿径 1 厘米，重 1.87 克（图 2-57，3；图版 2-54，2）。LM25：16-3，直径 2.55、穿径 0.95 厘米，重 1.82 克（图 2-57，4；图版 2-54，2）。LM25：16-4，直径 2.6、穿径 1 厘米，重 1.87 克（图 2-57，5；图版 2-54，2）。LM25：16-5，直径 2.5、穿径 1 厘米，重 1.53 克（图 2-57，6；图版 2-54，2）。LM25：16-6，B 型五铢钱，无郭，甚薄。直径 2.35、穿径 1.1 厘米，重 0.94 克（图 2-57，7；图版 2-54，2）。LM25：16-7，直径 2.55、穿径 0.95 厘米，重 0.77 克（图 2-57，8）。LM25：16-8，直径 2.5、穿径 0.9 厘米，重 0.62 克（图 2-57，9）。

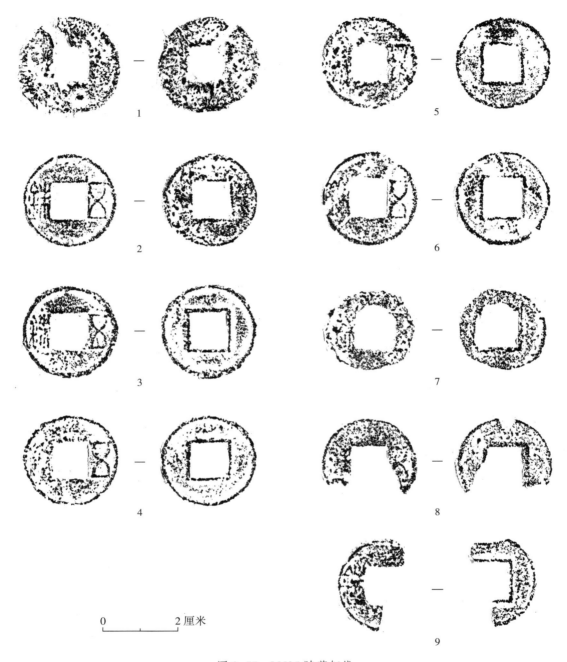

0 _____ 2 厘米

图 2-57 LM25 随葬铜钱

1. LM25：7   2. LM25：16-1   3. LM25：16-2   4. LM25：16-3   5. LM25：16-4   6. LM25：16-5   7. LM25：16-6   8. LM25：16-7
9. LM25：16-8

二六、LM26

位于墓群西部，东侧距 LM25 约 4 米，西侧距 LM27 约 5 米。墓道开口略高于 LM25，高出 LM27墓道开口将近 2 米，与 LM21 的墓道开口高度相若。墓向 183°，与 LM25 基本平行，与 LM27 存在近

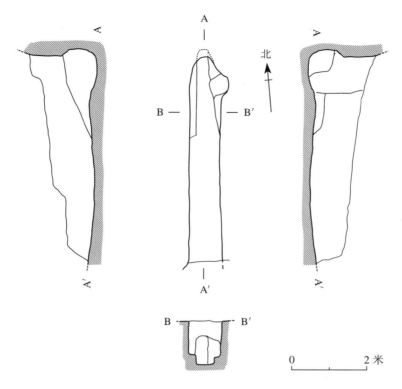

图 2-58　LM26 平面、剖视图

10° 夹角。未开凿完毕，仅有露天墓道，大致呈长条状，外宽内窄，残长 5.75、宽 0.8~1.1 米，底部凹凸不平，大致呈水平状。未见任何装饰及葬具、随葬品。墓道两壁保存有大致平行的线状凿痕（图 2-58；图版 2-58，1）。

二七、LM27

位于墓群西端，东侧距 LM26 约 5 米，西侧距 LM29 超过 15 米。墓道开口高度低于 LM26 约 2 米，低于 LM29 约 5 米。墓向 192°，与 LM29 夹角超过 20°，与 LM26 的夹角将近 10°。未开凿完毕，仅有露天墓道，大致呈长条状，内外基本等宽，残长 7.5、宽 0.8~1.2 米，底部近平，内高外低。未见任何装饰及葬具、随葬品。墓道壁面保存有大致平行的线状凿痕（图 2-59；图版 2-58，2）。

二八、LM28

被盗扰。位于墓群西部，东侧紧邻 LM17，西侧距 LM21 超过 5 米。墓道开口在整个墓群中最高，高出东侧 LM17 墓道开口超过 4 米，高出西侧 LM21 墓道开口约 3 米。

墓向 170°，与 LM17 和 LM21 均存在约 10° 的夹角。

形制不明，残长 9.9、宽 1.8 米（图 2-60）。

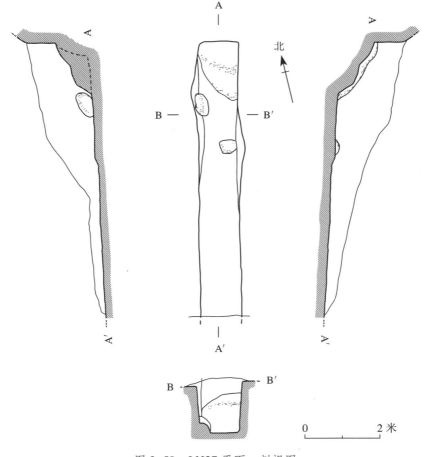

图 2-59　LM27 平面、剖视图

墓道呈长条形，内端略宽于外端，残长 8.1、宽 1~1.3 米。底部凹凸不平，整体内高外低，易于排水（图版 2-58，3）。

墓门横梁中部坍塌，斜立，与墓道底部夹角 80°，立面近呈梯形，高 1.1、宽 0.9~0.95 米。双重门框，墓门上方墓壁外凸约 0.2 米，之上 0.5 米处向内收形成简易门楣（图版 2-58，3）。

长方形甬道，进深 1.15、面阔 0.75、高 1.1~1.25 米。顶部平坦，直壁，底部近平，顶与底整体内高外低，底部与墓道底部连为一体。

墓室只清理了近甬道部分，其余区域因为安全原因未能清理。底部较为平坦，内高外低。目前进深 1.35、外端面阔 1.75、高超过 2.1 米。

侧室和壁龛情况不明。

台式灶台（未完全清理）位于墓室左前角，平面似为长方形，左右面阔 0.45、内外进深超过 0.65、高 0.3 米。单眼灶，灶眼为圆形，直径约 0.2 米，后部有窄长烟道。灶门朝向后端，与墓室中轴线平行。

不见排水设施，装饰、葬具以及墓主人骨骼情况不明。

墓道两侧壁及墓门所在壁面保存有较大的圆点状凿痕。

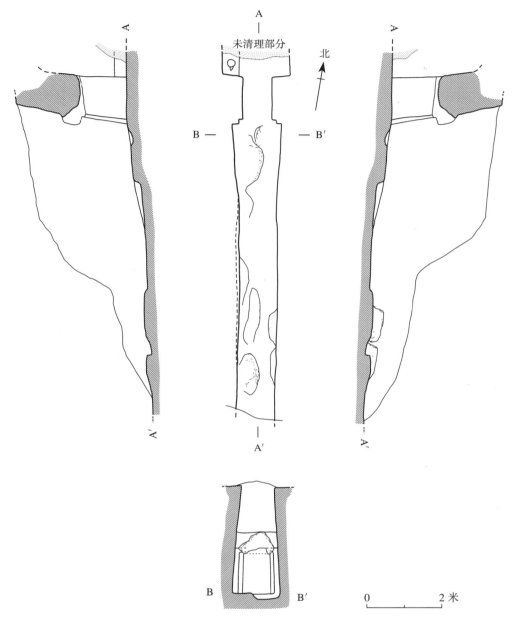

图 2-60 LM28 平面、剖视图

　　随葬品均因为盗扰破碎且脱离原始位置，在已发掘的填土中辨别出 1 件陶罐、1 件陶拱手俑以及 1 件不明陶俑。

二九、LM29

　　位于墓群西端，孤立分布，东侧距 LM27 超过 15 米。墓道开口高度较高，与 LM28 墓道开口高度相近，高出 LM27 墓道开口 5 米左右。墓向 170°，与 LM27 存在超过 20° 夹角。未开凿完毕，仅有

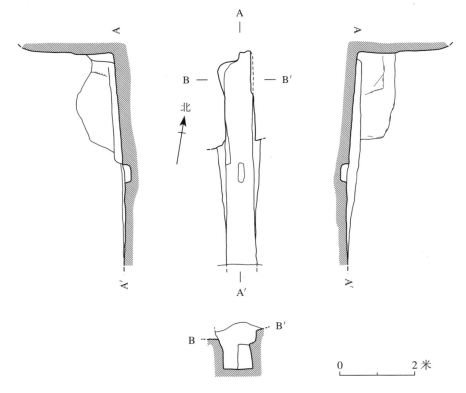

图 2-61　LM29 平面、剖视图

露天墓道，大致呈长条状，内外基本等宽，残长 5.75、宽 1.1 米，底部凹凸不平，内高外低，中部有一近似椭圆形坑，用途不明。未见任何装饰及葬具、随葬品。墓道两侧壁面保存有大致平行的线状凿痕（图 2-61；图版 2-58，4）。

三〇、LM30

被盗扰。位于墓群东部，刘家大山山脊北侧，隔山脊与 LM5 相对，西侧距 LM31 约 5 米。墓道开口略高于 LM31。

墓向 27°，与 LM31 略有夹角，与刘家大山南麓的众多崖墓基本呈轴对称分布。

单室墓（甲 Ab 型），残长 11、宽 3.4 米（图 2-62）。

墓道呈长条形，中部窄于内端和外端，残长 5.6、宽 1.05~1.4 米。底部凹凸不平，内低外高（图版 2-59，1）。

墓门斜立，与墓道底部夹角近 70°，立面呈长方形，高 1.15、宽 1.05 米。双重门框，无门楣。

梯形甬道，外窄内宽，进深 1.35、面阔 0.85~0.95、高 1.15 米。顶部平坦，直壁，底部近平，顶与底整体近似水平，底部与墓道底部相连无台阶。

长方形墓室较长，外端略窄于内端，顶部完全缺失，斜弧壁，底部较为平坦，略有起伏，呈水平状，靠近甬道处有 "U" 字形台阶，高约 0.1 米。墓室进深 4.25、外端面阔 1.3、内端面阔 1.75、残高 1.65 米（图

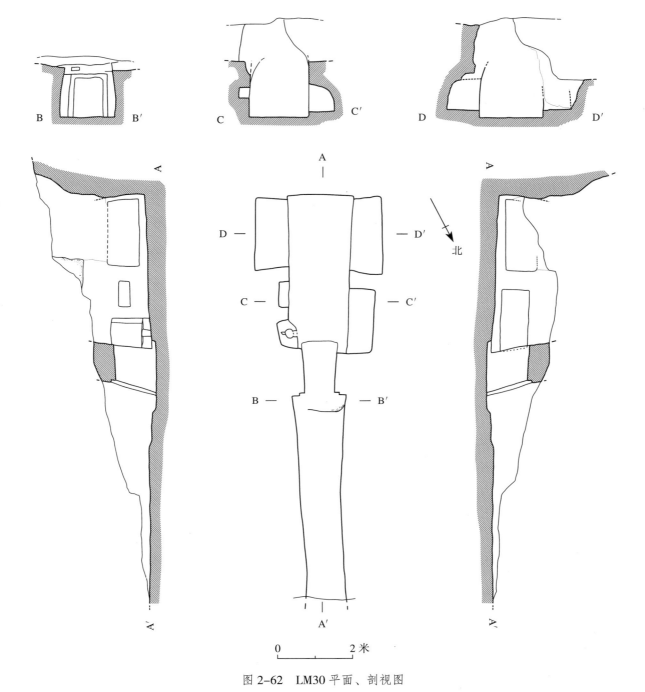

图 2-62　LM30 平面、剖视图

版 2-59，2；图版 2-60，1、2）。

　　三个侧室，分处墓室左、右两侧。左侧室平面近似长方形，口部略宽，顶部基本缺失，似为斜弧顶，斜弧壁，平底。面阔 1.8、进深 0.9、残高 0.8 米，底部比墓室底部高 0.2 米。右前侧室平面呈长方形，斜弧顶，斜弧壁，平底；面阔 1.7、进深 0.65、高 0.65 米，底部比墓室底部高 0.15 米。右后侧室平面近似长方形，口部略宽，顶和壁几乎缺失，平底；面阔 1.95、进深 0.85、残高 0.8 米，底部比墓室底部高 0.2 米。

图 2-63　LM30 随葬陶盆（LM30∶1）

墓室左前方侧壁有一个壁龛，平面与立面均呈长方形，平顶，直壁，平底。面阔 0.7、进深 0.25、高 0.3 米，底部比墓室底部高 0.5 米。

复式灶台位于墓室左前角，靠近壁龛。平面形状不甚规则，近似长方形，内外面阔 0.75、左右进深 0.45 米。灶龛立面大致呈方形，平顶，直壁，平底，面阔 0.7~0.75、进深 0.2~0.3、高 0.8 米，灶台面与墓室底部高差，即灶台高度 0.2~0.35 米。单眼灶，灶眼为圆形，直径约 0.25 米，后部有窄长烟道。灶门呈长方形，横梁缺失，高约 0.2、宽 0.15 米，朝向右侧，与墓室中轴线垂直。

不见任何排水设施、装饰、葬具以及墓主人骨骼。

墓道、墓室壁面保存有较大的圆点状凿痕和平行较粗的线形凿痕。

随葬品均因为盗扰破碎且脱离原始位置，从陶器残片中分辨出 1 件盆、1 件罐、3 件拱手俑和 1 件陶房模型。

陶盆　LM30∶1，仅存口沿，泥质灰褐陶。属 Ab 型，敞口，平折沿甚窄，方唇较厚，深腹。素面。口径 36、残高 5.6 厘米（图 2-63）。

三一、LM31

被盗扰，且破坏严重，从墓门到墓室的顶部均不存。位于墓群东部，刘家大山山脊北侧，隔山脊与 LM7 相对，东侧距 LM30 约 5 米（图版 2-61，1），西侧距 LM32 约 5~15 米。墓道开口略低于 LM30，比 LM32 墓道开口低约 1 米。

墓向 32°，与 LM30 略有夹角，与 LM32 存在将近 15° 夹角，与刘家大山南麓的众多崖墓基本呈轴对称分布。

单室墓（甲 Ab 型），残长 15.1、残宽 3.3 米（图 2-64）。

墓道呈长条形，内宽外窄，残长 8.9、宽 0.95~1.5 米。底部凹凸不平，内高外低，易于排水（图版 2-61，2）。

墓门近乎竖直，与墓道底部夹角近 90°，门梁及以上部分缺失，立面似呈长方形，残高 1、宽 1.1 米。双重门框。

长方形甬道，进深 1.2、面阔 0.9、高 0.95 米。直壁，底部平坦，内高外低，底部与墓道底部连为一体。

长方形墓室较长，外端略窄于内端，顶部和左、右侧壁上部均不存，似为斜直壁，底部偏后被破坏形成大坑，前部较为平坦，整体似内高外低。前部有一台阶，高近 0.1 米。墓室进深 4.85、面阔 1.8、残高 2.05 米（图版 2-62，1、2）。

似有三个侧室，分处墓室左、右两侧，其中左侧两个侧室几乎不存，左前侧室底部比墓室底部高 0.35~0.45 米。右侧室平面近似长方形，口部略宽，顶部不存，似为斜弧顶，斜弧壁，平底。面阔 1.85、进深 0.75、残高 0.65 米，底部比墓室底部高 0.3 米。

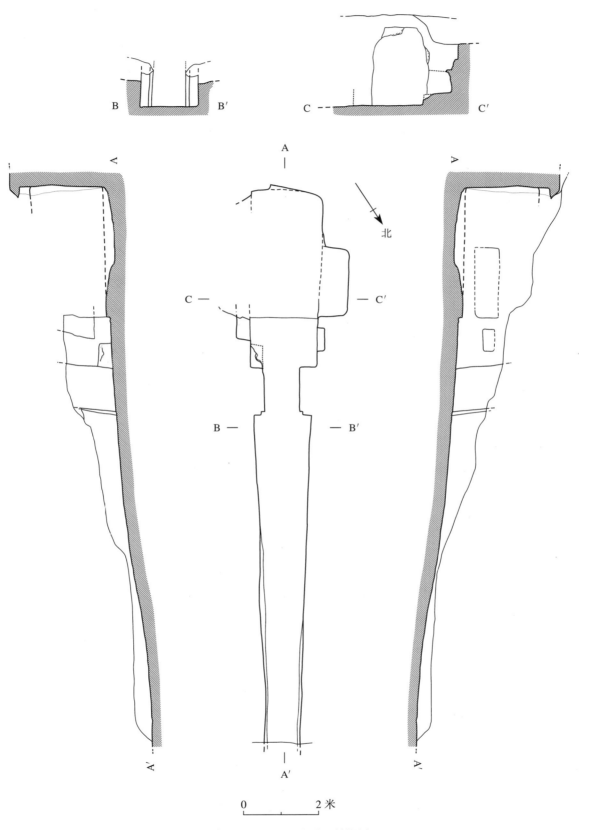

北

0   2米

图 2-64 LM31 平面、剖视图

墓室左前方侧壁有一个壁龛，开凿方向略向左前方，平面近似梯形，立面形状为长方形，面阔0.6、进深0.2、高0.3米。平顶，直壁，平底，底部距墓室底部0.65米。

台式灶台位于墓室左前角，残缺内侧右半部。平面形状似呈长方形，内外面阔0.6、左右进深0.3、高0.4米。单眼灶，灶眼似为圆形。灶门形制不明，朝向右侧，与墓室中轴线垂直。

不见任何排水设施、装饰、葬具以及墓主人骨骼。

因长时间暴露在外，墓壁风化严重，只有墓道侧壁还能大致看出较大的圆点状凿痕和平行线性凿痕。

随葬品均因为盗扰破碎且脱离原始位置，破碎严重，从陶器残片中仅可辨1件不明容器和1只狗。

三二、LM32

被盗扰，后期被改造成砖瓦窑，故墓室顶部不存，墓室侧壁和底部也被不同程度破坏。位于墓群东部，刘家大山山脊北侧，隔山脊与LM9相对，东侧距LM31约5~15米。墓道开口高出LM31墓道开口约1米。

墓向8°，与LM31的夹角将近15°，与山体走势近似平行，与刘家大山南麓的众多崖墓基本呈轴对称分布。

单室墓（甲Ab型），总长13.7、宽4米（图2-65）。

墓道呈长条形，内宽外窄，中轴线与墓室中轴线存在一定偏差，长7.45、宽0.95~1.4米。底部凹凸不平，整体上近似内高外低，易于排水（图版2-63，1）。

墓门竖直，与墓道底部夹角近90°，门梁及以上部分缺失，立面似呈梯形，残高0.95、宽1.05米。双重门框。

梯形甬道，外窄内宽，进深1.35、面阔0.85~1.05、残高1.65米。顶部和底部被严重破坏，形制不明，直壁，底部近水平状。

长方形墓室较长，顶部和左、右侧壁中部不存，从后部保留部分可大致看出顶部为拱形顶，近平，两侧斜弧略外敞，顶、壁转折明显，转折处有窄平檐，斜直壁，底部被破坏，整体较为平坦，呈水平状。墓室进深9.6、面阔1.85~2、残高1.5米（图版2-63，2；图版2-64，1、2）。

三个侧室，分处墓室左、右两侧，中上部被破坏。平面近似长方形，口部一侧有内收，斜弧顶，斜弧壁，平底。左前侧室面阔1.8、进深0.8~0.85、高0.65米，底部比墓室底部高0.4米。左后侧室面阔1.55、进深0.8、残高0.7米，底部比墓室底部高0.35米。右侧室面阔2、进深1.25、残高0.75米，底部比墓室底部高0.1~0.15米。

墓室右前方侧壁有一个壁龛，平面与立面近似长方形，平顶，直壁，平底。面阔0.55、进深0.2、高0.35米，底部距墓室底部0.85米。

台式灶台位于墓室右前角，靠近壁龛。平面形状近似长方形，内外面阔0.8~0.85、左右进深0.2、高0.35米。单眼灶，灶眼为圆形，直径约0.25米，后部有窄烟道。灶门呈半圆形，高0.15、宽0.2米，朝向左侧，与墓室中轴线垂直。

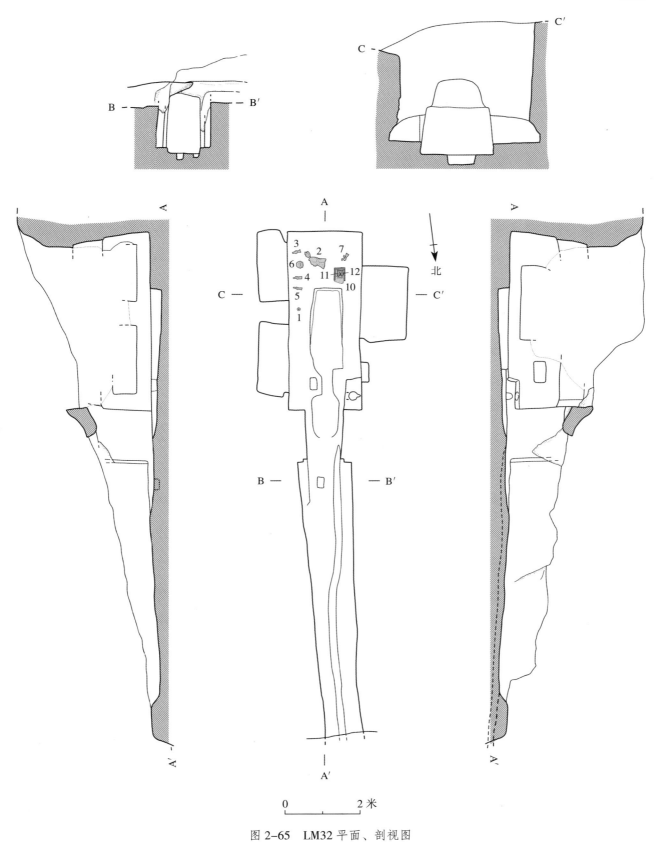

图 2-65　LM32 平面、剖视图

1. 铜镜　2. 陶舞俑　3、4、5. 陶执物俑　6. 陶钵　7. 陶鸡　10. 陶塘　11、12. 陶鸭

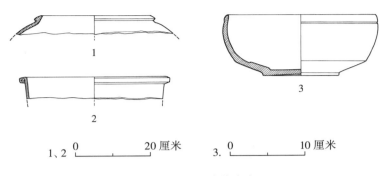

图 2-66　LM32 随葬陶容器

1. 陶瓮（LM32：8）　2. 陶盆（LM32：9）　3. 陶钵（LM32：6）

排水沟从甬道外端一直延伸到墓道外端尽头，呈窄长条形，略有弯曲。长 7.85、最宽 0.2、最深 0.15 米。在甬道及墓道内端偏于右侧，墓道中部和外端则位于中央。

不见任何装饰、葬具以及墓主人骨骼。

墓道、墓室壁面保存有较大的圆点状凿痕，但存在明显的风化，凿痕较为模糊。

多数随葬品保留原位，略有移位。人物类陶俑列于墓室左侧，包括 3 件执物俑和 1 件舞俑，陶模型和陶动物俑位于墓室右侧，包括 1 只鸡、1 件陶塘模型以及位于其内的 2 只鸭，陶塘模型与陶鸭与其他崖墓所出同类器特征近同。保存较好的陶钵位于墓室左侧，混于人物类陶俑之间。整个墓群唯一 1 枚铜镜位于墓室左前方。除此之外，在填土陶片中分辨出 1 件盆、1 件瓮、1 件罐、3 件拱手俑、1 件陶俑头、1 只狗、3 只鸡以及 1 件陶房模型。

陶盆　LM32：9，仅存口沿，泥质灰褐陶。属 Ab 型，敞口，窄平折沿较窄，方唇较厚，深腹。素面。口径 40、残高 6 厘米（图 2-66，2）。

陶瓮　LM32：8，仅存口肩部，泥质灰褐陶。属 Ba 型，大侈口，卷沿，方圆唇，圆肩似较宽。素面。口径 32、残高 4.8 厘米（图 2-66，1）。

陶钵　LM32：6，保存完整，泥质灰褐陶。属 A 型，直口微敛，尖圆唇，浅腹，上腹微鼓，下腹斜收，上、下腹之间转折明显，平底微凸似假圈足。素面。口径 20、底径 10、高 8.3 厘米（图 2-66，3；图版 2-65，1）。

陶舞俑　LM32：2，头部和右臂残缺，夹细砂红褐陶。体量较大，女性，站立姿态，略有扭曲，呈跳舞状态。身着右衽触地深衣，右臂向侧前方伸出，左臂微屈于腰部左侧，左手隐于长袖之中。残宽 25.8、残高 39.4 厘米（图 2-67，4；图版 2-66，1）。

陶执物俑　保存完好，夹细砂红褐陶。体量较小，站立姿态。头戴尖帽或披头巾，身着右衽深衣，右手屈于胸前，左手下垂微屈于左腿前，执圆形物件。LM32：3，宽 5.6、高 17.4 厘米（图 2-67，1；图版 2-66，2）。LM32：4，宽 5.7、高 17.6 厘米（图 2-67，2；图版 2-66，3）。LM32：5，宽 5.3、高 17.1 厘米（图 2-67，3；图版 2-66，4）。

陶鸡　LM32：7，尾部残缺，夹细砂红褐陶。属 B 型，体量较小，站立姿态，双脚合体塑造为一个空圆柱形。残长 8.9、宽 5.3、高 11.7 厘米（图 2-67，5；图版 2-65，2）。

铜镜　LM32：1，龙纹镜。保存完好，镜面略有斑驳。半球形纽，圆形纽座。内区环绕一龙，龙张口露齿，头前方有一球状物，周围等距分布有 3 个圆点。与"球状物"对应的另一侧似有侧面呈三角形的构造，其意不明。外区饰一圈栉纹和一圈锯齿纹。各纹饰带之间均以弦纹为界。宽平素缘。直径 7.4、纽径 1.4、纽高 0.6、厚 0.3 厘米（图 2-68；图版 2-65，3、4）。

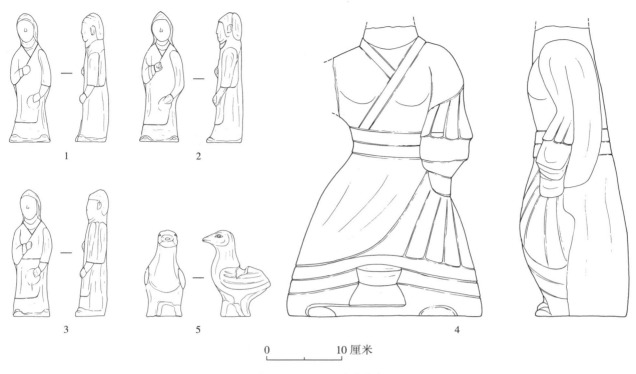

0　　　　　　10厘米

图 2-67　LM32 随葬陶俑

1、2、3. 陶执物俑（LM32：3、LM32：4、LM32：5）　4. 陶舞俑（LM32：2）　5. 陶鸡（LM32：7）

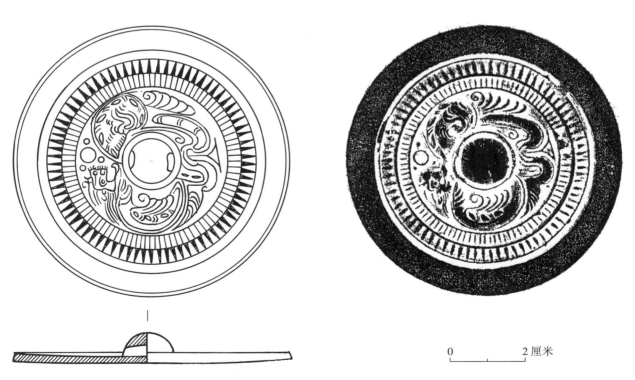

0　　　　　　2厘米

图 2-68　LM32 随葬铜镜（LM32：1）

第三章 黄狗坳墓群

黄狗坳墓群得名于崖墓群所在小山坳的小地名——黄狗坳。本章主要对黄狗坳墓群的基本情况和崖墓的形制特征、装饰内容、随葬品等进行详细介绍。

第一节 墓葬分布

黄狗坳墓群共发现墓葬 25 座（见附表一），大致沿着山势分布，可明显分为东、西两区，两区相隔约 75 米。西区共 20 座，分为上、下两排，地势较低的一排分布着 HM1 至 HM7 等 7 座崖墓，地势较高的一排分布着 HM8 至 HM19 以及 HM25 等 13 座。东区分布着 HM20 至 HM24 等 5 座墓葬（图3-1；图版 3-1、3-2）。

根据彼此相互靠近程度以及墓葬方向可以大致将 25 座墓葬分为十三组：HM1 和 HM2 为第一组，HM3 为第二组，HM4、HM5 和 HM6 为第三组，HM7 为第四组，HM8 和 HM9 为第五组，HM10 和 HM11 为第六组，HM12 为第七组，HM13 和 HM14 为第八组，HM15、HM16 和 HM25 为第九组，HM17、HM18、HM19 为第十组，HM20 和 HM21 为第十一组，HM22 和 HM23 为第十二组，HM24 为第十三组。

几乎所有墓葬分布都较为规律，彼此之间距离较为适中，同组墓葬相对靠近，而不同组墓葬彼此间距较大且墓向有较大差别，可见应该经过一定的规划。整个墓群只有一组明确的打破关系，即 HM14 打破 HM25，属于不同组墓葬之间的打破关系。除此之外，HM4 和 HM5 之间有盗洞相连。同组墓葬的开凿总体上保持在同一高度，只有第三组的 HM4 开凿高度低于同组其他墓葬，第十组的 HM17 开凿高度明显高于同组另外 2 座崖墓。

崖墓的开凿方向总体上与山体的走势垂直，便于为开凿墓室提供足够的高度和空间，但第九组、第十组以及第十三组明显并非如此。

第二节 墓葬综述

以下从保存状况、墓向、形制、装饰、开凿方法、葬具、随葬品等七个方面对黄狗坳墓群 25 座墓葬进行综合介绍。

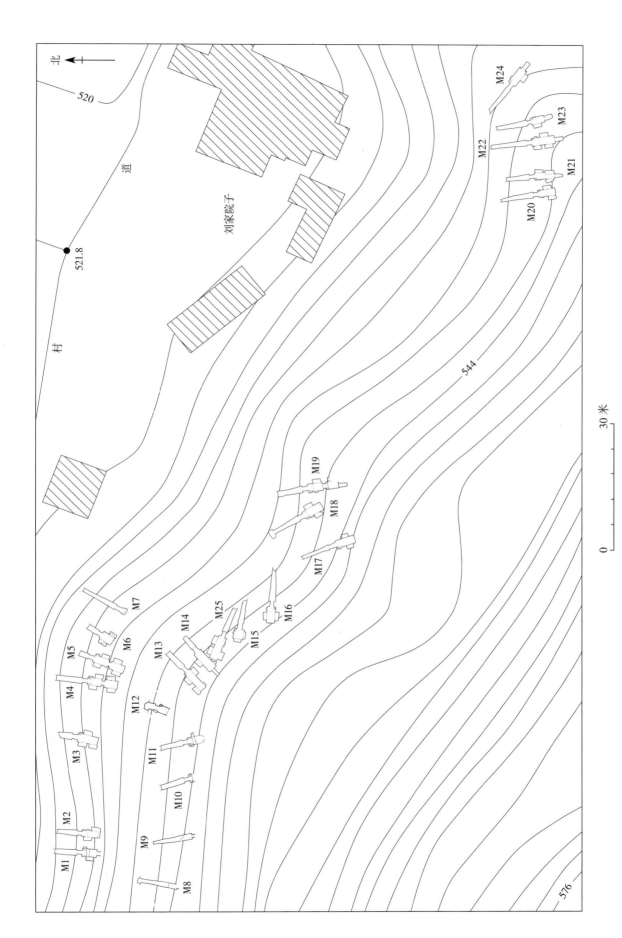

北 ←

520

521.8

村

道

刘家院子

544

576

M24

M23

M22

M21

M20

M19

M18

M17

M16

M15

M25

M14

M13

M12

M11

M10

M9

M8

M7

M6

M5

M4

M3

M2

M1

0   30 米

图 3-1 黄狗垴墓群平面分布图

一、保存状况

所有崖墓因为自然和人为的原因，保存均较差（图版 3-3），主要表现在：

其一，由于崖墓所在山体纹理缝隙较大，随着时间推移，崖墓的顶部和侧壁多有垮塌。HM1、HM12 和 HM19 的墓室顶部严重垮塌，且存在着随时塌陷的风险，为安全计未继续发掘。已发掘的部分墓葬，垮塌依旧较为严重，如 HM6、HM15 和 HM17 的墓室顶部几乎全部塌陷，HM6 和 HM17 的墓室侧壁乃至侧室顶部亦塌陷不存。

其二，植物根系的生长加剧了崖墓的垮塌。部分崖墓开凿深度较浅，岩体亦较为松软，加上气候适宜且人类活动较少，因此各类植物生长较为繁密，根系十分发达，这对崖墓构造的完整性造成了极大的隐患；而且多数植物的根系基本都沿着岩体的自然纹理缝隙生长，进而扩大了岩体裂缝，加速了崖墓的垮塌进程。

其三，与刘家大山墓群一样，黄狗坳墓群被盗扰十分严重，所有墓葬无一幸免。在发掘之前地表已经暴露出在墓门处经盗扰塌陷形成的孔洞，墓室内部堆满被盗后外部落入的填土，所有随葬品被严重扰乱且破损严重，很少有完整器，即便有也严重移位，只有少数位于角落者幸免，不见任何墓主人骨骼和葬具。

其四，地下水的渗透加速了崖墓岩体的泥化。黄狗坳属于阴山，地下水系较为发达，阳光直射较少，较为潮湿，故崖墓被地下水渗透较为严重，在岩体缝隙处常常有地下水外溢，加速了山岩的泥化，不利于崖墓的长久稳固。近代在崖墓群上方修建了一条水渠，加剧了崖墓内地下水渗透。靠近水渠的 HM8、HM9、HM10 和 HM11 四座墓葬在发掘之时即已淌水，导致发掘工作无法开展。

除此之外，诸如 HM12 等长期暴露的崖墓，风化较为严重，基本无法辨别崖墓本来构造、形制。道路修建、房屋占压和农耕对于 HM1、HM2 以及 HM4 至 HM7 等崖墓的墓道也造成了一定的破坏。

二、墓向

总体而言，由崖墓本身的特征决定，崖墓的方向一般是垂直于山体走向。黄狗坳的总体走势是西北—东南走向，局部为南北走向，黄狗坳崖墓的墓向多朝东北或北，大致集中于 0° 至 60° 以及 340° 至 350° 之间。少数崖墓开凿方向并非垂直于山体，而是斜交，故墓向偏差较大，如 HM17 和 HM18 的墓向集中在 330° 左右，HM15、HM16 和 HM25 墓向集中于 90° 左右，而 HM24 的墓向则在 300° 左右。

三、形制

除了未发掘完毕且无法全面观察内部结构的 HM8、HM12 等 2 座崖墓之外，其余 23 座墓葬根据墓室数量多少可分两类：

甲类　单室墓，共计 17 座，即 HM2、HM3、HM6、HM7、HM9、HM13、HM14、HM15、HM16、HM17、HM18、HM20、HM21、HM22、HM23、HM24 和 HM25。根据墓室形状分四型：

A 型　墓室平面呈长方形，长宽比超过 2，共计 12 座，即 HM2、HM3、HM9、HM13、HM14、HM17、HM18、HM20、HM21、HM22、HM24 和 HM25。根据侧室位置分二亚型：

Ab 型　侧室均位于墓室两侧，共 8 座，即 HM2、HM3、HM9、HM13、HM17、HM18、HM20 和 HM25（图 3-2，1）。

Ac 型　侧室除了位于墓室两侧，还位于墓室后壁，共 4 座，即 HM14、HM21、HM22（图 3-2，2）、HM24。

B 型　墓室平面呈长方形，长宽比不足 2，共计 3 座，即 HM6、HM16、HM23。根据侧室位置分二亚型：

Bb 型　侧室均位于墓室两侧，计 HM6（图 3-2，3）和 HM16 两座。

Bc 型　侧室除了位于墓室两侧，还位于墓室后壁，仅 HM23 一座（图 3-2，4）。

C 型　墓室平面呈正方形，面积较大，仅 HM15 一座（图 3-2，5）。

D 型　墓室平面呈梯形，外窄内宽，面积较小，仅 HM7 一座（图 3-2，6）。

乙类　双室墓，共计 6 座，即 HM1、HM4、HM5、HM10、HM11 和 HM19。墓室平面形状均呈长方形，长宽比不足 2，为乙 B 型。根据侧室位置分二亚型：

Ba 型　侧室均位于墓室两侧，包括 HM4 和 HM5（图 3-2，7）两座。未发掘完的 HM1、HM10、HM11 似也属于此型。

Bb 型　侧室除了位于墓室两侧，还位于墓室后壁，仅 HM19 一座（图 3-2，8）。

具体到各个构造部位特征：

1. 墓道

所有墓葬的墓道均呈窄长条形，且几乎都是内宽外窄，只有 HM4、HM5 和 HM6 的墓道内外基本等宽。绝大多数墓葬的墓道走向与墓葬中轴线重合，只有 HM3、HM12、HM17 和 HM23 的墓道与墓葬中轴线存在一定偏角。

考虑到排水的需求，绝大多数墓葬的墓道都是内高外低，只有 HM2、HM16 的墓道内低外高，HM6、HM12、HM14、HM17、HM18、HM21、HM24 的墓道内外基本持平，上述墓道内外等高或内低外高的崖墓中，除了 HM6 和 HM24 之外，其余都有排水沟，能够解决墓室排水问题。

2. 墓门

绝大多数崖墓的墓门呈长方形或方形，少数崖墓的墓门上窄下宽，大致呈梯形，包括 HM3、HM6、HM18、HM19、HM24 和 HM25。除了 HM2、HM13、HM14、HM16、HM17、HM21 和 HM23 的墓门为双重门框外，其余墓葬的墓门均为单重门框。

墓门基本竖立，与墓道底部的夹角大致接近 90°，少数崖墓如 HM8、HM15、HM16、HM17、HM18、HM19 和 HM24 的墓门呈斜立状，但多数斜侈程度不甚明显，与底面夹角在 80° 左右，只有 HM17 的墓门斜侈较甚，与底面夹角将近 60°。

只有 HM25 保存封门，位于墓门外侧，以砖顺砌而成。最下一层并未置于墓道底部岩体之上，而

类	型	亚型	举例
甲	A	Ab	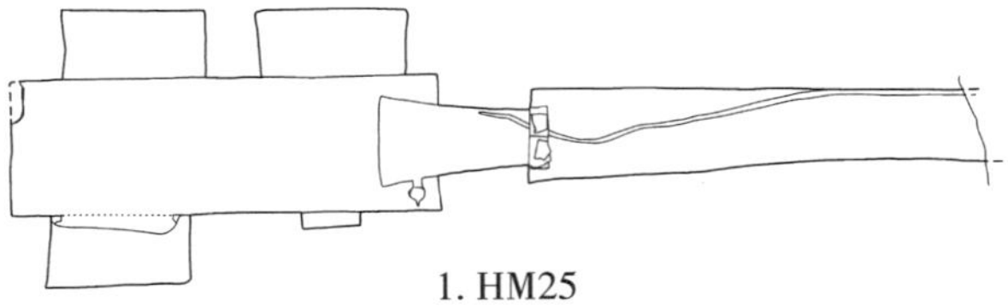 1. HM25
		Ac	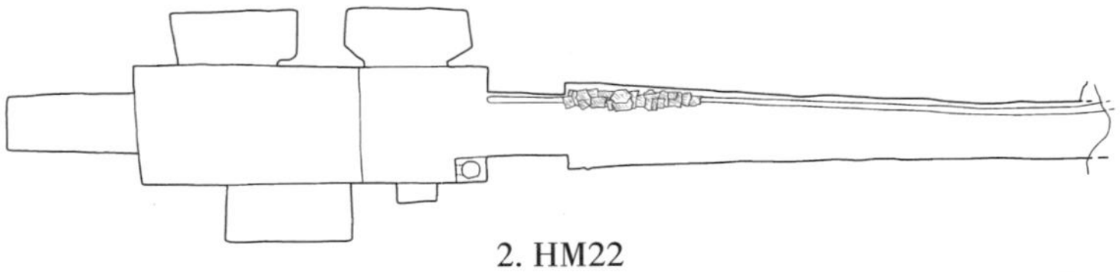 2. HM22
	B	Bb	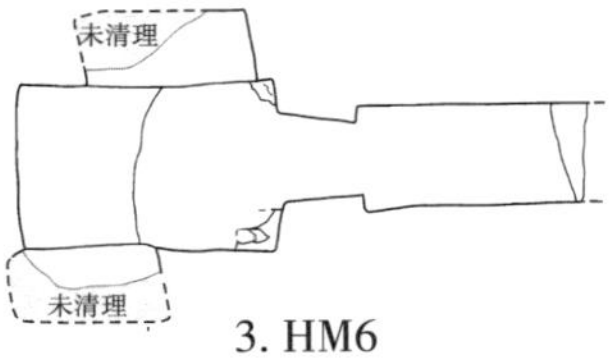 3. HM6
		Bc	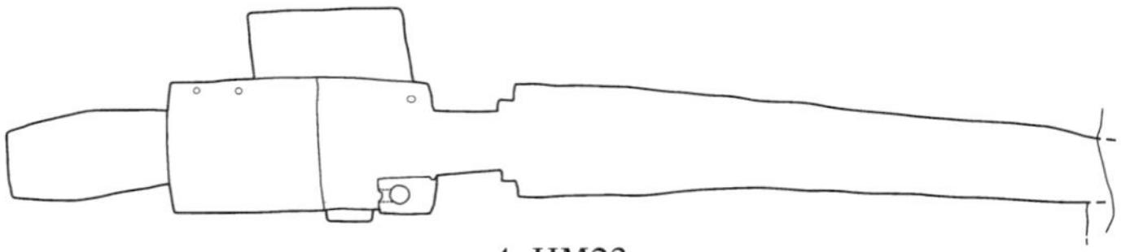 4. HM23
	C		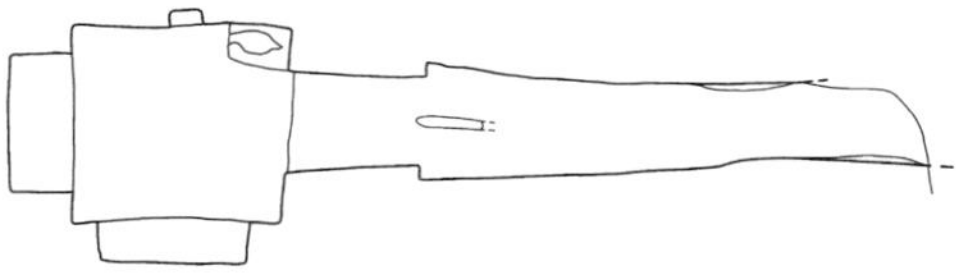 5. HM15
	D		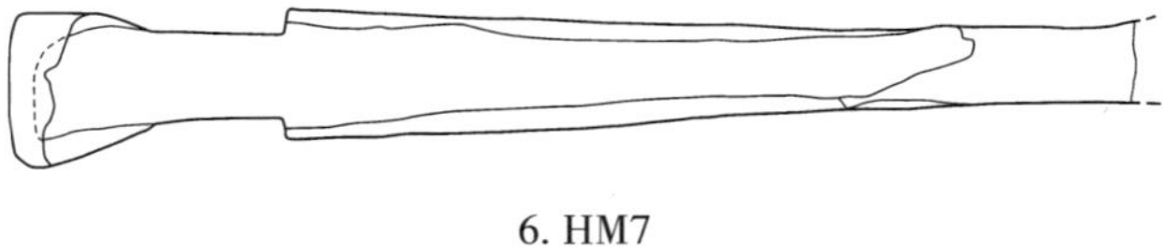 6. HM7
乙	B	Ba	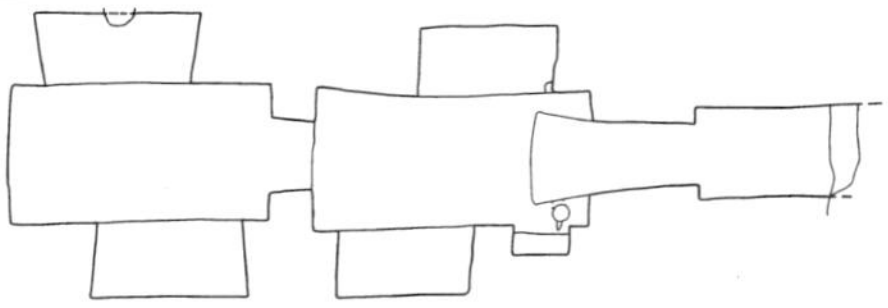 7. HM5
		Bb	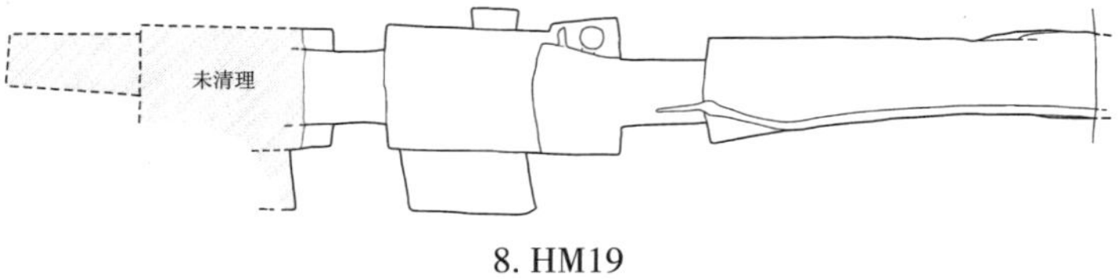 8. HM19

图 3-2　黄狗坳崖墓形制类型划分示意图

是另有一层填土，或许是二次埋入死者之后封闭墓门形成。

3. 门楣

墓门所在墓壁保存较好的 19 座墓葬中，只有 HM1、HM3、HM4、HM10、HM14、HM18 和 HM22 保留有门楣，形制均较为简单，只是将墓门所在墓壁靠上方部位整体向内收缩，从而将紧靠墓门门梁上方的石壁凸出表示为门楣。绝大多数门楣不见任何装饰，只有 HM1 雕刻出檐、椽等结构部位。

4. 甬道

甬道形制较为简单，平面呈梯形或长方形，后者见于 HM7、HM10、HM19、HM21、HM22、HM23 和 HM24。顶部较为平整，多内高外低，少数呈水平状，如 HM2、HM14、HM16、HM23 和 HM24。底部总体较为平坦，多呈水平状，少量为内高外低的斜坡状，如 HM1、HM3、HM4、HM5、HM7、HM11、HM13、HM19 和 HM25。绝大多数墓葬的甬道底部与墓道底部直接相连，只有 HM19 和 HM21 的甬道底部和墓道底部有矮台阶分隔。

5. 墓室

本墓群崖墓的墓室平面可分为四类，已如上述。墓室内端和外端基本等宽；部分崖墓的墓室侧壁中部向中间收缩，如 HM1、HM4、HM5、HM6 和 HM13；少数墓葬的墓室内宽外窄，如 HM14、HM20；或内窄外宽，如 HM3、HM16，但差距并不显著。

顶部均为拱形顶，HM17 墓室顶部弧度较大，其余墓葬的墓室顶部弧度较小，如 HM15。其中绝大多数的顶部中央近平，两侧斜弧，形似券顶。顶部走势均内高外低，与崖墓的整体倾斜状况相同，但 HM20 的顶部中间比内、外两端低，与刘家大山墓群的 LM22 和 LM24 相似。

绝大多数墓葬的墓室侧壁呈袋状斜直壁，其中 HM14 和 HM15 的墓壁中部略有内凹，只有 HM2 和 HM17 为斜弧壁，HM7 由于墓壁存在坚硬岩体，故墓壁形制不甚规则。

除了 HM2、HM7 和 HM17 的墓室顶部和侧壁分界不明之外，其余崖墓的墓室顶部和侧壁之间的分界较为明显，且有窄平檐。

墓室底部均呈内高外低的倾斜状，易于排水，且多数较为平坦，其中 HM14 和 HM17 略有凹凸，而 HM7 的底部不甚平整，较为奇特。绝大多数墓葬的墓室底部均有台阶：其中多数呈 "U" 字形位于墓室近甬道处，包括 HM1、HM4、HM5、HM11、HM16、HM18、HM19 和 HM25；部分位于墓室前部，包括 HM3、HM17、HM21、HM22 和 HM24；部分位于墓室中部，包括 HM6、HM20 和 HM23；HM2、HM13 的墓室底部有 2 级台阶，前者的 2 级台阶分布于墓室前部和后部，后者分布在墓室前中部。HM14 在墓室前部有较小的起伏，原本或许也有台阶，而 HM15 的甬道和墓室之间有一台阶，或许也属于墓室台阶演变而来，故墓室底部没有台阶的墓葬实际只有 HM7 一座。

6. 侧室

发掘完毕的崖墓中，除了 HM7 没有侧室之外，其余均至少有 2 个侧室。绝大多数侧室分布于墓室左、右两侧，而 HM14、HM15、HM19、HM21、HM22、HM23 和 HM24 在墓室后壁分布有 1 个侧室，不过 HM15 的后壁侧室为横向，与其他 5 座墓葬后壁侧室为纵向不同。墓壁两侧的侧室多错位分布，只有 HM16 的侧室以及 HM21 和 HM25 的部分侧室对称分布。除了 HM16、HM17、HM19、HM20 和 HM24 之外，其余崖墓至少有 1 个侧室分布于墓室前部，与刘家大山崖墓有别。侧室的开凿方向多垂直于墓室侧壁，只有 HM21 的右侧室轴线与墓室轴线明显有偏差。

位于墓室左、右两侧的侧室平面形状均近似长方形，其中 HM1、HM15、HM17 和 HM25 的侧室较为规整；HM3、HM4、HM5、HM6、HM13、HM14、HM16、HM18、HM19、HM20、HM22、HM23 和 HM24 的侧室或部分侧室略有变形，少部分侧室的口部略小而呈梯形；HM2、HM20、HM21、HM22 的侧室或部分侧室口部略有内收形成袋状或龛形。位于墓室后壁的侧室平面多呈窄长梯形，如 HM14、HM19、HM21，而 HM15、HM22 和 HM24 的后侧室平面形状为较规整的长方形，HM23 的后侧室平面整体呈长方形，但侧边中部明显外凸。

侧室的底部均较为平坦，且多呈水平状，与墓室底部均存在一定高差。多数为斜弧顶，只有 HM15、HM18 和 HM21 的侧室为斜直顶，而 HM1 和 HM16 的侧室顶部近平。壁面多为斜弧状，只有 HM16、HM20、HM21 和 HM23 的侧室为斜直壁，而直壁的侧室只见于 HM15。

7. 壁龛

绝大多数墓葬只有 1 个壁龛，仅 HM16 有 2 个壁龛，另 HM6、HM7、HM17 没有壁龛。壁龛多位于墓室前部左、右两侧，HM16 其中一个壁龛位于墓室后壁。

壁龛一般与墓室四周的其他构造如侧室、甬道分散分布，彼此相距较远。但壁龛与灶台多靠近分布于墓室同一侧壁，HM1、HM3、HM4、HM5、HM11 的灶台和壁龛几乎上下重叠分布。HM16、HM20 的壁龛与灶台分处墓室前部左、右侧壁，而 HM13 的壁龛与灶台相距更远，一在墓室左后部，一在墓室右前角。

壁龛的形制较为简单，绝大多数壁龛的平面和立面均近似长方形，斜直顶或平顶，直壁，平底。HM14 的壁龛进深甚浅，HM13 的壁龛由 3 个小龛组合而成，整体呈现为内立一斗拱的壁龛，较为特殊。HM1、HM4、HM5、HM11 的壁龛形制相对复杂，立面形状呈矩形，上部和下部进深不同，上部进深较深而下部进深较浅，类似两个壁龛拼合而成。

8. 灶台

除了 HM7 无灶台外，其余每座崖墓只有 1 个灶台，但 HM4、HM6、HM13 在灶台对侧保留有连岩石台，或许是预留还未开凿的第 2 个灶台。所有灶台均位于墓室左前角或右前角。

只见台式灶台和复式灶台，不见龛式灶台。多数台式灶台与刘家大山崖墓同类灶台形制和开凿方法相同，但也有部分崖墓直接借助墓室前端"U"字形台阶的左、右两侧开凿灶门和灶眼、烟道形成灶台，如 HM1、HM5、HM10、HM11、HM18 和 HM25。

除了借助"U"字形台阶开凿的台式灶台看不出平面形状之外，其余多数崖墓的灶台平面形状均近似长方形或方形，仅 HM16 灶台平面近似梯形。灶台表面和壁面较为平整。除了 HM1、HM11 为双眼灶之外，其余崖墓均为单眼灶，灶眼大致呈圆形，部分灶眼后部有窄长的烟道，而 HM14、HM16、HM17、HM18、HM19、HM20、HM21、HM22、HM23、HM24 未凿刻烟道。灶门立面呈长方形或半圆形，门梁呈弧形。灶门多朝向左侧或右侧，与墓葬中轴线垂直，仅 HM3、HM4、HM6、HM14、HM15、HM16、HM20、HM22、HM23 的灶门朝向墓室后端，与墓葬中轴线平行。

9. 排水设施

HM3、HM4、HM5、HM6、HM7、HM10、HM11、HM13、HM23、HM24 无任何排水设施，

HM8 用陶筒瓦由内向外叠置形成排水管，呈直线分布于墓道左侧，紧靠墓道左壁。其余墓葬均有排水沟，多呈窄长条形，起于甬道中部，终于墓道外端，在墓道内多分布于左侧，部分甚至紧靠墓道左壁，如 HM2、HM9、HM17、HM18、HM19、HM21；也有位于墓道右侧的，如 HM1、HM22、HM25；还有排水沟位于墓道中央者，如 HM12、HM14、HM15、HM20。HM16 的排水沟从甬道中部沿墓道中央向外逐步扩宽，到墓道外端基本占据了整个墓道，较为特殊。

10. 其他

HM4 后室左侧室、HM10 左侧室、HM11 右侧室、HM16 左侧室以及 HM20 左侧室各有一立柱，部分立柱另雕刻斗拱装饰。

HM2 墓道后部底面中央有一近方形小坑，坑内斜置一只陶卧羊。

HM4、HM5、HM10、HM13、HM16、HM17、HM18、HM19 后壁上方中央与 HM14 左、右壁后上方及墓室底部四角、HM20 右壁后上方及墓室底后部中央、HM22 左壁中部上方、HM23 左壁上方和后上方以及墓室底部右侧等墓葬相应部位有数量不等的小圆孔，用途不明，或许与开凿崖墓有关。

四、装饰

黄狗坳崖墓群有装饰的墓葬较少（见附表二），装饰内容与刘家大山崖墓相似，可分两种：

1. 雕刻

所见雕刻只有浮雕和半浮雕两种，内容较为单调且简单。

浮雕只见于 HM4 和 HM22，前者将后室左侧室立柱雕刻为丁头拱形式，后者在墓室顶部中央雕刻圆形垂瓜藻井。

半浮雕见于 HM1、HM13 和 HM24。HM1 在门楣处镂雕出 4 个方形檐椽；HM13 在壁龛内雕刻一个简单的丁头拱；而 HM24 在墓室后壁侧室两侧雕刻立柱，立柱上承丁头拱，靠近侧室的拱头再分三支，成另一简化斗拱，斗拱之上承托枋木，枋木之上再承 4 根圆椽，再上承屋顶，整体表现出建筑正面的形象。

2. 彩绘

HM5、HM13、HM14、HM16、HM19 和 HM22 有简单的彩绘，均位于墓室后壁，HM13、HM16 和 HM22 的墓室左壁、墓室右壁以及 HM19 的墓室前壁也有分布。装饰内容较为相似，均用条带状的黑彩表现出房屋的枋和梁架等构造。

五、开凿方法

黄狗坳崖墓的开凿方法总体上与刘家大山崖墓相似，使用"冲击式顿钻法"开凿出崖墓主体空间，在墓室侧壁、底部保留有与之相关的圆形小孔。之后再使用铁凿、钻等工具精雕细琢进行精细化处理，因此在墓道侧壁、墓室四壁和顶部保留有圆点状凿痕（图版 3-4，1）、平行粗线状凿痕（图版 3-4，2）以及平行细线状凿痕（图版 3-4，4）。除此之外，黄狗坳崖墓还发现一些不见于刘家大山崖墓的开凿痕迹，部分崖墓如HM1的墓室顶部和侧壁上方有"之"字形细线状凿痕（图版3-4，3），显然是一种带有装饰目的的开凿方法；部分崖墓如HM13由于岩体十分松软，可以用铁铲一类工具对墓室壁面进行处理，形成类似建筑墙壁一般光滑、平坦的墓壁（图版3-4，4）。

部分崖墓在开凿过程遇到坚硬山岩进行避让，使得形制面貌较为怪异，如HM7的墓室侧壁、HM16的墓道。

六、葬具

除了HM11的前室左侧室和右侧靠后有砖铺的棺床之外，其余墓葬均未发现葬具。在被扰乱的填土堆积中亦未见破碎的陶棺残片或棺砖，但有独立的砖块，故黄狗坳崖墓似不使用陶棺和砖棺，而只是如HM11那样用砖铺地形成棺床作为葬具。

七、随葬品

除了HM8、HM9两座只清理了墓道的崖墓之外，其余23座墓葬均出土有随葬品，而HM1、HM10、HM11、HM12和HM19因为没有发掘完毕，随葬品的总体情况不明。

根据随葬品质地的不同，可将黄狗坳崖墓出土随葬品分为陶器、铜器和铁器，其中以陶器最为多见，但多数因为盗扰而破碎，仅有少数保存相对完好。铜器数量亦不少，但以铜钱占绝大多数，部分铜钱保存不好，碎为多片，其余铜器罕见。铁器只见1件铁甑底部残片，别无其他。

与刘家大山崖墓随葬陶器一样，黄狗坳崖墓随葬陶器可分为容器、俑和模型明器三类。

陶容器的器类相对较少，可辨釜、盆、甑、瓮、罐、钵等。

盆　共辨认16件，出自HM1、HM2、HM3、HM4、HM11、HM14、HM15、HM17、HM18、HM24和HM25。均为泥质陶。敞口，方唇，平底。根据陶色和腹部特征分三型：

A型　深斜腹。根据口沿特征分为二亚型：

Ab型　灰褐陶，窄平折沿，方唇较厚。素面。如HM15：3（图3-3，1）。

B型　灰褐陶，浅弧腹，窄平折沿，方唇较薄。腹部饰旋断绳纹。如HM25：1（图3-3，2）。

C型　灰陶，浅斜腹，无沿，方唇较薄。素面。如HM14：9（图3-3，3）。

甑　仅确认2件，分别出自HM20和HM23。特征与A型盆相似，只是底部有圆形甑孔。

釜　共辨认7件，出自HM16、HM21和HM25。除2件为夹砂红褐陶外，其余均为泥质灰褐陶。

Ba型，侈口，宽斜折沿，沿面微内凹，薄方唇，弧腹微鼓，平底。如HM16：1（图3-3，9）。

瓮　共辨认11件，出自HM4、HM11、HM14、HM15、HM16、HM21、HM22和HM25。均为泥质灰褐陶。根据口、领部形态和纹饰特征分三型：

A型　敛口，有矮敛领。根据肩部特征分为二亚型：

Ab型　方体，方圆唇，圆肩较宽，深斜腹，平底。如HM22：6（图3-3，10）。

B型　宽扁体，大侈口，卷沿，方圆唇，无领，斜腹略浅，平底，肩部多饰一条纵向细绳纹带。

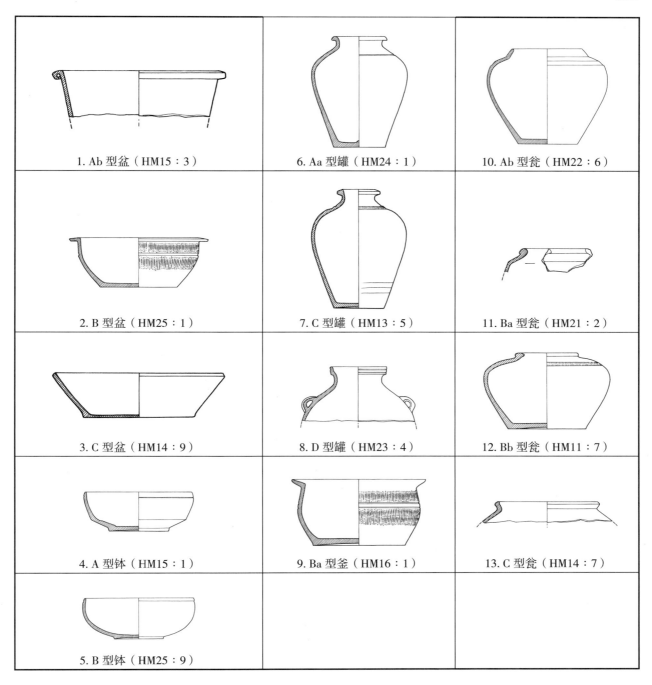

1. Ab 型盆（HM15：3）　　6. Aa 型罐（HM24：1）　　10. Ab 型瓮（HM22：6）

2. B 型盆（HM25：1）　　7. C 型罐（HM13：5）　　11. Ba 型瓮（HM21：2）

3. C 型盆（HM14：9）　　8. D 型罐（HM23：4）　　12. Bb 型瓮（HM11：7）

4. A 型钵（HM15：1）　　9. Ba 型釜（HM16：1）　　13. C 型瓮（HM14：7）

5. B 型钵（HM25：9）

图 3-3　黄狗坳崖墓陶容器类型划分示意图

根据肩部特征分二亚型：

　　Ba 型　窄肩近折。如 HM21：2（图 3-3，11）。

　　Bb 型　肩部较宽。如 HM11：7（图 3-3，12）。

　　C 型　大侈口，折沿，方唇，无领，斜溜肩，素面。如 HM14：7（图 3-3，13）。

　　罐　共辨认 46 件，除了 HM7、HM8、HM9、HM10、HM16、HM17 和 HM18 之外，其余崖墓均

有出土。高体，侈口，卷沿，圆肩，深斜腹，平底。根据陶质陶色和口、领部特征、纹饰特征分三型：

A 型　圆唇，矮领。根据领部特征分为二亚型：

Aa 型　夹细砂泥质灰褐陶，圆唇，领部外侈，肩部饰一道旋纹。如 HM24：1（图 3-3，6）。

C 型　夹砂灰陶，小口，方圆唇，领部外侈，肩部饰一条纵向细绳纹带。如 HM13：5（图 3-3，7）。

D 型　泥质灰陶，方唇上翻，素面。如 HM23：4（图 3-3，8）。

钵　共辨认 13 件，出自 HM1、HM3、HM10、HM11、HM13、HM15、HM21 和 HM25。均为泥质灰褐陶。直口微敛，尖圆唇，浅腹，上腹微鼓，下腹斜收，平底微凸似假圈足。素面。根据腹部特征分二型：

A 型　折腹。如 HM15：1（图 3-3，4）。

B 型　弧腹。如 HM25：9（图 3-3，5）。

陶俑均为夹细砂陶，除了少数为灰褐陶外，多数都是红褐陶。按照形象的不同可分为人物俑和动物俑两种。

人物俑根据表现的工作内容不同分为宴饮和辟邪两类。

宴饮类　属于此类的有执镜俑、舞俑、说唱俑、吹箫俑和拱手俑。

执镜俑　共辨识 3 件，分别出自 HM4、HM6 和 HM25。体量较大，踞坐姿态，上身挺直。梳扇形双高髻，装饰簪花，身着右衽深衣，双膝外露，右手前置于右膝之上，左手屈于左胸前，执圆形铜镜。如 HM6：2（图 3-4，13）。

舞俑　仅确认 1 件，即 HM20：2。体量较大，女性，站立姿态，略有扭曲，呈跳舞状态。身着右衽触地深衣，右臂向侧前方伸出，左臂微屈于腰部左侧，左手隐于长袖之中（图 3-4，11）。

说唱俑　仅确认 1 件，即 HM6：1。体量较大，头戴平顶矮冠，圆脸，口微张，体态较胖，赤身，左手屈于左胸前（图 3-4，1）。

吹箫俑　仅辨认 2 件，分别出自 HM21 和 HM22。体量较大，踞坐姿态，上身挺直。头戴平巾帻，身着右衽深衣，双膝外露，双手握竖箫，箫上端与口相触，作吹箫状。如 HM22：5（图 3-4，12）。

拱手俑　共辨识 23 件，出自 HM2、HM3、HM4、HM5、HM6、HM13、HM16、HM19、HM21、HM22、HM23 和 HM24。体量相对较小，站立姿态。身穿右衽深衣，双手合握于腹部并隐于长袖之中。根据所戴冠帽的不同分二型：

A 型　头戴平巾帻。如 HM3：5（图 3-4，15）。

B 型　不戴冠帽，仅披巾。如 HM6：4（图 3-4，16）。

辟邪类　属于此类的只有执蛇斧（钺）俑。

执蛇斧（钺）俑　共确认 6 件，分别出自 HM6、HM11、HM12、HM20、HM21 和 HM23。体量较大，站立姿态。头挽髻，有双角，圆形阔耳，面目狰狞，怒目张嘴，口吐长舌，长及胸腹部，身穿右衽短袖深衣，右手执斧（钺），左手执蛇。如 HM6：3（图 3-4，14）。

除了上述比较明确的陶俑之外，黄狗坳崖墓还出土俑头 16 件，分别出自 HM1、HM4、HM6、HM11、HM14、HM18、HM19、HM21、HM22、HM23 和 HM25。根据头部形态和所戴冠帽的不同分三型：

A 型　头未戴冠，梳扇形双高髻。如 HM18：7（图 3-4，3）。

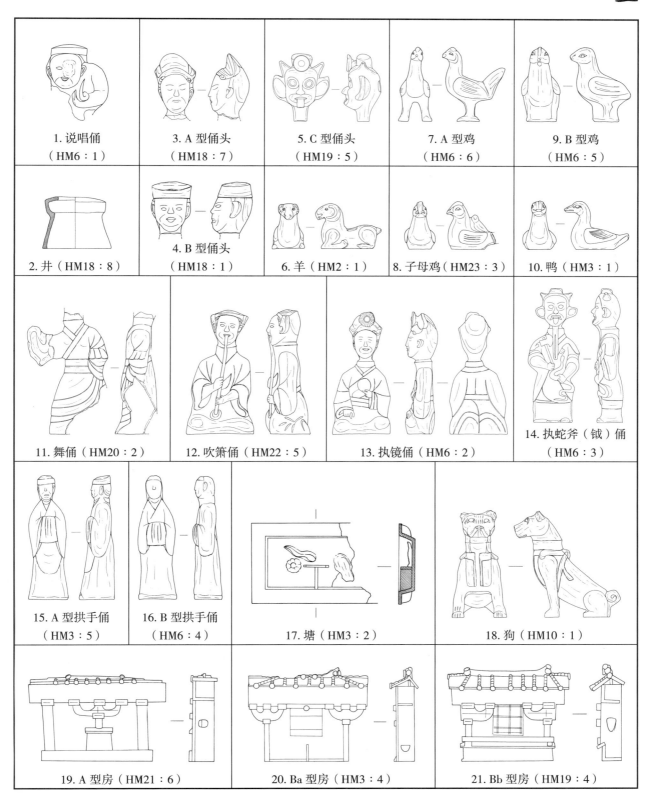

图 3-4　黄狗坳崖墓陶俑及陶模型明器类型划分示意图

B 型　头戴平巾帻。如 HM18：1（图 3-4，4）。

C 型　头挽髻，装饰簪花，有双角及阔耳，口吐长舌，属于执蛇斧（钺）俑的头部。如 HM19：5（图 3-4，5）。

动物俑只见家畜或家禽，都是日常生活中常见的动物，如狗、鸡、鸭、羊等，其中羊与"祥"发音相同，可能有表达吉祥之意，也可归为反映丧葬观念的动物俑。

狗　共确认 12 件，分别出自 HM1、HM2、HM3、HM5、HM10、HM12、HM13、HM14、HM19、HM22 和 HM25。体量较大，体态壮硕，坐姿。前肢站立，后肢坐地，颈部有拴狗绳。如 HM10：1（图 3-4，18）。

鸡　共辨认 32 件，分别出自 HM2、HM3、HM4、HM6、HM13、HM14、HM15、HM16、HM18、HM19、HM22、HM23 和 HM25。均为站立姿态。根据体量大小及双脚的形态分二型：

A 型　体量较大，双脚分开站立。如 HM6：6（图 3-4，7）。

B 型　体量较小，双脚合体塑造为一个空圆柱形。如 HM6：5（图 3-4，9）。

子母鸡　共辨识 5 件，分别出自 HM14、HM18、HM22 和 HM23。体量较小，母鸡趴卧状，背部有一只小鸡。如 HM23：3（图 3-4，8）。

鸭　共确认 8 件，出自 HM3、HM4、HM18、HM22 和 HM25 等 5 座墓葬中。体量较小，整体形态与子母鸡较为相似。如 HM3：1（图 3-4，10）。

羊　仅明确 1 件，即 HM2：1。体量较小，跪卧状，卷角向下，短尾，背部有圆孔（图 3-4，6）。

陶模型明器均为夹砂陶，陶色多为红褐色，少数呈灰褐色。器类包括房、塘和井三种。

房　共确认 13 件，分别出自 HM3、HM5、HM6、HM13、HM15、HM18、HM19、HM21、HM22、HM23 和 HM24。造型均较为简单，平面呈横长方形，面阔一间，截面呈窄长方形，进深甚浅，正面仿现实生活中的建筑，有屋顶、檐枋、瓦当、斗拱、立柱、栏板等。根据屋顶及正面形制的不同分二型：

A 型　平脊，正中立斗拱，两侧有立柱。如 HM21：6（图 3-4，19）。

B 型　屋脊两端微翘，两侧立斗拱，正中有方形栏板。根据斗拱形制分二亚型：

Ba 型　一斗三升斗拱。如 HM3：4（图 3-4，20）。

Bb 型　半个一斗三升斗拱。如 HM19：4（图 3-4，21）。

塘　共辨识 6 件，分别出自 HM2、HM3、HM4、HM15、HM20 和 HM23。平面呈长方形，宽沿，斜壁，平底，整体呈浅盘状，塘中部有半隔挡将其大致等分，塘内分布着荷叶、鱼等水生动植物。如 HM3：2（图 3-4，17）。

井　仅确认 2 件，出自 HM3 和 HM18。造型简单，整体形似圆柱形器座，敛口，方唇，上腹外鼓，下腹外撇。如 HM18：8（图 3-4，2）。

除了上述三类陶器之外，HM11 还出土 1 件陶纺轮（图 3-5，1）。

铜器以铜钱为主，共发现 42 枚，出自 HM5、HM7、HM11、HM13、HM14、HM23 和 HM25 等 7 座墓葬中。每座墓葬出土数量不等，最少出土 1 枚，如 HM11，HM7 最多出土 26 枚。均为圆形方穿，甚薄，可分为五铢钱、"货泉"钱和无文钱三种：

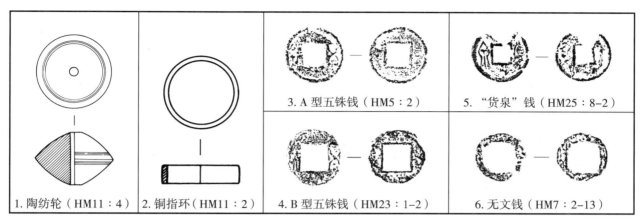

图 3-5 黄狗坳崖墓其他随葬器物类型划分示意图

五铢钱 一面穿两侧铸篆体"五铢"二字，直径多在 2~2.5 厘米之间，穿径在 1 厘米左右。根据是否有郭分二型：

A 型 有郭。如 HM5∶2（图 3-5，3）。

B 型 无郭。如 HM23∶1-2（图 3-5，4）。

"货泉"钱 一面穿两侧铸篆体"货泉"二字，大小、厚薄与 A 型五铢钱相若。如 HM25∶8-2（图 3-5，5）。

无文钱 钱币表面无文字。无郭，大小、厚薄均较小，与 B 型五铢钱相当。如 HM7∶2-13（图 3-5，6）。

除铜钱之外，HM11 还出土 1 件铜指环（图 3-5，2）。

铁器仅 HM13 出土一件铁甑，仅存底部一小片残块，可见圆形甑孔。

由于盗扰多数随葬品已经移位，难以知晓全部随葬品的准确摆放位置。只有 HM2、HM3、HM4、HM6、HM10、HM13、HM14、HM16、HM20、HM21 和 HM22 的部分随葬品还位于原位。从中大致可知，陶狗俑和陶执蛇斧（钺）俑位于墓室前端靠近甬道口之处，部分甚至位于甬道之内，起着镇守墓穴的作用；灶台之上或附近分布着陶釜、陶盆、陶钵和陶罐等炊器和容器等；陶房模型，鸡、鸭等家禽俑和其他人俑以及部分陶容器位于墓室后部或侧室之中；陶羊俑埋在 HM2 墓道后端中部的小坑中，与一般的随葬品不一样，表达的寓意应该与丧葬观念有关。

第三节 墓葬分述

结合以上综述，对黄狗坳墓群 25 座崖墓逐一介绍如下。

一、HM1

被盗扰，因后室塌陷严重，为安全考虑未继续发掘。位于墓群西区西北部，东侧为 HM2，二者相

距约 5 米。墓道开口高度与 HM2 相若而略低。

墓向 2°，与 HM2 大致平行。

双室墓（乙 Ba 型），残长 10.25、宽 2.75 米（图 3-6）。

墓道呈长条形，内端略宽于外端，残长 5、宽 1~1.35 米。底部近平，内高外低，易于排水（图

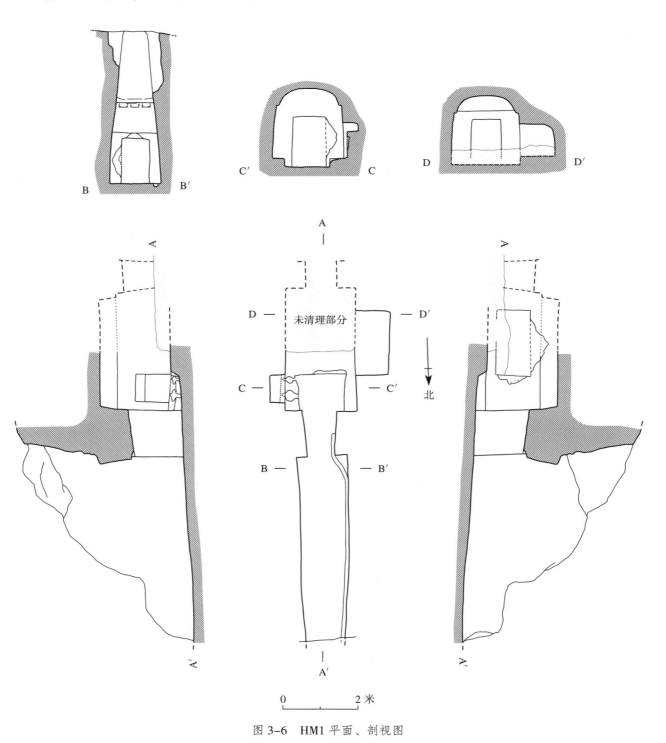

图 3-6　HM1 平面、剖视图

0 —————— 6 厘米

图 3-7　HM1 封门砖

版 3-5）。

墓门近乎竖直，与墓道底部夹角近 90°，立面呈长方形，高 1.2、宽 0.75 米。单重门框，墓门上方斜向前方伸出，至 0.8 米处内收约 0.25 米形成门楣。在墓门处扰乱的填土中发现多块汉砖，似为封门之用（图 3-7；图版 3-6，1）。

梯形甬道内宽外窄，进深 1.3、面阔 0.7~0.9、高 1.3~1.4 米。顶部平坦，直壁，底部近平，顶与底整体内高外低，底部与墓道底部连为一体。

两个墓室，平面均呈短长方形。前室内外基本等宽，两侧中部略向中线收缩，拱形顶近平，两侧斜弧略外敞，整体形似券顶，顶、壁转折明显，转折处有窄平檐，斜直壁，右侧室附近壁面有脱落，顶与底整体呈内高外低的倾斜状；底部较为平坦，前端近甬道处有一"U"形台阶，高约 0.25~0.4 米；进深 3.35、面阔 1.8~1.9、高 2.1 米（图版 3-6，2）。后室未清理，根据观察，似与前室相似（图版 3-6，3）。

三个侧室，分处墓室左、右两侧。已清理的前室右侧室平面和立面均为长方形，近平顶，斜弧壁，平底。面阔 1.75、进深 0.85、高 0.9 米，底部比墓室底部高 0.25 米。

前室左前方有一个壁龛，平面近似长方形，面阔 0.7 米，上部进深 0.4、下部进深 0.1 米，立面形状为长方形，高 0.9 米，斜直顶，直壁，平底，底部距墓室底部 0.2~0.3 米。

台式灶台位于墓室左前角，位于壁龛正下方，乃利用"U"字形台阶开凿而成。双眼灶，一大一小，灶眼为圆形，后部有窄长烟道，内侧灶眼直径约 0.15 米，外侧灶眼直径约 0.25 米。灶门大致呈长方形，门梁缺失，朝向右侧，与墓室中轴线垂直。

在甬道和墓道右侧有一条排水沟，窄长条形，残长 5.55、最宽 0.1、最深约 0.1 米。

门楣处有 4 个半浮雕的檐椽装饰（图版 3-6，4）。

墓道、墓室壁面以及墓室顶部保存有较大的圆点状凿痕和平行粗线性凿痕，在墓室顶部两侧有"之"字形的细线凿痕，带有装饰用意。

不见葬具以及墓主人骨骼。

随葬品均因为盗扰破碎且脱离原始位置，从填土中的陶器碎片中可辨 2 件盆、2 件罐、2 件钵、1 件俑头以及 2 只狗。

陶钵　均为泥质灰褐陶。素面。HM1：1，仅存口腹部。直口微敛，尖圆唇，腹微鼓。口径 20、

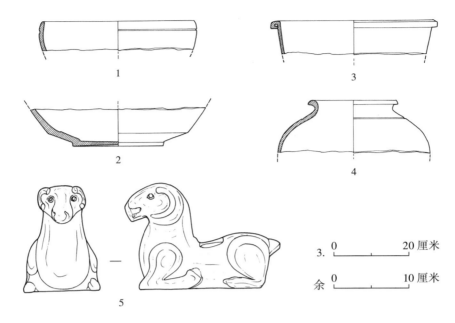

图 3-8　HM1、HM2 随葬陶器

1、2. 陶钵（HM1：1、HM1：2）　3. 陶盆（HM2：2）　4. 陶罐（HM2：3）　5. 陶羊（HM2：1）

残高 4 厘米（图 3-8，1）。HM1：2，仅存腹底部。属 A 型，折腹，下腹斜收，平底微凸似假圈足。底径 12、残高 5 厘米（图 3-8，2）。

二、HM2

被盗扰。位于墓群西区西北部，西侧距 HM1 约 5 米，东侧距 HM3 较远，约 25 米。墓道开口高度与 HM1 相若而略高，比 HM3 墓道开口低出 1 米有余。

墓向 6°，与 HM1 和 HM3 大致平行。

单室墓（甲 Ab 型），残长 9.85、宽 3.35 米（图 3-9）。

墓道呈长条形，内宽外窄，残长 4.8、宽 0.95~1.4 米。底部近平，内低外高（图版 3-7，1）。

墓门上部垮塌，与墓道底部夹角将近 90°，立面似呈长方形，残高 1.15、宽 1.1 米。双重门框，无门楣。

近梯形甬道，进深 1.05、面阔 0.85~0.95、高 1.2 米。顶部大多塌落，残存部分似较为平坦，直壁，底部近平，顶与底整体近呈水平状，底部与墓道底部连为一体。

长方形墓室较长，中部略宽，内、外两端稍窄，拱形顶近平，两侧斜弧略外敞，整体形似券顶，顶、壁转折不甚明显，斜弧壁，前部均有塌陷，顶与底整体呈内高外低的倾斜状。底部较为平坦，有两级台阶，分别位于墓室前端和后端，前者高将近 0.15 米，后者高约 0.2 米。墓室进深 4、面阔 1.5~1.6、高 1.8 米（图版 3-7，2）。

两个侧室，分处墓室左、右两侧，平面呈不规则的长方形，口部略内收呈袋状，立面近呈长方形，

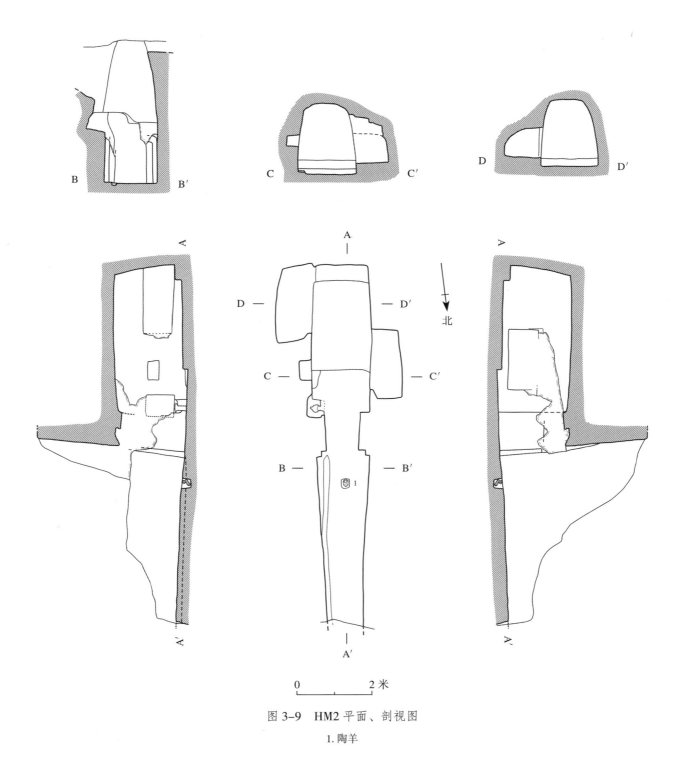

图 3-9 HM2 平面、剖视图

1. 陶羊

斜弧顶，斜弧壁，平底。左侧室面阔 1.7~2、进深 0.9~1、高 0.75 米，底部比墓室底部高 0.2~0.3 米。右侧室面阔 1.65~1.8、进深 0.85、高 0.8 米，底部比墓室底部高 0.15~0.3 米。

墓室左前方有一个壁龛，平面近似长方形，立面形状为长方形，面阔 0.55、进深 0.3、高 0.3 米，斜直顶，直壁，平底，底部距墓室底部 0.65~0.75 米。

复式灶台位于墓室左前角，靠近壁龛。灶台平面形状近似圆角方形，长 0.35~0.45、宽 0.45、高 0.35 米。灶龛立面呈长方形，平顶，直壁，面阔 0.6、进深 0.15、高 0.75 米。单眼灶，灶眼为圆形，直径约 0.2 米，后部有窄长烟道。灶门残，大致呈长方形，朝向右侧，与墓室中轴线垂直。

排水沟位于墓道左侧，呈长条形，内端略宽，残长 4.5、最宽 0.15、最深 0.1 米。

不见任何装饰、葬具以及墓主人骨骼。

墓道侧壁保留有较粗的平行线性凿痕，墓室壁面以及顶部保存有较大的圆点状凿痕。

在墓道内端靠近墓门正前方中央底部有一长方形小坑，直壁，平底，长 0.3、宽 0.2、深 0.25 米。内斜置一只陶卧羊，头朝向墓室（图版 3-7，3）。在填土中辨识出若干陶器，包括 1 件盆、4 件罐、1 件不辨器类的容器底部，以及 1 件拱手俑、1 只狗、1 只鸡和 1 件陶塘模型。

陶盆　HM2：2，仅存口腹部，泥质灰褐陶。属 Ab 型，敞口，窄平折沿，方唇较厚，深斜腹，平底。素面。口径 44、残高 9.2 厘米（图 3-8，3）。

陶罐　HM2：3，仅存口肩部，夹细砂泥质灰褐陶。属 Aa 型，高体，侈口，卷沿，圆唇，矮束领外侈，圆肩，深斜腹，平底。肩部饰一道旋纹。口径 12、残高 7 厘米（图 3-8，4）。

陶羊　HM2：1，保存较为完好，夹细砂红褐陶。体量较小，跪卧状，卷角向下，短尾，背部有圆孔。长 20.6、宽 10.2、高 14.4 厘米（图 3-8，5；图版 3-7，4）。

三、HM3

被盗扰。位于墓群西区的中北部，东、西两侧分别距 HM4、HM2 约 15 米、25 米。墓道开口高度与 HM4 相若，比 HM2 墓道开口高出 1 米有余。

墓向 12°，与 HM2 大致平行，和 HM4 之间存在将近 10° 的夹角。

单室墓（甲 Ab 型），残长 9.25、宽 3.95 米（图 3-10）。

墓道呈长条形，内宽外窄，中轴线与墓室中轴线有一定偏角，残长 3.2、宽 1.3~1.55 米。底部近平，内高外低（图版 3-8，1）。

墓门顶部残缺，近乎竖直，与墓道底部夹角将近 90°，立面呈梯形，高 1.6、宽 0.75~1 米。单重门框，墓门上方向外伸出，伸出部分残缺，往上约 0.55 米处内收，形成简易门楣。

梯形甬道，进深 1.25、面阔 0.95~1.15、高 1.1~1.2 米。顶部平坦，直壁，底部近平，顶与底整体内高外低，底部与墓道底部连为一体。

长方形墓室较长，外端略宽于内端，拱形顶近平，前部塌陷，两侧斜弧略外敞，整体形似券顶，顶、壁转折明显，转折处有窄平檐，斜直壁，其中左侧壁有明显塌陷，顶与底整体呈内高外低的倾斜状。底部较为平坦，墓室外端有一高约 0.1 米的台阶。墓室进深 4.55、面阔 1.8~2、高 1.9 米（图版 3-8，

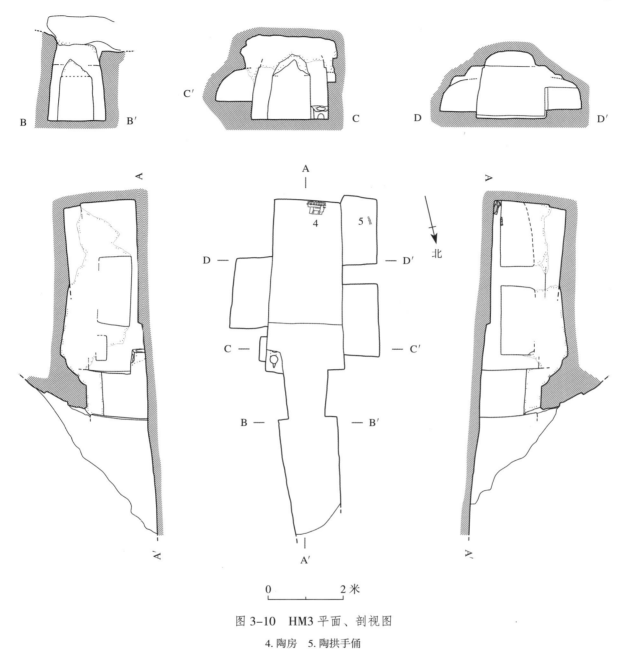

图 3-10 HM3 平面、剖视图

4. 陶房　5. 陶拱手俑

2、3）。

　　三个侧室，分处墓室左、右两侧，平面和立面均近似长方形，斜弧顶，斜弧壁，平底。左侧室面阔 1.9、进深 1、高 0.9 米，底部比墓室底部高 0.15~0.25 米。右前侧室面阔 1.85~1.95、进深 0.95、高 0.9 米，底部比墓室底部高 0.25~0.45 米。右后侧室面阔 1.65~1.85、进深 0.9、高 0.65~0.9 米，底部比墓室底部高 0.25 米。

　　墓室左前方有一个壁龛，大部残缺，但能看出平面和立面均似长方形，面阔 0.65、进深 0.2、高 0.3 米。平顶，直壁，平底，底部距墓室底部 1 米。

台式灶台位于墓室左前角，靠近壁龛。平面形状近似长方形，长 0.55、宽 0.35~0.5、高 0.4~0.45 米。单眼灶，灶眼为圆形，直径约 0.2 米，后部有窄长的烟道。灶门大致呈半圆形，高 0.15、宽 0.1~0.15 米，朝向后端，与墓室中轴线平行。

不见任何排水设施、装饰、葬具以及墓主人骨骼。

墓道侧壁有较粗的斜向平行线状凿痕，墓室壁面以及顶部保存有较大的圆点状凿痕。墓室顶部除了较深的圆点状凿痕之外，其余大部分区域较为光滑，疑似经过精细打磨处理。

在墓室后部发现 1 件陶房模型，在右后侧室中发现 1 件陶拱手俑，均似处于原位，其余随葬品因为盗扰破碎且脱离原始位置，从填土中辨识出 1 件陶盆、1 件陶罐、2 件陶钵、1 只陶狗、2 只陶鸡、1 只陶鸭、1 件陶房模型、1 件陶塘模型以及 1 件陶井模型。

陶钵　HM3：6，拼对复原，泥质灰褐陶。属 A 型，直口微敛，尖圆唇，浅折腹，上腹微鼓，下腹斜收，平底微凸似假圈足。素面。口径 21.2、底径 10.4、高 7.6 厘米（图 3-11，2；图版 3-9，3）。

陶拱手俑　HM3：5，保存完好，夹细砂红褐陶。属 A 型，体量相对较小，站立姿态。头戴平巾帻，身穿右衽深衣，双手合握于腹部并隐于长袖之中。宽 6.5、高 20.7 厘米（图 3-11，7；图版

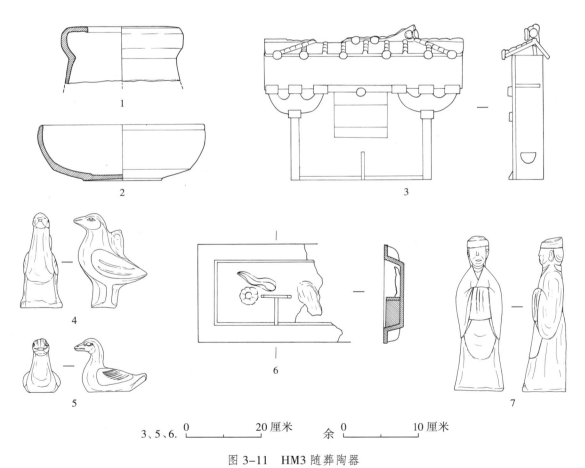

3、5、6. |0———————20厘米　　余 0———————10厘米|

图 3-11　HM3 随葬陶器

1. 陶井（HM3：7）　2. 陶钵（HM3：6）　3. 陶房（HM3：4）　4. 陶鸡（HM3：3）　5. 陶鸭（HM3：1）
6. 陶塘（HM3：2）　7. 陶拱手俑（HM3：5）

3-10，4）。

陶鸡　HM3：3，保存完好，夹细砂红褐陶。属 B 型，体量较小，站立姿态。双脚合体塑造为一个空圆柱形，背部附加一个不明构造的凸起，疑似子母鸡中的子鸡。长 9.6、宽 5.6、高 12.9 厘米（图 3-11，4；图版 3-10，3）。

陶鸭　HM3：1，保存较好，夹细砂红褐陶。体量较小，趴卧状，整体形态与子母鸡较为相似。长 19.2、宽 10、高 14.4 厘米（图 3-11，5；图版 3-9，1）。

陶房　HM3：4，保存较好，夹砂灰褐陶。属 Ba 型，造型较为简单，平面呈横长方形，面阔一间，截面呈窄长方形，进深甚浅，正面仿现实生活中的建筑，有屋顶、檐枋、瓦当、斗拱、立柱、栏板等。屋脊两端微翘，两侧立一斗三升斗拱，正中有方形栏板。长 52.4、厚 12.8、面阔 36.8、进深 8、高 42.4 厘米（图 3-11，3；图版 3-9，2）。

陶塘　HM3：2，小半部残缺，夹砂红褐陶。平面呈长方形，宽沿，斜壁，平底，整体呈浅盘状，塘中部有半隔挡将其大致等分，塘内分布着荷叶、鱼等水生动植物。残长 38、宽 26.4、高 5.3 厘米（图 3-11，6；图版 3-10，1、2）。

陶井　HM3：7，仅存口部，夹细砂红褐陶。造型简单，整体形似圆柱形器座，敛口，方唇，上腹外鼓，下腹外撇。素面。口径 14.6、残高 7.1 厘米（图 3-11，1）。

四、HM4

被盗扰。位于墓群西区中北部，西侧距 HM3 约 15 米，东侧紧挨 HM5，与 HM5 之间有小洞相连。墓道开口高度与 HM3 相若，比 HM5 墓道开口低将近 2 米。

墓向 3°，与 HM3 之间的夹角将近 10°，与 HM5 之间的夹角约 16°。

双室墓（乙 Ba 型），残长 13.95、宽 3.2 米（图 3-12）。

墓道呈长条形，内外基本等宽，残长 5.95、宽 1.2~1.35 米。底部近平，内高外低（图版 3-11，1）。

墓门近乎竖直，与墓道底部夹角近 90°，立面呈长方形，高 1.2、宽 0.85 米。单重门框，墓门上方向外伸出，至 0.3 米处内收，形成简易门楣。

梯形甬道，进深 1.2、面阔 0.8~1、高 1.2~1.35 米。顶部略有坍塌，原似较为平坦，直壁，底部近平，顶与底整体内高外低，底部与墓道底部连为一体。

两个墓室，平面均呈短长方形，两侧壁向中央略微收缩，拱形顶近平，两侧斜弧略外敞，整体形似券顶，顶、壁转折明显，转折处有窄平檐，斜直壁，顶与底整体呈内高外低的倾斜状，底部较为平坦。前室外端顶部和侧壁上方略有坍塌，外端近甬道口部有高约 0.1~0.15 米的"U"字形台阶，进深 3.15、面阔 1.75~1.8、高 1.9~2 米（图版 3-11，2）。后室后端靠近后壁处有一高约 0.05 米的台阶，甚窄，进深 3、面阔 1.75~1.85、高 1.85~1.95 米（图版 3-11，3）。连接前室与后室的甬道平面呈梯形，进深 0.65、面阔 0.9~1、高 1.2~1.3 米。顶部平坦，直壁，底部近平，顶与底整体内高外低，底部比前室底部高将近 0.1 米。

四个侧室，分处墓室左、右两侧，平面和立面均近似长方形，斜弧顶，斜弧壁，平底。前室左侧

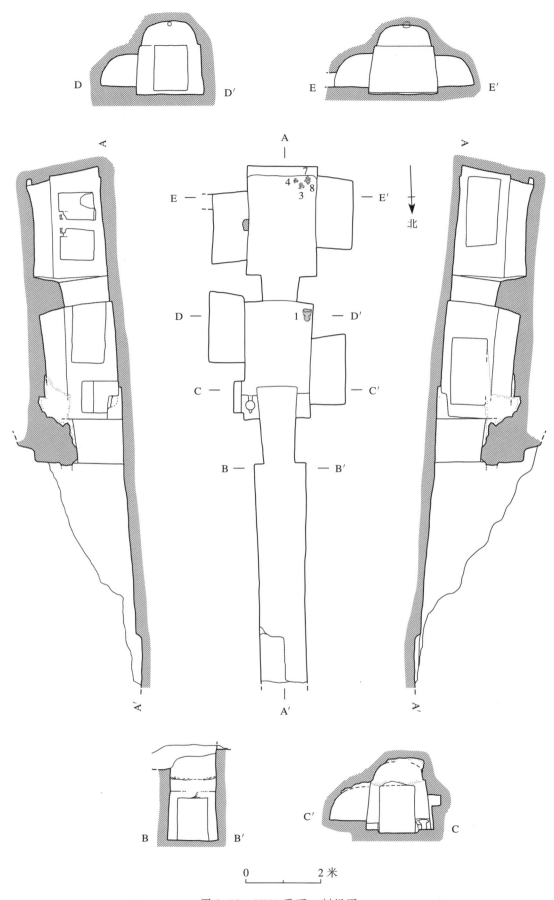

图 3-12　HM4 平面、剖视图

1.陶执镜俑　3、4、7、8.陶鸡

室面阔 1.6~1.9、进深 0.95、高 0.85~0.9 米，底部比墓室底部高 0.15~0.35 米。前室右侧室面阔 1.8~1.95、进深 0.9~0.95、高 0.9 米，底部比墓室底部高 0.25 米。后室左侧室口部中央有一截面大致呈长方形的立柱，面阔 1.85~1.9、进深 0.95、高 0.9 米，底部比墓室底部高 0.2~0.3 米。后室右侧室面阔 1.85~1.95、进深 1、高 0.8~0.85 米，底部比墓室底部高 0.25~0.3 米。

墓室左前方有一个壁龛，底部直抵墓室底部和灶台表面，平面近似长方形，立面形状为长方形，面阔 0.85 米，上部进深 0.35、下部进深 0.1 米，高 0.95 米。近平顶，直壁，平底。

台式灶台位于墓室左前角，靠近壁龛。平面形状近似长方形，长 0.65~0.7、宽 0.5、高 0.4 米。单眼灶，灶眼为圆形，直径约 0.25 米，后部有窄长烟道。灶门大致呈长方形，门梁缺失，朝向后端，与墓室中轴线平行。在前室右前角与灶台对应处也有一个平面近似长方形的石台，怀疑是未完工的另一个灶台。

不见任何排水设施、葬具以及墓主人骨骼。

后室左侧室立柱装饰有丁头拱浮雕，曲拱有所残缺（图版 3-11，4）。

墓道侧壁有较粗的斜向平行线状凿痕，墓室顶部保存有较大的圆点状凿痕，墓室侧壁以及侧室壁面还保留有相对较细的平行线状凿痕，属于精细凿刻加工的遗留。前室和后室的后壁上方靠近中部有一圆形小孔，可能是崖墓成形开凿期间遗留的痕迹。

前室右后角有 1 件陶执镜俑，后室后部发现 4 只陶鸡，均是大致位于原位的随葬品。其余随葬品均因为盗扰破碎且脱离原始位置，从填土陶片中辨认出 1 件盆、1 件瓮、3 件罐、2 件拱手俑、1 件俑头、3 只鸡、1 只鸭以及 1 件陶塘模型。

陶盆　HM4：10，仅存底部，泥质灰褐陶。属 Ab 型，斜腹，平底。素面。底径 26.4、残高 5.6 厘米（图 3-13，2）。

陶瓮　HM4：11，仅存口肩部，泥质灰褐陶。属 Ab 型，方体，大敞口，方圆唇，矮敛领，圆肩较宽。素面。残高 3.4 厘米（图 3-13，1）。

陶执镜俑　HM4：1，头部缺失，其余部位保存较好，夹细砂红褐陶。体量较大，跽坐姿态，上身挺直。身着右衽深衣，双膝外露，右手前置于右膝之上，左手屈于左胸前，执圆形铜镜。宽 22.8、残高 30.6 厘米（图 3-13，11；图版 3-12，1）。

陶拱手俑　HM4：2，保存较好，夹细砂红褐陶。属 A 型，体量相对较小，站立姿态。头戴平巾帻，身穿右衽深衣，双手合握于腹部并隐于长袖之中。宽 5.6、高 20.6 厘米（图 3-13，4；图版 3-12，2）。

陶俑头　HM4：9，仅存头部，夹细砂红褐陶。属 B 型，头戴平巾帻。宽 11.4、残高 15.2 厘米（图 3-13，10；图版 3-12，5）。

陶鸡　保存均较好，夹细砂红褐陶。属 B 型，体量较小，站立姿态，双脚合体塑造为一个空圆柱形。HM4：3，头部有部分残缺，残长 7.7、宽 5.2、高 10.3 厘米（图 3-13，3）。HM4：4，尾部和双腿残缺，残长 6.6、残高 8.6 厘米（图 3-13，5）。HM4：6，头部缺失，残长 9.4、残高 9.8 厘米（图 3-13，6）。HM4：7，长 8、宽 5.3、高 9.9 厘米（图 3-13，9；图版 3-12，3）。HM4：8，长 8、宽 5.2、高 10 厘米（图 3-13，8；图版 3-12，4）。

陶鸭　HM4：5，尾部残缺，夹细砂红褐陶。体量较小，趴卧状，整体形态与子母鸡较为相似。残长 7.4、高 15.2 厘米（图 3-13，7）。

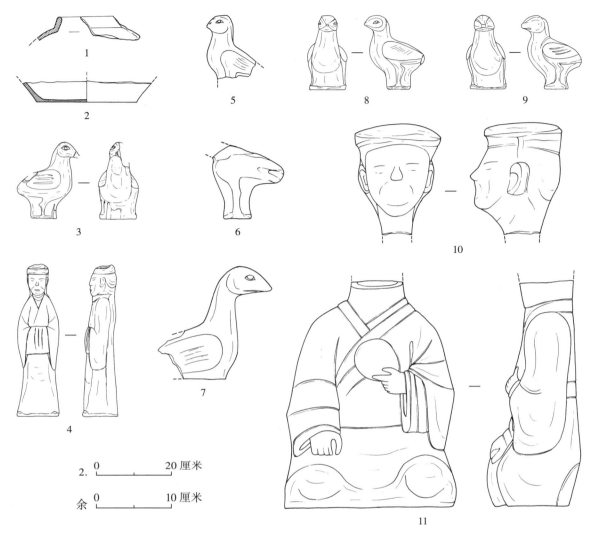

图 3-13　HM4 随葬陶器

1. 陶瓮（HM4：11）　2. 陶盆（HM4：10）　3、5、6、8、9. 陶鸡（HM4：3、HM4：4、HM4：6、HM4：8、HM4：7）
4. 陶拱手俑（HM4：2）　7. 陶鸭（HM4：5）　10. 陶俑头（HM4：9）　11. 陶执镜俑（HM4：1）

五、HM5

被盗扰。位于墓群西区中北部，西侧紧挨 HM4 且与之有小洞相连，东侧距 HM6 不足 10 米。墓道开口高度与 HM6 相若，比 HM4 墓道开口高出将近 2 米。

墓向 19°，与 HM4 和 HM6 均存在一定夹角，约 16°。

双室墓（乙 Ba 型），残长 10.85、宽 3.75 米（图 3-14）。

墓道呈长条形，内外基本等宽，残长 2.1、宽 1.15~1.2 米。底部近平，外端有一台阶，整体内高外低（图版 3-13，1）。

墓门近乎竖直，与墓道底部夹角将近 90°，立面呈长方形，高 1.2、宽 0.85 米。单重门框，无门楣。

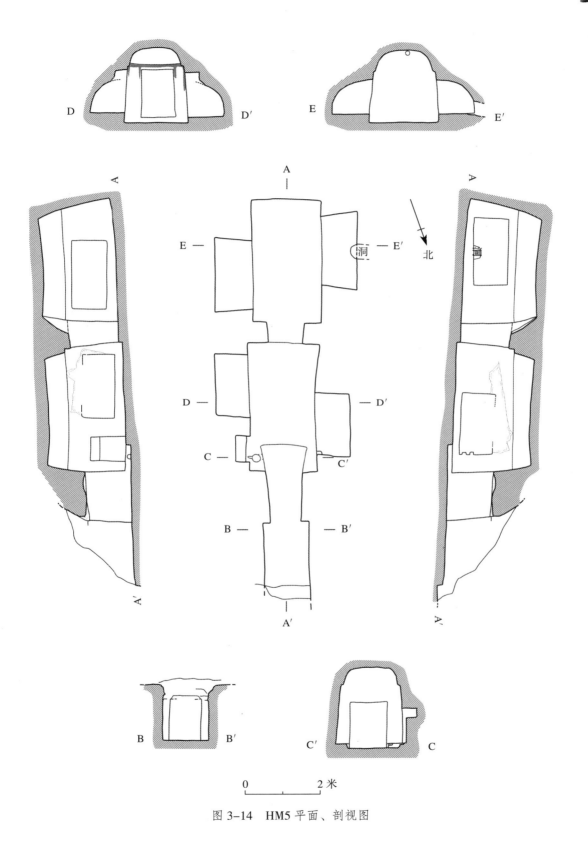

图3-14　HM5平面、剖视图

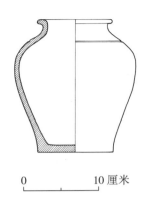

图 3-15　HM5 随葬陶罐（HM5∶1）

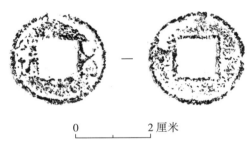

图 3-16　HM5 随葬铜钱（HM5∶2-1）

梯形甬道，进深 1.3、面阔 0.8~0.95、高 1.2 米。顶部略有起伏，直壁，底部近平，顶与底整体内高外低，底部与墓道底部连为一体。

两个墓室，平面均呈长方形，拱形顶近平，两侧斜弧略外敞，整体形似券顶，顶、壁转折明显，转折处有窄平檐，斜直壁，顶与底整体呈内高外低的倾斜状，顶部中部向下略凸，底部较为平坦。前室两侧壁略向中央收缩，侧室附近区域略有坍塌，外端有一高约 0.1 米的"U"字形台阶，前室进深 3.55、面阔 1.7~1.85、高 1.95~2.05 米（图版 3-13，2、3）。后室进深 3.3、面阔 1.85、高 1.95 米（图版 3-14，1、2）。连接前、后室的甬道平面呈梯形，进深 0.6、面阔 0.9~1、高 1.25~1.3 米。顶部平坦，直壁，底部近平，顶与底整体内高外低，底部比前室底部高将近 0.1 米。

四个侧室，分处墓室左、右两侧，平面和立面均近似长方形，斜弧顶，斜弧壁，平底。前室左侧室面阔 1.7~1.75、进深 0.9、高 0.85 米，底部比墓室底部高 0.25~0.3 米。前室右侧室面阔 1.75、进深 0.9、高 0.9 米，底部比墓室底部高 0.2 米。后室左侧室面阔 1.85~2、进深 1、高 0.9 米，底部比墓室底部高 0.2~0.3 米。后室右侧室面阔 1.8~2.1、进深 0.95、高 0.9 米，底部比墓室底部高 0.15~0.3 米。

墓室左前方有一个壁龛，底部直抵墓室底部和灶台表面，平面近似长方形，立面形状为长方形，面阔 0.65~0.7 米，上部进深 0.35、下部进深 0.1 米，高 0.95 米。平顶，直壁，平底。

台式灶台位于墓室左前角，位于壁龛正前下方，乃利用"U"字形台阶开凿而成。单眼灶，灶眼为圆形，直径约 0.2 米，后部有窄长烟道。灶门大致呈半圆形，高 0.1、宽 0.15 米，朝向右侧，与墓室中轴线垂直。

不见任何排水设施、葬具以及墓主人骨骼。

在前室后壁后甬道上方装饰有黑彩，大致表现的是建筑的屋架、枋等构造（图版 3-13，4）。

墓道侧壁有较粗的斜向平行线状凿痕，墓室和侧室壁面保存有较大的圆点状凿痕，墓室顶部可见密集的宽浅凿痕。后室后壁上方靠近中部有一圆形小孔，可能是崖墓成形开凿期间遗留的痕迹。

随葬品均因为盗扰破碎且脱离原始位置，从填土陶片中辨认出 1 件罐和 4 件不辨器类的容器底部，另有 1 件拱手俑、1 只狗和 1 件陶房模型。除此之外，还出土 1 枚铜钱。

陶罐　HM5∶1，保存较好，夹细砂泥质灰褐陶。属 Aa 型，高体，侈口，卷沿，圆唇，矮束领微内敛，圆肩，深斜腹，平底。肩部饰一道旋纹。口径 10、底径 10、高 18 厘米（图 3-15；图版 3-14，3）。

铜钱　均为 A 型五铢钱，圆形方穿，有郭，甚薄，一面穿两侧铸篆体"五铢"二字。HM5∶2-1，直径 2.6、穿径 1 厘米，重 1.32 克（图 3-16；图版 3-14，4 左）。HM5∶2-2，边缘有破损和缺失，直径 2.5、穿径 1 厘米，重 1.25 克（图版 3-14，4 右）。

六、HM6

被盗扰。位于墓群西区中北部，西侧距 HM5 不足 10 米，东侧距 HM7 将近 10 米。墓道开口高度与 HM5 相若，比 HM7 墓道开口高出将近 3 米。

墓向 35°，与 HM5 夹角近 16°，与 HM7 夹角略小。

单室墓（甲 Bb 型），残长 6.5、宽 3.7 米（图 3-17；图版 3-15，1）。

墓道呈长条形，内外基本等宽，残长 2.65、宽 1.2 米。底部前端略凹凸不平，中后部较为平坦，整体呈水平状，内外基本等高（图版 3-15，2）。

墓门近乎竖直，与墓道底部夹角近 90°，立面呈梯形，上窄下宽，门梁及上部残缺，残高 1.1、宽 0.75~0.85 米。单重门框，不见门楣。

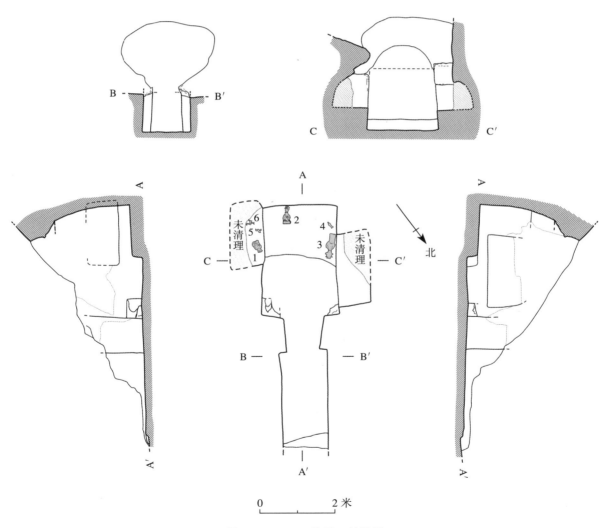

图 3-17　HM6 平面、剖视图

1. 陶说唱俑　2. 陶执镜俑　3. 陶执蛇斧（钺）俑　4. 陶拱手俑　5、6. 陶鸡

梯形甬道，进深 0.9、面阔 0.85~1.05、残高 1.1 米。顶部残缺，形制不明，直壁，底部近平，底部近水平状，且与墓道底部连为一体。

长方形墓室较短，内外基本等宽，中部略向中间收缩，顶部大多残失，观察靠后壁处可知顶为拱形顶，弧度较小，顶、壁转折明显，转折处有窄平檐，斜直壁。底部较为平坦且基本呈水平状，中部有一高约 0.25~0.3 米的台阶。墓室进深 2.95、面阔 1.85~2、高 2.35 米（图版 3-15，3）。

两个侧室，分处墓室左、右两侧，平面近似长方形，略有变形，类似平行四边形，斜弧顶，斜弧壁，平底。左侧室面阔 1.6、进深 0.9、残高 0.85 米，底部比墓室底部高 0.3 米。右侧室面阔 1.95、进深 0.9、残高 0.9 米，底部比墓室底部高 0.25~0.55 米。

台式灶台位于墓室左前角。平面形状近似方形，略有残缺，残长 0.5、残宽 0.5、高 0.4 米。单眼灶，灶眼为圆形，后部有烟道。灶门大致呈半圆形，朝向后端，与墓室中轴线平行。在墓室右前角亦有一个石台，残甚，或为另一未完工灶台。

不见任何排水设施、装饰、葬具以及墓主人骨骼。

墓道侧壁有较粗的斜向平行线状凿痕，墓室壁面以及顶部保存有较大的圆点状凿痕。

墓室底部台阶之后以及左侧室内保留有少数可能位于原位的陶器，包括 1 件执镜俑、1 件说唱俑、1 件拱手俑、1 件执蛇斧（钺）俑以及 2 件鸡（图版 3-16，1），另有 1 件明显移位的陶罐，其余多数随葬品均因为盗扰破碎且脱离原始位置，大致可辨 2 件陶容器底、3 件陶拱手俑、1 件陶俑头、1 件不知名陶俑和 1 件陶房模型。

陶罐　HM6：7，保存完好，夹细砂泥质灰褐陶。属 Aa 型，高体，侈口，卷沿，矮束领外侈，圆肩，深斜腹，平底。肩部饰一道旋纹。口径 10、底径 8.4、高 19 厘米（图 3-18，1；图版 3-17，3）。

陶执镜俑　HM6：2，修复完整，夹细砂红褐陶。体量较大，跽坐姿态，上身挺直。梳扇形双高髻，装饰簪花，身着右衽深衣，双膝外露，右手前置于右膝之上，左手屈于左胸前，执圆形铜镜。宽 22、高 48.2 厘米（图 3-19，4；图版 3-16，2）。

陶说唱俑　HM6：1，保存较差，出土时尚可见全身，但只能提取上半身，夹细砂红褐陶。体量较大。头戴平顶矮冠，圆脸，口微张，体态较胖，赤身，左手屈于左胸前。残宽 15.2、残高 18.2 厘

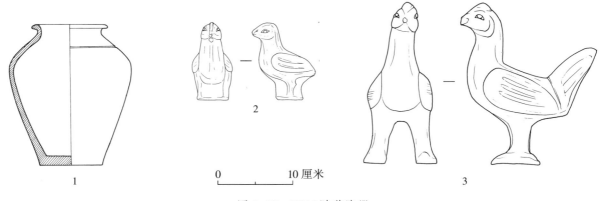

图 3-18　HM6 随葬陶器

1. 陶罐（HM6：7）　　2、3. 陶鸡（HM6：5、HM6：6）

米（图 3-19，2）。

陶拱手俑　HM6：4，保存完好，夹细砂红褐陶。属 B 型，体量相对较小，站立姿态。不戴冠帽，仅披巾，身穿右衽深衣，双手合握于腹部并隐于长袖之中。宽 5、高 16.6 厘米（图 3-19，5；图版 3-17，1）。

陶执蛇斧（钺）俑　HM6：3，修复完整，夹细砂红褐陶。体量较大，站立姿态。头挽髻，有双角，圆形阔耳，面目狰狞，怒目张嘴，口吐长舌，长及胸腹部，身穿右衽短袖深衣，右手执斧（钺），左手执蛇。宽 22.8、高 62.2 厘米（图 3-19，3；图版 3-16，3）。

陶俑头　HM6：8，仅存头部，夹细砂红褐陶。属 A 型，头未戴冠，梳扇形双高髻。宽 12.8、残高 25.2 厘米（图 3-19，1；图版 3-17，4）。

陶鸡　HM6：5，保存较为完整，夹细砂红褐陶。属 B 型，体量较小，站立姿态，双脚合体塑造为一个空圆柱形。长 8.3、宽 5.3、高 10.5 厘米（图 3-18，2）。HM6：6，保存较为完整，夹细砂红褐陶。属 A 型，体量较大，站立姿态，双脚分开站立。长 18、宽 9.8、高 21.4 厘米（图 3-18，3；图版 3-17，2）。

七、HM7

被盗扰。位于墓群西区中北部，西侧距 HM6 将近 10 米。墓道开口高度低于 HM6 墓道开口将近 3 米，与 HM2 墓道开口高度大致相当。

墓向 27°，与 HM5 和 HM6 大致平行。

单室墓（甲 D 型），残长 11.05、宽 1.5 米（图 3-20）。

墓道呈长条形，内宽外窄，残长 8.35、宽 0.8~1.3 米。底部凹凸不平，靠近前端有不规则台阶，整体内高外低（图版 3-18，1、2）。

墓门近乎竖直，与墓道底部夹角近 90°，立面似呈长方形，门梁及上部均不存，残高 0.98、宽 0.9 米。单重门框，不见门楣。

近长方形甬道，进深 1.35、面阔 0.9、高 1.1 米。顶部残缺，直壁，底部略有起伏，内高外低，底部与墓道底部连为一体。

墓室面积较小，平面呈倒梯形，外窄内宽，拱形顶近平，两侧斜弧略外敞，整体形似券顶，内高外低。因为部分岩体较为坚硬，导致墓壁凹凸不平，后壁和右壁甚至中部内凸形成亚腰形，底部近平且基本呈水平状。墓室进深 1.35、面阔 0.95~1.6、高 1.5 米（图版 3-18，3）。

无侧室、壁龛、灶台。不见任何排水设施、装饰、葬具以及墓主人骨骼。

墓道侧壁隐约可见较粗的斜向平行线状凿痕，墓室壁面以及顶部的开凿痕迹不甚明显。

随葬品均因为盗扰破碎且脱离原始位置，仅发现 1 件不辨器类的陶容器残片以及 26 枚铜钱。

铜钱　绝大多数为无文钱，圆形方穿，无郭，大小、厚薄均较小，与 B 型五铢钱相当。HM7：1-1，直径 1.85、穿径 1 厘米，重 0.56 克（图 3-21，1）。HM7：1-2，直径 2.05、穿径 0.9 厘米，重 1.23 克（图 3-21，2）。HM7：2-1，直径 2.1、穿径 0.9 厘米，重 1.02 克（图 3-21，3）。HM7：2-2，直径 1.85、穿径 1 厘米，重 0.84 克（图 3-21，4）。HM7：2-3，直径 1.75、穿径 0.95 厘米，重 0.55 克（图

图 3-19 HM6 随葬陶俑

1.陶俑头（HM6：8） 2.陶说唱俑（HM6：1） 3.陶执蛇斧（钺）俑（HM6：3） 4.陶执镜俑（HM6：2） 5.陶拱手俑（HM6：4）

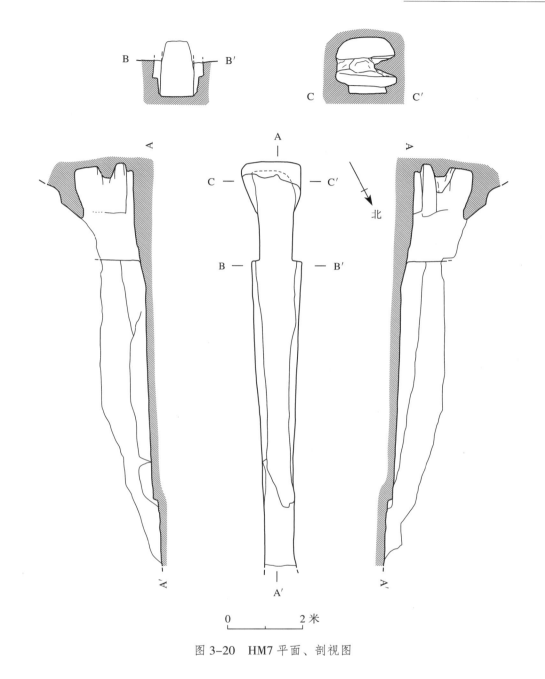

图 3-20　HM7 平面、剖视图

3-21，5）。HM7：2-4，直径 2.2、穿径 0.9 厘米，重 1.43 克（图 3-21，6）。HM7：2-5，直径 2.05、穿径 1 厘米，重 0.91 克（图 3-21，7）。HM7：2-6，直径 1.3、穿径 1 厘米，重 0.88 克（图 3-21，8）。HM7：2-7，直径 2.1、穿径 1.1 厘米，重 1.33 克（图 3-21，9）。HM7：2-8，直径 1.8、穿径 0.9 厘米，重 1.07 克（图 3-21，10）。HM7：2-9，直径 2.05、穿径 1 厘米，重 1.44 克（图 3-21，11）。HM7：2-10，B 型五铢钱，无郭，一面穿两侧铸篆体"五铢"二字，大小、厚薄与无文钱相当。直径 1.9、穿径 0.9 厘米，重 1.5 克（图 3-21，12）。HM7：2-11，直径 1.7、穿径 0.9 厘米，重 0.75 克（图 3-21，13）。HM7：2-12，直径 1.7、穿径 1.1 厘米，重 0.71 克（图 3-21，14）。HM7：2-13，直径

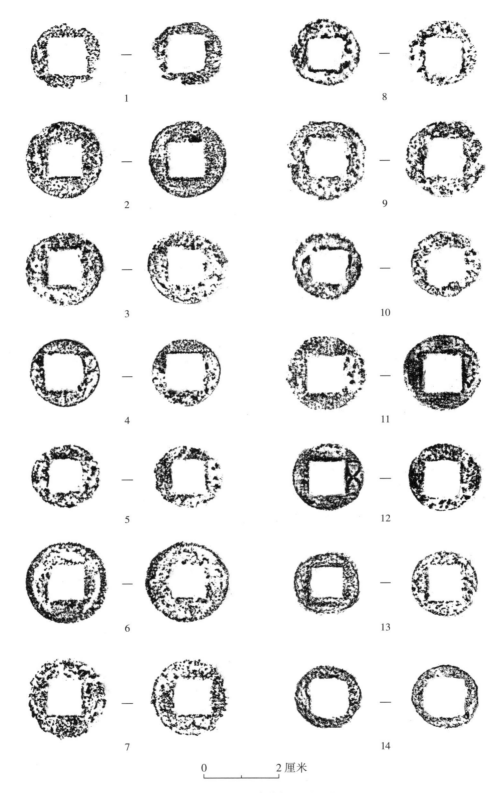

0   2厘米

图 3-21 HM7 随葬铜钱（一）

1. HM7∶1-1   2. HM7∶1-2   3. HM7∶2-1   4. HM7∶2-2   5. HM7∶2-3   6. HM7∶2-4   7. HM7∶2-5   8. HM7∶2-6   9. HM7∶2-7
10. HM7∶2-8   11. HM7∶2-9   12. HM7∶2-10   13. HM7∶2-11   14. HM7∶2-12

1.65、穿径 1.1 厘米，重 0.49 克（图 3-22，1）。HM7：2-14，B 型五铢钱，无郭，一面穿两侧铸篆体"五铢"二字，大小、厚薄与无文钱相当。直径 1.9、穿径 1.1 厘米，重 0.65 克（图 3-22，2）。HM7：2-15，直径 1.9、穿径 0.85 厘米，重 1.28 克（图 3-22，3）。HM7：2-16，B 型五铢钱，无郭，一面穿两侧铸篆体"五铢"二字，大小、厚薄与无文钱相当。直径 1.75、穿径 0.95 厘米，重 0.71 克（图 3-22，4）。HM7：2-17，直径 1.7、穿径 0.95 厘米，重 0.75 克（图 3-22，5）。HM7：2-18，直径 1.7、穿

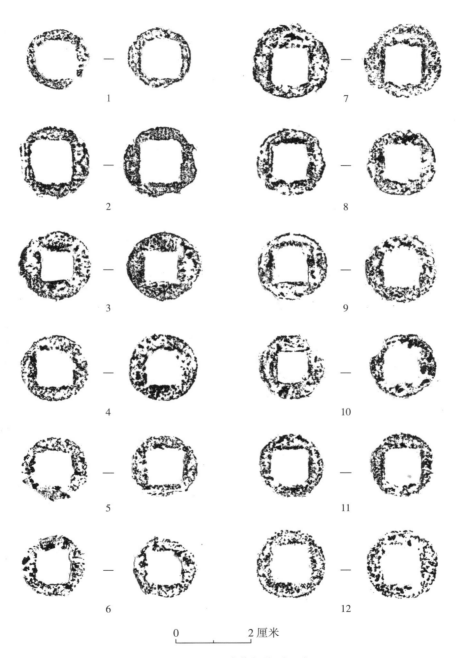

图 3-22 HM7 随葬铜钱（二）

1. HM7：2-13 2. HM7：2-14 3. HM7：2-15 4. HM7：2-16 5. HM7：2-17 6. HM7：2-18 7. HM7：2-19 8. HM7：2-20
9. HM7：2-21 10. HM7：2-22 11. HM7：2-23 12. HM7：2-24

径 0.95 厘米，重 0.61 克（图 3-22，6）。HM7：2-19，直径 2、穿径 1 厘米，重 1.11 克（图 3-22，7）。HM7：2-20，直径 1.8、穿径 0.9 厘米，重 0.85 克（图 3-22，8）。HM7：2-21，直径 1.8、穿径 0.9 厘米，重 0.8 克（图 3-22，9）。HM7：2-22，直径 1.7、穿径 0.85 厘米，重 0.86 克（图 3-22，10）。HM7：2-23，直径 1.7、穿径 0.95 厘米，重 0.88 克（图 3-22，11）。HM7：2-24，直径 1.4、穿径 1 厘米，重 0.91 克（图 3-22，12）。

八、HM8

被盗扰，因墓室位于现代水渠之下，考虑到发掘工作安全，仅清理了大部分墓道。位于墓群西区西部，东侧距 HM9 约 10 米。墓道开口高度比北侧一排崖墓中墓道开口最高的 HM5 还高出将近 7 米，比 HM9 墓道开口低约 1 米。墓向 9°，与 HM3、HM4 大致平行，与 HM9 之间有将近 20° 夹角。

仅发掘了大部分墓道（图 3-23）。墓道呈长条形，内宽外窄，已清理部分长 8.6、现宽 0.9~1.2 米，底部近平，内高外低（图版 3-19，1）。墓道左侧有一排排水管道，已清理部分长 5.8、宽 0.1 米，乃用陶筒瓦（图 3-24）似屋顶铺瓦一般前后相接铺设而成（图版 3-19，2）。墓门近乎竖直，与墓道底部夹角近 80°，立面似呈长方形，高 1.35、现宽 0.5 米，单重门框，无门楣。墓道侧壁有较粗的斜向平行线状凿痕。因未发掘至墓室，未出土任何随葬品。

九、HM9

被盗扰，与 HM8 一样只发掘了大部分墓道。位于墓群西区西部，西侧距 HM8 约 10 米，东距 HM10 将近 15 米。墓道开口高度比 HM8 墓道开口高将近 1 米，与 HM10 墓道开口高度相近。墓向 348°，与 HM8 之间有将近 20° 夹角，和 HM10 略有夹角。

单室墓（甲 Ab 型），仅发掘了部分墓道（图 3-25）。墓道呈长条形，内宽外窄，已清理部分长 9、宽 0.7~1.35 米，底部凹凸不平，内高外低（图版 3-20，1）。墓道左侧有一条排水沟，窄长条形，残长 5.8、最宽 0.1、最深 0.1 米。墓门近乎竖直，与墓道底部夹角近 90°，立面似呈长方形，高 1.35、宽 0.6 米，单重门框，无门楣。甬道现进深 1、面阔 1.15 米，顶部平坦，内高外低，现高 0.75 米。从现有盗洞往里观之，HM9 包括一个长方形墓室，拱形顶近平，两侧斜弧略外敞，整体形似券顶，顶、壁转折明显，转折处有窄平檐，斜直壁（图版 3-20，2）。墓室两侧各有一个侧室，侧室斜弧顶，斜弧壁，左侧室前方有一壁龛，似为人字形顶，直壁。墓道侧壁有较粗的斜向平行线状凿痕，墓室壁面处理较为光滑，顶部有稀疏的小圆点凿痕，而顶部两侧有较细的折线纹，似乎还具备了一定装饰作用。在墓室后壁上方中央有 1 个圆形小坑窝，可能是开凿崖墓保留痕迹。因未发掘至墓室，未出土任何随葬品。

一〇、HM10

被盗扰，因墓室塌陷严重，且靠近现代水渠，故只清理至前室前端。位于墓群西区西部，西距

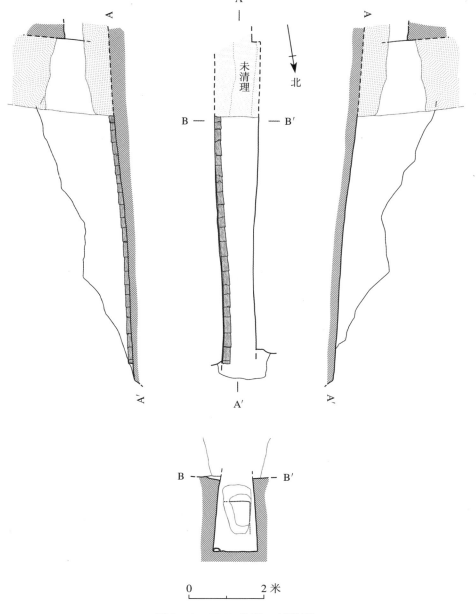

图 3-23 HM8 平面、剖视图

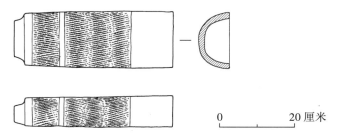

图 3-24 HM8 排水管道所用陶筒瓦

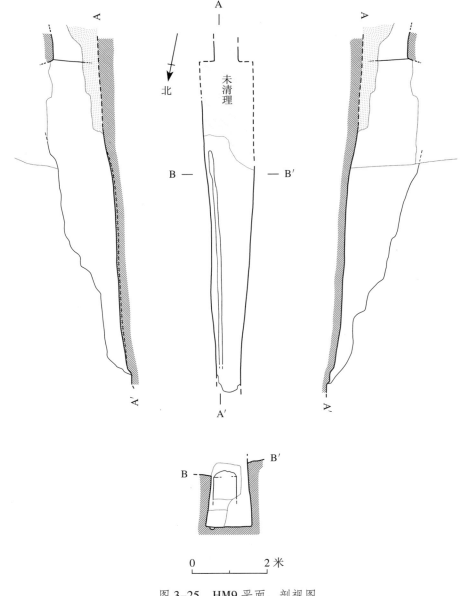

图 3-25　HM9 平面、剖视图

HM9 约 15 米，东距 HM11 约 10 米。墓道开口高度与 HM9、HM11 相若。

墓向 342°，与 HM9、HM11 略有夹角，大致平行。

双室墓（乙 Ba 型），残长 8.1、宽 2 米（图 3-26）。

墓道呈长条形，内端略宽于外端，残长 5.55、宽 1.1~1.4 米。底部近平，内高外低（图版 3-21，1）。

墓门近乎竖直，与墓道底部夹角近 90°，立面呈长方形，门梁有部分残缺，高 1.2、宽 0.85 米。单重门框，墓门上方约 0.6 米的墓壁内收约 0.3 米，形成简易门楣。

近长方形甬道，进深 1.2、面阔 0.85、高 1.5 米。顶部残缺，直壁，底部近平，顶与底整体略呈内高外低倾斜状，底部与墓道底部连为一体。

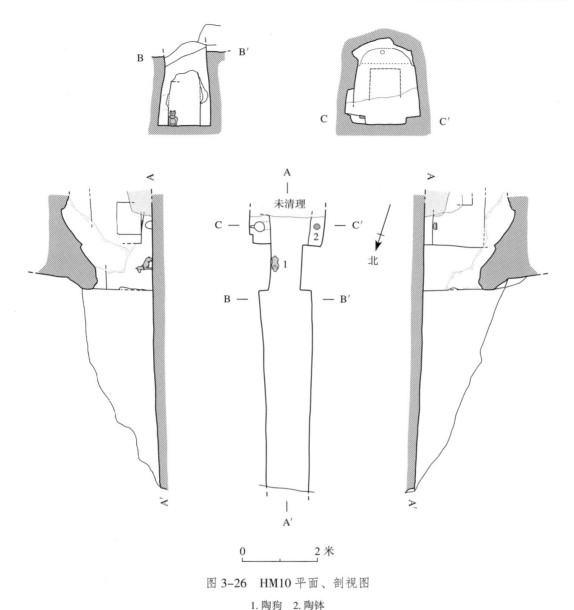

图 3-26　HM10 平面、剖视图

1. 陶狗　　2. 陶钵

　　两个墓室（图版 3-21，2、3），因未清理，全貌不详，似呈长矩形，拱形顶近平，两侧斜弧略外敞，整体形似券顶，顶、壁转折明显，转折处有窄平檐，斜直壁，顶部呈内高外低的倾斜状。前室前部中央底部与甬道底部等高，可知至少前室前底存在"U"字形台阶。前室现有进深 1.3、面阔 2、残高 2.05 米。

　　经观察，HM10 有三个侧室，其一分布于前室右侧，另两个分布于后室左、右两侧，均大致呈长方形，斜弧顶，斜弧壁。左侧室口部中央有一截面大致呈矩形的立柱。

　　前室左后方有一个壁龛，平面与立面形状均为长方形，斜直顶，直壁，平底。

　　复式灶台位于前室左前角。大部分借助"U"字形台阶左侧区域开凿而成，后部在墓室侧壁上凿刻浅龛，平面形状近似长方形，面阔 0.85、进深 0.1、高 0.65 厘米。单眼灶，灶眼为圆形，直径约 0.25

米，后部有窄长烟道。灶门大致呈半圆形，高 0.2、宽 0.2 米，朝向右侧，与墓室中轴线垂直。

不见任何排水设施、葬具以及墓主人骨骼。

在前室后壁和左、右侧壁可以观察到黑色彩绘，似表现屋架结构。左侧黑彩边缘还凿刻有细线纹，似表现斗拱一类的构造。

墓道侧壁有较粗的斜向平行线状凿痕。前室壁面处理较为光滑平整，后壁保留有较细的交叉凿刻痕迹，顶部和两侧有细折线凿痕，似同时带有装饰性质。后室处理相对较差，保留有明显的圆点状凿痕、宽浅斜向凿痕和细线状凿痕。另外，在前室和后室的后壁上方中央各有 1 个圆形小坑窝，可能是开凿崖墓保留痕迹。

由于大部分区域未发掘，只在甬道左侧和前室右前角发现 1 只陶狗以及 1 件陶钵。

陶钵　HM10：2，修复完整，泥质灰褐陶。属 A 型，直口微敛，尖圆唇，浅折腹，上腹微鼓，下腹斜收，平底微凸似假圈足。素面。口径 22.4、底径 11.2、高 8.6 厘米（图 3-27，2；图版 3-22，2）。

陶狗　HM10：1，保存较为完整，夹细砂红褐陶。体量较大，体态壮硕，坐姿。前肢站立，后肢坐地，颈部有拴狗绳。长 40、宽 20.6、高 41.2 厘米（图 3-27，1；图版 3-22，1）。

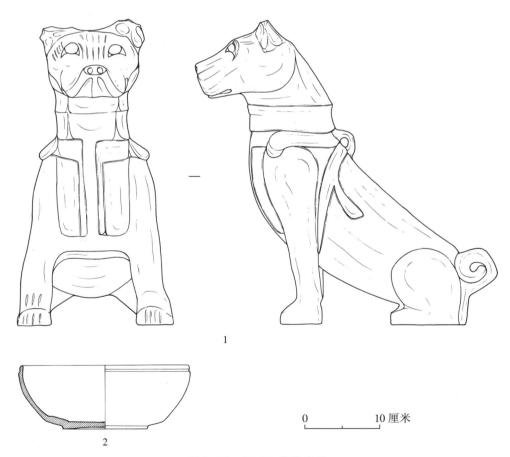

0　　　　　10 厘米

图 3-27　HM10 随葬陶器

1. 陶狗（HM10：1）　2. 陶钵（HM10：2）

一一、HM11

被盗扰，因墓室塌陷严重，且靠近现代水渠，故只清理至前室前端。位于墓群西区中部，东、西两侧距HM12和HM10均约10米。墓道开口高度与HM9、HM10相若，比HM12墓道开口高出将近2米。

墓向347°，与HM10大致平行，与HM12之间夹角将近30°。

双室墓（乙Ba型），残长8.15、宽3米（图3-28）。

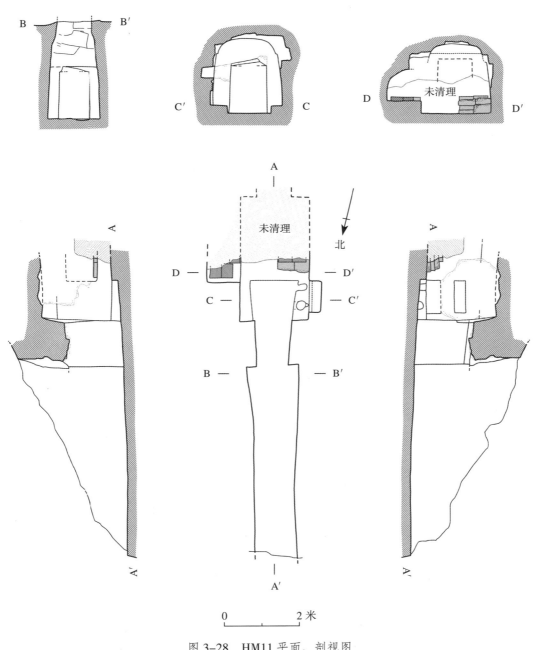

图3-28 HM11平面、剖视图

墓道呈长条形，内宽外窄，残长 5.25、宽 1.1~1.35 米。底部近平，内高外低（图版 3-23，1）。

墓门近乎竖直，与墓道底部夹角近 90°，立面呈长方形，门梁有所残缺，高 1.3、宽 0.85 米。单重门框，无门楣。墓门处的填土中出土若干汉砖，部分表面装饰重菱纹（图 3-29），似为封门砖。

梯形甬道，进深 1.2、面阔 0.85~1、高 1.35 米。顶部残损，直壁，底部近平，顶与底整体内高外低，底部与墓道底部连为一体。

两个墓室，平面似均呈长矩形，外端略窄于内端，拱形顶近平，两侧斜弧略外敞，整体形似券顶，内高外低，顶、壁转折明显，转折处有窄平檐，斜直壁（图版 3-23，2；图版 3-24，1、2）。前室近口部有一高约 0.15~0.25 米的"U"字形台阶。现有进深 3.3、面阔 1.85、残高 1.95 米。前室台阶后偏右侧铺有汉砖，似为棺床。

三个侧室，分处前室左侧以及后室左、右两侧，平面和立面似均呈长方形，斜弧顶，斜弧壁，平底。左前侧室底部铺有汉砖，右侧室口部中央有一截面呈矩形的立柱。

前室右前方灶台上方有一个壁龛，平面近似长方形，立面形状为长方形，面阔 0.9、进深 0.05~0.3、高 1.05 米。斜直顶，直壁，平底，底部距墓室底部 0.2 米。

台式灶台位于前室右前角，乃利用"U"字形台阶右侧石阶凿刻而成。双眼灶，灶眼为圆形，直径约 0.25 米，靠外的灶眼后部有窄长烟道。外侧灶门大致呈半圆形，高 0.15、宽 0.15 米，内侧灶门的门梁残缺，原似也为半圆形，均朝向左侧，与墓室中轴线垂直。

不见任何排水设施、装饰、葬具以及墓主人骨骼。

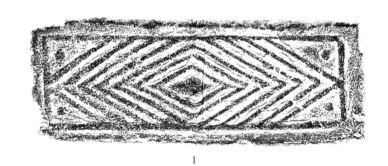

1

2

0   6 厘米

图 3-29　HM11 封门砖

1. 短侧面　2. 长侧面

墓道侧壁有较粗的斜向平行线状凿痕和圆点状凿痕，前室顶部保留有细折线凿痕，似同时带有装饰性质，后室有明显的细线状凿痕和斜向平行粗线状凿痕。另外，在前室和后室的后壁上方中央各有1个圆形小坑窝，可能是开凿崖墓保留痕迹。

　　随葬品均因为盗扰破碎且脱离原始位置，从填土出土陶片中辨识出2件盆、2件瓮、2件罐、1件钵、2件不辨器类容器、1件执蛇斧（钺）俑、2件俑头、1件纺轮，另外出土1件铜指环和1枚铜钱。

　　陶瓮　HM11：7，修复完整，泥质灰褐陶。属 Bb 型，宽扁体，大侈口，卷沿，方圆唇，无领，广圆肩，斜腹略浅，平底。肩部饰一条纵向细绳纹带。口径 10.8、底径 13.2、高 13.4 厘米（图 3-30，7；

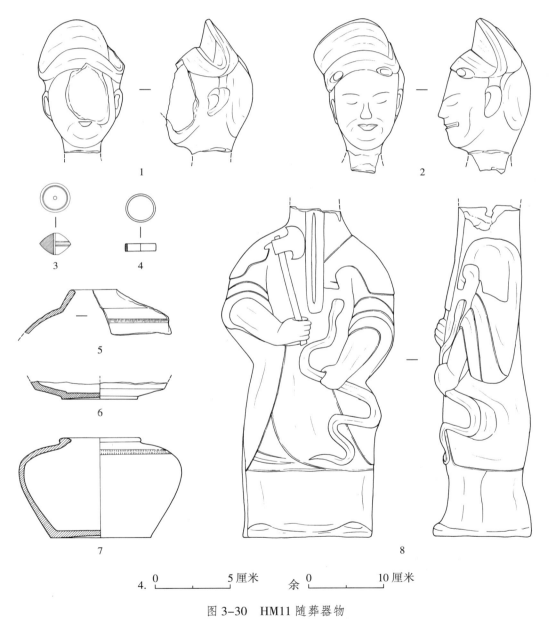

图 3-30　HM11 随葬器物

1、2. 陶俑头（HM11：8、HM11：3）　3. 陶纺轮（HM11：4）　4. 铜指环（HM11：2）　5、7. 陶瓮（HM11：9、HM11：7）

6. 陶钵（HM11：6）　8. 陶执蛇斧（钺）俑（HM11：1）

0　　　　2厘米

图 3-31　HM11 随葬铜钱（HM11：5）

图版 3-25，4）。HM11：9，仅存口肩部残片，泥质灰褐陶。属 Ab 型，大敛口，方圆唇，矮敛领，圆肩较宽，深斜腹，平底。肩部饰一条纵向细绳纹带。残高 6.2 厘米（图 3-30，5）。

陶钵　HM11：6，仅存腹底部，泥质灰褐陶。属 A 型，浅折腹，上腹微鼓，下腹斜收，平底微凸似假圈足。素面，内底部中央有一方形柿蒂纹印痕。底径 10、残高 2.2 厘米（图 3-30，6；图版 3-26，4）。

陶执蛇斧（钺）俑　HM11：1，头部缺失，其余部位保存完好，夹细砂红褐陶。体量较大，站立姿态。口吐长舌，长及胸腹部，身穿右衽短袖深衣，右手执斧（钺），左手执蛇。宽 22.7、残高 44.8 厘米（图 3-30，8；图版 3-25，1）。

陶俑头　均仅存头部，夹细砂红褐陶。属 A 型，头未戴冠，梳扇形双高髻。HM11：3，宽 12、残高 20.8 厘米（图 3-30，2；图版 3-25，2）。HM11：8，宽 11.4、残高 18.2 厘米（图 3-30，1；图版 3-25，3）。

陶纺轮　HM11：4，保存完好，表面呈灰色，似有一层褐色陶衣，胎为夹细砂红褐陶。整体形似矮纺锤，截面呈菱形。中脊两侧装饰细线纹。直径 4.1、高 2.9 厘米（图 3-30，3；图版 3-26，2）。

铜指环　HM11：2，保存较好。圆形。素面。直径 2.1、厚 0.2、高 0.5 厘米（图 3-30，4；图版 3-26，1）。

铜钱　HM11：5，B 型五铢钱，圆形方穿，无郭，一面穿两侧铸篆体"五铢"二字，甚小甚薄。直径 2.15、穿径 1 厘米，重 1.08 克（图 3-31；图版 3-26，3）。

一二、HM12

被盗扰，因墓室后部存在塌陷的可能性，故未发掘完。位于墓群西区中部，西侧距 HM11 约 10 米，东侧距 HM13 约 15 米。墓道开口高度与 HM13、HM14 相若，比 HM11 墓道开口低约 2 米。

墓向 20°，与 HM11 和 HM13 的夹角均约 30°。

形制不明，已清理部分长 5.45、宽 1.75 米（图 3-32）。

墓道较短，中轴线与墓室中轴线有一定偏差，内宽外窄，残长 2.25、宽 1.9 米。底部凹凸不平，内外基本等高（图版 3-27，1）。

墓门破坏较为严重，近乎竖直，与墓道底部夹角近 90°，形制不明，残高 0.2、宽 0.95 米。单重门框，门楣情况不明。

梯形甬道较短，进深 0.9、面阔 1~1.1、残高 0.95 米。顶部不存，直壁，底部近平且呈水平状，底部与墓道底部连为一体（图版 3-27，3）。

长方形墓室较长，外端顶部不存，内端未清理，顶部形制不明，斜直壁，底部平坦且大致呈水平状。墓室现有进深 2.15、面阔 1.7、残高 1.55 米（图版 3-27，2）。

复式灶台位于墓室左前角。平面形状近似方形，长 0.6、宽 0.45~0.55、高 0.35 米。灶龛破坏严重，

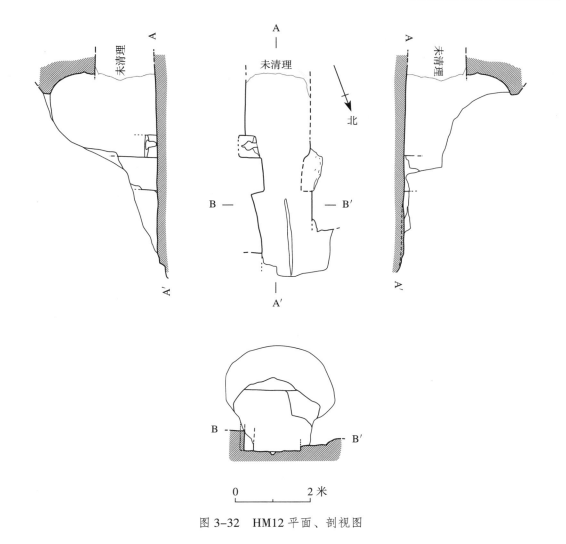

图 3-32　HM12 平面、剖视图

全貌不存，直壁，平底，面阔 0.6、进深 0.2、残高 0.35 米。单眼灶，灶眼为圆形，直径约 0.25 米，后部有窄长烟道。灶门门梁不存，原状不明，朝向右侧，与墓室中轴线垂直（图版 3-27，3）。

排水沟位于墓道中央，长条状，长 2.05、最宽 0.1、最深 0.1 米。

不见任何装饰、葬具以及墓主人骨骼。

墓道侧壁有较粗的斜向平行线状凿痕。

随葬品均因为盗扰破碎且脱离原始位置，从填土陶片中辨识出 3 件罐、1 件执蛇斧（钺）俑和 1 只狗。

一三、HM13

被盗扰。位于墓群西区中部，西距 HM12 约 15 米，东侧紧邻 HM14。墓道开口高度与 HM12 和 HM14 相近。

墓向 48°，同 HM12 之间有约 30° 夹角，与 HM14 大致平行。

单室墓（甲 Ab 型），残长 11.95、宽 3.65 米（图 3-33）。

墓道呈长条形，内端略宽于外端，残长 4.75、宽 1.25~1.5 米。底部近平，内高外低（图版 3-28，1）。

墓门近乎竖直，与墓道底部夹角近 90°，立面呈长方形，高 1.35、宽 0.95~1.1 米。双重门框，无门楣。

梯形甬道，进深 1.25、面阔 0.85~0.9、高 1.2~1.25 米。顶部部分残缺，直壁，底部近平，顶与底整体内高外低，底部与墓道底部连为一体。

长方形墓室较长，拱形顶弧度较小，两侧斜弧略外敞，整体形似券顶，顶、壁转折明显，转折处有窄平檐，斜直壁，顶与底整体呈内高外低的倾斜状。底部较为平坦，前部和中部各有一高将近 0.15 米的台阶。墓室进深 5.5、面阔 1.65~1.85、高 2~2.2 米（图版 3-28，2、3）。

三个侧室，分处墓室左、右两侧，平面近似长方形，口略大，立面呈长方形，斜弧顶，斜弧壁，平底。左侧室面阔 1.75~1.9、进深 1、高 0.8~0.95 米，底部比墓室底部高 0.25~0.45 米。右前侧室面阔 1.85、进深 0.95、高 0.75~0.85 米，底部比墓室底部高 0.35 米。右后侧室面阔 1.6~2、进深 0.9~1、高 0.8~0.95 米，底部比墓室底部高 0.15~0.2 米。

墓室左后方有一个壁龛，由三个小龛组合而成，整体为内立一斗拱的壁龛。平面近似长方形，立面形状近似方形，面阔 0.85、进深 0.25~0.3、高 0.8 米。斜直顶，直壁，平底，底部距墓室底部 0.4 米。

台式灶台位于墓室左前角。平面形状近似长方形，长 0.6~0.65、宽 0.45、高 0.25 米。单眼灶，灶眼为圆形，直径约 0.35 米，后部有窄长烟道。灶门大致呈半圆形，门梁缺失，朝向后端，与墓室中轴线平行。

不见任何排水设施、葬具以及墓主人骨骼。

在墓室左壁、墓室右壁和墓室后壁装饰有黑彩，似表现斗拱和枋等建筑结构（图版 3-29，1、2）。壁龛内雕刻出丁头拱样式，似表现仓廪一类建筑构造（图版 3-29，3）。

墓道侧壁有较粗的斜向平行线状凿痕，墓室顶部较为平整，有较细的折线凿痕，侧壁局部有平行的细线錾刻痕迹，侧室壁面以及顶部保存有较大的圆点状凿痕。

在墓室右前方和左后方分别出土 1 件陶罐和 1 件陶房模型，似位于原位，其余随葬品均因为盗扰破碎且脱离原始位置，可辨别 3 件陶罐、1 件陶钵、2 件陶拱手俑、1 只陶狗、1 只陶鸡以及 2 枚铜钱、1 件铁甑。

陶罐　保存较为完整，均为夹砂灰陶。高体，侈口，卷沿，方圆唇，矮束领外侈，圆肩，深斜腹，平底。HM13：1，属 Aa 型，肩部饰一道旋纹。口径 10、底径 8.8、高 22 厘米（图 3-34，2；图版 3-30，1）。HM13：5，属 C 型，肩部饰一条纵向细绳纹带。口径 11.2、底径 12.8、高 31.4 厘米（图 3-34，3；图版 3-30，2）。

陶鸡　HM13：3，头部残缺，夹细砂红褐陶。属 B 型，体量较小，站立姿态，双脚合体塑造为一个空圆柱形。长 11.2、宽 6、残高 10.8 厘米（图 3-34，1）。

铜钱　均为 A 型五铢钱，圆形方穿，有郭，一面穿两侧铸篆体"五铢"二字，体量相对较大。HM13：2-1，保存较为完整，有裂痕。直径 2.4、穿径 0.9 厘米，重 0.67 克（图版 3-30，3）。HM13：2-2，残半。直径 2.5、穿径 1 厘米，重 0.48 克（图 3-35，1）。

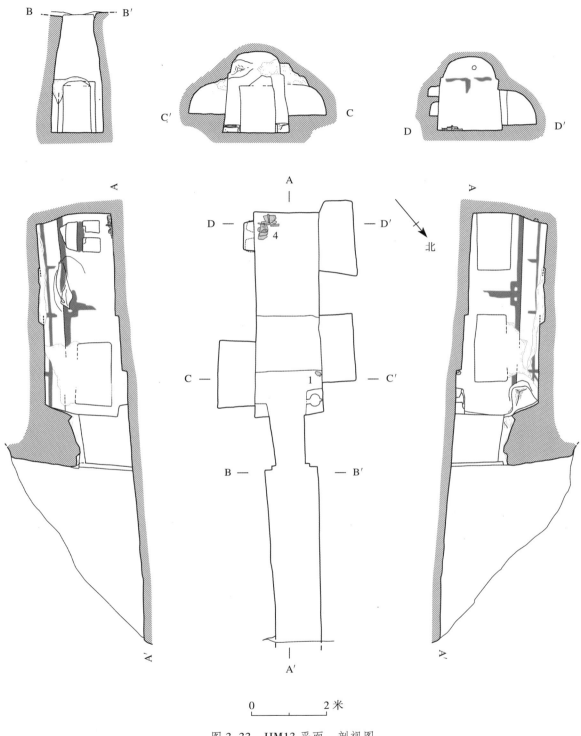

图 3-33　HM13 平面、剖视图

1. 陶罐　4. 陶房

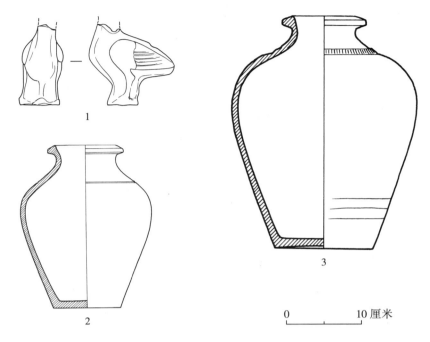

图 3-34　HM13 随葬陶器

1. 陶鸡（HM13：3）　　2、3. 陶罐（HM13：1、HM13：5）

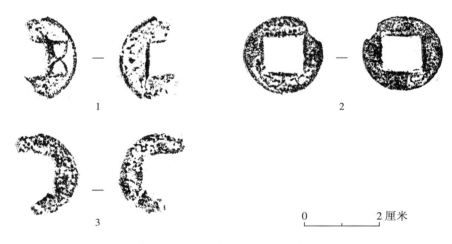

图 3-35　HM13、HM14 随葬铜钱

1. HM13：2-2　　2. HM14：3-1　　3. HM14：3-2

一四、HM14

被盗扰。位于墓群西区中部，东、西两侧紧邻 HM25 和 HM13，似打破 HM25。墓道开口高度与
HM12 和 HM13 相若，比 HM15 和 HM25 的墓道开口低不超过 1 米。

墓向 51°，与 HM13 大致平行，与 HM25 夹角近 60°。

单室墓（甲 Ac 型），残长 11.9、宽 3.75 米（图 3-36）。

墓道呈长条形，内宽外窄，残长 3.25、宽 1~1.3 米，底部近平，内外等高呈水平状（图版 3-31，1）。

墓门近乎竖直，与墓道底部夹角近 90°，立面近呈长方形，高 1.3、宽 0.9~0.95 米。双重门框，墓门上方呈阶梯状外扩 0.25 米，高度约 0.5 米，再向上约 0.85 米内收约 0.3 米，形成简易门楣。

梯形甬道，进深 1.2、面阔 0.8~1.25、高 1.15~1.2 米。顶部平坦，直壁，底部近平，顶与底整体呈水平状，底部与墓道底部连为一体。

长方形墓室较长，拱形顶近平，两侧斜弧略外敞，整体形似券顶，顶、壁转折明显，转折处有窄平檐，斜直壁略内凹，顶与底整体呈内高外低的倾斜状。底部较为平坦，近口部略有起伏，似有台阶。墓室进深 5.4、面阔 2~2.2、高 1.95 米（图版 3-31，2、3）。

两个侧室。右侧室平面和立面均近似长方形，斜弧顶，斜弧壁，平底，面阔 1.8~1.9、进深 0.85~0.95、高 0.7~1 米，底部比墓室底部高 0.15~0.3 米。后侧室平面呈梯形，斜弧顶，直壁，平底，面阔 0.55~0.75、进深 1.9、高 0.65~0.95 米，底部比墓室底部高 0.15 米。值得注意的是，在墓室左后方有两个类似壁龛的构造，应属未完成的侧室，且该侧室外部中央还有一个立柱。

墓室左前方有一个壁龛，平面近长方形，立面形状为长方形，面阔 0.55、进深 0.15、高 0.3 米。斜直顶，直壁，平底，底部距墓室底部 0.95 米。

台式灶台位于墓室左前角，靠近壁龛。平面形状近似长方形，长 0.55、宽 0.4、高 0.35 米。单眼灶，灶眼为圆形，直径约 0.2 米。灶门残破，朝向后端，与墓室中轴线平行。

墓道中央有一条排水沟，向内延伸至甬道后部。整体呈长条状，残长 4.65、最宽 0.1、最深 0.15 米。

在墓室左后方未完成的侧室口部中央有雕刻未完成的斗拱装饰（图版 3-31，4）。墓室后壁上方有一道黑色彩绘，似表现枋一类的屋架结构。

墓道侧壁有较粗的斜向平行线状凿痕，墓室壁面以及顶部处理较为光滑，侧室壁和顶部保存有较大的圆点状凿痕。墓室底部四角处有小圆坑，或许与开凿崖墓有关。

不见葬具以及墓主人骨骼。

靠近墓室左壁后部出土 2 件似位于原位的陶鸡，其余随葬品均因为盗扰破碎且脱离原始位置，可辨器类包括 1 件陶盆、3 件陶瓮、3 件陶罐、1 件陶俑头、1 只陶狗、1 只陶子母鸡以及 2 枚铜钱。

陶盆　HM14 : 9，残碎，泥质灰陶。属 C 型，敞口，无沿，方唇较薄，浅斜腹，平底。素面。口径 36.4、底径 24、高 8.8 厘米（图 3-37，6）。

陶瓮　多数仅存底部，均为泥质灰褐陶。斜腹，平底。素面。HM14 : 4，底径 16、残高 4.6 厘米（图 3-37，8）。HM14 : 6，底径 13.6、残高 4.2 厘米（图 3-37，7）。HM14 : 7，保留口肩部。属 C 型，大侈口，折沿，方唇，无领，斜溜肩。素面。口径 16.8、残高 3.6 厘米（图 3-37，5）。

陶俑头　HM14 : 8，仅存头部，夹细砂红褐陶。属 C 型，口吐长舌，为执蛇斧（钺）俑的头部。残宽 10.8、残高 14.8 厘米（图 3-37，3；图版 3-32，2）。

陶鸡　均残，夹细砂红褐陶。属 B 型，体量较小，站立姿态，双脚合体塑造为一个空圆柱形。HM14 : 1，残长 6.3、残高 11.2 厘米（图 3-37，2）。HM14 : 2，残长 10、宽 5.8、高 14 厘米（图 3-37，1；图版 3-32，1）。

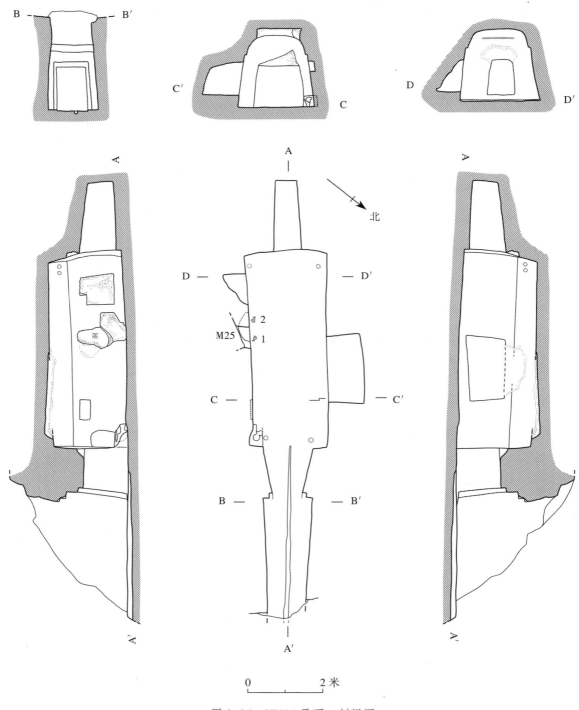

图 3-36　HM14 平面、剖视图

1、2.陶鸡

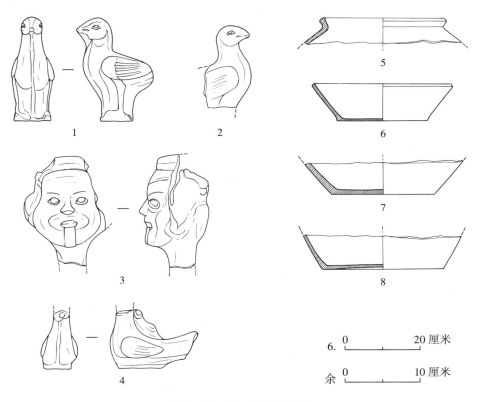

图 3-37　HM14 随葬陶器

1、2. 陶鸡（HM14：2、HM14：1）　3. 陶俑头（HM14：8）　4. 陶子母鸡（HM14：5）　5、7、8. 陶瓮（HM14：7、HM14：6、
HM14：4）　6. 陶盆（HM14：9）

陶子母鸡　HM14：5，头部残缺，夹细砂红褐陶。体量较小，母鸡趴卧状，背部有一只小鸡。残长 11.6、宽 5、残高 8 厘米（图 3-37，4）。

铜钱　均为无文钱，圆形方唇，钱币表面无文字。无郭，大小、厚薄均较小，与 B 型五铢钱相当。HM14：3-1，直径 2.3、穿径 1 厘米，重 0.75 克（图 3-35，2；图版 3-32，3 右）。HM14：3-2，仅存半，直径 2.05、穿径 1 厘米，重 0.79 克（图 3-35，3；图版 3-32，3 左）。

一五、HM15

被盗扰。位于墓群西区中部，西侧紧邻 HM25，东侧距 HM16 约 10 米。墓道开口高度与 HM25 相若，比 HM16 墓道开口略高。

墓向 97°，与 HM16 大致平行，和 HM25 之间的夹角将近 15°。

单室墓（甲 C 型），残长 10、宽 2.9 米（图 3-38；图版 3-33，1）。

墓道呈长条形，内宽外窄，残长 5.5、宽 0.9~1.35 米，底部凹凸不平，内高外低（图版 3-33，2）。

墓门斜立，与墓道底部夹角近 80°，立面呈长方形，门梁残缺呈拱形，高 1.1、宽 1 米。单重门框，无门楣。

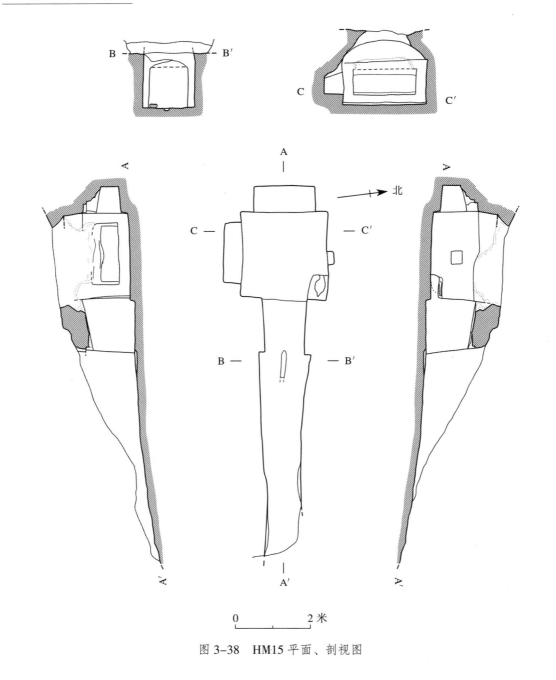

图 3-38 HM15 平面、剖视图

　　梯形甬道，进深 1.4、面阔 1.05~1.1、高 1.1~1.3 米。顶部平坦略有残缺，内高外低，直壁，底部近平且大致水平，底部与墓道底部连为一体，与墓室底部连接处有高约 0.1 米的台阶。

　　近方形墓室，顶部中央坍塌，拱形顶弧度较小，顶、壁转折明显，转折处有窄平檐，直壁内凹，顶与底整体呈内高外低的倾斜状，底部较为平坦。墓室进深 2.35、面阔 2.3、高 1.7 米（图版 3-33，3）。

　　两个侧室，分处墓室左侧和后部，平面和立面均近似长方形，斜直顶，直壁，平底。左侧室面阔 1.55~1.65、进深 0.5、高 0.4~0.7 米，底部比墓室底部高 0.25 米。后侧室面阔 1.6、进深 0.7、高 0.45~0.65

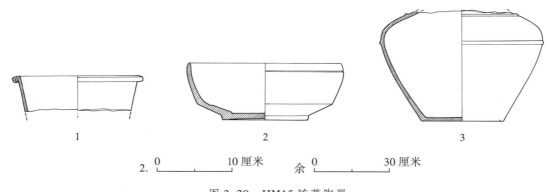

2. ⊢0——————10厘米⊣ 余 ⊢0——————30厘米⊣

图 3-39 HM15 随葬陶器

1.陶盆（HM15：3） 2.陶钵（HM15：1） 3.陶瓮（HM15：2）

米，底部比墓室底部高 0.25 米。

墓室右壁中央有一个壁龛，平面近似长方形，立面形状为长方形，面阔 0.25、进深 0.15、高 0.25 米。平顶，直壁，平底，底部距墓室底部 0.5 米。

台式灶台位于墓室右前角，靠近壁龛。平面形状近似长方形，长 0.6、宽 0.4~0.5、高 0.25 米。单眼灶，灶眼为圆形，直径约 0.25 米，后部有窄长烟道。灶门门梁缺失，朝向后端，与墓室中轴线平行。

墓道后端中央有一排水沟，长条状，残长 0.75、最宽 0.1、最深 0.05 米。

不见任何装饰、葬具以及墓主人骨骼。

墓道侧壁有较粗的斜向平行线状凿痕和较大的圆点状凿痕，墓室、侧室的壁面以及顶部保存有较大的圆点状凿痕。

随葬品均因为盗扰破碎且脱离原始位置，可辨 1 件陶盆、2 件陶瓮、6 件陶罐、2 件陶钵、1 只陶鸡以及陶房、塘模型各 1 件。

陶盆 HM15：3，仅存口、腹部，泥质灰褐陶。属 Ab 型，敞口，窄平折沿，方唇较厚，深斜腹。素面。口径 34.4、底径 24、残高 12.4 厘米（图 3-39，1）。

陶瓮 HM15：2，颈部残缺，泥质灰褐陶。高体，广圆肩，深斜腹，平底。腹部饰凸棱纹。口径 16、底径 21.6、高 40 厘米（图 3-39，3）。

陶钵 HM15：1，修复复原，泥质灰褐陶。属 A 型，直口微敛，尖圆唇，浅折腹，上腹微鼓，下腹斜收，平底微凸似假圈足。素面。口径 20、底径 11.2、高 7.6 厘米（图 3-39，2；图版 3-33，4）。

一六、HM16

被盗扰。位于墓群西区中部，西侧距 HM15 约 10 米，东侧距 HM17 约 10~25 米。墓道开口高度略低于 HM15，低于 HM17 约 2 米。

墓向 93°，与 HM15 大致平行，同 HM17 之间的夹角较大，超过 140°。

单室墓（甲 Bb 型），残长 12.7、宽 3.7 米（图 3-40）。

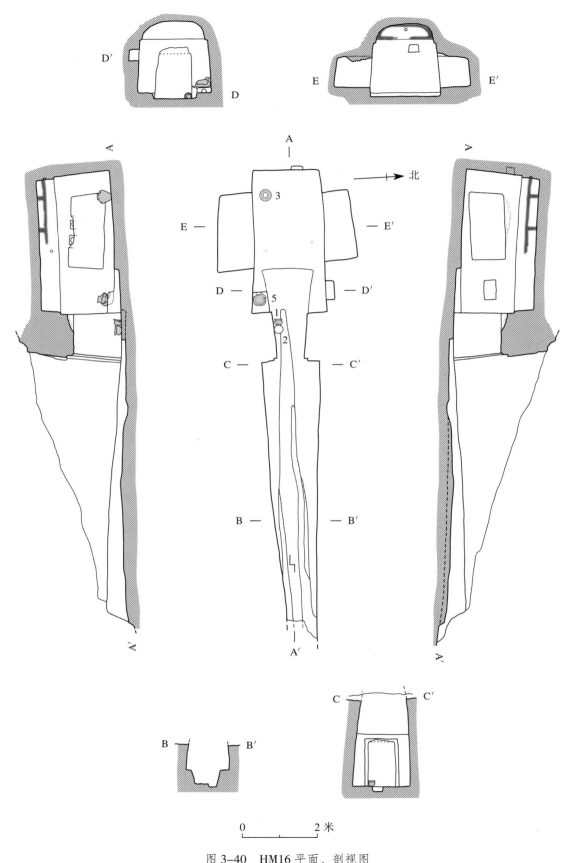

北

图 3-40 HM16 平面、剖视图

1、2、5.陶釜　3.陶瓮

墓道呈长条形，内宽外窄，残长 7.55、宽 0.85~1.55 米。底部凹凸不平，内低外高（图版 3-34，1）。

墓门近乎竖直，与墓道底部夹角近 80°，立面呈长方形，高 1.3、宽 0.85 米。双重门框，无门楣。

梯形甬道，进深 1.25、面阔 0.85~0.9、高 1.3 米。顶部平坦，直壁，底部近平，顶与底整体呈水平状，底部与墓道底部连为一体。

长方形墓室较短，外端略宽于内端，拱形顶近平，两侧斜弧略外敞，整体形似券顶，顶、壁转折明显，转折处有窄平檐，斜直壁，顶与底整体呈内高外低的倾斜状。底部较为平坦，近口部有一高约 0.1~0.2 米的"U"字形台阶。墓室进深 3.8、面阔 1.7~2、高 1.9~2.1 米（图版 3-34，2、3）。

两个侧室，分处墓室左、右两侧，平面和立面均近似长方形，近乎平顶，斜直壁，平底。左侧室有一立柱，残甚，面阔 2、进深 0.85~1、高 0.75~0.9 米，底部比墓室底部高 0.15~0.25 米。右侧室面阔 1.8、进深 0.65~0.9、高 0.65~0.85 米，底部比墓室底部高 0.15~0.3 米。

两个壁龛，分处墓室右前方和后壁偏右上方。平面和立面均近似长方形，直壁，平底。右壁龛，平顶，面阔 0.5、进深 0.25、高 0.35 米，底部距墓室底部 0.6 米。后壁龛，斜直顶，面阔 0.3、进深 0.2、高 0.2 米，底部距墓室底部 1.2 米。

台式灶台位于墓室左前角。平面形状近似梯形，长 0.55、宽 0.4~0.5、高 0.3 米。单眼灶，灶眼为圆形，直径约 0.2 米。灶门大致呈半圆形，高 0.1、宽 0.15 米，朝向后端，与墓室中轴线平行。

从甬道到墓道的中央有一长条状排水沟，越向外越宽越深，残长 8.5、最宽 0.8、最深 0.5 米。

在墓室后壁以及左、右两壁后部的上方均装饰黑彩，表示枋一类的屋架结构（图版 3-35，1、2、3）。左侧室口部中央立柱虽残，但在立柱上方还保存有丁头拱的残部（图版 3-35，4）。

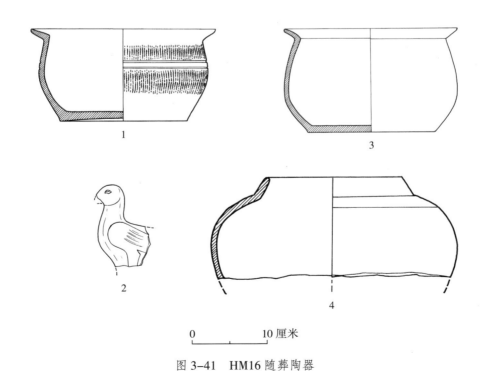

图 3-41 HM16 随葬陶器

1、3. 陶釜（HM16：1、HM16：2）　2. 陶鸡（HM16：4）　4. 陶瓮（HM16：3）

墓道侧壁有较粗的斜向平行线状凿痕和较大的圆点状凿痕，墓室壁面以及顶部保存有较大的圆点状凿痕，顶部接近两侧壁区域有较细的折线痕，已带有装饰的作用。墓室底部两侧中间、顶部左侧中央以及后壁上部中央均有小圆坑，或许是开凿崖墓的痕迹。

不见葬具以及墓主人骨骼。

在甬道靠近左壁处有 2 件陶釜（图版 3-36，1），在灶台上有 1 件残破夹砂红褐陶釜，可惜保存甚差（图版 3-36，2），墓室右后角区域有 1 件陶瓮，应该都是位于原位的随葬品。其余随葬品均因为盗扰破碎且脱离原始位置，从填土中辨别出 2 件陶釜、1 件陶拱手俑以及 2 只陶鸡。

陶釜　均修复复原。属 Ba 型，侈口，宽斜折沿，沿面微内凹，薄方唇，浅腹微鼓，平底微内凹。HM16：1，泥质灰褐陶。腹部饰旋断绳纹。口径 24.4、底径 16.8、高 12.4 厘米（图 3-41，1；图版 3-36，3）。HM16：2，夹砂红褐陶。素面。口径 22.8、底径 16.8、高 14 厘米（图 3-41，3；图版 3-36，4）。

陶瓮　HM16：3，原器较为完整，但可提取部分仅口肩部，泥质灰褐陶。属 Ab 型，方体，大敛口，方圆唇，矮敛领，圆肩较宽，斜腹。素面。口径 17.6、残高 13.6 厘米（图 3-41，4）。

陶鸡　HM16：4，尾部和腿部残缺，夹细砂红褐陶。属 B 型，体量较小，站立姿态，双脚合体塑造为一个空圆柱形。残长 7、残高 11 厘米（图 3-41，2）。

一七、HM17

被盗扰。位于墓群西区东部，西侧距 HM16 约 10~25 米，东距 HM18 约 10 米。墓道开口高度较高，高于 HM16 约 2 米，高于 HM18 超过 3 米。

墓向 335°，与 HM16 之间的夹角超过 140°，与 HM18 的夹角较小，不足 10°。

单室墓（甲 Ab 型），残长 12.75、宽 2.7 米（图 3-42）。

墓道呈长条形，中轴线方向与墓室中轴线方向有夹角，内宽外窄，残长 6.3、宽 0.75~1.25 米。底部近平，内外基本等高（图版 3-37，1）。

墓门斜立，与墓道底部夹角近 60°，立面呈长方形，门梁残缺，残高 1.2、宽 1 米。双重门框，无门楣。

梯形甬道，进深 1.7~1.8、面阔 0.8~1.1、残高 1.2 米。顶部残缺，直壁，底部近平且呈水平状，底部与墓道底部连为一体（图版 3-37，2）。

长方形墓室较长，大部分顶部坍塌，拱形顶弧度较大，顶、壁转折不甚明显，斜弧壁，顶与底整体呈内高外低的倾斜状。底部较为平坦，近口部有一高约 0.05 米的台阶。墓室进深 4.4、面阔 1.85、残高 1.7~1.85 米（图版 3-37，3、4）。

两个侧室，分处墓室左、右两侧，平面和立面均近似长方形，斜弧顶部分残缺，壁面形制不明，似为斜弧壁，平底。左侧室面阔 1.55、现进深 0.9、残高 0.1~0.3 米，底部比墓室底部高 0.4~0.45 米。右侧室面阔 1.65、现进深 0.9、残高 0.2~0.55 米，底部比墓室底部高 0.25~0.4 米。

复式灶台位于墓室右前角。平面形状近似长方形，长 0.9、宽 0.5、高 0.4~0.5 米。灶龛立面似为长方形，直壁，面阔 0.9、进深 0.25、残高 0.3 米。单眼灶，灶眼为圆形，直径约 0.35 米。灶门大致呈方形，高 0.2、宽 0.25 米，朝向左侧，与墓室中轴线垂直。

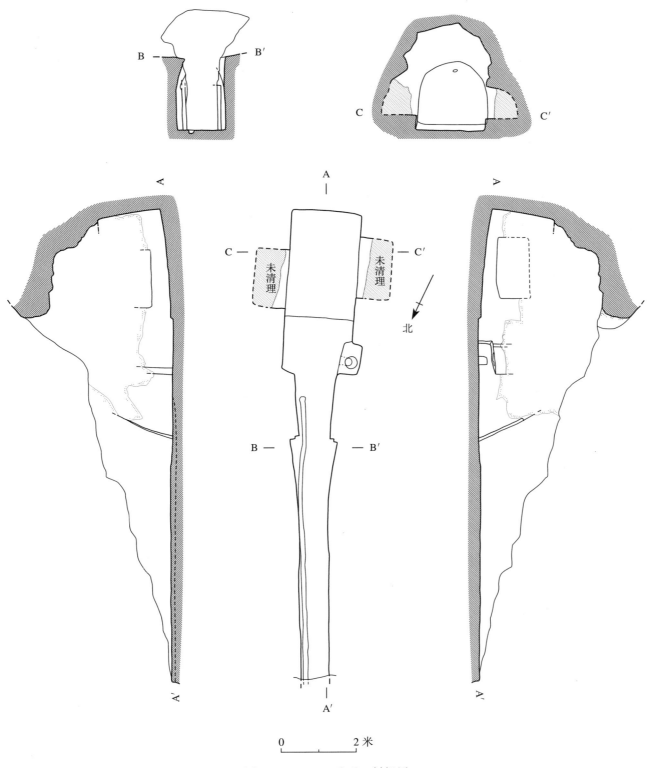

图 3-42　HM17 平面、剖视图

甬道与墓道靠近左侧壁处有一长条状排水沟，残长 7.65、最宽 0.15、最深 0.1 米。

不见任何装饰、葬具以及墓主人骨骼。

墓道侧壁有较粗的斜向平行线状凿痕，墓室壁面以及顶部保存有较大的圆点状凿痕。

随葬品均因为盗扰破碎且脱离原始位置，从已发掘的填土中辨识出陶盆和陶俑各 1 件。

一八、HM18

被盗扰。位于墓群西区东部，西距 HM17 约 10 米，东距 HM19 近 5 米。墓道开口高度与 HM19 相若，比 HM17 低超过 3 米。

墓向 327°，与 HM17 夹角小于 10°，与 HM19 夹角近 20°。

单室墓（甲 Ab 型），残长 13.65、宽 4 米（图 3-43）。

墓道呈长条形，内宽外窄，残长 6.4、宽 0.85~1.5 米。底部近平，内外等高呈水平状（图版 3-38，1）。

墓门近乎竖直，与墓道底部夹角近 80°，立面呈梯形，高 1.2、宽 0.9~1 米。单重门框，墓门上方约 1.3 米的墓壁向内收缩，形成简易门楣。墓门下部堆砌几块大石块，为残存封门（图版 3-38，2）。

梯形甬道，进深 1.35、面阔 1~1.15、高 1.3 米。顶部平坦，直壁，底部近平，顶与底整体呈水平状，底部与墓道底部连为一体。

长方形墓室较长，拱形顶近平，两侧斜弧略外敞，整体形似券顶，顶、壁转折明显，转折处有窄平檐，斜直壁，顶与底整体呈内高外低的倾斜状。底部较为平坦，近口部有一高约 0.1 米的台阶。墓室进深 4.7、面阔 2、高 2 米（图版 3-39，1、2）。

两个侧室，分处墓室左、右两侧，立面均近似梯形，斜直顶，斜弧壁，平底。左侧室平面近似长方形，面阔 1.65~2、进深 0.9~1、高 0.95 米，底部比墓室底部高 0.1~0.3 米。右侧室口部收缩，平面似袋状，面阔 1.25~2、进深 0.9~1、高 1 米，底部比墓室底部高 0.2 米。

墓室右前方有一个壁龛，平面近似长方形，面阔 0.7、进深 0.3、高 0.45 米。立面形状为长方形，平顶，直壁，平底，底部距墓室底部 0.45~0.5 米。

复式灶台位于墓室右前角，靠近壁龛，乃利用 "U" 字形台阶开凿而成。平面形状呈弧形，长 1.15、宽 0.25~0.5、高 0.35 米。灶龛立面近呈长方形，面阔 0.8、进深 0.15、高 0.95 米。单眼灶，灶眼为圆形，直径约 0.3 米。灶门大致呈半圆形，高 0.25、宽 0.25 米，朝向左侧，与墓室中轴线垂直。

甬道与墓道靠近左侧壁处有一长条状排水沟，残长 9.15、最宽 0.1、最深 0.2 米。

不见任何装饰、葬具以及墓主人骨骼。

墓道侧壁有较粗的斜向平行线状凿痕，墓室壁面以及顶部保存有较大的圆点状凿痕，靠后端的侧壁似经过精细处理，较为平整光滑。

随葬品均因为盗扰破碎且脱离原始位置，从填土出土陶片可辨 3 件盆、3 件俑头、1 只鸡、1 只子母鸡、3 只鸭以及房、井模型各 1 件。

陶盆　HM18：6，仅存口腹部，泥质灰褐陶。属 Ab 型，敞口，窄平折沿，方唇较厚，深斜腹。

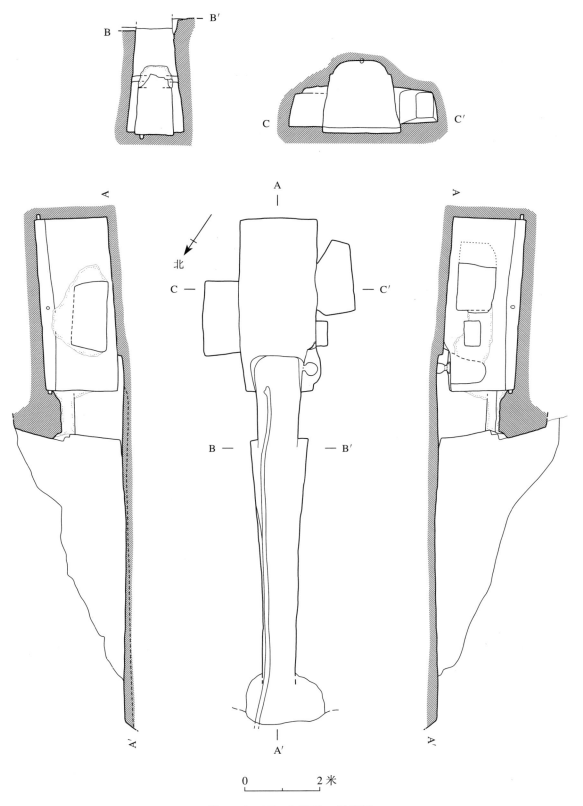

图 3-43　HM18 平面、剖视图

素面。口径32、残高6厘米（图3-44，1）。

陶俑头　均仅存头部，夹细砂红褐陶。HM18：1，属B型，头戴平巾帻。宽9.6、残高13厘米（图3-45，4；图版3-40，1）。HM18：3，属B型，头戴平巾帻，口部有长箫，似为吹箫俑头部。宽9.2、残高15.8厘米（图3-45，3；图版3-40，4）。HM18：7，属A型，头未戴冠，梳扇形双高髻。

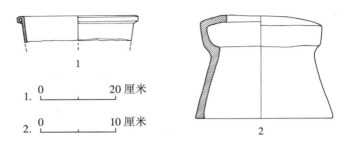

图3-44　HM18随葬陶器

1. 陶盆（HM18：6）　2. 陶井（HM18：8）

图3-45　HM18随葬陶俑

1、2. 陶鸭（HM18：2、HM18：5）　3、4、6. 陶俑头（HM18：3、HM18：1、HM18：7）　5. 陶鸡（HM18：4）

宽 12、残高 19.6 厘米（图 3-45，6；图版 3-40，5）。

陶鸡 HM18：4，尾部残缺，夹细砂红褐陶。属 B 型，体量较小，站立姿态，双脚合体塑造为一个空圆柱形。残长 12.4、宽 8.2、高 16.2 厘米（图 3-45，5）。

陶鸭 保存较好，夹细砂红褐陶。体量较小，整体形态与子母鸡较为相似。HM18：2，长 12、宽 6.6、高 9.4 厘米（图 3-45，1；图版 3-40，2）。HM18：5，长 11.6、宽 6.6、高 9.7 厘米（图 3-45，2）。

陶井 HM18：8，保存较为完好，夹细砂红褐陶。造型简单，整体形似圆柱形器座，敛口，方唇，上腹外鼓，下腹外撇。素面。口径 16、底径 18、高 14 厘米（图 3-44，2；图版 3-40，3）。

一九、HM19

被盗扰，后室塌陷严重，未发掘。位于墓群西区东部，西距 HM18 约 5 米。墓道开口高度与 HM18 相若。

墓向 348°，与 HM18 有近 20° 的夹角。

双室墓（乙 Bb 型），残长 15.85、宽 3.1 米（图 3-46）。

墓道呈长条形，内宽外窄，残长 5.75、宽 1.15~1.55 米。底部近平，内高外低（图版 3-41，1）。

墓门近乎竖直，与墓道底部夹角近 80°，立面呈梯形，高 1.05、宽 0.85~0.95 米。单重门框，无门楣。

近长方形甬道，进深 1.25、面阔 0.9~1、高 1 米。顶部平坦，直壁，底部近平，顶与底整体内高外低，底部与墓道底部之间有高 0.1 米的台阶。

两个墓室，平面呈短长方形墓室，拱形顶近平，两侧斜弧略外敞，整体形似券顶，顶、壁转折明显，转折处有窄平檐，斜直壁，顶与底整体呈内高外低的倾斜状，底部较为平坦。前室进深 3.45、面阔 1.85、高 1.95~2 米（图版 3-41，2、3），底近口部有一高约 0.1~0.25 米的台阶。后室现进深 2.8、宽 1.85、高 1.95 米，底近口部有一高 0.2~0.25 米的台阶。前、后室之间的甬道呈长方形，进深 0.75、面阔 1.05、高 1.15 米；顶部平坦，直壁，底部近平，顶与底整体内高外低，底部与前室底部之间有高 0.1 米的台阶。

三个侧室，分处前室和后室的左侧以及后室后部，左侧室平面和立面均近似圆角长方形，斜弧顶，斜弧壁，平底。左前侧室面阔 1.9、进深 0.95、高 0.85 米，底部比墓室底部高 0.2~0.35 米。后侧室平面近似长方形，立面似为梯形，其余情况不明。

前室右壁中部有一个壁龛，平面近似长方形，面阔 0.6~0.65、进深 0.3、高 0.35 米。立面形状为长方形，平顶，直壁，平底，底部距墓室底部 0.75 米。

复式灶台位于墓室右前角，靠近壁龛。平面形状近似长方形，长 0.8、宽 0.3~0.6、高 0.2~0.3 米。灶龛立面呈长方形，平顶，直壁，面阔 1.05、进深 0.1~0.2、高 0.7~0.85 米。单眼灶，灶眼为圆形，直径约 0.3 米。灶门大致呈半圆形，高 0.15、宽 0.15 米，朝向左侧，与墓室中轴线垂直。

甬道中前部至墓道的左侧有一条排水沟，窄长条状，在墓道内端向左侧偏转，残长 6.45、最宽 0.15、最深 0.1 米。

前室前壁上方、前室后壁上方保留有黑彩，似表现枋一类的屋架结构（图版 3-41，4）。

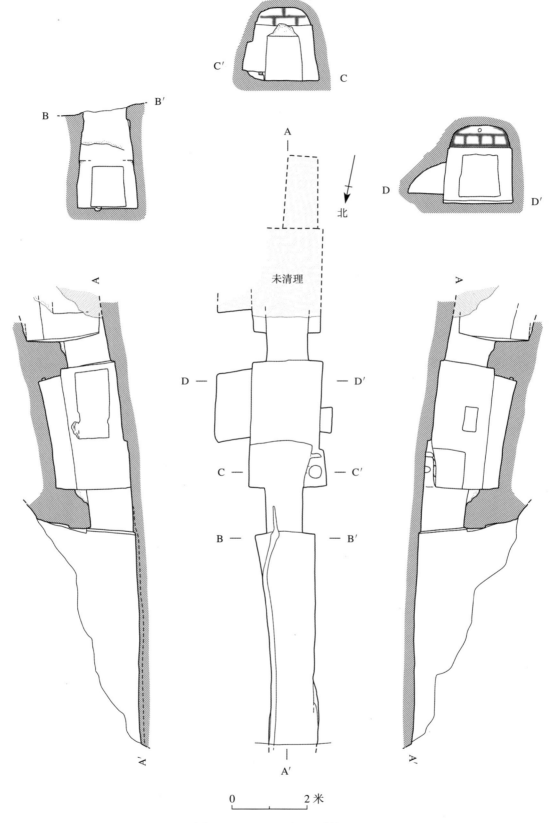

未清理

北

0   2米

图 3-46 HM19平面、剖视图

墓道侧壁有较粗的斜向平行线状凿痕，墓室侧壁和顶部处理较为光滑平整，侧室壁面以及顶部保存有较大的圆点状凿痕和斜向平行线状凿痕。前室后壁顶部中央有小圆坑，似属开凿痕迹。

不见葬具以及墓主人骨骼。

随葬品均因为盗扰破碎且脱离原始位置，从填土中辨认出1件陶罐、1件不明陶容器、4件陶拱手俑、1件陶俑头、1只陶狗、4只陶鸡、1件陶房模型以及2件不明用途的陶棒。

陶俑头 HM19：5，仅存头部，夹细砂红褐陶。属C型，头挽髻，装饰簪花，有双角及阔耳，口吐长舌，属于执蛇斧（钺）俑的头部。宽25、残高30.2厘米（图3-47，1；图版3-42，5）。

陶鸡 保存相对较好，夹细砂红褐陶。均为站立姿态。HM19：1，属A型，体量较大，双脚分开站立。残长17、宽10.2、高26.2厘米（图3-47，2；图版3-42，1）。HM19：2，属B型，体量较小，双脚合体塑造为一个空圆柱形。长7.5、宽5.2、高10.2厘米（图3-47，4；图版3-42，2）。HM19：3，属B型，体量较小，双脚合体塑造为一个空圆柱形。长5.7、宽5.3、高10.5厘米（图3-47，5；图版3-42，3）。

陶房 HM19：4，修复复原，夹砂红褐陶。属Bb型，造型较为简单，平面呈横长方形，面阔一间，截面呈窄长方形，进深甚浅，正面仿现实生活中的建筑，有屋顶、檐枋、瓦当、斗拱、立柱、栏板等。屋脊两端微翘，两侧各立半个一斗三升斗拱，正中有方形栏板。长48、厚13.6、面阔33.2、进深8、高38厘米（图3-47，3；图版3-42，4）。

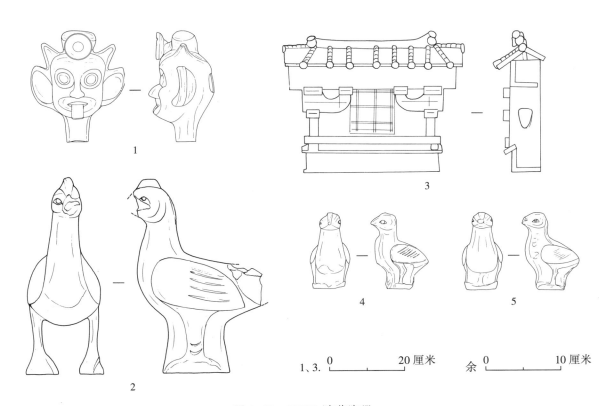

图 3-47 HM19 随葬陶器

1.陶俑头（HM19：5） 2、4、5.陶鸡（HM19：1、HM19：2、HM19：3） 3.陶房（HM19：4）

二〇、HM20

被盗扰。位于墓群东区西部，东侧紧邻 HM21。墓道开口高度与 HM21 相若而略低。

墓向 348°，与 HM21 略有夹角。

单室墓（甲 Ab 型），残长 12.5、宽 3.4 米（图 3-48）。

墓道呈长条形，内宽外窄，残长 7.3、宽 0.55~1.3 米。底部近平，内高外低（图版 3-43，1）。

墓门近乎竖直，与墓道底部夹角近 90°，立面近呈长方形，高 1.3、宽 0.7~0.8 米。单重门框，无门楣。

梯形甬道，进深 1.25、面阔 0.8~0.95、高 1.3 米。顶部平坦，内高外低，直壁，底部近平且近水平状，底部与墓道底部连为一体。

长方形墓室较长，拱形顶近平，两侧斜弧略外敞，整体形似券顶，顶、壁转折明显，转折处有窄平檐，斜直壁，顶与底整体近呈水平状，顶部中间下凹。底部较为平坦，中部有一高约 0.15 米的台阶。墓室进深 3.95、面阔 1.55~1.7、高 1.75~1.95 米（图版 3-43，2）。

两个侧室，分处墓室左、右两侧，斜弧顶，斜直壁，平底。左侧室平面与立面均近似长方形，口部中央有一截面呈圆形的立柱，残断；面阔 1.9、进深 0.9、高 0.85 米，底部比墓室底部高 0.25~0.4 米。右侧室平面呈袋状，口部明显收缩，立面呈长方形，面阔 1.35~1.9、进深 0.85、高 0.85 米，底部比墓室底部高 0.2~0.3 米。

墓室右前方有一个壁龛，平面近似长方形，立面形状为长方形，面阔 0.5、进深 0.25、高 0.3 米。平顶，直壁，平底，底部距墓室底部 0.95 米。

台式灶台位于墓室左前角。平面形状近似长方形，长 0.55、宽 0.35、高 0.3 米。单眼灶，灶眼为圆形，直径约 0.2 米。灶门大致呈半圆形，高 0.15、宽 0.15 米，朝向后端，与墓室中轴线平行。

靠近墓道中央有一条排水沟，近呈长条形，中部略有弯曲。残长 7.45、最宽 0.1、最深 0.15 米。

不见任何装饰、葬具以及墓主人骨骼。

墓道侧壁有较粗的斜向平行线状凿痕，墓道后壁、墓室壁面以及侧室壁面均保存有较大的圆点状凿痕。墓室后部中央底部以及右壁后上方各有一小圆坑，或许属于开凿崖墓遗留痕迹。

墓室右前角出土 1 件陶罐，右侧室内出土 1 件陶舞俑，二者似未经扰动。其余随葬品均因为盗扰破碎且脱离原始位置，可辨器类包括 1 件陶甑、1 件陶罐、1 件陶执蛇斧（钺）俑、1 件陶塘模型以及 1 件不辨器类的陶质模型明器。

陶甑　HM20：3，仅存口部和底部，泥质灰褐陶。敞口，窄平折沿，厚方唇，深斜腹，平底，底部有 6 个呈梅花状分布的圆形甑孔。素面。口径 32、底径 16、残高 14 厘米（图 3-49，2）。

陶罐　HM20：1，保存较好，夹细砂泥质灰褐陶。属 Aa 型，高体，侈口，卷沿，圆唇，矮束领外侈，圆肩，深斜腹，平底。肩部饰一道旋纹。口径 10、底径 9.2、高 20.4 厘米（图 3-49，1；图版 3-43，3）。

陶舞俑　HM20：2，头部和左腿缺失，夹细砂红褐陶。体量较大，女性，站立姿态，略有扭曲，

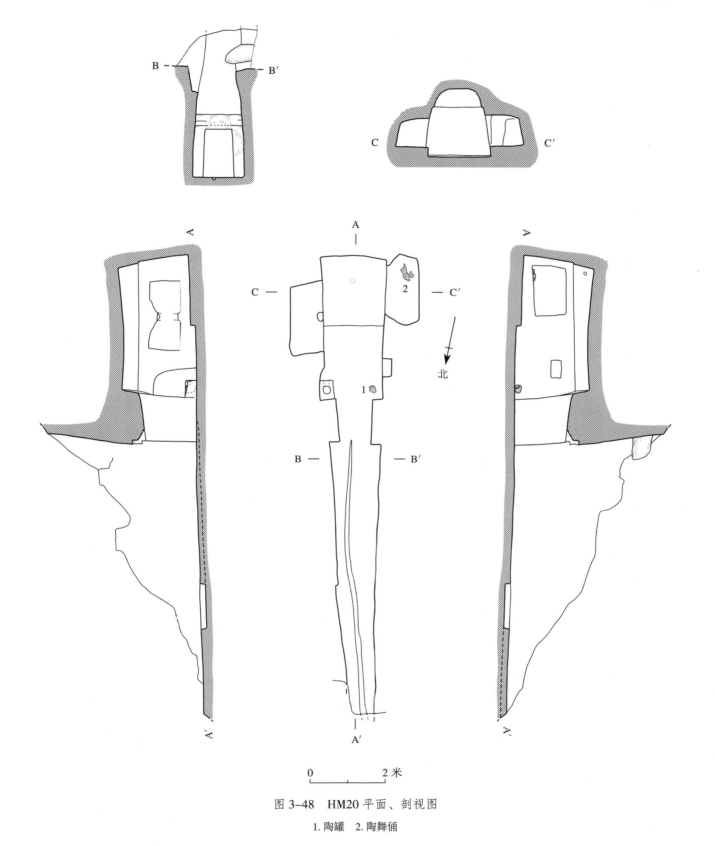

图 3-48　HM20 平面、剖视图

1. 陶罐　2. 陶舞俑

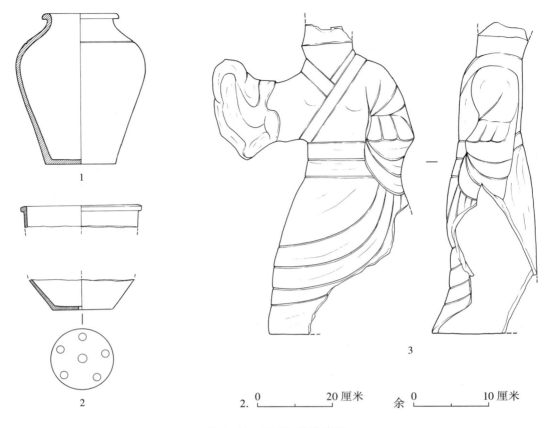

图 3-49　HM20 随葬陶器

1. 陶罐（HM20：1）　2. 陶甑（HM20：3）　3. 陶舞俑（HM20：2）

呈跳舞状态。身着右衽触地深衣，右臂向侧前方伸出，左臂微屈于腰部左侧，左手隐于长袖之中。宽 26.6、残高 42.2 厘米（图 3-49，3；图版 3-43，4）。

二一、HM21

被盗扰。位于墓群东区西部，西侧紧邻 HM20，东侧距 HM22 将近 10 米。墓道开口高度与 HM20 相若而略高，比 HM22 墓道开口高出 2 米左右。

墓向 352°，与 HM20 略有夹角，与 HM22 大致平行。

单室墓（甲 Ac 型），残长 12.8、宽 3.45 米（图 3-50）。

墓道呈长条形，内宽外窄，残长 5.15、宽 0.85~1.45 米。底部近平，内外基本等高（图版 3-44，1）。

墓门近乎竖直，与墓道底部夹角近 90°，立面呈长方形，高 1.35、宽 0.9~0.95 米。双重门框，无门楣。

近长方形甬道，进深 1.15、面阔 0.75~0.8、高 1.25~1.4 米。顶部平坦，内高外低，直壁，底部近平且呈水平状，底部与墓道底部之间有近 0.1 米的台阶。

长方形墓室较长，拱形顶近平，两侧斜弧略外敞，整体形似券顶，顶、壁转折明显，转折处有窄平檐，斜直壁，顶与底整体呈内高外低的倾斜状。底部较为平坦，前部有一高约 0.15 米的台阶。墓室

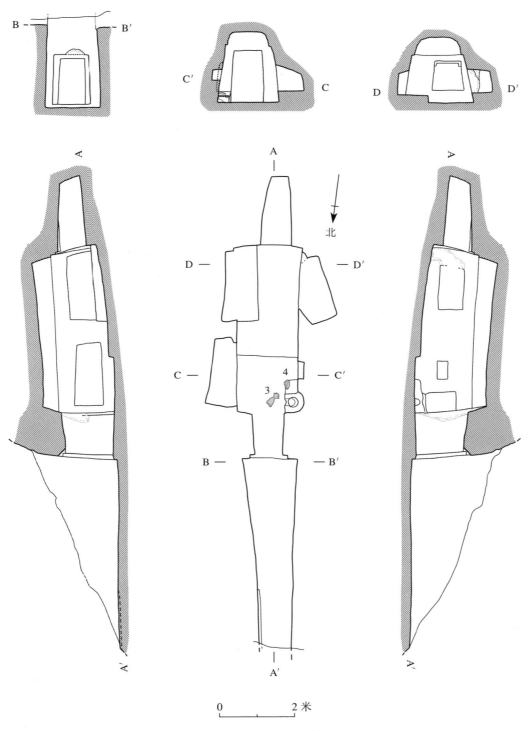

图 3-50　HM21 平面、剖视图

3.陶执蛇斧（钺）俑　4.陶俑头

进深 4.55、面阔 1.65、高 1.75~1.9 米（图版 3-44，2、3）。

四个侧室，分处墓室左、右两侧和后部，立面多近似长方形，均为斜直顶，斜直壁，平底。左前侧室平面近似袋状长方形，口部略有收缩，面阔 1.65~1.8、进深 0.6~0.85、高 0.65~0.75 米，底部比墓室底部高 0.3 米。左后侧室平面近似长方形，左侧由墓室左壁向外侧开凿而成，右侧则借用了墓室左后方部分区域，抬高形成棺床；面阔 1.9~2、进深 0.85~0.95、高 0.65~0.7 米，底部比墓室底部高 0.15~0.25 米，棺床高 0.15~0.3 米。右侧室平面近似长方形，开凿方向朝向墓室右外侧，面阔 1.2~1.8、进深 0.5~0.95、高 0.65 米，底部比墓室底部高 0.25~0.35 米。后侧室立面呈梯形，面阔 0.45~0.8、进深 1.9、高 0.55~0.7 米，底部比墓室底部高 0.35 米。

墓室右前方有一个壁龛，平面近似长方形，立面形状为长方形，面阔 0.5、进深 0.15、高 0.3 米。斜直顶，直壁，平底，底部距墓室底部 0.6 米。

复式灶台位于墓室右前角，靠近壁龛。灶台平面形状近似长方形，长 0.9、宽 0.3~0.5、高 0.25 米。灶龛平面近似半圆形，平顶，直壁，面阔 0.5、进深 0.15、高 0.85 米。单眼灶，灶眼为圆形，直径约 0.25 米，偏于灶台靠近灶龛一侧。灶门大致呈半圆形，高 0.15、宽 0.15 米，朝向左侧，与墓室中轴线垂直。

靠外端墓道的左侧残留一段呈长条状的排水沟，残长 1.5、最宽 0.1、最深 0.1 米。

不见任何装饰、葬具以及墓主人骨骼。

墓道侧壁有较粗的斜向平行线状凿痕，墓道后壁、墓室壁面以及侧室壁面均保存有较大的圆点状凿痕。

除了靠近灶台的 1 件陶执蛇斧（钺）俑和 1 件陶俑头似位于原位之外，其余随葬品均因为盗扰破碎且脱离原始位置，仅从碎片中辨认出 1 件陶釜、1 件陶瓮、3 件陶罐、1 件陶钵、1 件陶吹箫俑、3 件陶拱手俑和 2 件陶房模型。

陶釜　HM21:1，仅存口部，泥质灰褐陶。侈口，宽斜折沿，沿面微内凹，薄方唇。素面。残高 4.4 厘米（图 3-51，4）。

陶瓮　HM21:2，仅存口肩部，泥质灰褐陶。属 Ba 型，宽扁体，大侈口，卷沿，方圆唇，无领，窄肩近折。素面。残高 3.6 厘米（图 3-51，5）。

陶钵　HM21:5，保存较好，泥质灰褐陶。属 B 型，直口微敛，尖圆唇，浅弧腹，上腹微鼓，下腹斜收，平底微凸似假圈足。素面。口径 12.8、底径 6、高 5.4 厘米（图 3-51，6；图版 3-45，3）。

陶执蛇斧（钺）俑　HM21:3，保存较好，夹细砂灰褐陶。体量较大，站立姿态。头挽髻，有双角，圆形阔耳，面目狰狞，怒目张嘴，口吐长舌，长及胸腹部，身穿右衽短袖深衣，右手执斧（钺），左手执蛇。宽 20、高 70.3 厘米（图 3-51，3；图版 3-45，1）。

陶俑头　HM21:4，仅存头部，夹细砂红褐陶。属 A 型，头未戴冠，梳扇形双高髻。宽 8.6、残高 20 厘米（图 3-51，2；图版 3-45，2）。

陶房　HM21:6，拼对复原，夹砂灰褐陶。属 A 型，造型较为简单，平面呈横长方形，面阔一间，截面呈窄长方形，进深甚浅，正面仿现实生活中的建筑，有屋顶、檐枋、瓦当、斗拱、立柱、栏板等，平脊，正中立斗拱，两侧有立柱。长 55.7、厚 11.6、面阔 43、进深 8、高 35.2 厘米（图 3-51，1；图版 3-45，4）。

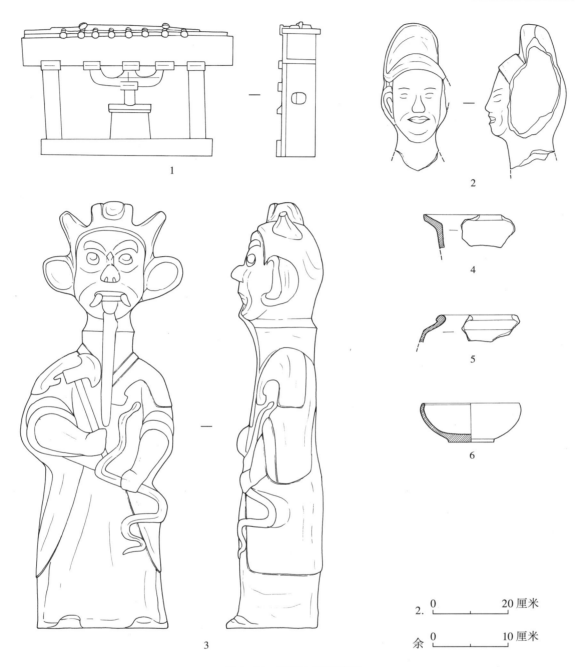

图 3-51 HM21 随葬陶器

1.陶房（HM21：6） 2.陶俑头（HM21：4） 3.陶执蛇斧（钺）俑（HM21：3） 4.陶釜（HM21：1） 5.陶瓮（HM21：2）

6.陶钵（HM21：5）

二二、HM22

被盗扰。位于墓群东区中部，西侧距 HM21 约 10 米，东侧紧邻 HM23。墓道开口高度与 HM23 相若，比 HM21 墓道开口低近 2 米。

墓向 348°，与 HM21 和 HM23 大致平行。

单室墓（甲 Ac 型），残长 16.5、宽 3.65 米（图 3-52）。

墓道呈长条形，内宽外窄，残长 8.1、宽 0.9~1.35 米。底部近平，内高外低（图版 3-46，1）。

墓门近乎竖直，与墓道底部夹角近 90°，立面呈长方形，高 1.35、宽 0.9~0.95 米。单重门框，墓门上方约 0.15 米的墓壁外扩约 0.2 米，形成简易门楣。墓门处填土有较多大块岩石，与山体岩石一致，或为封门遗留。

近长方形甬道，进深 1.25、面阔 1、高 1.35~1.45 米。顶部平坦，直壁，底部近平，顶与底整体近水平状，底部与墓道底部连为一体。

长方形墓室较长，拱形顶，弧度较小，顶、壁转折明显，转折处有窄平檐，斜直壁，顶与底整体呈内高外低的倾斜状。底部较为平坦，前部有一高约 0.15 米的台阶。墓室进深 5.2、面阔 1.8、高 1.95~2.05米（图版 3-46，2；图版 3-47，1）。

四个侧室，分处墓室左、右两侧和后部，除了后侧室之外，其余侧室立面均呈长方形，斜弧顶，斜弧壁，平底。左侧室平面呈长方形，面阔 1.9、进深 0.9、高 0.8 米，底部比墓室底部高 0.3~0.4 米。右前侧室平面呈袋状，口部收缩，面阔 1.25~1.9、进深 0.9、高 0.9 米，底部比墓室底部高 0.4 米。右后侧室呈袋状长方形，面阔 1.45~1.9、进深 0.75~0.85、高 0.85 米，底部比墓室底部高 0.3 米。后侧室平面呈长方形，立面大致呈方形，弧形顶，直壁，平底；面阔 0.8~0.95、进深 1.95、高 0.7~0.95 米，底部比墓室底部高 0.3 米（图版 3-47，2）。

墓室左前方有一个壁龛，平面近似长方形，立面形状为长方形，面阔 0.6、进深 0.3、高 0.4 米。斜直顶，直壁，平底，底部距墓室底部 0.8 米。

台式灶台位于墓室左前角，靠近壁龛。平面形状近似长方形，长 0.45、宽 0.4、高 0.35 米。单眼灶，灶眼为圆形，直径约 0.25 米。灶门大致呈半圆形，高 0.2、宽 0.2 米，朝向后端，与墓室中轴线平行。

甬道与墓室右侧靠近侧壁处有一条排水沟，长条状，残长 9.25、最宽 0.1、最深 0.15 米。靠近墓道内端处残存部分成片覆盖的残碎板瓦。

墓室顶部、墓室左后壁、墓室右后壁和墓室后壁上方均有黑色彩绘，内容均为枋一类的屋架结构（图版 3-48，1、2）。墓室顶部中央浮雕一垂瓜藻井，垂瓜分十棱，底部正中有一小孔（图版 3-48，3）。

墓道侧壁以及侧室壁面有较粗的斜向平行线状凿痕，墓室壁面以及顶部保存有较大的圆点状凿痕。墓室左侧壁上方中央有一小圆孔，似属开凿遗留痕迹。

不见葬具以及墓主人骨骼。

墓室右侧前方靠近台阶处出土 1 件陶吹箫俑，靠后壁处出土陶俑头、陶鸡和陶鸭各 1 件，似未经扰乱。其余随葬品均因为盗扰破碎且脱离原始位置，从碎片中辨认出 1 件陶瓮、1 件陶罐、3 件不辨器类陶容器、1 件陶拱手俑、1 只陶狗、1 只陶鸡、1 只陶子母鸡、1 件不明陶俑以及 1 件陶房模型。

陶瓮　HM22：6，拼对复原，泥质灰褐陶。属 Ab 型，方体，大敛口，方圆唇，矮敛领，圆肩较宽，深斜腹，平底。素面。口径 16、底径 13.6、高 22.6 厘米（图 3-53，1；图版 3-49，4）。

陶吹箫俑　HM22：5，保存较好，夹细砂红褐陶。体量较大，跽坐姿态，上身挺直。头戴平巾帻，身着右衽深衣，双膝外露，双手握竖箫，箫上端与口相触，作吹箫状。宽 20.8、高 40.2 厘米（图 3-53，

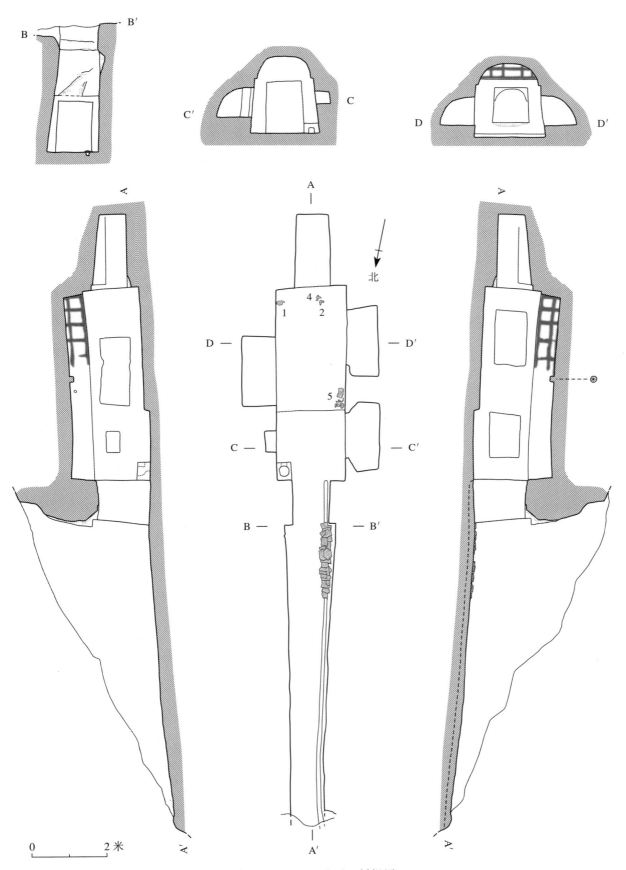

图 3-52　HM22平面、剖视图

1. 陶俑头　2. 陶鸭　4. 陶鸡　5. 陶吹箫俑

0　　　　2米

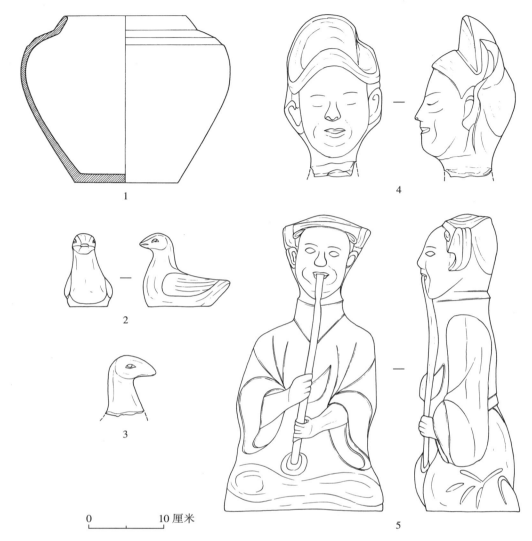

图 3-53　HM22 随葬陶器

1. 陶瓮（HM22：6）　2. 陶鸭（HM22：2）　3. 陶鸡（HM22：4）　4. 陶俑头（HM22：1）　5. 陶吹箫俑（HM22：5）

5；图版 3-49，2）。

陶俑头　HM22：1，仅存头部，夹细砂红褐陶。属 A 型，头未戴冠，梳扇形双高髻。宽 13、残高 21.8 厘米（图 3-53，4；图版 3-49，1）。

陶鸡　HM22：4，仅存头部，夹细砂红褐陶。体量较小，似属 B 型。残高 8.3 厘米（图 3-53，3）。

陶鸭　HM22：2，保存较好，夹细砂红褐陶。体量较小，趴卧状。长 12、宽 6.4、高 10 厘米（图 3-53，2；图版 3-49，3）。

二三、HM23

被盗扰。位于墓群东区中部，西侧紧邻 HM22，东距 HM24 约 5~10 米。墓道开口高度与 HM22 相若，比 HM24 墓道开口高出 1 米左右。

墓向 343°，与 HM22 大致平行，与 HM24 夹角近 40°。

单室墓（甲 Bc 型），残长 13、宽 2.55 米（图 3-54）。

墓道呈长条形，中轴线与墓室中轴线有一定偏差，内宽外窄，残长 6.9、宽 0.8~1.4 米。底部近平，内高外低（图版 3-50，1）。

墓门近乎竖直，与墓道底部夹角近 90°，立面呈长方形，高 1.25、宽 0.9~1 米。双重门框，无门楣。

长方形甬道，进深 0.75、面阔 0.7~0.8、高 1.1 米。顶部有部分坍塌，较为平坦，直壁，底部近平，顶与底均近似水平状，底部与墓道底部连为一体。

长方形墓室较短，拱形顶中部略有坍塌，弧度较大，两侧斜弧略外敞，整体形似券顶，顶、壁转折明显，转折处有窄平檐，斜直壁，顶与底整体呈内高外低的倾斜状。底部较为平坦，近中部有一高约 0.1 米的台阶。墓室进深 3.1、面阔 1.65、高 1.75~1.85 米（图版 3-50，2、3）。

两个侧室，分处墓室右侧和后部。右侧室平面与立面近长方形，斜弧顶，斜直壁，平底。面阔 1.75~1.8、进深 0.85、高 0.75~0.85 米，底部比墓室底部高 0.15~0.35 米。后侧室平面近似长方形，斜直顶，斜直壁，平底，立面近似梯形。面阔 0.85~0.95、进深 1.9、高 0.55~1 米，底部比墓室底部高 0.2 米。

墓室左前方有一个壁龛，平面近似长方形，立面形状为长方形，面阔 0.55、进深 0.25、高 0.35 米。斜直顶，直壁，平底，底部距墓室底部 0.75 米。

复式灶台位于墓室左前角，靠近壁龛。灶台平面形状近似长方形，长 0.65、宽 0.4、高 0.25 米。灶龛立面大致呈长方形，平顶，直壁，面阔 0.6、进深 0.15、高 0.7 米。单眼灶，灶眼为圆形，直径约 0.25 米。灶门大致呈半圆形，高 0.25、宽 0.3 米，朝向后端，与墓室中轴线平行。

不见任何排水设施、装饰、葬具以及墓主人骨骼。

墓道侧壁有较粗的斜向平行线状凿痕，墓室壁面以及顶部保存有较大的圆点状凿痕。墓室底部右侧、左壁上方以及后壁上方中央有若干小圆坑，应是开凿崖墓保留的痕迹。

随葬品均因为盗扰破碎且脱离原始位置，从填土陶片中辨识出 1 件甑、1 件罐、2 件不明容器、2 件拱手俑、1 件执蛇斧（钺）俑、1 件俑头、4 只鸡、1 只子母鸡以及陶房、陶塘模型各 1 件，此外还出土 5 枚铜钱（图版 3-51，1）。

陶甑　HM23：5，仅存腹底部，泥质灰褐陶。深斜腹，平底，底部有圆形甑孔。素面。底径 18.4、残高 11.6 厘米（图 3-55，4）。

陶罐　HM23：4，腹部缺失，泥质灰陶。属 D 型，高体，侈口，卷沿，方唇上翻，矮束领，圆肩，深斜腹，平底，肩部有双竖耳。素面。口径 10、底径 10.4、残高 19 厘米（图 3-55，2）。

陶俑头　HM23：2，仅存头部，夹细砂红褐陶。属 A 型，头未戴冠，梳扇形双高髻。宽 10、残高 18 厘米（图 3-55，3；图版 3-51，2）。

陶子母鸡　HM23：3，尾部残缺，夹细砂红褐陶。体量较小，母鸡趴卧状，背部有一只小鸡。残长 14.6、宽 14.2、高 14.4 厘米（图 3-55，1；图版 3-51，3）。

铜钱　多为无文钱，圆形方穿，小而薄，无郭（图版 3-51，1）。HM23：1-1，直径 2.2、穿径 1 厘米，重 1.38 克（图 3-56，1）。HM23：1-2，B 型五铢钱，圆形方穿，小而薄，无郭，一面铸刻"五铢"二字。

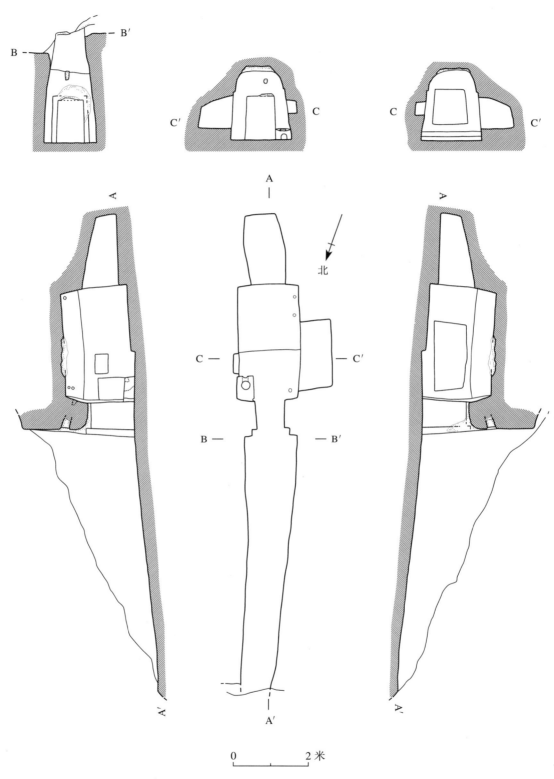

图 3-54 HM23 平面、剖视图

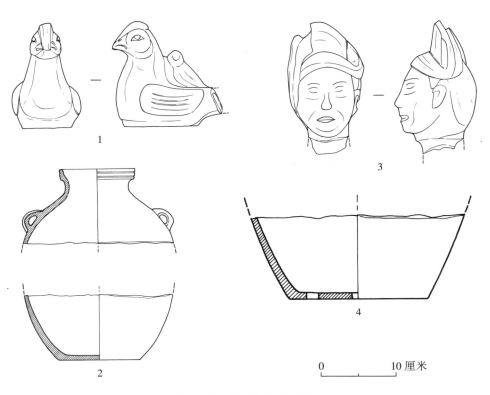

图 3-55 HM23 随葬陶器

1. 陶子母鸡（HM23：3） 2. 陶罐（HM23：4） 3. 陶俑头（HM23：2） 4. 陶甑（HM23：5）

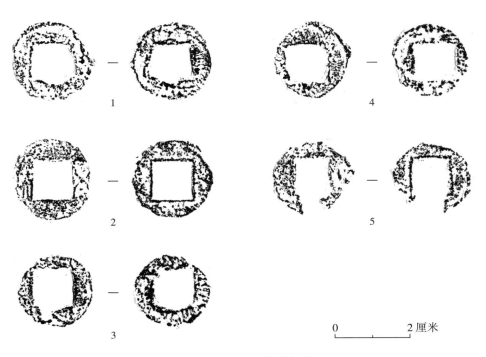

图 3-56 HM23 随葬铜钱

1. HM23：1-1 2. HM23：1-2 3. HM23：1-3 4. HM23：1-4 5. HM23：1-5

直径 2.15、穿径 1 厘米，重 1.32 克（图 3-56，2）。HM23：1-3，直径 1.9、穿径 1 厘米，重 0.8 克（图 3-56，3）。HM23：1-4，直径 2、穿径 1 厘米，重 1.24 克（图 3-56，4）。HM23：1-5，部分残缺，直径 2.1、穿径 0.9 厘米，重 0.89 克（图 3-56，5）。

二四、HM24

被盗扰。位于墓群东区东部，西距 HM23 约 5~10 米。墓道开口比 HM23 低约 1 米。

墓向 305°，与 HM23 的夹角将近 40°。

单室墓（甲 Ac 型），残长 14.6、宽 3 米（图 3-57）。

墓道呈长条形，内宽外窄，残长 7.15、宽 0.85~1.15 米。底部近平，内外基本等高（图版 3-52，1）。

墓门斜立近直，与墓道底部夹角近 80°，立面呈梯形，高 1.1、宽 0.7~0.85 米。单重门框，无门楣。

近长方形甬道，进深 1.2、面阔 0.85、高 1.1 米。顶部平坦，直壁，底部近平，顶与底整体基本呈水平状，底部与墓道底部连为一体。

长方形墓室较长，顶部局部坍塌，拱形顶近平，两侧斜弧略外敞，整体形似券顶，顶、壁转折明显，转折处有窄平檐，斜直壁，顶与底整体呈内高外低的倾斜状。底部较为平坦，近口部有一高约 0.1 米的台阶。墓室进深 4.45、面阔 1.95、高 1.95~2.1 米（图版 3-52，2、3）。

两个侧室，分处墓室右侧和后部，平面均近似长方形，平底。右侧室立面呈长方形，斜弧顶，斜弧壁；面阔 1.8~1.9、进深 0.85~0.95、高 0.85~0.95 米，底部比墓室底部高 0.2~0.3 米。后侧室立面呈梯形，平顶，斜直壁；面阔 0.95、进深 1.8、高 0.85~0.95 米，底部比墓室底部高 0.25 米。

墓室左前方有一个壁龛，平面近似长方形，立面形状为长方形，面阔 0.65、进深 0.25、高 0.3 米。平顶，直壁，平底，底部距墓室底部 0.95 米。

台式灶台位于墓室左前角，靠近壁龛。平面形状近似长方形，长 0.75、宽 0.55、高 0.25 米。单眼灶，灶眼为圆形，直径约 0.3 米。灶门大致呈半圆形，门梁缺失，朝向右侧，与墓室中轴线垂直。

不见任何排水设施、葬具以及墓主人骨骼。

墓室后壁后侧室两侧半浮雕两根立柱，立柱上方雕刻丁头拱，再其上则雕刻檐椽等屋架结构（图版 3-52，4）。

墓道侧壁有较粗的斜向平行线状凿痕，墓室和侧室壁面保存有较大的圆点状凿痕，墓室顶部处理较为光滑，保留有较细的折线痕，似带装饰作用。

随葬品均因为盗扰破碎且脱离原始位置，从填土陶片中仅分辨出 1 件盆、1 件罐、1 件拱手俑、2 件不明俑以及 1 件陶房模型（图版 3-53，1）。

陶罐　HM24：1，拼对复原，夹细砂泥质灰褐陶。属 Aa 型，高体，侈口，卷沿，圆唇，矮束领外侈，圆肩，深斜腹，平底。肩部饰一道旋纹。口径 10、底径 9.2、高 20.2 厘米（图 3-58，1；图版 3-53，2）。

陶房　HM24：2，拼对复原，夹砂红褐陶。属 A 型，造型较为简单，平面呈横长方形，面阔一间，截面呈窄长方形，进深甚浅，正面仿现实生活中的建筑，有屋顶、檐枋、瓦当、斗拱、立柱、栏板等，

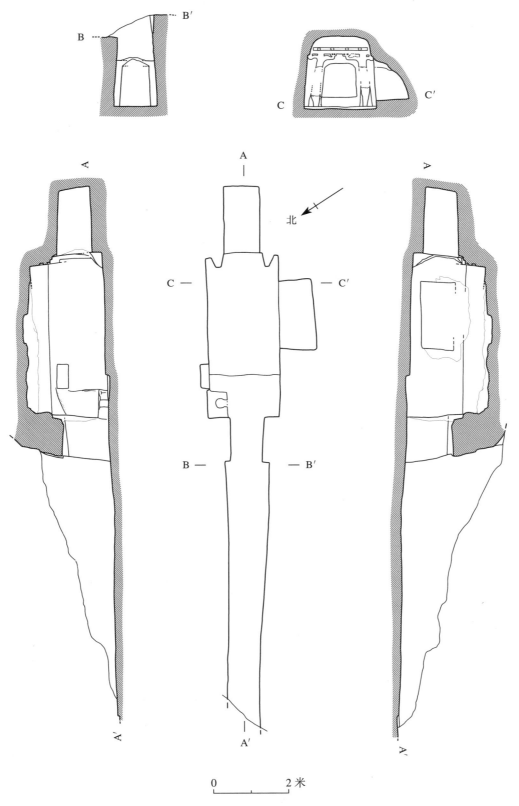

图 3-57 HM24 平面、剖视图

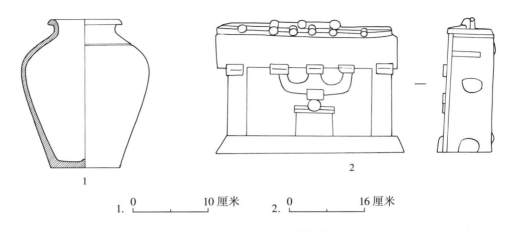

图 3-58 HM24 随葬陶器

1. 陶罐（HM24：1）   2. 陶房（HM24：2）

平脊，正中立斗拱，两侧有立柱。长 39.7、厚 12.4、面阔 34.8、进深 10、高 29 厘米（图 3-58，2；图版 3-53，3）。

二五、HM25

被盗扰。位于墓群西区中部，东、西两侧紧邻 HM15 和 HM14，与 HM14 存在打破关系。墓道开口高度与 HM15 相若，比 HM14 墓道开口略高，不足 1 米。

墓向 110°，与 HM15 的夹角将近 15°，与 HM14 之间夹角将近 60°。

单室墓（甲 Ab 型），残长 13、宽 3.8 米（图 3-59）。

墓道呈长条形，内宽外窄，残长 6.15、宽 0.95~1.25 米。底部平坦，内高外低（图版 3-54，1）。

墓门近乎竖直，与墓道底部夹角近 90°，立面呈梯形，高 1.2、宽 0.7~0.8 米。单重门框，无门楣。墓门外侧以青灰色条砖垒砌形成封门（图 3-60；图版 3-54，2）。

梯形甬道，进深 1.25、面阔 0.75~0.95、高 1.2~1.25 米。顶部部分坍塌，整体较为平坦，直壁，底部近平，顶与底整体内高外低，底部与墓道底部连为一体。

长方形墓室较长，顶部及部分侧壁坍塌，拱形顶近平，两侧斜弧略外敞，整体形似券顶，顶、壁转折明显，转折处有窄平檐，斜直壁，顶与底整体呈内高外低的倾斜状。底部较为平坦，近口部有一高约 0.15~0.2 米的 "U" 字形台阶。墓室进深 5.7、面阔 1.85、高 1.95~2 米（图版 3-55，1、2）。

三个侧室，分处墓室左、右两侧，平面和立面均近似长方形，斜弧顶，斜弧壁，平底。左侧室面阔 1.9、进深 0.9~1、高 0.95 米，底部比墓室底部高 0.2~0.25 米。右前侧室面阔 2、进深 0.95、高 0.8~0.95 米，底部比墓室底部高 0.3 米。右后侧室面阔 1.85、进深 0.95、高 0.8 米，底部比墓室底部高 0.25 米。

墓室左前方有一个壁龛，平面近似长方形，立面形状为长方形，面阔 0.75、进深 0.3、高 0.25 米。平顶，直壁，平底，底部距墓室底部 0.85~0.9 米。

台式灶台位于墓室左前角，靠近壁龛，乃利用 "U" 字形台阶的左侧部分开凿而成。单眼灶，灶

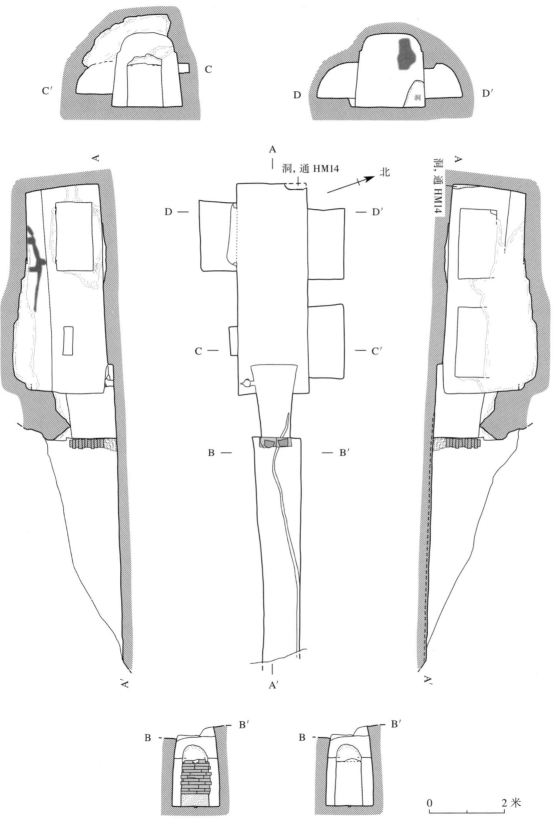

图 3-59 HM25平面、剖视图

0 ———————— 6 厘米

图 3-60　HM25 封门砖

眼为圆形，直径约 0.2 米，后部有窄长烟道。灶门大致呈半圆形，门梁缺失，朝向右侧，与墓室中轴线垂直。

甬道中前部和墓道内有一条排水沟，走向较为弯曲，甬道内偏右，出墓门左移至中央，向前则又回移至墓道右侧。残长 6.45、最宽 0.1、最深 0.05 米。

不见任何装饰、葬具以及墓主人骨骼。在墓室后壁偏右上方以及左壁上方分布有黑色痕迹，或许是残留的彩绘装饰。

墓道侧壁有较粗的斜向平行线状凿痕，墓室和侧室壁面保存有较大的圆点状凿痕，墓室顶部保留有较细的折线痕，似为装饰之用。

随葬品均因为盗扰破碎且脱离原始位置，从填土中分辨出 1 件陶釜、2 件陶盆、1 件陶瓮、6 件陶罐、3 件陶钵、1 件陶执镜俑、2 件陶俑头、1 只陶狗、4 只陶鸡、2 只陶鸭、1 件不明陶俑以及 5 枚铜钱。

陶盆　HM25：1，保存较好，泥质灰褐陶。属 B 型，侈口，窄平折沿，薄方唇，浅弧腹，平底。腹部饰旋断绳纹。口径 24.4、底径 13.6、高 9 厘米（图 3-61，6；图版 3-56，1）。

陶瓮　HM25：7，仅存口部和底部，泥质灰褐陶。方体，大敛口，方圆唇，矮敛领，平底。素面。口径 14、底径 14、残高 5.6 厘米（图 3-61，4）。

陶罐　HM25：2，保存较好，夹细砂泥质灰褐陶。属 Aa 型，高体，侈口，卷沿，圆唇，矮束领外侈，圆肩，深斜腹，平底。肩部饰一道旋纹。口径 9.2、底径 7.2、高 15 厘米（图 3-61，1；图版 3-57，1）。

陶钵　均为泥质灰褐陶。素面。HM25：5，仅存口、腹部。直口微敛，尖圆唇，浅腹，上腹微鼓。口径 18、残高 5 厘米（图 3-61，2）。HM25：9，保存较好。属 B 型，直口微敛，尖圆唇，浅弧腹，上腹微鼓，下腹斜收，平底微凸似假圈足。口径 22、底径 10、高 8.4 厘米（图 3-61，5；图版 3-56，2）。HM25：13，仅存底部。属 A 型，浅折腹，下腹斜收，平底微凸似假圈足。底径 9.6、残高 2.8 厘米（图 3-61，3）。

陶执镜俑　HM25：10，保存较好，夹细砂红褐陶。体量较大，跽坐姿态，上身挺直。梳扇形双高髻，身着右衽深衣，双膝外露，右手前置于右膝之上，左手屈于左胸前，执圆形镜。宽 22.4、高 48.2 厘米（图 3-62；图版 3-57，2）。

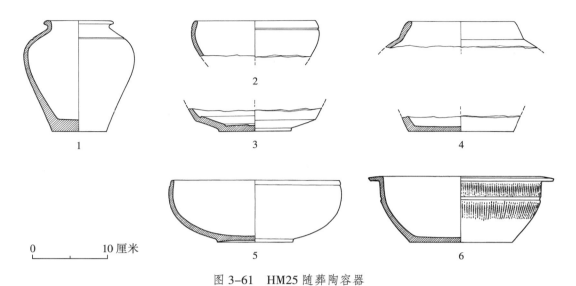

图 3-61 HM25 随葬陶容器

1.陶罐（HM25：2） 2、3、5.陶钵（HM25：5、HM25：13、HM25：9） 4.陶瓮（HM25：7） 6.陶盆（HM25：1）

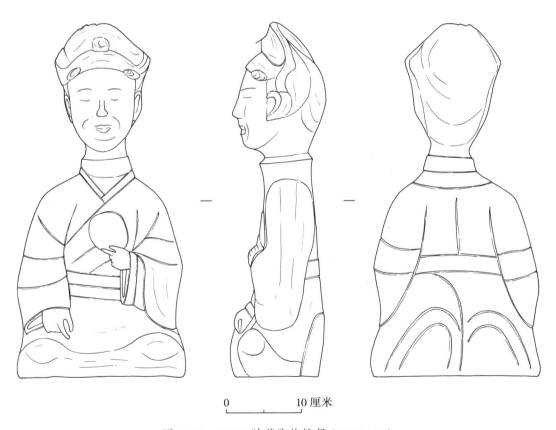

图 3-62 HM25 随葬陶执镜俑（HM25：10）

陶俑头 HM25：11，仅存头部，夹细砂红褐陶。属 A 型，头未戴冠，梳扇形双高髻。宽 12.6、残高 18.6 厘米（图 3-63，2；图版 3-57，3）。

陶鸡 均为夹细砂红褐陶。站立姿态。HM25：12，保存较好。属 B 型，体量较小，双脚合体塑

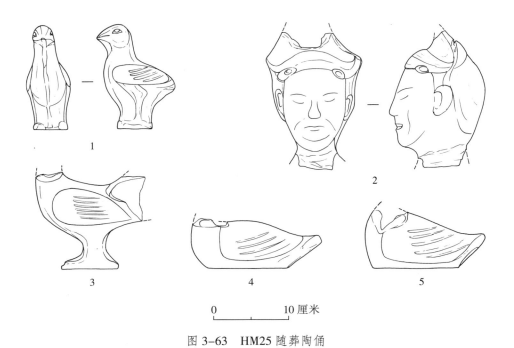

0   10 厘米

图 3-63 HM25 随葬陶俑

1、3. 陶鸡（HM25：12、HM25：15）   2. 陶俑头（HM25：11）   4、5. 陶鸭（HM25：16、HM25：14）

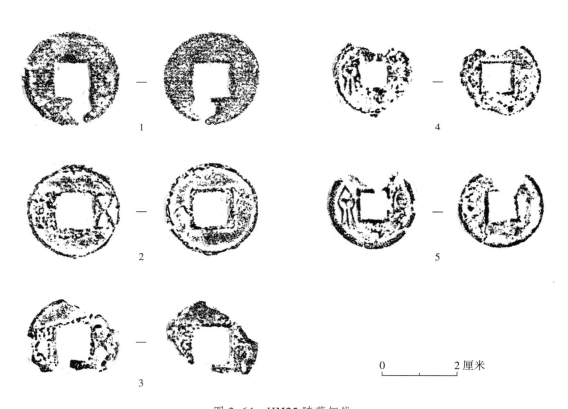

0   2 厘米

图 3-64 HM25 随葬铜钱

1. HM25：3   2. HM25：6-1   3. HM25：6-2   4. HM25：8-1   5. HM25：8-2

造为一个空圆柱形。长 10.2、宽 5.8、高 14.2 厘米（图 3-63，1；图版 3-57，4）。HM25：15，头及尾部残缺。属 A 型，体量较大，双脚分开站立。残长 14.8、残高 13 厘米（图 3-63，3）。

陶鸭　头部残缺，夹细砂红褐陶。体量较小，呈趴卧状。HM25：14，残长 15.8、残高 7.6 厘米（图 3-63，5）。HM25：16，残长 17.4、残高 5.4 厘米（图 3-63，4）。

铜钱　均为圆形方穿，有郭，较薄，一面铸刻文字。HM25：3，A 型五铢钱，略有残缺。直径 2.6、穿径 0.9 厘米，重 2.17 克（图 3-64，1；图版 3-56，4）。HM25：6-1，A 型五铢钱。直径 2.5、穿径 0.9 厘米，重 2.37 克（图 3-64，2；图版 3-56，3）。HM25：6-2，A 型五铢钱，残缺较甚。直径 2.4、穿径 1 厘米，重 0.75 克（图 3-64，3）。HM25：8-1，"货泉"钱，略有残缺。直径 2.1、穿径 0.8 厘米，重 1.13 克（图 3-64，4）。HM25：8-2，"货泉"钱，略有残缺。直径 2.4、穿径 0.9 厘米，重 1.27 克（图 3-64，5）。

第四章　岩洞梁子墓群

岩洞梁子墓群得名于崖墓群所在小山梁的小地名——岩洞梁子。本章主要对岩洞梁子墓群的基本情况和崖墓的形制特征、装饰内容、随葬品等进行详细介绍。

第一节　墓葬分布

岩洞梁子墓群共发现墓葬 19 座（见附表一），分为南、北两区，二者以小山坳为界，均顺着东面山坡分布（图 4-1；图版 4-1~4-4）。北区分布 11 座墓葬，即 YM1 至 YM11；南区分布 8 座墓葬，即 YM12 至 YM19。

根据彼此相互靠近程度、墓葬开凿高度的显著区别以及墓葬方向，可以大致将 19 座墓葬分为八组：YM1 至 YM4 为第一组，YM7、YM8 为第二组，YM5 为第三组，YM9、YM10 为第四组，YM6 为第五组，YM11 为第六组，YM12、YM13 和 YM14 为第七组，YM15 至 YM19 为第八组。

所有墓葬分布有序，只有 YM2 和 YM3、YM5 和 YM9 之间存在打破关系。除了 YM4、YM5、YM6 与分布其间的 YM7、YM8、YM9、YM10 以及 YM11 能看出较为明显的开凿时间先后关系之外，其余墓葬之间均存在一定的间隔，似事先经过有意的规划。同属一组的墓葬，开凿高度总体上一致，只有第一组的 YM1 开凿高度高于同组的另外三座崖墓。

墓葬的开凿方向均垂直于山体走势，有助于为开凿墓室提供足够的高度与空间。

第二节　墓葬综述

以下从保存状况、墓向、形制、装饰、开凿方法、葬具、随葬品等七个方面对岩洞梁子墓群 19 座墓葬进行综合介绍。

一、保存状况

所有崖墓因为自然和人为的原因，保存均较差（图版 4-5），主要表现在：

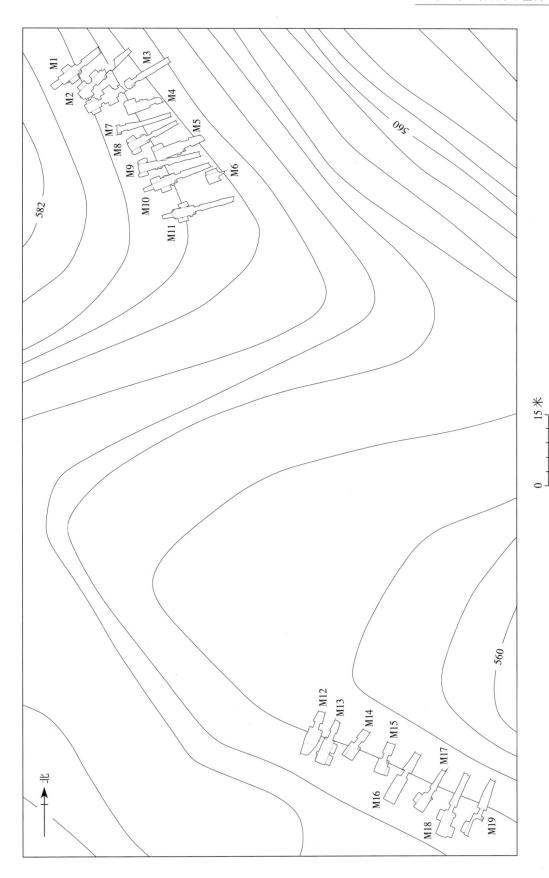

图 4-1　岩洞梁子墓群平面分布图

其一，由于年代久远，且岩体较为松软，岩石本身存在的纹理缝隙不断扩大，加之开凿的崖墓顶部岩体较薄，导致崖墓顶部和侧壁垮塌较为严重。再加上岩洞梁子早年农田改造和平整土地，更是破坏了多数崖墓，因此多数墓葬的整个顶部全部不存，如 YM2、YM4。

其二，崖墓所在岩体距地表较浅，且所在地区的气候适宜深根系植物的生长，因此岩洞梁子墓群的所有崖墓都受到植物生长的影响。在紧挨墓壁的部位分布着大量植物根系，对崖墓构造造成了较大的破坏，而且多数根系沿着岩体自然纹理生长，也扩张了岩体裂缝，加速了岩体垮塌进程。

其三，崖墓被盗扰在文献中即有记载，岩洞梁子墓群被盗亦属正常，所有墓葬无一幸免。在发掘之前地表已经暴露出在墓门处经盗扰塌陷形成的孔洞，部分墓葬的盗洞从旁边崖墓的墓室打入，墓室内部堆满被盗后从外部落入的填土，所有随葬品被严重扰乱且破损严重，几乎无完整器，只有少数位于角落者幸免，不见墓主人骨骼和完整葬具。

其四，人为改造和利用。少数暴露较早的崖墓，因其开凿于岩体较为稳固且可避风雨处而被作为临时存储场所，放置薪柴、秸秆。部分崖墓的墓室因为密闭较好，甚至被改作水塘，YM16 即是如此。在墓室前端从塌陷的孔洞口砌置石阶入墓室后端，墓室填土中有大量淤泥，显然是将 YM16 墓室作为水塘。

二、墓向

由于崖墓开凿多垂直于山体，故崖墓的方向与山体的走向关联性较强。岩洞梁子墓群所在的小山体为西北—东南走向，故开凿于山体东侧的崖墓，墓向必然都是朝向东北。具体而言，北区崖墓的墓向更偏东向，集中于45°至80°之间，其中 YM1 和 YM2 集中于45°至60°，而剩余9座墓葬的墓向则集中于60°至80°。南区墓葬的墓向更偏北向，集中于15°至45°之间。

三、形制

除了因为安全原因未发掘完毕的 YM7 和 YM12 之外，岩洞梁子墓群其余17座墓葬根据墓室数量多寡可分三类：

甲类　单室墓，共15座，即 YM1、YM4、YM5、YM6、YM8、YM9、YM10、YM11、YM13、YM14、YM15、YM16、YM17、YM18 和 YM19。根据长方形墓室长短分二型：

A 型　墓室较长，长宽比大于2，共11座，即 YM1、YM4、YM5、YM8、YM9、YM10、YM11、YM13、YM16、YM18 和 YM19。根据侧室有无及侧室位置分三亚型：

Aa 型　无侧室，仅 YM16 一座（图4-2，1）。

Ab 型　有侧室，侧室位于墓室左、右两侧，共7座，即 YM4、YM5、YM8、YM9、YM13、YM18（图4-2，2）和 YM19。

Ac 型　有侧室，侧室位于墓室左、右两侧及后部，共3座，即 YM1（图4-2，3）、YM10 和 YM11。

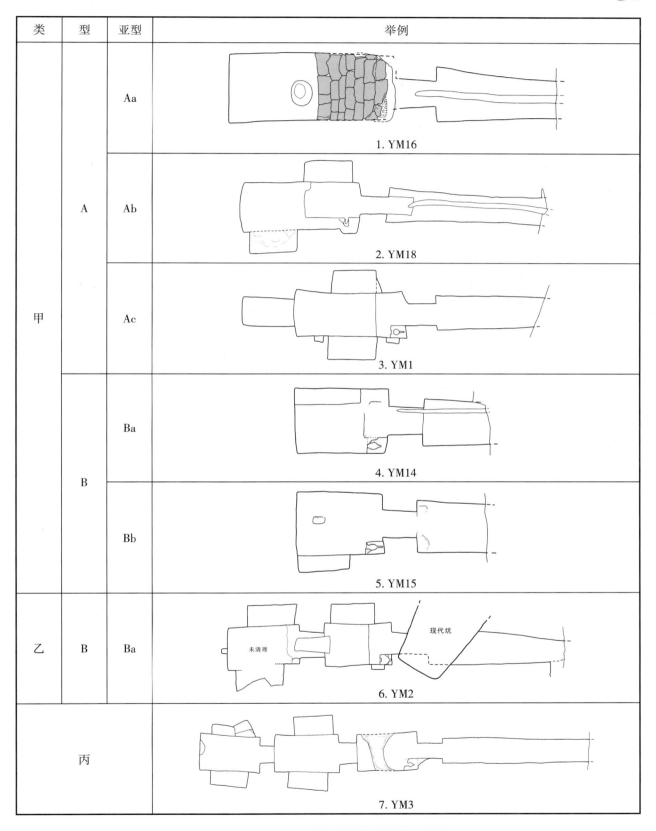

类	型	亚型	举例
甲	A	Aa	1. YM16
		Ab	2. YM18
		Ac	3. YM1
	B	Ba	4. YM14
		Bb	5. YM15
乙	B	Ba	6. YM2
丙			7. YM3

图 4-2　岩洞梁子崖墓形制类型划分示意图

B型　墓室较短，长宽比不足2，共4座，即YM6、YM14、YM15和YM17。根据有无侧室分二亚型：

Ba型　无侧室，仅YM14一座（图4-2，4）。

Bb型　有侧室，侧室位于墓室两侧，共3座，即YM6、YM15（图4-2，5）和YM17。

乙类　双室墓，仅YM2一座（图4-2，6），为乙Ba型，各墓室长宽比小于2，侧方有侧室。

丙类　三室墓，仅YM3一座（图4-2，7），各墓室长宽比小于2，侧方有侧室。

具体到各个构造部位特征：

1. 墓道

墓道的长短受崖墓所在的山体坡度限制，坡度越大，墓道越长。岩洞梁子墓群由于农田改造和土地平整，对整个崖墓的破坏十分严重，因此YM4和YM6的墓道几乎不存，其余墓葬的墓道均呈长条形，外端窄于内端，仅YM1和YM3内外基本等宽。绝大多数崖墓的墓道中轴线与墓室中轴线重合，仅YM7、YM16和YM19略有偏角。

墓道底部多数较为平坦，起伏者较少，如YM2、YM9、YM17、YM19较少。为便于崖墓排水，部分墓葬的墓道底部内高外低，如YM6、YM7、YM8、YM9、YM15、YM19；部分崖墓的墓道底部尽管大致呈水平状，但凿刻有排水沟，如YM11、YM12、YM13、YM18；部分崖墓的墓道甚至内低外高，但亦有排水沟，如YM10、YM14、YM16。墓道底部呈水平状却无排水沟者如YM1、YM3、YM4，以及墓道底部内低外高但无排水沟者如YM2、YM5、YM17，墓室内部排水不易。

2. 墓门

除YM2、YM6墓门被现代坑或近现代平整土地完全破坏之外，其余崖墓的墓门立面形状以长方形为主，上、下基本等宽，如YM1、YM3、YM4、YM5、YM7、YM11、YM15、YM16、YM17、YM19；有少部分呈梯形，上窄下宽，但差别不甚明显，如YM8、YM9、YM10、YM12、YM13、YM14、YM18。所有崖墓的墓门均为单重门框。

墓门均斜立，多数斜侈不甚明显，与墓葬底部近乎垂直，夹角在80°左右，如YM1、YM3、YM4、YM5、YM7、YM9、YM10、YM11、YM12、YM15、YM18；少部分墓葬的墓门斜侈较为明显，与墓葬底部夹角约70°。

由于盗扰和近现代平整土地，绝大多数墓葬的封门情况不明，仅YM10的墓门保留有垒砌的较大石块，似为保留的部分封门。

3. 门楣

绝大多数墓葬的墓门上方墓壁缺失不存，无法明确是否存在门楣，尚保存的YM7、YM10、YM11和YM15中，只有YM15无门楣，其余3座崖墓的门楣均较为简单，仅仅是墓门上方墓壁向外扩而成。

4. 甬道

除了YM6的甬道被严重破坏之外，其余墓葬的甬道平面形状以梯形为主，如YM2、YM4、YM5、YM7、YM9、YM12、YM13、YM16、YM17、YM19；余下的均呈长方形，如YM1、YM3、YM8、YM10、YM11、YM14、YM15、YM18。

多数崖墓的甬道顶部不存，存者均较为平坦，多内高外低，YM7、YM8、YM11、YM13、YM14、YM15、YM16、YM19，只有YM10的甬道顶部内外基本等高。直壁。底部较为平坦，多数内高外低，如 YM4、YM5、YM7、YM8、YM12、YM15、YM18、YM19；部分大致呈水平状，如 YM1、YM2、YM3、YM9、YM10、YM11、YM13、YM14；只有 YM16、YM17 的甬道底部内低外高。甬道底部多与墓道底部相连通，如 YM1、YM2、YM3、YM5、YM7、YM8、YM9、YM10、YM11、YM12、YM13、YM15、YM16、YM17、YM18、YM19；只有 YM4、YM14 的甬道底部与墓道底部有矮台阶相隔。

5. 墓室

岩洞梁子崖墓的墓室平面均大致呈长方形，长短皆有，已如上述。绝大多数墓葬的墓室内外基本等宽，只有 YM9 的墓室前端明显窄于后端。多数崖墓的墓室顶部残缺，可辨者顶部均呈拱形，多数弧度较小，如 YM1、YM5、YM10、YM16、YM18、YM19；部分墓室顶部近平，仅两侧斜侈，形似券顶，如 YM3、YM9、YM11；YM8、YM14、YM15、YM17 的拱顶弧度较大。顶部多内高外低，如 YM3、YM5、YM10、YM11、YM14、YM19；内外等高大致呈水平状者有 YM9、YM15、YM16；只有 YM1 的墓室顶部内低外高。

多数崖墓的墓室顶部和侧壁交界较为明显，部分在交界处还保留有小平檐，如 YM3、YM9、YM10、YM11、YM14、YM15、YM17；亦有部分不存在小平檐，如 YM1、YM5、YM19；只有 YM8、YM16、YM18 的墓室顶部与侧壁分界较为模糊。墓壁多数为斜直壁，如 YM1、YM2、YM3、YM4、YM5、YM6、YM9、YM10、YM11、YM12、YM14、YM19；少数为斜弧壁，如 YM8、YM13、YM15、YM16、YM17、YM18。

墓室底部一般较为平坦，仅 YM5 和 YM6 的底部不甚平整。底部整体多内高外低，只有 YM7、YM16 的底部整体近水平状，而 YM17 的底部整体内低外高。绝大多数崖墓的墓室底部有矮台阶，仅 YM3、YM6 和 YM15 例外。台阶多靠近甬道，如 YM1、YM2、YM8、YM10、YM11、YM14、YM16、YM17、YM19，其中 YM8 和 YM14 的台阶大致呈 "U" 字形；部分崖墓墓室底部的台阶偏中间，如 YM4、YM8、YM9、YM12、YM13、YM18，其中 YM9 和 YM18 的台阶大致呈 "U" 字形；仅 YM5 的墓室底部台阶靠后。

6. 侧室

岩洞梁子崖墓的侧室，与刘家大山崖墓和黄狗坳崖墓类似，多数位于墓室的左、右两侧，部分位于墓室后壁。墓室左、右两侧均有侧室者，侧室多数有所错位；只有 YM1、YM8 例外，侧室左右对称。

位于墓室两侧的侧室，其平面形状以长方形居多，如 YM1、YM2、YM3、YM4、YM5、YM6、YM10、YM11、YM13、YM15、YM17、YM18、YM19；部分侧室口部内收，整体呈袋状，如 YM8、YM9、YM11。墓室后壁处的后侧室，平面多呈梯形，外宽内窄，如 YM10、YM11，但 YM1 的后侧室平面呈长方形。

位于墓室两侧的侧室，立面均近似长方形，多为斜直顶，如 YM2、YM5、YM9、YM10、YM13、YM15、YM17、YM18；部分为斜弧顶，如 YM1、YM3、YM4、YM8、YM9、YM10、YM11、YM19；只有 YM2 的一个侧室为平顶。壁面以斜弧者居多，如 YM1、YM2、YM3、YM4、YM5、YM8、YM10、YM11、YM19；少数为斜直壁如 YM2、YM9、YM13、YM18，或直壁如

YM6、YM15、YM17。后侧室立面大致呈梯形，如 YM1、YM10、YM11，其中 YM1 口部上方呈弧形，顶部多为斜平顶，YM1 的后侧室顶部为拱顶，与墓室顶部类似，壁面斜直。所有侧室的底部均较为平整且整体呈水平状。

7. 壁龛

除了未发掘完毕的 YM7、YM12 和 YM19 之外，其余崖墓基本都有壁龛，仅 YM6、YM14、YM15、YM16、YM17、YM18 未见壁龛，YM1、YM2、YM3、YM13 甚至有 2 个壁龛。平面和立面形状多呈长方形，只有 YM3 的一个壁龛因为开凿方向与墓室侧壁不垂直致使平面形状大致呈三角形。顶部多较为平整且大致呈水平状，只有 YM5、YM13 壁龛的顶部为拱顶。所有壁龛均为直壁，平底。

壁龛多数位于墓室前端，且大多靠近灶台，如 YM1、YM2、YM4、YM5、YM9、YM10、YM11；仅 YM8 的壁龛位于灶台所在一侧的对面。部分壁龛位于墓室后部，或位于侧方，如 YM1、YM3、YM13；或位于后壁中央，如 YM2。

8. 灶台

除了 YM16 不明确之外，只有 YM6 无灶台，其余 17 座崖墓均有灶台，位置绝大多数位于左前角，仅 YM4、YM13 的灶台位于右前角。灶台可分为台式和复式两种，前者见于 YM1、YM2、YM3、YM4、YM5、YM11、YM12、YM13、YM14、YM15、YM19；后者除了灶台之外，在灶台之后还有灶龛，见于 YM7、YM8、YM9、YM10、YM17、YM18。灶台平面形状以长方形为主，仅 YM9 灶台平面呈梯形，YM2、YM10、YM13 的灶台平面呈方形，而 YM17 灶台平面形状不甚规则。灶门形制均呈半圆形，但门梁多数缺失，灶门多朝向墓室后端，如 YM1、YM2、YM3、YM5、YM7、YM8、YM10、YM11、YM13、YM14、YM15、YM19；朝右者仅 YM9、YM17、YM18。全部为单眼灶，灶眼均为圆形，部分灶眼后部有窄长烟道，如 YM1、YM2、YM3、YM5、YM7、YM11、YM14、YM15、YM19；而 YM8、YM9、YM10、YM13、YM17、YM18 的灶眼后部无烟道。

9. 排水设施

YM1、YM2、YM3、YM4、YM5、YM6、YM8、YM9、YM15、YM17 没有任何排水设施，剩余崖墓均有排水沟。排水沟多起于甬道，唯 YM18 和 YM19 的排水沟仅位于墓道之中。排水沟的位置或居中，如 YM7、YM16、YM18、YM19；或偏右，如 YM10、YM11、YM12、YM13、YM14。多呈窄长条形，较为平直，仅 YM12 的排水沟在墓道后端靠近甬道处略有曲折。绝大多数排水沟不见覆盖物，仅 YM12 甬道内的排水沟有石块盖顶。

10. 其他

YM11 左侧室口部中央有一立柱，截面大致呈方形。

YM1 墓室左侧壁后上方、YM5 墓室侧壁中后部、YM8 墓室底部后端两角、YM9 墓室左侧壁后上方、YM10 墓室侧壁上方中央、YM18 墓室后壁上方中央均保留有小圆孔，或许与开凿崖墓有关。

四、装饰

岩洞梁子墓群普遍保存较差，只有 YM10 和 YM11 两座墓葬保留有装饰（见附表二），因此类别和内容均较为简单，包括：

1. 雕刻

包括浮雕和半浮雕两类，以后者居多。浮雕的内容主要是斗拱，所在位置或为侧室口部上方两侧，如 YM10 右侧室口部上方两侧浮雕丁头拱；或在侧室口部中央立柱上方，如 YM11 左侧室立柱浮雕一斗二升斗拱；此外，在 YM11 墓室顶部中央浮雕一残断的垂瓜藻井。半浮雕内容主要有立柱、檐椽以及门窗等，前两者位于墓室后壁，如 YM11；后者位于墓室前部侧壁，如 YM10。

2. 彩绘

彩绘所见较少，仅 YM11 的墓室左壁、墓室右壁上方保留黑色彩绘，表现屋架结构。

五、开凿方法

岩洞梁子崖墓的开凿方法总体上与刘家大山崖墓和黄狗坳崖墓相似，使用"冲击式顿钻法"开凿出崖墓主体空间，在墓室侧壁上方和底部靠近边缘的地方均保留有与之相关的圆形小孔。之后再使用铁凿、钻等工具精雕细琢进行精细化处理，因此在墓道侧壁、墓室四壁和顶部保留有较大的圆点状凿痕、平行粗线状凿痕以及少量平行细线状凿痕。

由于多数崖墓的顶部缺失，是否存在黄狗坳崖墓所见的带装饰性质的较细的折线纹尚未可知。

六、葬具

除了 YM10 和 YM14 保留有连岩长方形棺床之外，其余墓葬均未发现葬具。在被扰乱的填土堆积中亦未见破碎的陶棺残片或棺砖，但有独立的砖块，故岩洞梁子崖墓似不使用陶棺和砖棺，而只使用棺床作为葬具，部分崖墓或类似黄狗坳 HM11 在侧室及墓室底部铺砖形成棺床作为葬具。

七、随葬品

除了未发掘完毕的 YM7 和近现代已经被改作水塘的 YM16 之外，其余 17 座墓葬均出土随葬器物，完整器和位于原位的随葬品甚少，YM4 出土碎片无法辨别器类，剩下 16 座崖墓出土随葬品从质地上看可分为陶器、玉器、石器、铜器和铁器，以陶器占绝大多数，铜器仅见铜钱，数量甚多，玉器、石器和铁器各自仅出土 1 件。

与刘家大山崖墓和黄狗坳崖墓类似，岩洞梁子崖墓出土陶器可以分为容器、俑和模型明器等三类。

陶容器的器类包括釜、盆、甑、瓮、罐和钵。

盆　共出土 11 件，出自 YM1、YM9、YM10、YM11 和 YM15。均为泥质灰褐陶。Ab 型，敞口，窄平折沿，方唇较厚，深斜腹，平底。素面。如 YM1：6（图 4-3，1）。

甑　仅辨识 2 件，分别出自 YM8 和 YM9。均为泥质灰褐陶。敞口，窄平折沿，方唇较厚，深斜腹，

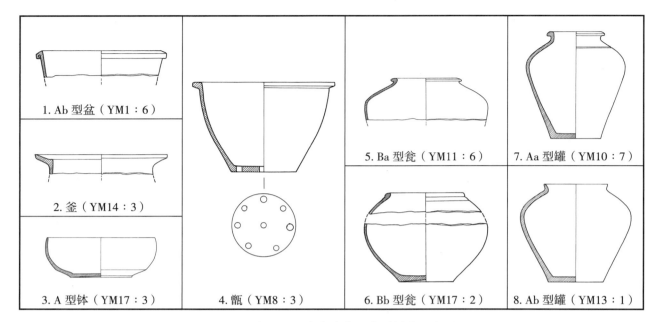

1. Ab 型盆（YM1：6）
2. 釜（YM14：3）
3. A 型钵（YM17：3）
4. 甑（YM8：3）
5. Ba 型瓮（YM11：6）
6. Bb 型瓮（YM17：2）
7. Aa 型罐（YM10：7）
8. Ab 型罐（YM13：1）

图 4-3　岩洞梁子崖墓陶容器类型划分示意图

平底，底部有圆形甑孔。素面。如 YM8：3（图 4-3，4）。

　　釜　仅辨识 3 件，分别出自 YM10 和 YM14。均为泥质灰褐陶。侈口，宽斜折沿，沿面微内凹，薄方唇。素面。如 YM14：3（图 4-3，2）。

　　瓮　辨别出 3 件，出自 YM2、YM11 和 YM17。均为泥质灰褐陶。B 型，宽扁体，大侈口，卷沿，方圆唇，无领，深腹，小平底。素面。根据肩部特征分二亚型：

　　Ba 型　折肩。如 YM11：6（图 4-3，5）。

　　Bb 型　圆肩。如 YM17：2（图 4-3，6）。

　　罐　共 21 件，出自 YM5、YM8、YM9、YM10、YM11、YM12、YM13、YM14、YM15 和 YM17。均为泥质灰褐陶。A 型，高体，侈口，卷沿，圆唇，矮领，圆肩，深斜腹，平底。肩部多饰一道旋纹。根据领部特征分二亚型：

　　Aa 型　领部较高且外侈。如 YM10：7（图 4-3，7）。

　　Ab 型　领部甚矮且微内敛。如 YM13：2（图 4-3，8）。

　　钵　共 3 件，出自 YM10、YM14 和 YM17。均为泥质灰褐陶。A 型，直口微敛，尖圆唇，浅腹，上腹微鼓，下腹斜收，上、下腹之间转折明显，平底微凸似假圈足。素面。如 YM17：3（图 4-3，3）。

　　陶俑均为夹细砂陶，除了极少数为灰褐陶外，多数都是红褐陶，大致可分为人物俑和动物俑两种。

　　人物俑根据体现的工作内容不同分为劳作、宴饮、辟邪等三类。

　　劳作类　属于此类的陶俑只有执刀剖鱼俑、提罐俑、执畚箕俑三种。

　　执刀剖鱼俑　仅辨识 2 件，分别出自 YM10 和 YM11。体量较大，坐姿。未戴冠，梳扇形双高髻，身着右衽过膝深衣，双膝外露，膝盖上置长方形案，案上横躺一条鱼，双手微屈于前，右手斜执短刀，左手扶鱼，整体做剖鱼之状。如 YM10：6（图 4-4，14）。

　　提罐俑　仅确认 1 件，即 YM10：2。体量较大，站立姿态。未戴冠，梳扇形双高髻，身着右衽深衣，衣摆触地，仅鞋出露，双臂位于身体两侧自然下垂，双手提罐（图 4-4，8）。

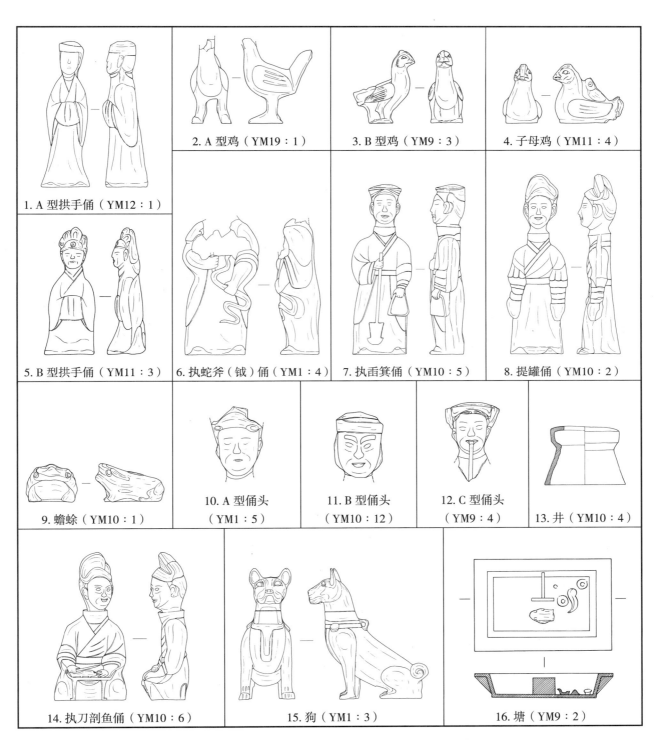

图 4-4　岩洞梁子崖墓陶俑及陶模型明器类型划分示意图

执臿箕俑　共5件，出自YM1、YM9、YM10、YM14和YM19。体量较大，站立姿态。头戴平巾帻，身着右衽深衣，衣摆触地，仅鞋出露，右手执臿，左手微屈，执箕，臿竖直位于正中央，箕位于腰左侧。如YM10：5（图4-4，7）。

宴饮类　仅拱手俑一种陶俑属于此类。

拱手俑　共23件，出自YM1、YM3、YM10、YM11、YM12、YM13、YM14、YM15和YM17。站立姿态。身穿右衽触地深衣，双手合握于腹部并隐于长袖之中。根据体量大小、陶色以及头饰区别分二型：

A型　体量相对较大，红褐陶，头披巾。如YM12：1（图4-4，1）。

B型　体量甚小，灰褐陶，头似戴花冠。如YM11：3，此类似非独立的陶俑，有可能是陶房模型的组成部分（图4-4，5）。

辟邪类　属于此类的只有执蛇斧（钺）俑。

执蛇斧（钺）俑　仅确认1件，即YM1：4。体量较大，站立姿态。头残，身着触地深衣，右手屈于右胸前，应执斧（钺），左手微屈于左腹处，执蛇（图4-4，6）。

除此之外，岩洞梁子崖墓还出土俑头6件，出自YM1、YM6、YM9、YM10和YM15。根据所戴冠帽的不同分三型：

A型　头未戴冠，似梳扇形双高髻。如YM1：5（图4-4，10）。

B型　头戴平巾帻。如YM10：12（图4-4，11）。

C型　头披扇形头巾，口中有箫，为吹箫俑的头部。如YM9：4（图4-4，12）。

动物俑绝大多数是家畜或家禽，如狗、鸡，此外有极少数反映丧葬观念的动物俑，如蟾蜍等。

狗　仅确认2件，分别出自YM1和YM10。体量较大，体态壮硕，坐姿。前肢站立，后肢坐地，颈部有拴狗绳。如YM1：3（图4-4，15）。

鸡　共确认10件，分别出自YM1、YM9、YM15、YM17和YM19。均为站立姿态。根据体量大小及双脚的塑造特征分二型：

A型　体量较大，双脚分开塑造。如YM19：1（图4-4，2）。

B型　体量较小，双脚合体塑造为一个空圆柱形。如YM9：3（图4-4，3）。

子母鸡　仅辨识2件，分别出自YM9和YM11。体量较小，母鸡趴卧状，背部有一只小鸡。如YM11：4（图4-4，4）。

蟾蜍　仅确认1件，即YM10：1。趴卧状，背部有孔（图4-4，9）。

陶模型明器均为夹砂陶，颜色以红褐色居多，另有少数呈灰褐色。保存均较差，可辨别房、塘和井三种。陶房模型确认9件，出自YM1、YM9、YM10、YM11、YM13、YM15、YM17和YM18，但均为残片，无可发表者。

塘　共7件，出自YM1、YM9、YM10、YM11、YM14和YM19。平面呈长方形，宽沿，斜壁，平底，整体呈浅盘状，塘中部有半隔挡将其大致等分，塘内分布着荷叶、鱼等水生动植物。如YM9：2（图4-4，16）。

井　仅确认1件，即YM10：4。造型简单，整体形似圆柱形器座，敛口，方唇，上腹外鼓，下腹外撇，素面（图 4-4，13）。

石器仅 YM8 出土 1 件残石凿，青石质，长方体，近刃部变薄，表面无纹（图 4-5，2）。

铁器仅 YM10 出土 1 件铁环，保存甚差，不明器类及用途。

铜器在 YM6 出土 1 件铜剑格，截面呈菱形，素面无纹（图 4-5，1）。另见铜钱，共发现 183 枚，其中 YM10 就出土 169 枚，剩余 14 枚分别出自 YM1、YM3、YM8 和 YM17。均为圆形方穿，甚薄，可分为五铢钱、"货泉"钱、"大泉五十"钱和无文钱四种：

五铢钱　一面穿两侧铸篆体"五铢"二字，直径多在 2~2.5 厘米之间，穿径在 1 厘米左右。根据是否有郭分二型：

A 型　有郭。如 YM8：2-4（图 4-5，3）。

B 型　无郭。如 YM10：8-154（图 4-5，4）。

"货泉"钱　一面穿两侧铸篆体"货泉"二字，大小、厚薄与 A 型五铢钱相若。如 YM10：8-2（图 4-5，5）。

"大泉五十"钱　一面穿两侧铸篆体"大泉五十"四字，大小、厚薄与 A 型五铢钱相若。如 YM10：8-1（图 4-5，6）。

无文钱　钱币表面无文字。根据是否有郭分二型：

A 型　有郭，与 A 型五铢钱、"货泉"钱和"大泉五十"钱的大小、厚薄基本一致。如 YM10：8-69（图 4-5，7）。

B 型　无郭，大小、厚薄与 B 型五铢钱相似。如 YM10：8-168（图 4-5，8）。

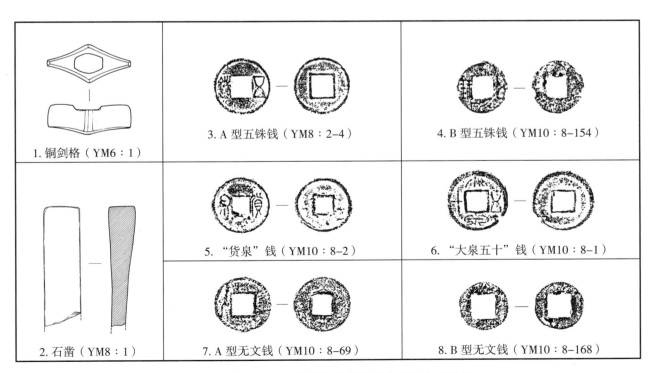

1. 铜剑格（YM6：1）
2. 石凿（YM8：1）
3. A 型五铢钱（YM8：2-4）
4. B 型五铢钱（YM10：8-154）
5. "货泉"钱（YM10：8-2）
6. "大泉五十"钱（YM10：8-1）
7. A 型无文钱（YM10：8-69）
8. B 型无文钱（YM10：8-168）

图 4-5　岩洞梁子崖墓其他随葬器物类型划分示意图

由于盗扰和晚期耕土破坏，几乎所有墓葬的随葬品被严重破坏和移位，难以知晓其准确摆放位置。只有 YM1、YM8、YM9、YM10 和 YM11 的部分随葬品位于原位。由此大致可知，陶执刀剖鱼俑、陶执舌箕俑等劳作俑以及陶狗俑、陶执蛇斧（钺）俑位于墓室前端靠近甬道口之处，部分甚至位于甬道之内；灶台之上或附近分布着陶釜、陶盆、陶甑和陶罐等炊器和容器等；陶房模型，鸡、鸭等家禽俑和宴饮类陶俑位于墓室后部或侧室之中。

第三节　墓葬分述

结合以上综述，对岩洞梁子墓群 19 座崖墓逐一介绍如下。

一、YM1

被盗扰，因平整土地导致甬道顶部和墓室大部分顶部不存。位于北区墓群北端，南侧紧邻 YM2。墓道开口高度高出 YM2 墓道开口超过 2 米。

墓向 53°，与 YM2 之间有 5° 的夹角。

单室墓（甲 Ac 型），残长 12.05、宽 3.65 米（图 4-6）。

墓道呈长条形，内外基本等宽，残长 4.35、宽 1.15~1.4 米。底部近平，内外等高近呈水平状（图版 4-6，1）。

墓门斜立，与墓葬底部夹角约 80°，立面大致呈长方形，残高 0.65、宽 0.9 米，单重门框。

长方形甬道，进深 1.25、面阔 0.9、残高 1.2 米。直壁，底部近平且内外基本呈水平状，底部与墓道底部连为一体。

长方形墓室较长，内外基本等宽，两侧中部向中部略收缩，从后壁残存顶部可知为拱形顶，弧度较小，内低外高，顶、壁交界较为明显，斜直壁。底部较为平坦，内高外低，近口部有一高约 0.05 米的台阶。墓室进深 4.4、面阔 1.75~2、残高 1.6 米（图版 4-6，2、3）。

三个侧室，分处墓室左、右两侧和后部，平面近似长方形，平底。左侧室为斜弧顶，斜弧壁，面阔 1.9~1.95、进深 0.95、残高 0.8 米，底部比墓室底部高 0.4 米。右侧室顶部不存，斜弧壁，面阔 1.8、进深 0.95、残高 0.6~0.85 米，底部比墓室底部高 0.3~0.4 米。后侧室为拱顶，斜直壁，面阔 1.1~1.2、进深 2.05、高 0.7~1.1 米，底部比墓室底部高 0.3 米。

两个壁龛，分别位于墓室左前方和左后方，平面与立面均呈长方形，平顶，直壁，平底。前壁龛面阔 0.5~0.55、进深 0.2~0.25、残高 0.3 米，底部距墓室底部 0.65 米。后壁龛面阔 0.35、进深 0.2~0.25、高 0.25 米，底部距墓室底部 0.6 米。

台式灶台位于墓室左前角，靠近前壁龛。平面近似长方形，长 0.55~0.65、宽 0.5、高 0.25~0.35 米。单眼灶，灶眼为圆形，直径约 0.2~0.25 米，后部有窄长烟道。灶门大致呈半圆形，高 0.25、宽 0.2~0.25 米，朝向后端，与墓室中轴线平行。

不见任何排水设施、装饰、葬具以及墓主人骨骼。

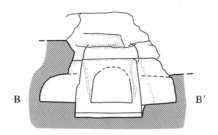

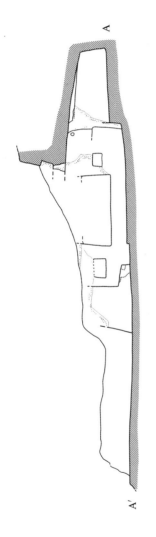

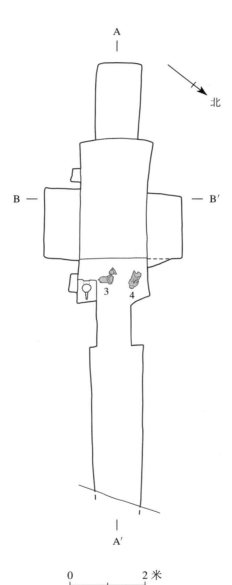

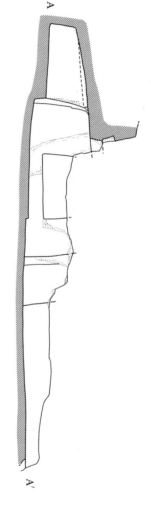

图 4-6　YM1 平面、剖视图

3. 陶狗　4. 陶执蛇斧（钺）俑

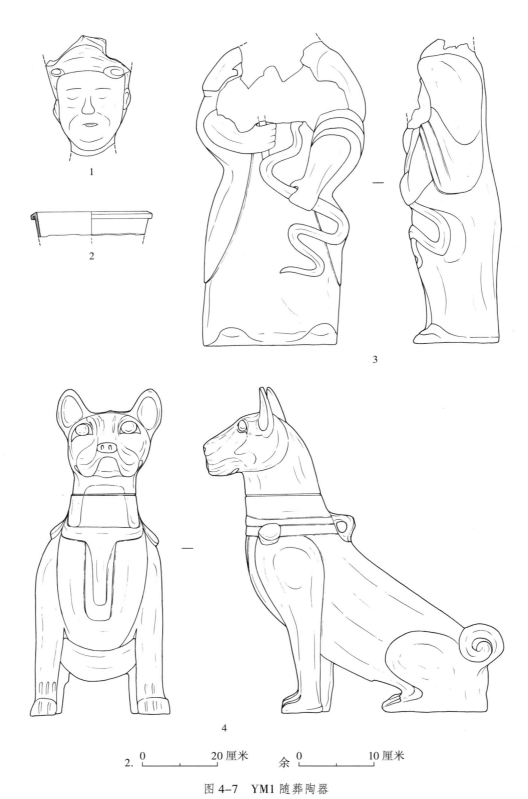

图 4-7 YM1 随葬陶器

1.陶俑头（YM1∶5） 2.陶盆（YM1∶6） 3.陶执蛇斧（钺）俑（YM1∶4） 4.陶狗（YM1∶3）

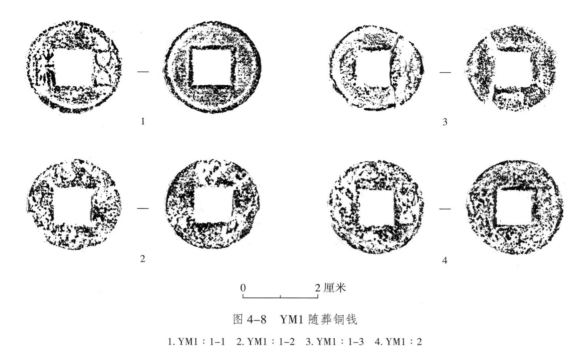

0 ———————— 2厘米

图 4-8　YM1 随葬铜钱

1. YM1：1-1　2. YM1：1-2　3. YM1：1-3　4. YM1：2

　　墓室和侧室壁面保留有较粗的斜向平行线状凿痕。墓室左侧壁后上方保留有 1 个小圆孔，可能是开凿崖墓保留痕迹。

　　墓室台阶外出土 1 件陶执蛇斧（钺）俑和 1 件陶狗，似位于原位。其余随葬品均因为盗扰破碎且脱离原始位置，可辨别的器类包括 2 件陶盆、1 件陶执舌箕俑、3 件陶拱手俑、1 件陶俑头、4 件陶鸡、3 件陶鸭、1 件陶房模型、1 件陶塘模型以及 4 枚铜钱。

　　陶盆　YM1：6，仅存口部，泥质灰褐陶。属 Ab 型，敞口，窄平折沿，方唇较厚，深斜腹，平底。素面。口径 32、残高 6.4 厘米（图 4-7，2）。

　　陶执蛇斧（钺）俑　YM1：4，头部残缺，夹细砂红褐陶。体量较大，站立姿态。头残，身着触地深衣，右手屈于右胸前，应执斧（钺），左手微屈于左腹处，执蛇。宽 22.4、残高 41 厘米（图 4-7，3；图版 4-7，4）。

　　陶俑头　YM1：5，仅存头部，夹细砂红褐陶。属 A 型，头未戴冠，似梳扇形双高髻。宽 11.2、残高 16.4 厘米（图 4-7，1）。

　　陶狗　YM1：3，保存较好，夹细砂红褐陶。体量较大，体态壮硕，坐姿。前肢站立，后肢坐地，颈部有拴狗绳。长 39.2、宽 18.4、高 44.2 厘米（图 4-7，4；图版 4-7，3）。

　　铜钱　均为圆形方穿，甚薄，有郭。YM1：1-1，A 型五铢钱，一面的方穿两侧铸刻"五铢"二字。直径 2.6、穿径 1 厘米，重 2.28 克（图 4-8，1）。YM1：1-2，A 型无文钱。直径 2.5、穿径 1 厘米，重 1.83 克（图 4-8，2；图版 4-7，1）。YM1：1-3，A 型无文钱。直径 2.4、穿径 1 厘米，重 1.85 克（图 4-8，3）。YM1：2，A 型五铢钱，一面的方穿两侧铸刻"五铢"二字。直径 2.6、穿径 0.9 厘米，重 2.28 克（图 4-8，4；图版 4-7，2）。

二、YM2

被盗扰，因平整土地导致甬道顶部和前室顶部不存，墓道后端、墓门以及甬道前端被现代坑打破。位于北区墓群北部，南、北两侧紧邻 YM3、YM1。墓道开口低于 YM1 超过 2 米，高出 YM3 墓道开口约 2 米。

墓向 48°，与 YM1 之间夹角为 5°，与 YM3 夹角超过 10°。

双室墓（乙 Ba 型），残长 13.6、宽 3.65 米（图 4-10）。

墓道呈长条形，内宽外窄，残长 5.4、宽 0.8~1.35 米。底部不甚平整，内低外高（图版 4-8，1）。

梯形甬道，残进深 1.5、面阔 0.85~0.9、残高 0.9 米。直壁，底部近平且内外基本呈水平状，底部与墓道底部连为一体。

两个墓室，平面均呈短长方形，内外基本等宽，斜直壁，底部较为平坦，内高外低。前室两侧中部略向内收缩，近口部有一高约 0.1 米的台阶，进深 2.7、面阔 1.65~1.75、残高 1.55 米（图版 4-8，2）。后室底部堆积未清理，进深 2.85、面阔 1.6、残高 1.6 米。前室和后室之间的甬道平面近似梯形，进深 0.95、面阔 1~1.1 米，直壁，底部中央有浅坑，似被破坏，但仍可看出底部较为平坦且内高外低，残高 1.35 米，与前室底部相接处有高近 0.05~0.15 米的台阶（图版 4-8，3）。

三个侧室，分处墓室左、右两侧，平面和立面近似长方形，平底。左侧室顶部不存，斜直壁，面阔 1.9、现进深 0.8、残高 1 米，底部比墓室底部高约 0.2 米。右前侧室为斜直顶，斜弧壁，面阔 1.75、进深 0.8~0.9、残高 0.7 米，底部比墓室底部高 0.35~0.45 米。右后侧室为平顶，斜直壁，面阔 1.85~1.95、进深 0.85~0.9、高 0.9 米，底部比墓室底部高 0.45 米。

两个壁龛，分别位于前室左前方和后室后壁中央，平面与立面均呈长方形，平顶，直壁，平底。前壁龛顶部缺失，面阔 0.55、进深 0.2、残高 0.3 米，底部距墓室底部 1 米。后壁龛面阔 0.2、进深 0.2、高 0.25 米，底部距墓室底部 0.35 米。

台式灶台位于墓室左前角，靠近前壁龛。平面近似方形，长 0.45、宽 0.45、高 0.45 米。单眼灶，残甚，后部有窄长烟道。灶门大致呈半圆形，门梁缺失，朝向后端，与墓室中轴线平行。

不见任何排水设施、装饰、葬具以及墓主人骨骼。

墓室和侧室壁面保留有圆点状凿痕，局部有较细的斜向线状凿痕。

随葬品均因为盗扰破碎且脱离原始位置，从填土陶片中仅辨识 1 件陶瓮。

陶瓮 YM2：1，仅存口肩部，泥质灰褐陶。属 Bb 型，宽扁体，大侈口，卷沿，方圆唇，无领，圆肩。素面。口径 36、残高 4 厘米（图 4-9）。

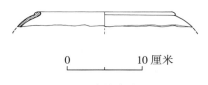

0　　　　　　10 厘米

图 4-9　YM2 随葬陶瓮（YM2：1）

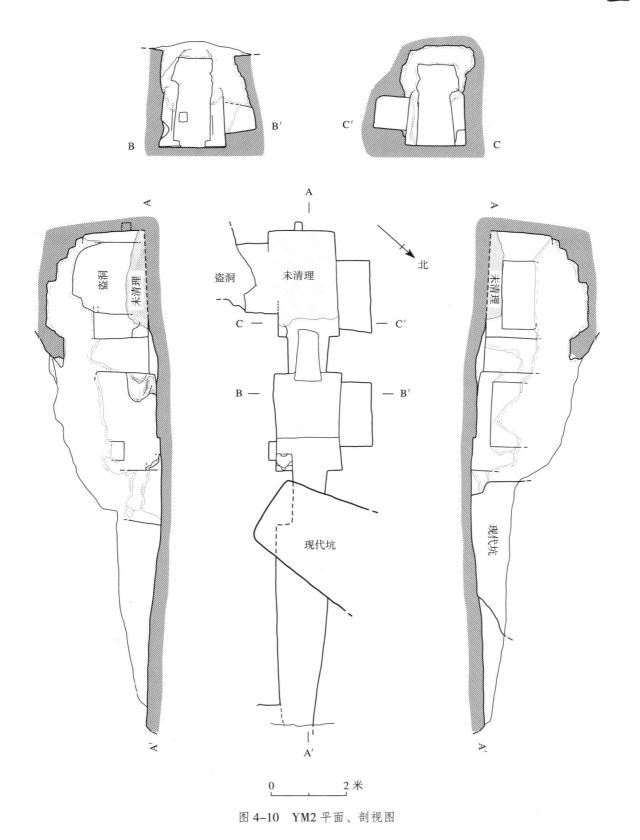

图 4-10 YM2 平面、剖视图

三、YM3

被盗扰，有盗洞与 YM2 相通。位于北区墓群北部，南、北两侧紧邻 YM4、YM2。墓道开口较低，分别低于 YM2、YM4 约 2 米。

墓向 61°，与 YM2、YM4 之间夹角均超过 10°。

三室墓（丙类），残长 19、宽 3.8 米（图 4-11）。

墓道呈长条形，内外基本等宽，残长 7.15、宽 1.1~1.3 米。底部近平，内外等高近呈水平状（图版 4-9，1）。

墓门斜立，与墓葬底部夹角约 80°，顶部不存，立面大致呈长方形，残高 1.15、宽 0.65~0.75 米。单重门框。

长方形甬道，进深 1.2、面阔 0.75、残高 1.3 米。顶部不存，直壁，底部近平且内外基本呈水平状，底部与墓道底部连为一体。

三个墓室，平面均呈长方形，内外基本等宽，两侧中部略向内收缩，顶部均严重垮塌，从残存部分可知为近平的拱形顶，两侧斜弧略外敞，整体形似券顶，内高外低，顶、壁转折明显，转折处有窄平檐，斜直壁，底部较为平坦，内高外低。前室进深 3、面阔 1.8~1.9、残高 1.85 米（图版 4-9，2）。中室进深 3.15、面阔 1.8~1.95、高 1.9~1.95 米（图版 4-9，3）。后室进深 2.95、面阔 1.7~1.8、高 1.65 米（图版 4-9，4）。前室和中室之间的甬道平面大致呈梯形，进深 0.85、面阔 1~1.2、高 1.2~1.3 米；顶部和底部均较为平坦且内高外低，直壁，底部与前室底部之间有高约 0.05 米的台阶。中室和后室之间的甬道平面大致呈长方形，进深 0.7、面阔 0.85、高 1.2 米；顶部和底部均较为平坦且内高外低，直壁，底部与前室底部之间有高约 0.05 米的台阶。

三个侧室，分处墓室左、右两侧，平面和立面均近似长方形，斜弧顶，斜弧壁，平底。左前侧室面阔 1.9~1.95、进深 0.8~0.95、高 1 米，底部比墓室底部高 0.35~0.4 米。左后侧室面阔 1.75~1.8、进深 0.65~0.85、残高 0.9 米，底部比墓室底部高 0.3~0.5 米。右侧室面阔 1.9、进深 0.9~0.95、高 0.95 米，底部比墓室底部高 0.2~0.35 米。

两个壁龛，位于后室右后方，均为平顶，直壁，平底。前壁龛开凿方向朝向右外侧，平面近似三角形，立面大致呈长方形，面阔 1.05、进深 0.85、残高 0.65 米，底部距墓室底部 0.6~0.7 米。后壁龛平面与立面均呈长方形，面阔 1.1、进深 0.45~0.5、高 0.65 米，底部距墓室底部 0.5~0.55 米。

台式灶台位于墓室左前角。平面近似长方形，长 0.5、宽 0.55、高 0.2~0.35 米。单眼灶，灶眼为圆形，直径约 0.2 米，后部有窄长烟道。灶门大致呈半圆形，门梁缺失，朝向后端，与墓室中轴线平行。

不见任何排水设施、装饰、葬具以及墓主人骨骼。

墓道侧壁有较粗的斜向平行线状凿痕，墓室和侧室壁面和顶部保留有圆点状凿痕，局部有较粗的斜向平行线状凿痕。

随葬品均因为盗扰破碎且脱离原始位置，仅辨认出 1 件不明陶容器、3 件陶拱手俑、1 件不明陶动物俑以及 1 枚铜钱。

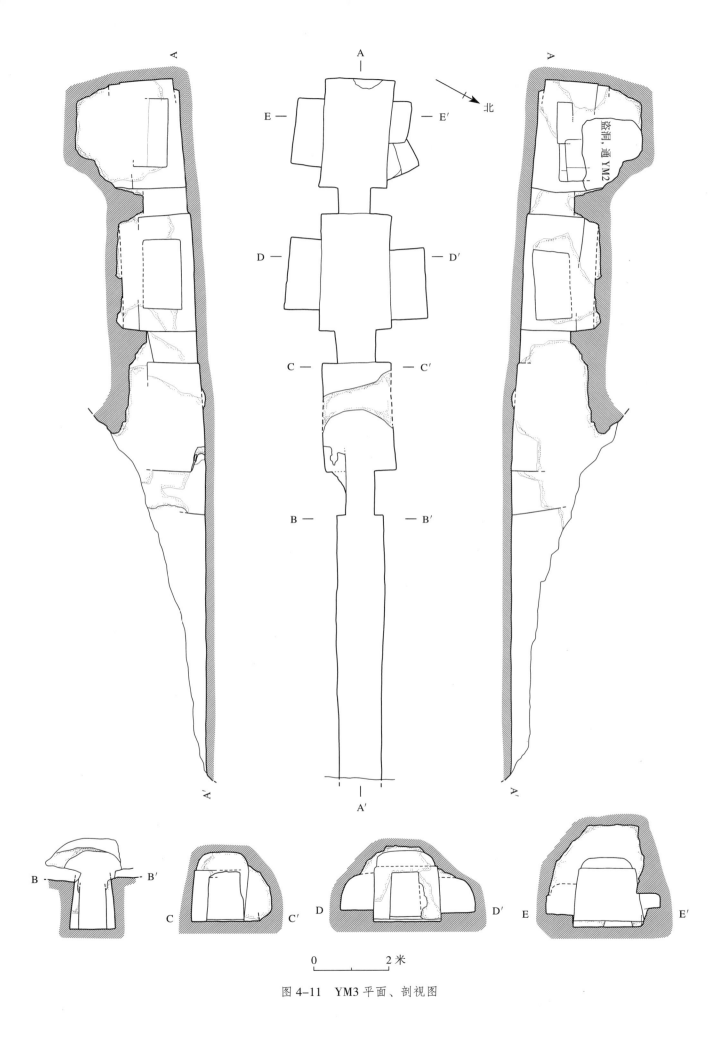

北

盗洞，通 YM2

0 _____ 2米

图 4-11　YM3 平面、剖视图

0 ____ 2厘米

图 4-12　YM3 随葬铜钱（YM3：1）

铜钱　YM3：1，B 型五铢钱，圆形方穿，甚薄，无郭，一面方穿两侧铸"五铢"二字。直径 2.1、穿径 1.1 厘米，重 0.98 克（图 4-12）。

四、YM4

被盗扰，因平整土地导致甬道、墓室和侧室的顶部均不存。

位于北区墓群北部，南、北两侧紧邻 YM7、YM3。墓道开口高度与 YM7 一致，高于 YM3 墓道开口约 2 米。

墓向 73°，与 YM3 之间夹角超过 10°，与 YM7 大致平行。

单室墓（甲 Ab 型），残长 7.2、宽 2.85 米（图 4-13；图版 4-10，1）。

墓道被破坏，甚短，残长 1.25、宽 1.55 米，底部近平，整体内外等高近呈水平状。

墓门斜立，与墓葬底部夹角约 80°，立面呈长方形，残高 0.2、宽 0.95 米。单重门框。

梯形甬道，进深 1.4、面阔 0.95~1.15、残高 0.3 米。直壁，底部近平，内高外低，底部与墓道底部之间存在高 0.05 米的台阶。

长方形墓室较长，内外基本等宽，斜直壁，底部较为平坦，内高外低，中部有一高约 0.15 米的台阶。进深 4.55、面阔 1.8~1.95、残高 1.7 米。

侧室位于墓室右后方。平面和立面均近似长方形，斜弧顶，斜弧壁，平底。面阔 2~2.4、进深 0.5~0.95、残高 0.55 米，底部比墓室底部高 0.15~0.25 米。

墓室右前方有一个壁龛，平面与立面均呈长方形，平顶，直壁，平底。面阔 0.6、进深 0.25、高 0.25 米，底部距墓室底部 0.45 米。

台式灶台位于墓室右前角，靠近壁龛。被严重破坏，平面近似长方形，残长 0.4、残宽 0.35、高 0.25 米。

不见任何排水设施、装饰、葬具以及墓主人骨骼。因墓葬内壁长期暴露风化，开凿痕迹不甚明显。

随葬品均因为盗扰脱离原始位置且均为碎片，无可辨器类。

五、YM5

被盗扰。位于北区墓群南部，南、北两侧紧邻 YM9、YM8，与 YM9 之间存在打破关系。墓道开口高度低于 YM8、YM9 约 1 米。

墓向 71°，与 YM8、YM9 之间夹角均超过 5°。

单室墓（甲 Ab 型），残长 10.05、宽 3.45 米（图 4-14）。

墓道呈长条形，内宽外窄，残长 2.7、宽 1.3~1.8 米。底部近平，内低外高（图版 4-10，2）。

墓门斜立，与墓葬底部夹角约 80°，顶部不存，立面大致呈长方形，残高 1.2、宽 1.1 米。单重门框。

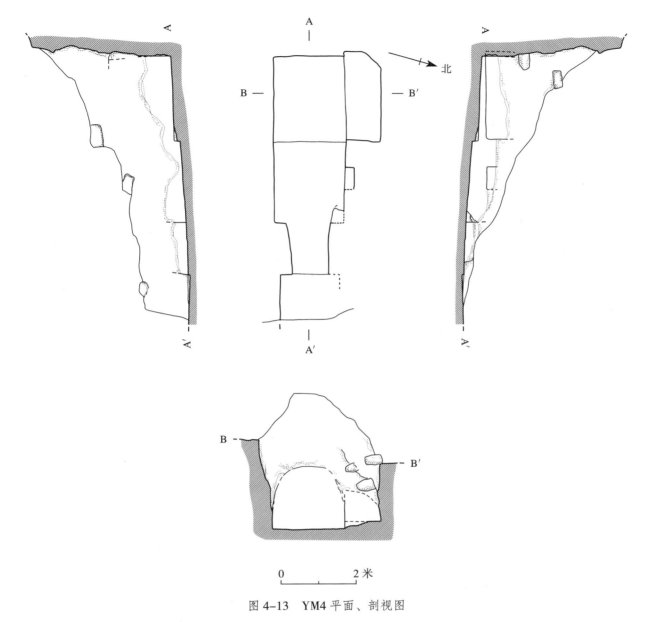

0   2 米

图 4-13 YM4 平面、剖视图

　　梯形甬道，进深 1.5、面阔 1.1~1.4、残高 1.2 米。顶部不存，直壁，底部近平，内高外低，底部与墓道底部连为一体。

　　长方形墓室较长，内外基本等宽，顶部垮塌严重，从后壁痕迹可知为拱形顶，弧度较小，内高外低，顶、壁交界较为明显，斜直壁，底部不甚平整，内高外低，靠后有一高约 0.3 米的台阶。墓室进深 5.85、面阔 2~2.25、残高 1.65 米（图版 4-10，3）。

　　侧室位于墓室右后方。平面和立面均近似长方形，斜直顶，斜弧壁，平底。面阔 2.25、进深 0.95~1、高 0.8 米，底部比墓室底部高 0.1~0.75 米。

　　墓室左前方有一个壁龛，平面与立面均呈长方形，拱形顶，直壁，平底，底面近口部有 3 个小豁口。

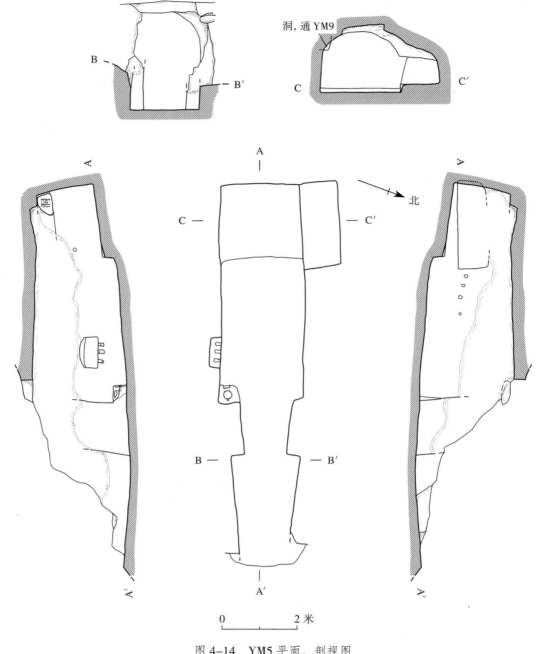

图 4-14　YM5 平面、剖视图

面阔 0.75~0.95、进深 0.3、高 0.3 米，底部距墓室底部 0.6~0.7 米。

　　台式灶台位于墓室左前角，靠近壁龛。平面近似长方形，长 0.55、宽 0.5、高 0.4 米。单眼灶，灶眼为圆形，直径约 0.2 米，后部有窄长烟道。灶门大致呈半圆形，高 0.15、宽 0.15 米，朝向后端，与墓室中轴线平行。

　　不见任何排水设施、装饰、葬具以及墓主人骨骼。

　　墓道侧壁有圆点状凿痕，墓室壁面保留有较粗的斜向平行线状凿痕。在墓室侧壁中后部保留有多个小圆孔，可能是开凿崖墓保留的痕迹。

随葬品均因为盗扰破碎且脱离原始位置，从碎片中仅辨认出 3 件陶罐。

六、YM6

被盗扰，因平整土地导致甬道、墓室和侧室的顶部均不存。位于北区墓群南部，北侧紧邻 YM10，南侧距 YM11 将近 5 米。墓道开口低于 YM10、YM11 均超过 1 米。

墓向 74°，与 YM10、YM11 大致平行。

单室墓（甲 Bb 型），残长 3.85、宽 2.6 米（图 4-15；图版 4-11，1）。

墓道被破坏，底部近平，整体内高外低。

墓门及甬道被破坏不存，形制不明。

长方形墓室较短，内外基本等宽，斜直壁，底部不甚平整，内高外低。进深 2.75、面阔 1.85~1.95、残高 0.8 米。

侧室位于墓室右侧。平面似呈长方形，直壁，平底，立面近似长方形。面阔 2.1~2.3、进深 0.55~0.75、

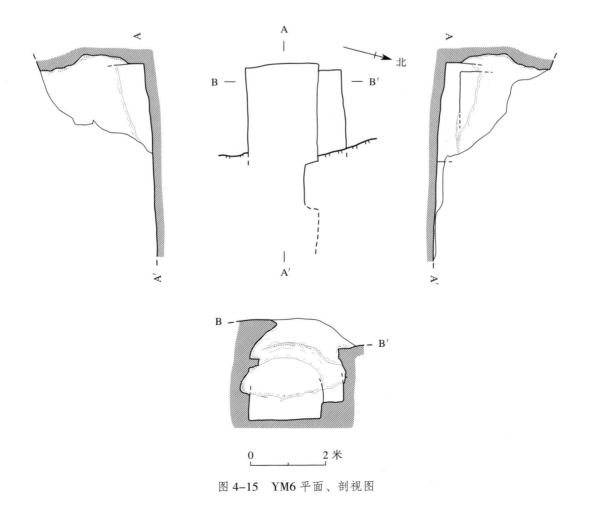

图 4-15 YM6 平面、剖视图

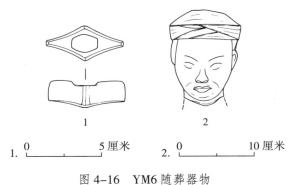

图 4-16 YM6 随葬器物

1. 铜剑格（YM6：1） 2. 陶俑头（YM6：2）

残高 0.5 米，底部比墓室底部高 0.4~0.5 米。

无壁龛与灶台，不见任何排水设施、装饰、葬具以及墓主人骨骼。

墓壁被破坏和风化严重，仅在墓室近底部的壁面角落保留有少量圆点状凿痕。

随葬品均因为盗扰破碎且脱离原始位置，在填土中仅出土 1 件陶俑头以及 1 件铜剑格。

陶俑头　YM6：2，仅存头部，夹细砂红褐陶。属 B 型，头戴平巾帻。宽 9.6、残高 13 厘米（图 4-16，2；图版 4-11，3）。

铜剑格　YM6：1，截面呈菱形，素面无纹。长 5.1、宽 1.9、厚 2.4 厘米（图 4-16，1；图版 4-11，2）。

七、YM7

被盗扰。因墓室顶部垮塌严重，为确保工作安全仅发掘了墓道及甬道，未继续向内发掘。位于北区墓群中部，南、北两侧紧邻 YM8、YM4。墓道开口高度与 YM4、YM8 相若。

墓向 76°，与 YM4 大致平行，与 YM8 之间夹角超过 10°。

残长 11、宽 1.9 米（图 4-17）。

墓道呈长条形，内宽外窄，残长 8.9、宽 0.85~1.45 米。底部近平，内高外低。墓道中轴线与墓室中轴线略有偏角（图版 4-12，1）。

墓门斜立，与墓葬底部夹角约 80°，立面呈长方形，顶部残缺，高 1.2、宽 0.9~0.95 米。单重门框，墓门上方石壁向外扩形成简易门楣，惜残。

梯形甬道，进深 1.25、面阔 0.95~1.1、残高 1.3 米。顶部不存，但从两壁上部痕迹可知顶部较为平坦，内高外低，直壁，底部近平，内高外低，底部与墓道底部连为一体。

墓室整体似呈长方形，顶部垮塌，平底，内外基本等高，似呈水平状。已清理部分面阔 1.9、进深 0.85、残高 1.35 米。

复式灶台位于墓室左前角。灶台平面近似长方形，长 0.55、宽 0.45、高 0.35~0.4 米。灶龛立面大致呈长方形，平顶，直壁，面阔 0.55、进深 0.1、高 0.85 米。单眼灶，灶眼为圆形，直径约 0.25 米，后部有窄长烟道。灶门大致呈半圆形，高 0.2、宽 0.1 米，朝向后端，与墓室中轴线平行。

甬道右侧和墓道中央有一条窄长条形的排水沟，残长 9.8、最宽 0.2、最深 0.2 米。

不见任何装饰、葬具以及墓主人骨骼。

墓道侧壁有较粗的斜向平行线状凿痕，墓室壁面保留有圆点状凿痕。

因发掘区域较少，未出土随葬品或其碎片。

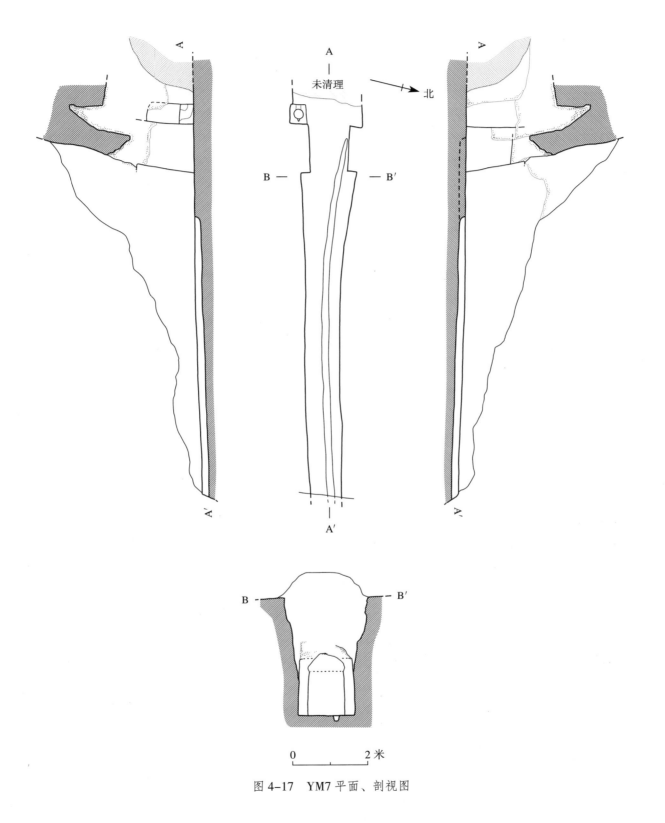

图 4-17 YM7 平面、剖视图

八、YM8

被盗扰，因平整土地导致甬道、侧室以及墓室大部分的顶部不存。位于北区墓群中部，南、北两侧紧邻 YM5、YM7。墓道开口高度与 YM7 相近，比 YM5 高出约 1 米。

墓向 64°，与 YM5 之间夹角超过 5°，与 YM7 之间夹角超过 10°。

单室墓（甲 Ab 型），残长 10.55、宽 3.55 米（图 4-18）。

墓道呈长条形，内宽外窄，残长 5.25、宽 0.8~1.25 米。后壁距底部约 0.35 米处有一小平檐，底部近平，整体内高外低（图版 4-12，2）。

墓门斜立，与墓葬底部夹角约 70°，立面形状呈梯形，上端略窄于下端，高 10.5、宽 0.65~0.75 米。单重门框。

长方形甬道，进深 1.2、面阔 0.75~0.9、高 1~1.15 米。从侧壁残存痕迹可知顶部平坦，内高外低，直壁，底部近平，内高外低，底部与墓道底部连为一体。

长方形墓室较长，内外基本等宽，从后壁痕迹可知为拱形顶，弧度较大，顶、壁交界似不甚明显，斜弧壁，底部较为平坦，内高外低，近口部和中部各有一高分别约 0.15、0.1 米的台阶，靠口部的台阶大致呈 "U" 字形。墓室进深 4.1、面阔 1.6~1.8、残高 1.5 米（图版 4-13）。

两个侧室，分处墓室左、右两侧，平面呈袋状，口部内收，立面近似长方形，斜弧顶，斜弧壁，平底。左侧室面阔 1.6~1.9、进深 0.9~0.95、残高 0.8 米，底部比墓室底部高 0.2~0.35 米。右侧室面阔 1.5~1.9、进深 0.7~0.95、残高 0.65 米，底部比墓室底部高 0.15~0.5 米。

墓室右前方有一个壁龛，平面与立面均呈长方形，平顶，直壁，平底。面阔 0.5~0.6、进深 0.25~0.3、高 0.35 米，底部距墓室底部 0.7 米。

复式灶台位于墓室左前角。灶台平面近似长方形，长 0.5、宽 0.4、高 0.35~0.4 米。灶龛立面近似长方形，平顶，直壁，面阔 0.45、进深 0.1、高 0.75 米。单眼灶，灶眼为圆形，直径约 0.2 米。灶门大致呈半圆形，高 0.25、宽 0.25 米，朝向后端，与墓室中轴线平行。

不见任何排水设施、装饰、葬具以及墓主人骨骼。

墓道、墓室侧壁有较粗的斜向平行线状凿痕，墓室和侧室的局部壁面保留有圆点状凿痕。另外，在墓室底部后端两角保留有 2 个小圆孔，可能是开凿崖墓遗留痕迹。

灶台附近出土 1 件陶甑，应未被扰动。其余随葬品均因为盗扰破碎且脱离原始位置，可辨识者包括 1 件陶罐、1 件石凿以及 7 枚铜钱。

陶甑　YM8：3，泥质灰褐陶。敞口，窄平折沿，方唇较厚，深斜腹，平底，底部有圆形甑孔。素面。口径 36.8、底径 16.8、高 24 厘米（图 4-19，3；图版 4-14，3）。

陶罐　YM8：4，修复复原，泥质灰褐陶。属 Aa 型，高体，侈口，卷沿，圆唇，矮束领较高且外侈，圆肩，深斜腹，平底。素面。口径 10、底径 10、高 20 厘米（图 4-19，2；图版 4-14，4）。

石凿　YM8：1，残断。青石质，长方体，近刃部变薄。表面无纹。残长 10.7、宽 3.5、厚 4.8 厘米（图 4-19，1；图版 4-14，1）。

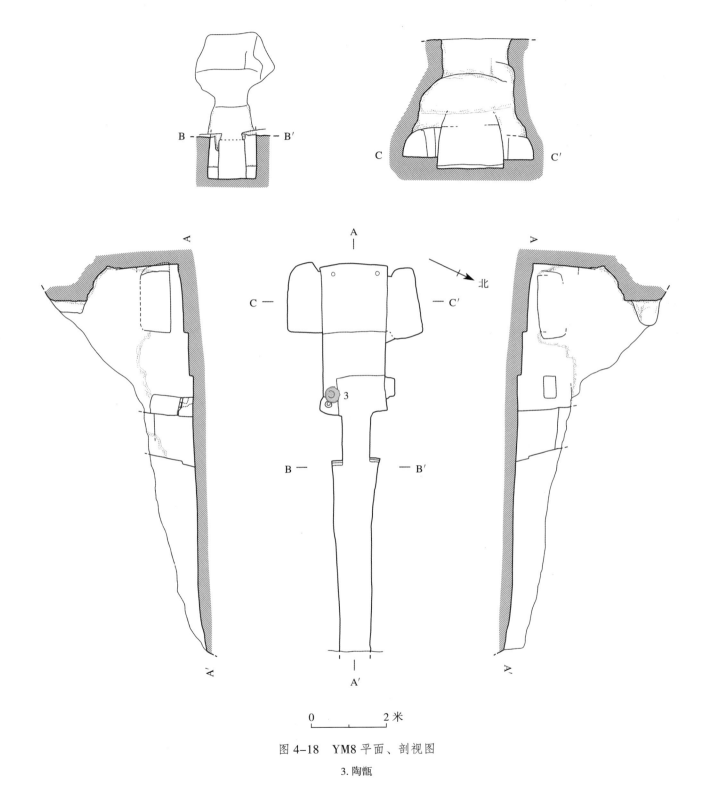

图 4-18　YM8 平面、剖视图

3. 陶甑

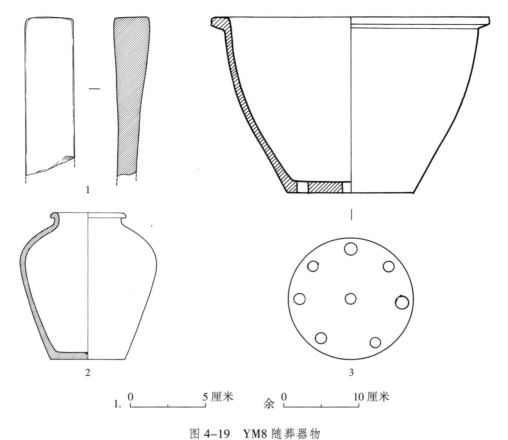

图 4-19　YM8 随葬器物

1. 石凿（YM8：1）　2. 陶罐（YM8：4）　3. 陶甑（YM8：3）

铜钱　均为圆形方穿，甚薄。绝大多数为 A 型五铢钱，有郭，一面方穿两侧铸"五铢"二字（图版 4-14，2）。YM8：2-1，直径 2.6、穿径 1 厘米，重 1.97 克（图 4-20，1）。YM8：2-2，直径 2.5、穿径 1 厘米，重 1.18 克（图 4-20，2）。YM8：2-3，直径 2.5、穿径 1 厘米，重 2.16 克（图 4-20，3）。YM8：2-4，直径 2.6、穿径 0.9 厘米，重 2.07 克（图 4-20，4）。YM8：2-5，直径 2.45、穿径 1 厘米，重 1.38 克（图 4-20，5）。YM8：2-6，直径 2.5、穿径 0.9 厘米，重 1.62 克（图 4-20，6）。YM8：2-7，B 型五铢钱，无郭。直径 1.65、穿径 1 厘米，重 0.54 克（图 4-20，7）。

九、YM9

被盗扰。位于北区墓群南部，南、北两侧紧邻 YM10、YM8，与 YM5 之间存在打破关系。墓道开口高度比 YM5 高将近 1 米，与 YM10 墓道开口高度一致。

墓向 79°，与 YM5、YM10 之间夹角均超过 5°。

单室墓（甲 Ab 型），残长 12.4、宽 3.45 米（图 4-21）。

墓道呈长条形，内宽外窄，残长 6.65、宽 0.95~1.45 米。底部不甚平整，整体内高外低（图版 4-15，1）。

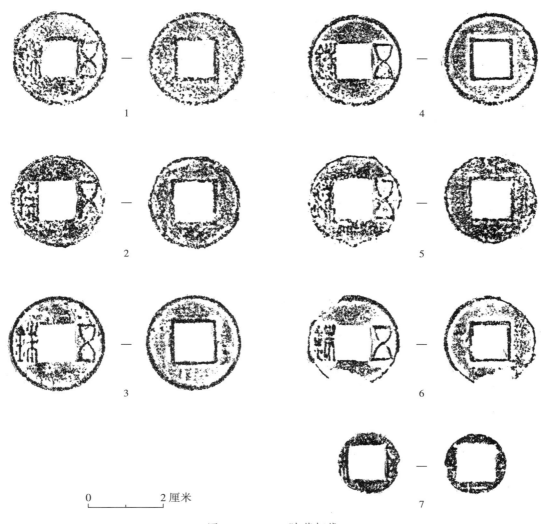

图 4-20 YM8 随葬铜钱

1. YM8 : 2-1　2. YM8 : 2-2　3. YM8 : 2-3　4. YM8 : 2-4　5. YM8 : 2-5　6. YM8 : 2-6　7. YM8 : 2-7

墓门斜立，与墓葬底部夹角约 80°，立面形状呈梯形，顶部不存，上端略窄于下端，残高 1.2、宽 0.75~0.85 米。单重门框。

梯形甬道，进深 1.3、面阔 0.85~1.15、残高 1.25 米。顶部不存，直壁，底部近平且内外基本呈水平状，底部与墓道底部连为一体。

长方形墓室较长，内端明显宽于外端，靠前顶部垮塌，剩余墓室顶部为近平的拱形，两侧斜弧略外敞，整体形似券顶，内外基本等高，大致呈水平状，顶、壁转折明显，转折处有窄平檐，斜直壁。底部较为平坦，内高外低，中部有一高约 0.15 米的 "U" 字形台阶。墓室进深 4.45、面阔 1.15~1.7、高 1.8~2 米（图版 4-15，2、3）。

两个侧室，分处墓室左、右两侧。平面近似袋状，口部内收，立面近似长方形，斜直壁，平底。左侧室为斜弧顶，面阔 1.35~1.95、进深 0.8~0.85、高 0.7~0.75 米，底部比墓室底部高 0.25~0.3 米。

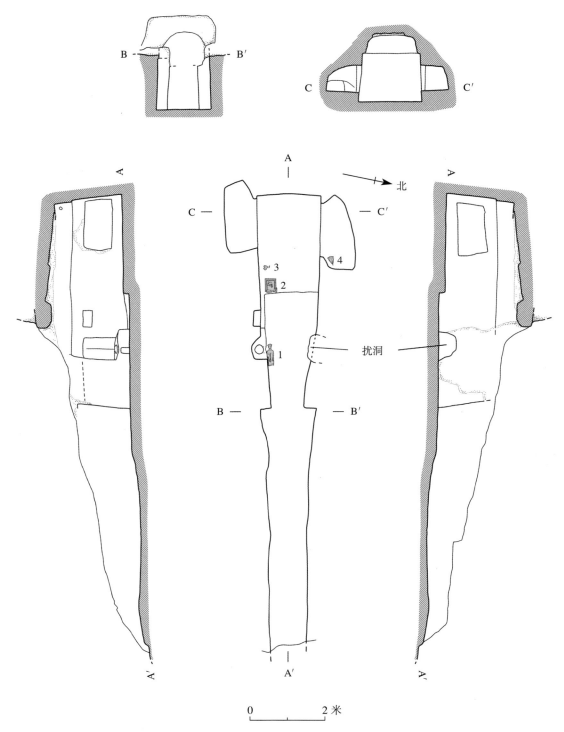

图 4-21　YM9 平面、剖视图

1.陶执畚箕俑　2.陶塘　3.陶鸡　4.陶俑头

右侧室为斜直顶，面阔 1.45~2、进深 0.6~0.95、高 0.7~0.8 米，底部比墓室底部高 0.3 米。

墓室左前方有一个壁龛，平面与立面均呈长方形，平顶，直壁，平底。面阔 0.45、进深 0.2、高 0.25 米，底部距墓室底部 0.9~0.95 米。

复式灶台位于墓室左前角，靠近壁龛。灶台平面近似梯形，长 0.8、宽 0.35、高 0.4 米。灶龛立面大致呈长方形，平顶，直壁，面阔 0.6、进深 0.1、高 0.8 米。单眼灶，灶眼为圆形，直径约 0.25 米。灶门大致呈半圆形，高 0.25、宽 0.15 米，朝向右侧，与墓室中轴线垂直。

不见任何排水设施、装饰、葬具以及墓主人骨骼。

墓道侧壁有较粗的斜向平行线状凿痕，墓室和侧室壁面保留有圆点状凿痕。另外，在墓室左侧壁后上方保留 1 个小圆孔，可能是开凿崖墓保留痕迹。

灶门前墓室底部出土 1 件陶执舀箕俑，台阶之后的墓室底部偏左位置出土 1 件陶塘模型和 1 件陶鸡（图版 4-16，1、2、3），在右侧室内出土 1 件陶吹箫俑头，上述器物均似位于原位，没有经过太大的扰动。其余随葬品均因为盗扰破碎且脱离原始位置，从碎片中辨认出 1 件陶盆、1 件陶甑、1 件陶罐、1 件不明陶容器、1 件陶俑头、2 件陶鸡、1 件陶子母鸡、1 件陶动物俑和 1 件陶房模型。

陶盆　YM9：5，仅存口部和底部，泥质灰褐陶。属 Ab 型，敞口，窄平折沿，方唇较厚，深斜腹，平底。素面。口径 40、底径 18.4、残高 12.8 厘米（图 4-22，2）。

陶执舀箕俑　YM9：1，保存较好，夹细砂红褐陶。体量较大，站立姿态。头戴平巾帻，身着右衽深衣，衣摆触地，仅鞋出露，右手执舀，左手微屈，执箕，舀竖直位于正中央，箕位于腰左侧。宽 17.8、高 53.6 厘米（图 4-22，3；图版 4-16，4）。

陶俑头　YM9：4，仅存头部，夹细砂红褐陶。属 C 型，头披扇形头巾，口中有箫，为吹箫俑的头部。宽 11.6、残高 17.2 厘米（图 4-22，4；图版 4-17，4）。

陶鸡　YM9：3，保存较好，夹细砂红褐陶。属 B 型，体量较小，站立姿态，双脚合体塑造为一个空圆柱形。长 13.6、宽 7.8、高 16.2 厘米（图 4-22，5；图版 4-17，3）。

陶塘　YM9：2，保存较好，夹砂灰褐陶。平面呈长方形，宽沿，斜壁，平底，整体呈浅盘状，塘中部有半隔挡将其大致等分，塘内分布着荷叶、鱼等水生动植物。长 38.8、宽 26.4、高 6.8 厘米（图 4-22，1；图版 4-17，1、2）。

一〇、YM10

被盗扰。位于北区墓群南部，南、北两侧紧邻 YM6、YM9。墓道开口高度与 YM9 相若，比 YM6 墓道开口高超过 1 米。

墓向 71°，与 YM9 之间夹角超过 5°，与 YM6 大致平行。

单室墓（甲 Ac 型），残长 13.9、宽 3.4 米（图 4-23）。

墓道呈长条形，内宽外窄，残长 6、宽 0.9~1.4 米。底部近平，内低外高（图版 4-18）。

墓门斜立，与墓葬底部夹角约 80°，立面形状呈梯形，上端略窄于下端，高 1.25、宽 0.8~0.9 米。单重门框，墓门上方石壁向外扩 0.25 米形成简易门楣。墓门下部保留有垒砌的较大石块，似为封门。

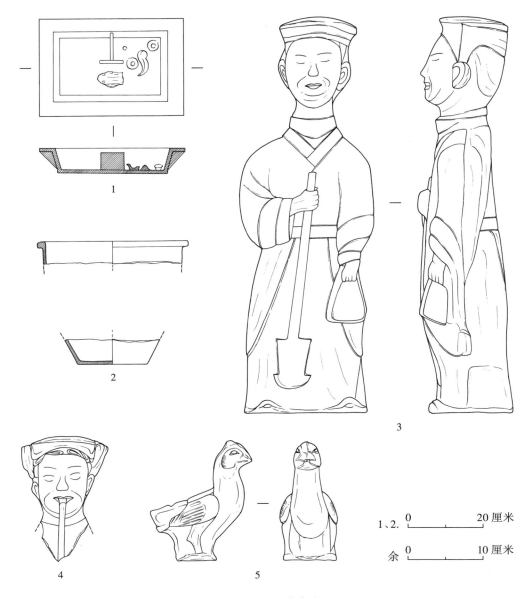

图 4-22 YM9 随葬陶器

1.陶塘（YM9：2） 2.陶盆（YM9：5） 3.陶执畚箕俑（YM9：1） 4.陶俑头（YM9：4） 5.陶鸡（YM9：3）

　　长方形甬道，进深 1.2、面阔 0.9、高 1.25 米。顶部平坦且基本呈水平状，直壁，底部近平且内外基本呈水平状，底部与墓道底部连为一体。

　　长方形墓室较长，内外基本等宽，顶部靠前有扰洞，拱形顶，弧度较小，内高外低，顶、壁转折明显，转折处有窄平檐，斜直壁。底部较为平坦，内高外低，近口部有一高约 0.15 米的台阶。墓室进深 4.8、面阔 1.8~2、高 1.9~2 米（图版 4-19）。

　　三个侧室，分处墓室左、右两侧和后部，均为平底。两侧的侧室平面和立面均近似长方形，斜弧壁。左侧室为斜弧顶，面阔 1.9、进深 0.9~0.95、高 0.8 米，底部比墓室底部高 0.25~0.3 米。右侧室为斜直顶，

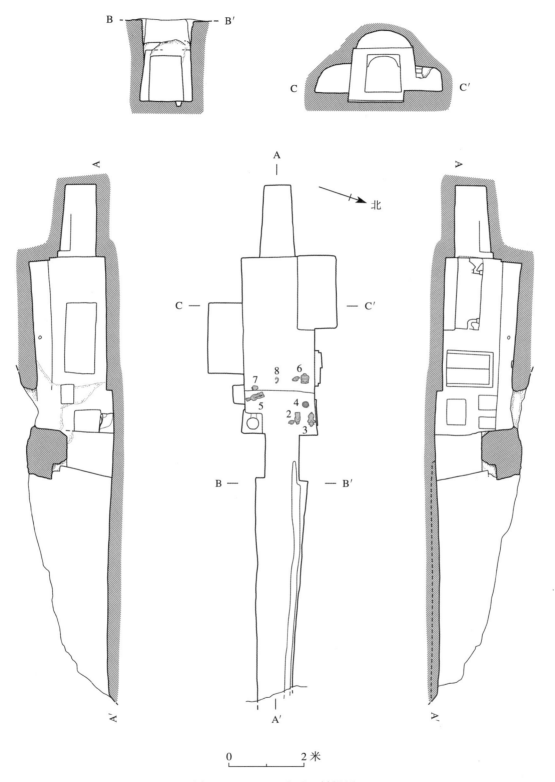

图 4-23 YM10 平面、剖视图

2.陶提罐俑   3.陶狗   4.陶井   5.陶执畚箕俑   6.陶执刀剖鱼俑   7.陶罐   8.铜钱

面阔 1.95、进深 1~1.05、高 0.65~0.7 米，底部比墓室底部高 0.3 米；口前的墓室底部有长方形连岩棺床，长 1.95、宽 0.45、高 0.3~0.35 米。后侧室平面呈梯形，斜直顶，斜直壁，面阔 0.7~0.95、进深 1.9、高 1.05 米，底部比墓室底部高 0.2 米。

墓室左前方有一个壁龛，平面与立面均呈长方形，平顶，直壁，平底。面阔 0.55、进深 0.3、高 0.35 米，底部距墓室底部 0.85~1.05 米。

复式灶台位于墓室左前角，靠近壁龛。灶台平面近似方形，长 0.5、宽 0.45、高 0.35 米。灶龛立面近似长方形，平顶，直壁，面阔 0.6、进深 0.1、高 0.7 米。单眼灶，灶眼为圆形，直径约 0.35 米。灶门大致呈半圆形，高 0.2、宽 0.15 米，朝向后端，与墓室中轴线平行。

甬道和墓道右侧有一条窄长条形排水沟，残长 6.2、最宽 0.25、最深 0.2 米。

在墓室右壁前端有半浮雕装饰（图版 4-20，1），外侧为三个呈倒"品"字形分布的窗户，内侧为关闭状态的双开门（图版 4-20，2）。右侧室口部上方两侧浮雕半丁头拱（图版 4-20，3）。

不见任何葬具以及墓主人骨骼。

墓道、墓室和侧室的壁面均保留有斜向平行线状凿痕，墓室和侧室所见凿痕相对较细。此外，在墓室侧壁上方中央保留有 2 个对应分布的小圆孔，可能是开凿崖墓保留痕迹。

墓室前部出土的随葬品似乎都大致位于原位（图版 4-21，1），陶狗位置最靠前，在墓室右前角（图版 4-21，2），近旁放置陶提罐俑和陶井，灶台前放置陶执畚箕俑，台阶之后的墓室底部摆放陶罐、陶执刀剖鱼俑和铜钱（图版 4-21，3）。在墓室后部被盗扰的填土中还出土若干器物碎片，从中辨识出 2 件陶釜、4 件陶盆、4 件陶罐、1 件陶钵、6 件陶拱手俑、2 件陶俑头、1 件陶鸭、1 件陶蟾蜍、2 件陶房模型、1 件陶塘模型以及 1 件铁环。

陶盆　均为泥质灰褐陶。属 Ab 型，敞口，窄平折沿，方唇较厚。素面。YM10：15，仅存口部。口径 24、残高 8 厘米（图 4-24，4）。YM10：16，仅存口部。口径 32、残高 17.4 厘米（图 4-24，2）。

陶釜　YM10：17，仅存口部，泥质灰褐陶。侈口，宽斜折沿，沿面微内凹，薄方唇。口沿下有一道凸弦纹。口径 20、残高 4.8 厘米（图 4-24，1）。

陶罐　YM10：7，保存较好，泥质灰褐陶。属 Aa 型，高体，侈口，卷沿，圆唇，矮束领较高且外侈，圆肩，深斜腹，平底。肩部饰一道旋纹。口径 11、底径 9.6、高 21 厘米（图 4-24，6；图版 4-23，2）。

陶钵　YM10：14，底部残缺，泥质灰褐陶。属 A 型，直口微敛，尖圆唇，浅腹，上腹微鼓，下腹斜收，上、下腹之间转折明显。素面。口径 14、残高 5.4 厘米（图 4-24，5）。

陶执畚箕俑　YM10：5，保存较好，夹细砂红褐陶。体量较大，站立姿态。头戴平巾帻，身着右衽深衣，衣摆触地，仅鞋出露，右手执畚，左手微屈，执箕，畚竖直位于正中央，箕位于腰左侧。宽 18.6、高 54.8 厘米（图 4-25，1；图版 4-22，2）。

陶提罐俑　YM10：2，保存较好，夹细砂红褐陶。体量较大，站立姿态。未戴冠，梳扇形双高髻，身着右衽深衣，衣摆触地，仅鞋出露，双臂位于身体两侧自然下垂，双手提罐。宽 18、高 54.4 厘米（图 4-25，2；图版 4-22，1）。

陶执刀剖鱼俑　YM10：6，保存较好，夹细砂红褐陶。体量较大，坐姿。未戴冠，梳扇形双高髻，身着右衽过膝深衣，双膝外露，膝盖上置长方形案，案上横躺一条鱼，双手微屈于前，右手斜执短刀，

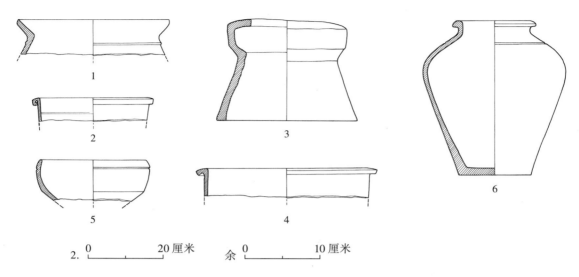

图 4-24 YM10 随葬陶容器与陶模型明器

1. 陶釜（YM10：17） 2、4. 陶盆（YM10：16、YM10：15） 3. 陶井（YM10：4） 5. 陶钵（YM10：14） 6. 陶罐（YM10：7）

图 4-25 YM10 随葬陶俑（一）

1. 陶执臿箕俑（YM10：5） 2. 陶提罐俑（YM10：2）

226　德阳华强沟崖墓

左手扶鱼，整体做剖鱼之状。宽 20、高 42 厘米（图 4-26；图版 4-22，3）。

陶俑头　YM10：12，仅存头部，夹细砂红褐陶。属 B 型，头戴平巾帻。宽 8.8、残高 12.2 厘米（图 4-28，1）。

陶狗　YM10：3，保存较好，夹细砂红褐陶。体量较大，体态壮硕，坐姿。前肢站立，后肢坐地，颈部有拴狗绳。长 38.8、宽 19.4、高 42 厘米（图 4-28，2；图版 4-22，4）。

图 4-26　YM10 随葬陶执刀剖鱼俑（YM10：6）

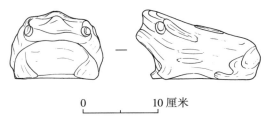

图 4-27　YM10 随葬陶蟾蜍（YM10：1）

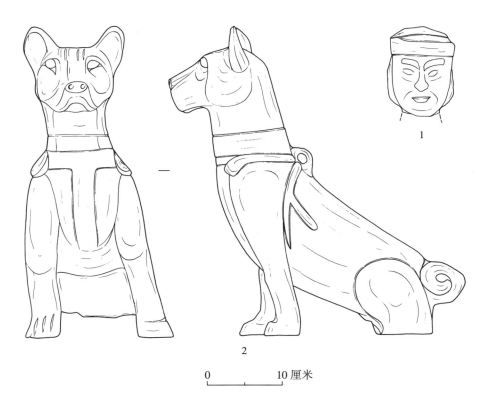

1

2

图 4-28　YM10 随葬陶俑（二）

1. 陶俑头（YM10：12）　2. 陶狗（YM10：3）

陶蟾蜍　YM10：1，保存较好，夹细砂红褐陶。趴卧状，背部有孔。长16.6、宽12.4、高9.6厘米（图4-27；图版4-21，4）。

陶井　YM10：4，保存较好，夹砂红褐陶。造型简单，整体形似圆柱形器座，敛口，方唇，上腹外鼓，下腹外撇，素面。口径16、底径18.6、高13.6厘米（图4-24，3；图版4-23，1）。

铜钱　均为圆形方穿，甚薄，可分为五铢钱、"货泉"钱、"大泉五十"钱和无文钱，且绝大多数有郭（图4-29~4-43；图版4-23，3、4）。具体见表4-1。

一一、YM11

被盗扰。位于北区墓群南端，北侧距YM6约5米。墓道开口高于YM6超过1米。

墓向78°，与YM6基本平行。

单室墓（甲Ac型），残长14.35、宽3.85米（图4-44）。

墓道呈长条形，内宽外窄，两侧中部有明显收缩，残长6.7、宽0.95~1.25米。底部近平，内外等高近呈水平状（图版4-24，1）。

墓门斜立，与墓葬底部夹角约80°，立面呈长方形，高1.3、宽0.75~0.8米。单重门框，墓门上方石壁向外扩0.1米形成简易门楣。

长方形甬道，进深1.2、面阔0.8~0.9、高1.25~1.35米。顶部平坦，内高外低，直壁，底部近平且内外基本呈水平状，底部与墓道底部连为一体。

长方形墓室较长，内外基本等宽，拱形顶近平，两侧斜弧略外敞，整体形似券顶，内高外低，顶、壁转折明显，转折处有窄平檐，斜直壁。底部较为平坦，内高外低，近口部有一高约0.15~0.2米的台阶。墓室进深4.45、面阔1.8~1.95、高1.8~1.95米（图版4-24，2、3）。

三个侧室，分处墓室左、右两侧和后部，均为平底。左侧室平面和立面均近似长方形，斜弧顶，斜弧壁，外部中央有一截面大致呈方形的立柱；面阔1.85、进深0.9~0.95、高0.75~0.8米，底部比墓室底部高0.25~0.35米。右侧室整体似袋状，口部内收，立面呈长方形，斜弧顶，斜弧壁；面阔1.15~1.9、进深0.85~1.1、高0.85米，底部比墓室底部高0.25~0.5米。后侧室平面呈梯形，斜直顶，斜直壁；面阔0.75~0.9、进深2、高0.85米，底部比墓室底部高0.2米。

墓室左前方有一个壁龛，平面与立面均呈长方形，平顶，直壁，平底。面阔0.55~0.6、进深0.25、高0.4米，底部距墓室底部1米。

台式灶台位于墓室左前角，靠近壁龛。平面近似长方形，长0.5~0.55、宽0.4~0.45、高0.3米。单眼灶，灶眼为圆形，直径约0.2米，后部有窄长烟道。灶门大致呈半圆形，高0.15、宽0.2米，朝向后端，与墓室中轴线平行。

甬道和墓道右侧有一条窄长条形排水沟，残长7.1、最宽0.15、最深0.15米。

在墓室左壁、右壁及顶部有表现屋架的彩绘（图版4-25，1）。左侧室立柱上方雕刻有一斗二升斗拱（图版4-25，2）。墓室顶部中央浮雕一个圆形垂瓜藻井，残断，具体形制不明。后壁后侧室两侧有半浮雕立柱，立柱上端各雕刻半个一斗二升斗拱，与左侧室立柱上方斗拱特征相似，斗拱之上为

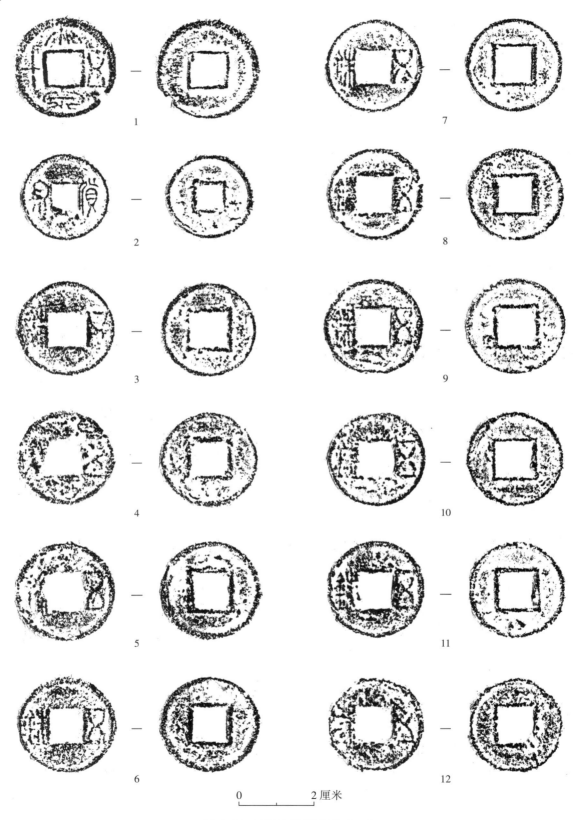

图 4-29 YM10 随葬铜钱（一）

1. YM10：8-1 2. YM10：8-2 3. YM10：8-3 4. YM10：8-4 5. YM10：8-5 6. YM10：8-6 7. YM10：8-7 8. YM10：8-8
9. YM10：8-9 10. YM10：8-10 11. YM10：8-11 12. YM10：8-12

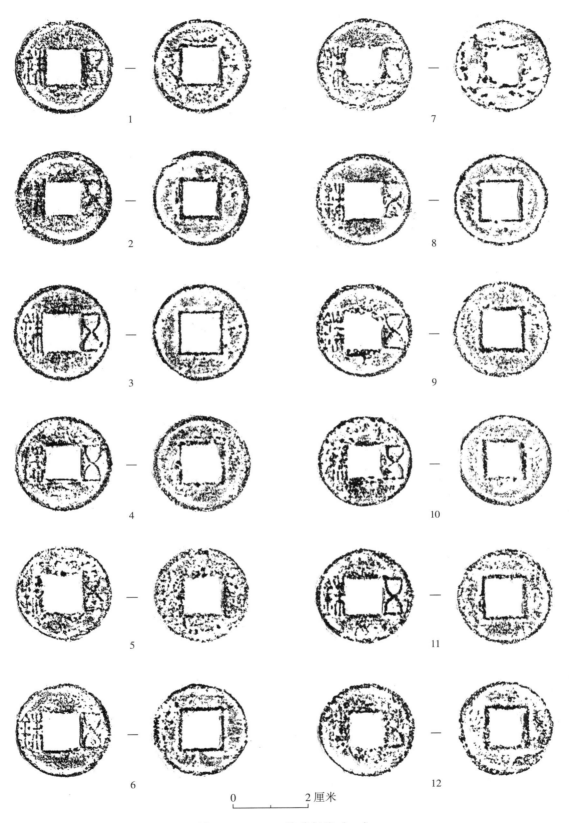

图 4-30 YM10 随葬铜钱（二）

1. YM10：8-13 2. YM10：8-14 3. YM10：8-15 4. YM10：8-16 5. YM10：8-17 6. YM10：8-18 7. YM10：8-19
8. YM10：8-20 9. YM10：8-21 10. YM10：8-22 11. YM10：8-23 12. YM10：8-24

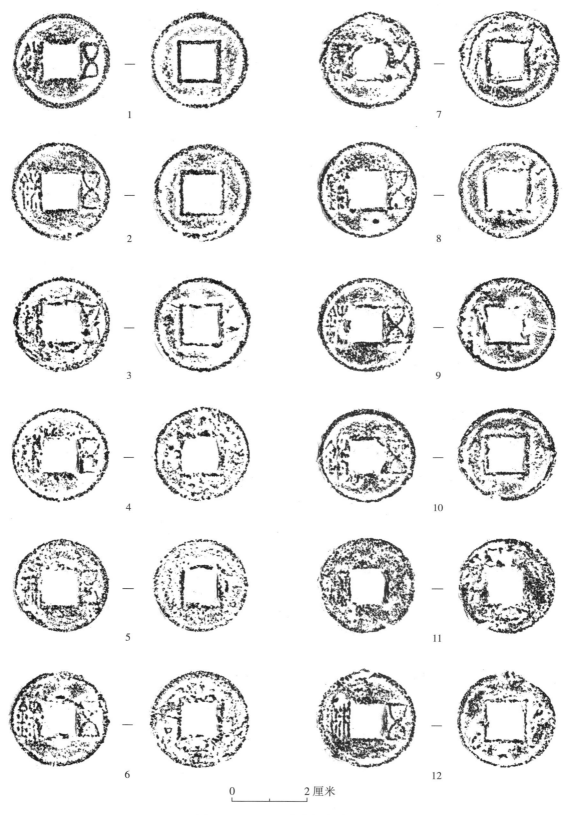

图 4-31　YM10 随葬铜钱（三）

1. YM10：8-25　2. YM10：8-26　3. YM10：8-27　4. YM10：8-28　5. YM10：8-29　6. YM10：8-30　7. YM10：8-31
8. YM10：8-32　9. YM10：8-33　10. YM10：8-34　11. YM10：8-35　12. YM10：8-36

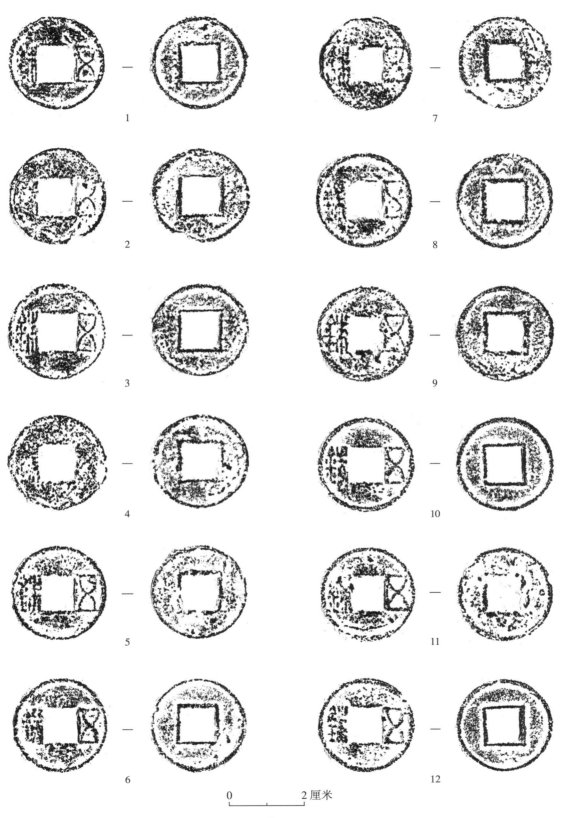

图 4-32　YM10 随葬铜钱（四）

1. YM10：8-37　2. YM10：8-38　3. YM10：8-39　4. YM10：8-40　5. YM10：8-41　6. YM10：8-42　7. YM10：8-43
8. YM10：8-44　9. YM10：8-45　10. YM10：8-46　11. YM10：8-47　12. YM10：8-48

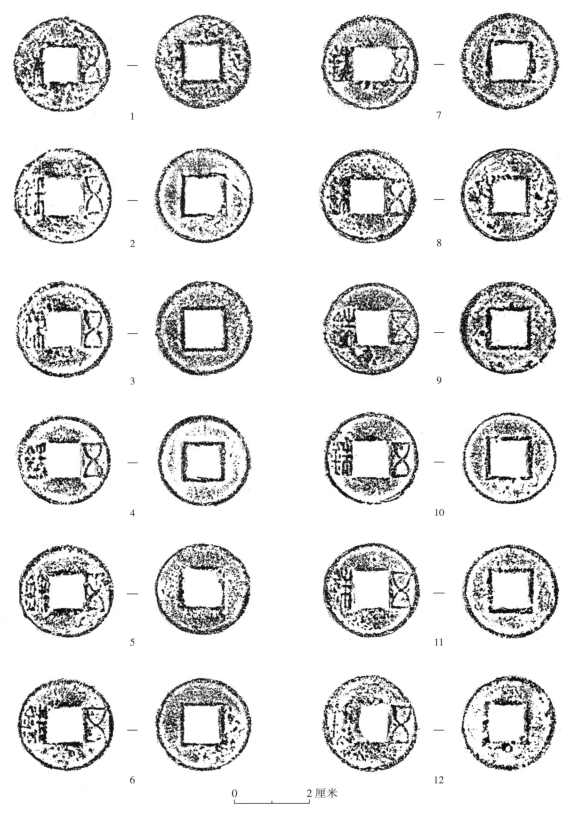

图 4-33 YM10 随葬铜钱（五）

1. YM10：8-49 2. YM10：8-50 3. YM10：8-51 4. YM10：8-52 5. YM10：8-53 6. YM10：8-54 7. YM10：8-55
8. YM10：8-56 9. YM10：8-57 10. YM10：8-58 11. YM10：8-59 12. YM10：8-60

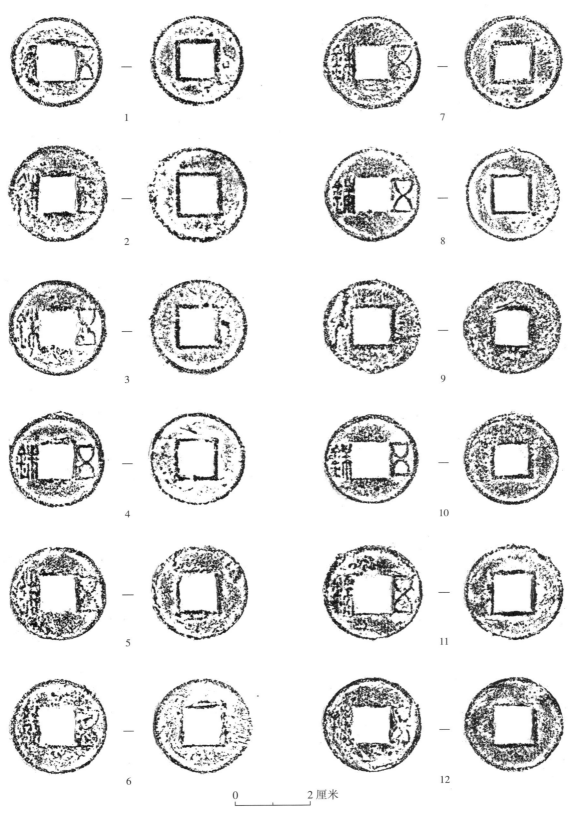

图 4-34 YM10 随葬铜钱（六）

1. YM10：8-61　2. YM10：8-62　3. YM10：8-63　4. YM10：8-64　5. YM10：8-65　6. YM10：8-66　7. YM10：8-67
8. YM10：8-68　9. YM10：8-69　10. YM10：8-70　11. YM10：8-71　12. YM10：8-72

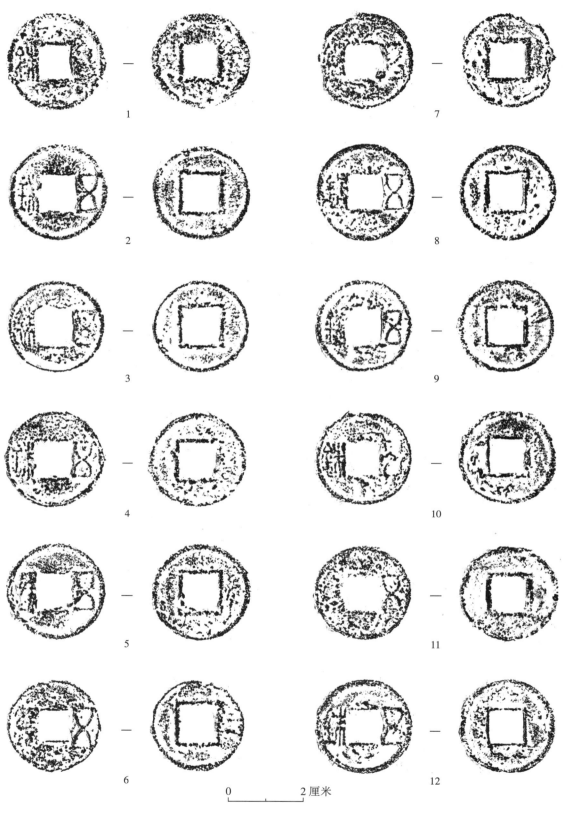

图 4-35 YM10 随葬铜钱（七）

1. YM10：8-73 2. YM10：8-74 3. YM10：8-75 4. YM10：8-76 5. YM10：8-77 6. YM10：8-78 7. YM10：8-79
8. YM10：8-80 9. YM10：8-81 10. YM10：8-82 11. YM10：8-83 12. YM10：8-84

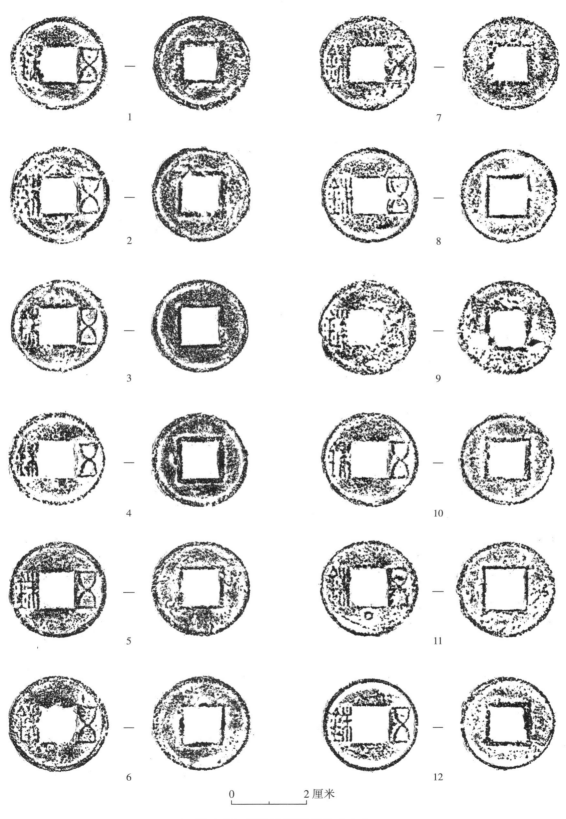

图4-36　YM10随葬铜钱（八）

1. YM10：8-85　2. YM10：8-86　3. YM10：8-87　4. YM10：8-88　5. YM10：8-89　6. YM10：8-90　7. YM10：8-91
8. YM10：8-92　9. YM10：8-93　10. YM10：8-94　11. YM10：8-95　12. YM10：8-96

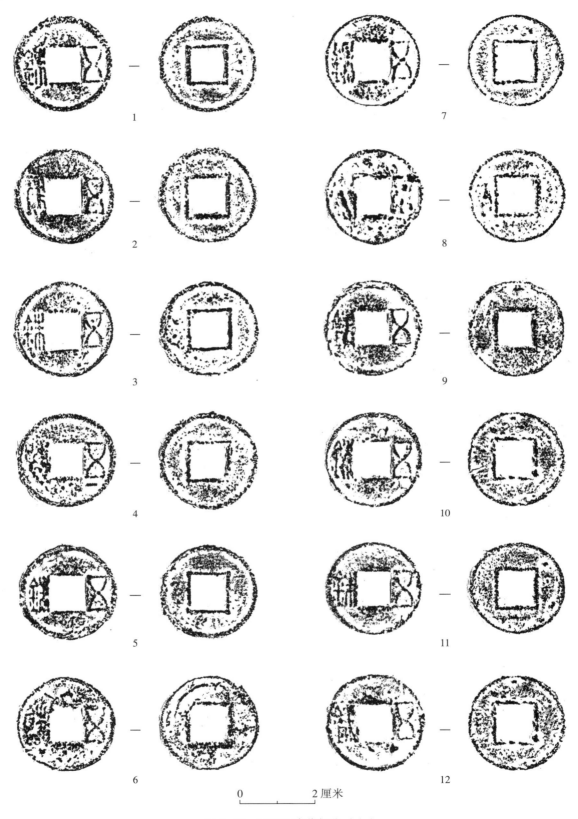

图 4-37　YM10 随葬铜钱（九）

1. YM10：8-97　2. YM10：8-98　3. YM10：8-99　4. YM10：8-100　5. YM10：8-101　6. YM10：8-102　7. YM10：8-103
8. YM10：8-104　9. YM10：8-105　10. YM10：8-106　11. YM10：8-107　12. YM10：8-108

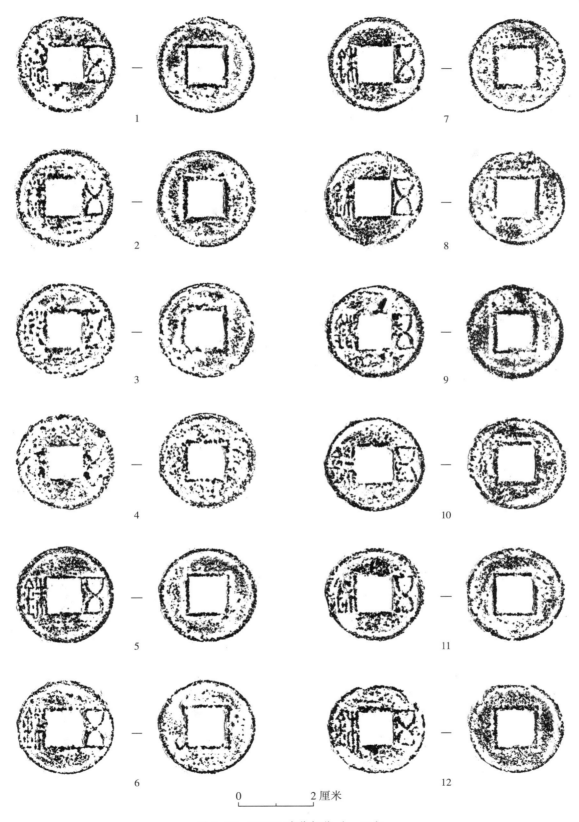

图 4-38　YM10 随葬铜钱（一〇）

1. YM10：8-109　2. YM10：8-110　3. YM10：8-111　4. YM10：8-112　5. YM10：8-113　6. YM10：8-114　7. YM10：8-115
8. YM10：8-116　9. YM10：8-117　10. YM10：8-118　11. YM10：8-119　12. YM10：8-120

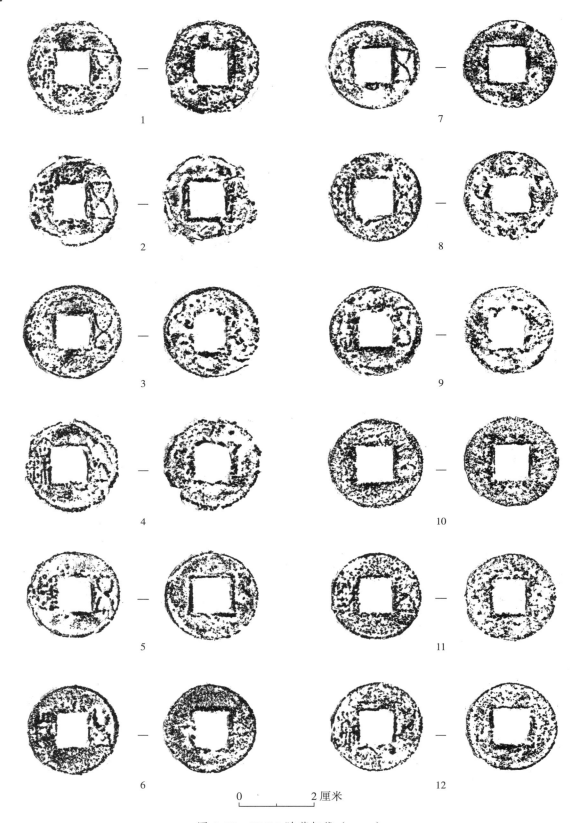

图 4-39　YM10 随葬铜钱（一一）

1. YM10：8-121　2. YM10：8-122　3. YM10：8-123　4. YM10：8-124　5. YM10：8-125　6. YM10：8-126　7. YM10：8-127
8. YM10：8-128　9. YM10：8-129　10. YM10：8-130　11. YM10：8-131　12. YM10：8-132

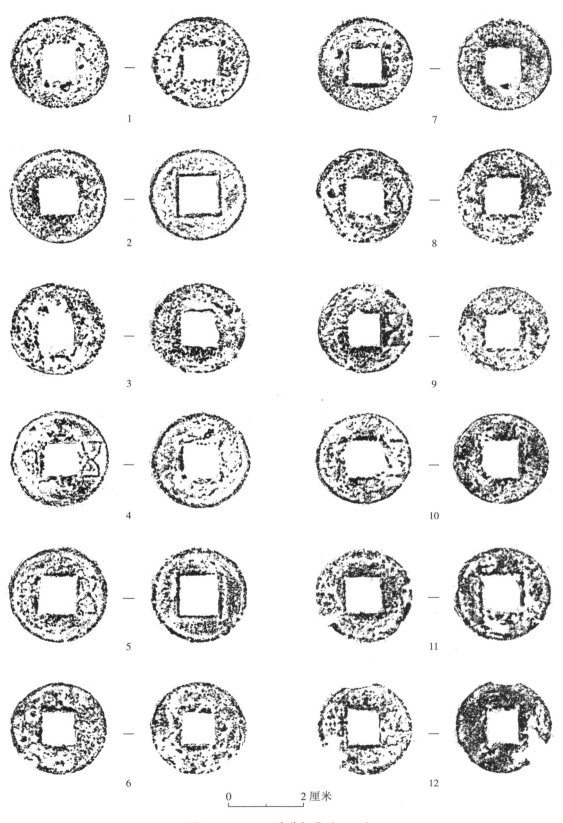

图 4-40 YM10 随葬铜钱（一二）

1. YM10：8-133　2. YM10：8-134　3. YM10：8-135　4. YM10：8-136　5. YM10：8-137　6. YM10：8-138　7. YM10：8-139
8. YM10：8-140　9. YM10：8-141　10. YM10：8-142　11. YM10：8-143　12. YM10：8-144

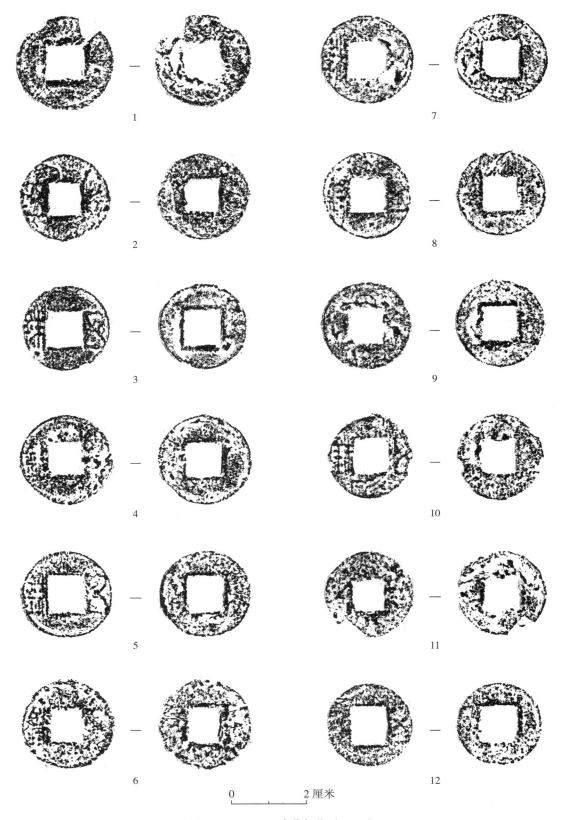

图 4-41　YM10 随葬铜钱（一三）

1. YM10：8-145　2. YM10：8-146　3. YM10：8-147　4. YM10：8-148　5. YM10：8-149　6. YM10：8-150　7. YM10：8-151
8. YM10：8-152　9. YM10：8-153　10. YM10：8-154　11. YM10：8-155　12. YM10：8-156

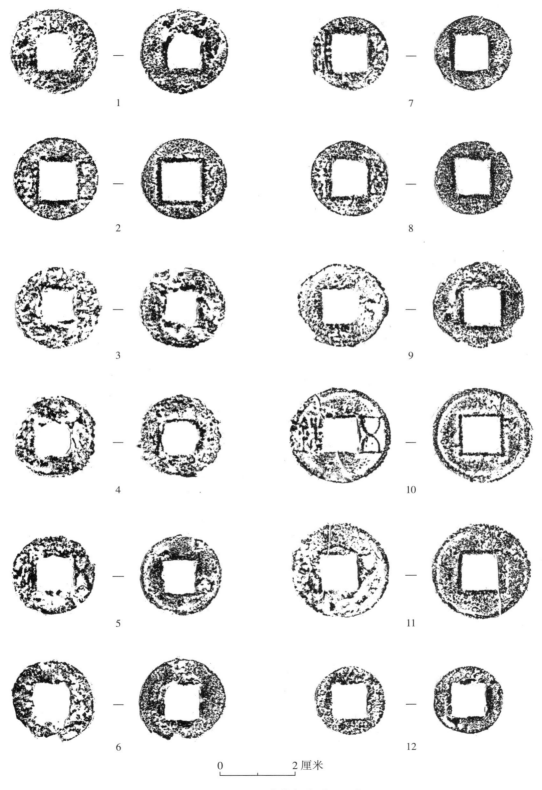

0   2厘米

图 4-42   YM10 随葬铜钱（一四）

1. YM10：8-157   2. YM10：8-158   3. YM10：8-159   4. YM10：8-160   5. YM10：8-161   6. YM10：8-162   7. YM10：8-163
8. YM10：8-164   9. YM10：8-165   10. YM10：8-166   11. YM10：8-167   12. YM10：8-168

0 —————— 2厘米

图4-43　YM10随葬铜钱（YM10：8-169）

表4-1　YM10出土铜钱信息表

编号	形制特征	尺寸（厘米）	重量（克）	插图编号
YM10：8-1	"大泉五十"钱	直径2.7、穿径0.8	7.15	图4-29，1
YM10：8-2	"货泉"钱	直径2.3、穿径0.7	3.23	图4-29，2
YM10：8-3	A型五铢钱	直径2.6、穿径0.9	3.04	图4-29，3
YM10：8-4	A型五铢钱	直径2.6、穿径0.9	1.73	图4-29，4
YM10：8-5	A型五铢钱	直径2.65、穿径0.9	3.38	图4-29，5
YM10：8-6	A型五铢钱	直径2.6、穿径0.9	3.24	图4-29，6
YM10：8-7	A型五铢钱	直径2.55、穿径0.95	2.87	图4-29，7
YM10：8-8	A型五铢钱	直径2.5、穿径1	2.41	图4-29，8
YM10：8-9	A型五铢钱	直径2.6、穿径1	2.89	图4-29，9
YM10：8-10	A型五铢钱	直径2.6、穿径1	2.75	图4-29，10
YM10：8-11	A型五铢钱	直径2.55、穿径0.9	3.31	图4-29，11
YM10：8-12	A型五铢钱	直径2.5、穿径0.95	3.02	图4-29，12
YM10：8-13	A型五铢钱	直径2.6、穿径0.95	2.7	图4-30，1
YM10：8-14	A型五铢钱	直径2.6、穿径0.95	2.6	图4-30，2
YM10：8-15	A型五铢钱	直径2.6、穿径1	1.84	图4-30，3
YM10：8-16	A型五铢钱	直径2.6、穿径0.95	2.86	图4-30，4
YM10：8-17	A型五铢钱	直径2.5、穿径1	2.55	图4-30，5
YM10：8-18	A型五铢钱	直径2.5、穿径0.95	2.47	图4-30，6
YM10：8-19	A型五铢钱	直径2.55、穿径0.9	2.57	图4-30，7
YM10：8-20	A型五铢钱	直径2.5、穿径1	2.64	图4-30，8
YM10：8-21	A型五铢钱	直径2.5、穿径1	3.36	图4-30，9
YM10：8-22	A型五铢钱	直径2.5、穿径0.9	2.81	图4-30，10
YM10：8-23	A型五铢钱	直径2.6、穿径0.95	3.58	图4-30，11
YM10：8-24	A型五铢钱	直径2.55、穿径0.9	1.93	图4-30，12

续表4-1

编号	形制特征	尺寸（厘米）	重量（克）	插图编号
YM10：8-25	A 型五铢钱	直径 2.6、穿径 0.9	3.22	图 4-31，1
YM10：8-26	A 型五铢钱	直径 2.6、穿径 1	2.77	图 4-31，2
YM10：8-27	A 型五铢钱	直径 2.6、穿径 1	2.96	图 4-31，3
YM10：8-28	A 型五铢钱	直径 2.6、穿径 0.95	2.83	图 4-31，4
YM10：8-29	A 型五铢钱	直径 2.5、穿径 0.9	2.78	图 4-31，5
YM10：8-30	A 型五铢钱	直径 2.6、穿径 0.9	2.74	图 4-31，6
YM10：8-31	A 型五铢钱	直径 2.6、穿径 0.9	3.33	图 4-31，7
YM10：8-32	A 型五铢钱	直径 2.6、穿径 1	2.57	图 4-31，8
YM10：8-33	A 型五铢钱	直径 2.6、穿径 0.9	2.81	图 4-31，9
YM10：8-34	A 型五铢钱	直径 2.6、穿径 0.9	3.3	图 4-31，10
YM10：8-35	A 型五铢钱	直径 2.6、穿径 0.95	2.9	图 4-31，11
YM10：8-36	A 型五铢钱	直径 2.6、穿径 0.95	2.89	图 4-31，12
YM10：8-37	A 型五铢钱	直径 2.6、穿径 1	3.12	图 4-32，1
YM10：8-38	A 型五铢钱	直径 2.6、穿径 1	2.27	图 4-32，2
YM10：8-39	A 型五铢钱	直径 2.6、穿径 1	3	图 4-32，3
YM10：8-40	A 型五铢钱	直径 2.6、穿径 1	2.98	图 4-32，4
YM10：8-41	A 型五铢钱	直径 2.5、穿径 0.9	2.74	图 4-32，5
YM10：8-42	A 型五铢钱	直径 2.5、穿径 0.9	2.76	图 4-32，6
YM10：8-43	A 型五铢钱	直径 2.5、穿径 0.9	1.88	图 4-32，7
YM10：8-44	A 型五铢钱	直径 2.55、穿径 1	2.96	图 4-32，8
YM10：8-45	A 型五铢钱	直径 2.6、穿径 0.9	3.69	图 4-32，9
YM10：8-46	A 型五铢钱	直径 2.6、穿径 0.95	3	图 4-32，10
YM10：8-47	A 型五铢钱	直径 2.5、穿径 0.9	2.35	图 4-32，11
YM10：8-48	A 型五铢钱	直径 2.6、穿径 0.9	2.62	图 4-32，12
YM10：8-49	A 型五铢钱	直径 2.5、穿径 0.95	2.3	图 4-33，1
YM10：8-50	A 型五铢钱	直径 2.6、穿径 0.95	3	图 4-33，2
YM10：8-51	A 型五铢钱	直径 2.6、穿径 0.95	3.33	图 4-33，3
YM10：8-52	A 型五铢钱	直径 2.55、穿径 0.9	3.3	图 4-33，4
YM10：8-53	A 型五铢钱	直径 2.5、穿径 0.95	2.83	图 4-33，5
YM10：8-54	A 型五铢钱	直径 2.6、穿径 1	3.04	图 4-33，6

续表4-1

编号	形制特征	尺寸（厘米）	重量（克）	插图编号
YM10∶8-55	A型五铢钱	直径2.6、穿径0.9	3.25	图4-33，7
YM10∶8-56	A型五铢钱	直径2.55、穿径0.9	2.52	图4-33，8
YM10∶8-57	A型五铢钱	直径2.5、穿径0.95	2.72	图4-33，9
YM10∶8-58	A型五铢钱	直径2.5、穿径1	2.92	图4-33，10
YM10∶8-59	A型五铢钱	直径2.6、穿径0.95	2.49	图4-33，11
YM10∶8-60	A型五铢钱	直径2.55、穿径0.95	2.7	图4-33，12
YM10∶8-61	A型五铢钱	直径2.45、穿径0.95	2.13	图4-34，1
YM10∶8-62	A型五铢钱	直径2.6、穿径1	3.06	图4-34，2
YM10∶8-63	A型五铢钱	直径2.6、穿径1	3.25	图4-34，3
YM10∶8-64	A型五铢钱	直径2.5、穿径1	2.36	图4-34，4
YM10∶8-65	A型五铢钱	直径2.55、穿径1	2.68	图4-34，5
YM10∶8-66	A型五铢钱	直径2.55、穿径1	3.02	图4-34，6
YM10∶8-67	A型五铢钱	直径2.55、穿径0.9	2.52	图4-34，7
YM10∶8-68	A型五铢钱	直径2.5、穿径0.9	2.73	图4-34，8
YM10∶8-69	A型无文钱	直径2.6、穿径0.9	2.97	图4-34，9
YM10∶8-70	A型五铢钱	直径2.5、穿径1	2.25	图4-34，10
YM10∶8-71	A型五铢钱	直径2.6、穿径1	2.66	图4-34，11
YM10∶8-72	A型五铢钱	直径2.6、穿径1	2.52	图4-34，12
YM10∶8-73	A型五铢钱	直径2.65、穿径0.9	2.82	图4-35，1
YM10∶8-74	A型五铢钱	直径2.55、穿径1	2.83	图4-35，2
YM10∶8-75	A型五铢钱	直径2.6、穿径1	2.77	图4-35，3
YM10∶8-76	A型五铢钱	直径2.6、穿径1	3.25	图4-35，4
YM10∶8-77	A型五铢钱	直径2.6、穿径0.95	3.43	图4-35，5
YM10∶8-78	A型五铢钱	直径2.5、穿径0.9	3.15	图4-35，6
YM10∶8-79	A型五铢钱	直径2.6、穿径0.9	3.26	图4-35，7
YM10∶8-80	A型五铢钱	直径2.6、穿径0.95	2.81	图4-35，8
YM10∶8-81	A型五铢钱	直径2.55、穿径1	2.09	图4-35，9
YM10∶8-82	A型五铢钱	直径2.6、穿径0.9	2.59	图4-35，10
YM10∶8-83	A型五铢钱	直径2.6、穿径0.9	2.23	图4-35，11
YM10∶8-84	A型五铢钱	直径2.55、穿径0.9	3.47	图4-35，12

续表 4-1

编号	形制特征	尺寸（厘米）	重量（克）	插图编号
YM10：8-85	A 型五铢钱	直径 2.55、穿径 0.9	2.77	图 4-36，1
YM10：8-86	A 型五铢钱	直径 2.6、穿径 0.95	3.03	图 4-36，2
YM10：8-87	A 型五铢钱	直径 2.55、穿径 1	2.27	图 4-36，3
YM10：8-88	A 型五铢钱	直径 2.6、穿径 0.95	2.73	图 4-36，4
YM10：8-89	A 型五铢钱	直径 2.6、穿径 1	2.39	图 4-36，5
YM10：8-90	A 型五铢钱	直径 2.6、穿径 0.9	2.75	图 4-36，6
YM10：8-91	A 型五铢钱	直径 2.6、穿径 0.95	3.24	图 4-36，7
YM10：8-92	A 型五铢钱	直径 2.55、穿径 0.95	2.28	图 4-36，8
YM10：8-93	A 型五铢钱	直径 2.6、穿径 0.9	2.5	图 4-36，9
YM10：8-94	A 型五铢钱	直径 2.5、穿径 1	2.14	图 4-36，10
YM10：8-95	A 型五铢钱	直径 2.6、穿径 1	2.13	图 4-36，11
YM10：8-96	A 型五铢钱	直径 2.55、穿径 0.9	3.18	图 4-36，12
YM10：8-97	A 型五铢钱	直径 2.6、穿径 0.9	2.65	图 4-37，1
YM10：8-98	A 型五铢钱	直径 2.6、穿径 1	2.51	图 4-37，2
YM10：8-99	A 型五铢钱	直径 2.6、穿径 1	2.57	图 4-37，3
YM10：8-100	A 型五铢钱	直径 2.6、穿径 0.95	3.11	图 4-37，4
YM10：8-101	A 型五铢钱	直径 2.6、穿径 0.95	3.08	图 4-37，5
YM10：8-102	A 型五铢钱	直径 2.6、穿径 0.85	3.34	图 4-37，6
YM10：8-103	A 型五铢钱	直径 2.55、穿径 1	2.45	图 4-37，7
YM10：8-104	A 型五铢钱	直径 2.6、穿径 0.9	2.26	图 4-37，8
YM10：8-105	A 型五铢钱	直径 2.6、穿径 0.9	3.01	图 4-37，9
YM10：8-106	A 型五铢钱	直径 2.6、穿径 0.95	3.14	图 4-37，10
YM10：8-107	A 型五铢钱	直径 2.55、穿径 0.9	2.51	图 4-37，11
YM10：8-108	A 型五铢钱	直径 2.6、穿径 1	2.82	图 4-37，12
YM10：8-109	A 型五铢钱	直径 2.6、穿径 0.95	2.96	图 4-38，1
YM10：8-110	A 型五铢钱	直径 2.6、穿径 1	2.7	图 4-38，2
YM10：8-111	A 型五铢钱	直径 2.6、穿径 0.95	3.57	图 4-38，3
YM10：8-112	A 型五铢钱	直径 2.6、穿径 0.95	3.76	图 4-38，4
YM10：8-113	A 型五铢钱	直径 2.6、穿径 0.95	2.7	图 4-38，5
YM10：8-114	A 型五铢钱	直径 2.6、穿径 1	2.7	图 4-38，6

续表 4-1

编号	形制特征	尺寸（厘米）	重量（克）	插图编号
YM10：8-115	A 型五铢钱	直径 2.6、穿径 1	3.4	图 4-38，7
YM10：8-116	A 型五铢钱	直径 2.6、穿径 1	2.31	图 4-38，8
YM10：8-117	A 型五铢钱	直径 2.6、穿径 0.9	2.85	图 4-38，9
YM10：8-118	A 型五铢钱	直径 2.6、穿径 1	2.7	图 4-38，10
YM10：8-119	A 型五铢钱	直径 2.6、穿径 0.95	2.55	图 4-38，11
YM10：8-120	A 型五铢钱	直径 2.5、穿径 0.9	1.95	图 4-38，12
YM10：8-121	A 型五铢钱	直径 2.5、穿径 0.9	2.83	图 4-39，1
YM10：8-122	A 型五铢钱	直径 2.5、穿径 0.95	2.7	图 4-39，2
YM10：8-123	A 型五铢钱	直径 2.5、穿径 0.85	3.23	图 4-39，3
YM10：8-124	A 型五铢钱	直径 2.5、穿径 0.95	3.07	图 4-39，4
YM10：8-125	A 型五铢钱	直径 2.5、穿径 0.9	2.42	图 4-39，5
YM10：8-126	A 型五铢钱	直径 2.5、穿径 0.9	2.58	图 4-39，6
YM10：8-127	A 型五铢钱	直径 2.4、穿径 0.9	2.4	图 4-39，7
YM10：8-128	B 型五铢钱	直径 2.45、穿径 0.95	2.3	图 4-39，8
YM10：8-129	B 型五铢钱	直径 2.45、穿径 0.95	2.15	图 4-39，9
YM10：8-130	A 型五铢钱	直径 2.5、穿径 1	2.53	图 4-39，10
YM10：8-131	A 型五铢钱	直径 2.4、穿径 0.9	2.44	图 4-39，11
YM10：8-132	A 型五铢钱	直径 2.4、穿径 0.95	1.94	图 4-39，12
YM10：8-133	A 型五铢钱	直径 2.55、穿径 0.9	3.01	图 4-40，1
YM10：8-134	A 型五铢钱	直径 2.6、穿径 1	3.21	图 4-40，2
YM10：8-135	A 型无文钱	直径 2.5、穿径 0.95	2.43	图 4-40，3
YM10：8-136	A 型五铢钱	直径 2.6、穿径 0.9	3	图 4-40，4
YM10：8-137	A 型五铢钱	直径 2.6、穿径 1	2.33	图 4-40，5
YM10：8-138	A 型无文钱	直径 2.5、穿径 0.9	2.34	图 4-40，6
YM10：8-139	A 型无文钱	直径 2.5、穿径 0.95	2.02	图 4-40，7
YM10：8-140	A 型五铢钱	直径 2.6、穿径 0.95	2.55	图 4-40，8
YM10：8-141	A 型五铢钱	直径 2.5、穿径 0.85	2.64	图 4-40，9
YM10：8-142	A 型五铢钱	直径 2.5、穿径 0.95	2.63	图 4-40，10
YM10：8-143	A 型无文钱	直径 2.5、穿径 1	2.2	图 4-40，11
YM10：8-144	A 型五铢钱	直径 2.5、穿径 0.9	1.86	图 4-40，12

续表 4-1

编号	形制特征	尺寸（厘米）	重量（克）	插图编号
YM10：8-145	A 型无文钱	直径 2.5、穿径 1	2.16	图 4-41，1
YM10：8-146	A 型无文钱	直径 2.4、穿径 0.9	2.09	图 4-41，2
YM10：8-147	B 型五铢钱	直径 2.3、穿径 1	1.29	图 4-41，3
YM10：8-148	A 型五铢钱	直径 2.5、穿径 0.9	2.34	图 4-41，4
YM10：8-149	B 型五铢钱	直径 2.4、穿径 0.95	2.14	图 4-41，5
YM10：8-150	B 型五铢钱	直径 2.4、穿径 0.9	2.18	图 4-41，6
YM10：8-151	B 型五铢钱	直径 2.45、穿径 1	1.87	图 4-41，7
YM10：8-152	B 型五铢钱	直径 3.5、穿径 0.9	1.77	图 4-41，8
YM10：8-153	B 型无文钱	直径 2.3、穿径 0.95	1.6	图 4-41，9
YM10：8-154	B 型五铢钱	直径 2.4、穿径 0.9	1.82	图 4-41，10
YM10：8-155	B 型无文钱	直径 2.35、穿径 0.9	1.5	图 4-41，11
YM10：8-156	B 型五铢钱	直径 2.3、穿径 1	1.71	图 4-41，12
YM10：8-157	B 型五铢钱	直径 2.3、穿径 0.85	1.95	图 4-42，1
YM10：8-158	B 型五铢钱	直径 2.2、穿径 1	1.9	图 4-42，2
YM10：8-159	B 型无文钱	直径 2.2、穿径 0.8	1.59	图 4-42，3
YM10：8-160	B 型无文钱	直径 2.2、穿径 0.9	1.83	图 4-42，4
YM10：8-161	B 型五铢钱	直径 2.2、穿径 0.9	1.16	图 4-42，5
YM10：8-162	B 型五铢钱	直径 2.3、穿径 1	1.3	图 4-42，6
YM10：8-163	B 型五铢钱	直径 2.0、穿径 1	1.52	图 4-42，7
YM10：8-164	B 型五铢钱	直径 2.0、穿径 0.9	1.39	图 4-42，8
YM10：8-165	B 型无文钱	直径 2.4、穿径 1	2.18	图 4-42，9
YM10：8-166	A 型五铢钱	直径 2.7、穿径 0.95	2.62	图 4-42，10
YM10：8-167	A 型五铢钱	直径 2.6、穿径 0.95	3.25	图 4-42，11
YM10：8-168	B 型无文钱	直径 1.8、穿径 1	0.82	图 4-42，12
YM10：8-169	B 型无文钱	直径 1.8、穿径 1	0.84	图 4-43

横置屋椽，再其上雕刻波浪形屋檐，檐下有嘉瓜雕刻（图版 4-25，3、4）。

不见任何葬具以及墓主人骨骼。

墓道侧壁有较粗的斜向平行线状凿痕，墓室和侧室壁面保留有圆点状凿痕，局部保留有斜向平行线状凿痕。

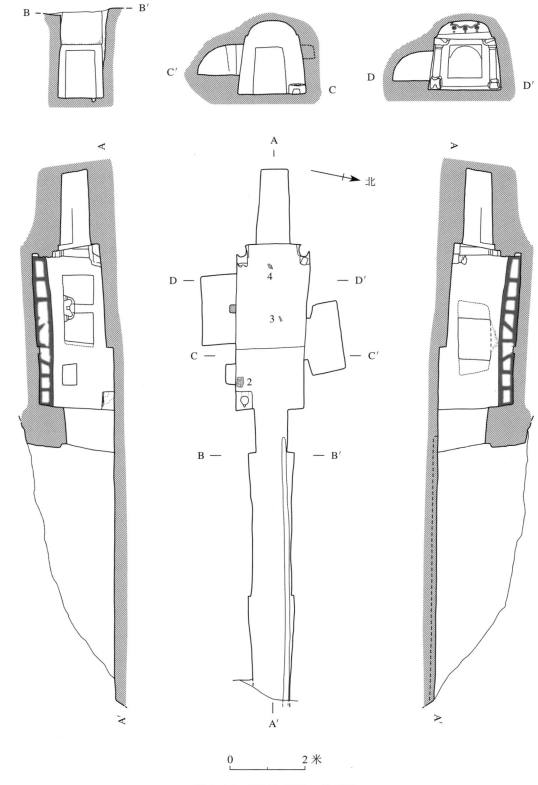

图 4-44 YM11 平面、剖视图

2. 陶执刀剖鱼俑 3. 陶拱手俑 4. 陶子母鸡

灶台前方出土一件陶执刀剖鱼俑（图版4-26，1），墓室中后部中央出土1件陶拱手俑和1件陶子母鸡，应该都未被严重扰动。其余随葬品均因为盗扰破碎且脱离原始位置，可辨器类有3件陶盆、1件陶瓮、1件陶罐、2件不明陶容器、1件陶拱手俑、1件不明陶俑、1件陶房模型以及2件陶塘模型。

陶盆　均为泥质灰褐陶。属 Ab 型，深斜腹。素面。YM11：5，仅存底部，平底。底径16、残高10厘米（图4-45，6）。YM11：7，仅存口部。敞口，窄平折沿，方唇较厚。口径36、残高8厘米（图4-45，5）。YM11：8，仅存口部。敞口，窄平折沿，厚方唇。口径36、残高6厘米（图4-45，3）。

陶瓮　YM11：6，仅存口肩部，泥质灰褐陶。属 Ba 型，宽扁体，大侈口，卷沿，方圆唇，无领，圆折肩。素面。口径14.8、残高9.2厘米（图4-45，2）。

陶罐　YM11：9，仅存口肩部，泥质灰褐陶。属 Aa 型，高体，侈口，卷沿，圆唇，矮束领较高且外侈，圆肩。肩部饰一道旋纹。口径9.2、残高5.6厘米（图4-45，4）。

陶执刀剖鱼俑　YM11：2，头部缺失，夹细砂红褐陶。体量较大，坐姿。身着右衽过膝深衣，双膝外露，膝盖上置长方形案，案上横躺一条鱼，双手微屈于前，右手斜执短刀，左手扶鱼，整体作剖鱼之状。宽29.4、残高41.8厘米（图4-46；图版4-26，2）。

陶拱手俑　YM11：3，保存较好，夹细砂灰褐陶。属 B 型，体量甚小，站立姿态。头似戴花冠，身穿右衽触地深衣，双手合握于腹部并隐于长袖之中。此陶俑有可能是陶房模型的组成部分。宽4.6、高11.6厘米（图4-45，7；图版4-26，3）。

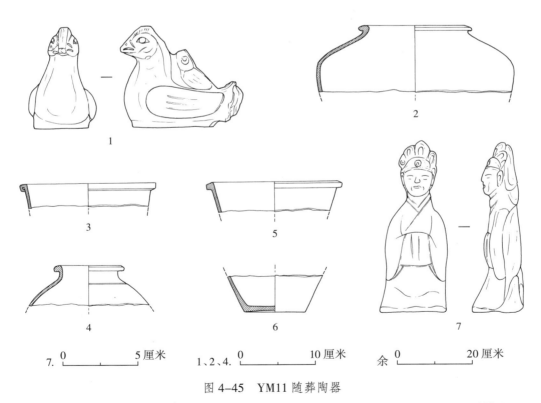

图 4-45　YM11 随葬陶器

1. 陶子母鸡（YM11：4）　2. 陶瓮（YM11：6）　3、5、6. 陶盆（YM11：8、YM11：7、YM11：5）　4. 陶罐（YM11：9）

7. 陶拱手俑（YM11：3）

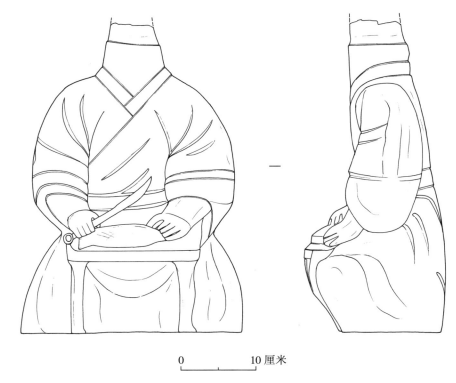

0   10 厘米

图 4-46   YM11 随葬陶执刀剖鱼俑（YM11：2）

　　陶子母鸡   YM11：4，保存较好，夹细砂红褐陶。体量较小，母鸡趴卧状，背部有一只小鸡。长 16.2、宽 9、高 14 厘米（图 4-45，1；图版 4-26，4）。

一二、YM12

　　被盗扰，因平整土地导致甬道顶部和墓室前端顶部不存，墓室后部未清理完毕。位于南区墓群西端，东侧紧邻 YM13。墓道开口高度与 YM13 相若。

　　墓向 22°，与 YM13 大致平行。

　　已清理部分残长 9.1、宽 2.9 米（图 4-47；图版 4-27，1）。

　　墓道呈长条形，内宽外窄，残长 2.2、宽 1.35~1.85 米。底部近平，整体内外等高近呈水平状（图版 4-27，2）。

　　墓门斜立，与墓葬底部夹角约 80°，顶部不存，立面形状呈梯形，上端略窄于下端，残高 1、宽 1 米。单重门框。

　　梯形甬道，进深 1.3、面阔 1~1.15、残高 1.25 米。直壁，底部近平，内高外低，底部与墓道底部连为一体。

　　长方形墓室较长，斜直壁，底部较为平坦，内高外低，中部有一高约 0.3 米的台阶。已清理部分进深 5.6、面阔 2.7、残高 1.85 米（图版 4-27，3）。

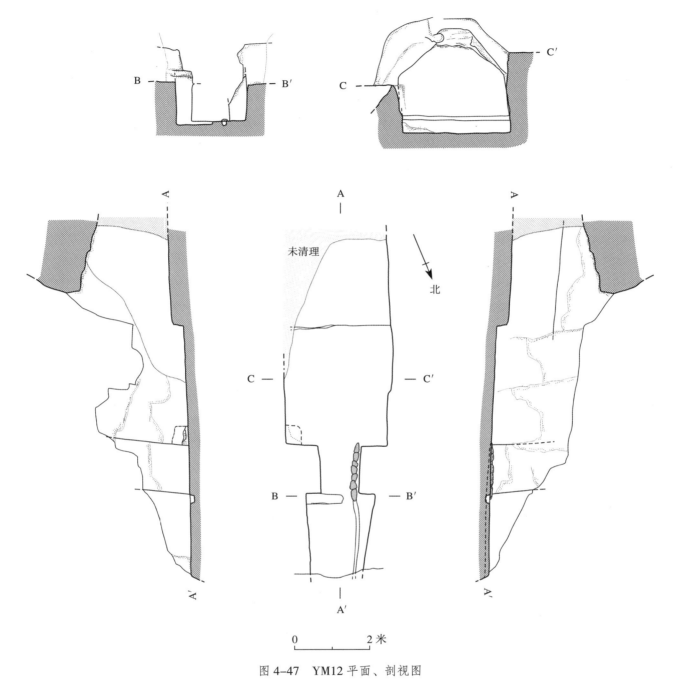

图 4-47 YM12 平面、剖视图

　　台式灶台位于墓室左前角。被严重破坏，平面似呈长方形，长 0.5、宽 0.45、高 0.4 米。

　　甬道和墓道右侧有一条窄长条形排水沟，整体近直，在墓道后端靠近甬道处略有曲折，残长 3.7、最宽 0.15、最深 0.1 米。甬道内的排水沟表面覆盖一列石块。

　　不见任何装饰、葬具以及墓主人骨骼。

　　墓室局部壁面保留有圆点状凿痕。

　　随葬品均因为盗扰破碎且脱离原始位置，从填土陶片中辨识出 1 件罐、1 件不明容器、1 件拱手俑

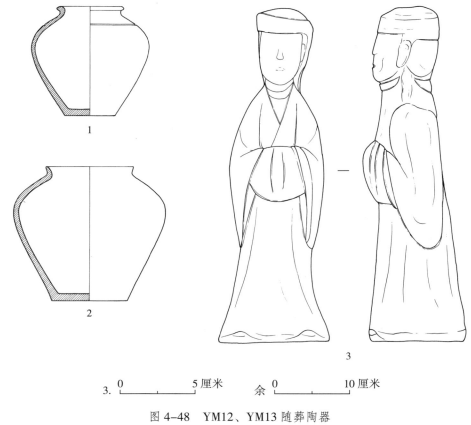

3. 0 _____ 5厘米　　余 0 _____ 10厘米

图 4-48　YM12、YM13 随葬陶器

1、2.陶罐（YM13：2、YM13：1）　3.陶拱手俑（YM12：1）

以及 1 件不知名俑。

陶拱手俑　YM12：1，保存较好，夹细砂红褐陶。属 A 型，体量相对较大，站立姿态。头披巾，身穿右衽触地深衣，双手合握于腹部并隐于长袖之中。宽 7.1、高 22.6 厘米（图 4-48，3；图版 4-27，4）。

一三、YM13

被盗扰，因平整土地导致甬道、墓室和侧室的顶部不存。位于南区墓群西部，东、西两侧紧邻 YM14、YM12。墓道开口高度与 YM12、YM14 基本一致。

墓向 28°，与 YM12 大致平行，与 YM14 的夹角超过 10°。

单室墓（甲 Ab 型），残长 9.05、宽 3.15 米（图 4-49）。

墓道呈长条形，内宽外窄，残长 2.4、宽 1.15~1.4 米。底部近平，整体内外等高近呈水平状（图版 4-28，1）。

墓门斜立，与墓葬底部夹角约 70°，顶部不存，立面形状呈梯形，上端略窄于下端，残高 1.05、宽 0.7~0.9 米。单重门框。

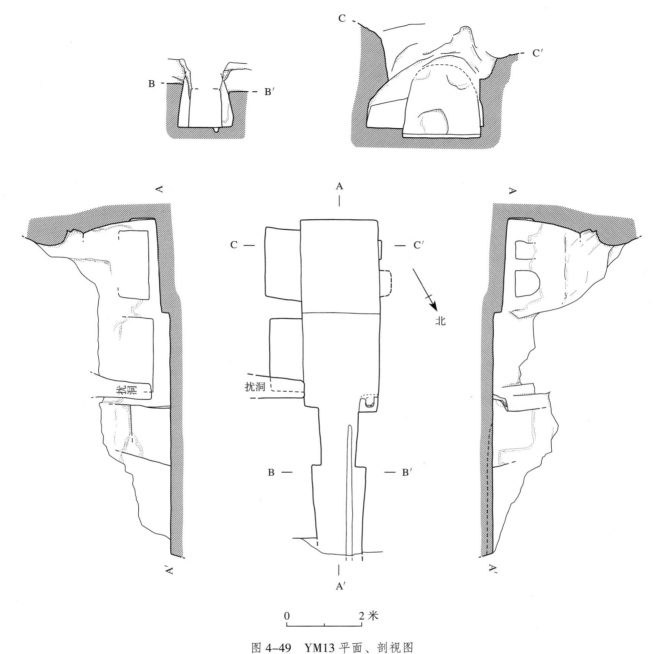

图 4-49　YM13 平面、剖视图

梯形甬道，进深 1.55、面阔 0.9~1.1、残高 1.05 米。从两侧壁痕迹可知甬道顶部平坦，内高外低，直壁，底部近平且内外基本呈水平状，底部与墓道底部连为一体。

长方形墓室较长，内外基本等宽，斜弧壁，底部较为平坦，内高外低，中部有一高约 0.2 米的台阶。墓室进深 5.1、面阔 1.9~2.05、残高 1.95 米（图版 4-28，2）。

两个侧室，位于墓室左侧，平面和立面均近似长方形，斜直顶，斜直壁，平底。前侧室面阔 2、进深 0.85、残高 0.7 米，底部比墓室底部高 0.45 米。后侧室面阔 1.85~1.9、进深 0.95、残高 0.8 米，底部比墓室底部高 0.2~0.3 米。

两个壁龛，均位于墓室右后方，平面均呈长方形，直壁，平底。前壁龛立面大致呈半圆形，拱形顶，面阔 0.7、进深 0.1、高 0.65 米，底部距墓室底部 0.3~0.35 米。后壁龛立面似呈竖长方形，平顶，面阔 0.5、进深 0.8、残高 0.45 米，底部距墓室底部 0.35 米。

台式灶台位于墓室右前角。平面近似方形，长 0.5、宽 0.45、高 0.4 米。单眼灶，灶眼为圆形，直径约 0.2 米。灶门大致呈半圆形，门梁缺失，朝向后端，与墓室中轴线平行。

甬道和墓道右侧有一条窄长条形排水沟，残长 3.55、最宽 0.15、最深 0.15 米。

不见任何装饰、葬具以及墓主人骨骼。

由于长期暴露，风化严重，仅墓室和侧室局部壁面保留有圆点状凿痕。

随葬品均因为盗扰破碎且脱离原始位置，仅从填土陶片中辨识出 2 件罐、5 件不明容器、1 件拱手俑、2 件鸭以及 1 件陶房模型。

陶罐　拼对复原，泥质灰褐陶。属 Ab 型，高体，侈口，卷沿，圆唇，领甚矮且微内敛，圆肩，深斜腹，平底。YM13：1，素面。口径 11.6、底径 10、高 18 厘米（图 4-48，2；图版 4-28，3）。YM13：2，肩部饰一道旋纹。口径 8.8、底径 6.8、高 14.6 厘米（图 4-48，1；图版 4-28，4）。

一四、YM14

被盗扰，墓室顶部垮塌严重。位于南区墓群西部，西侧紧邻 YM13，东侧距 YM15 约 5 米。墓道开口高度与 YM13、YM15 基本一致。

墓向 35°，与 YM13、YM15 之间夹角均超过 10°。

单室墓（甲 Ba 型），残长 6.6、宽 2.35 米（图 4-50）。

墓道呈长条形，内宽外窄，残长 2.3、宽 1.35~1.7 米。底部近平，内低外高（图版 4-29，1）。

墓门斜立，与墓葬底部夹角约 70°，顶部不存，立面形状呈梯形，上端略窄于下端，残高 1、宽 0.9~0.95 米。单重门框。

长方形甬道，进深 1.2、面阔 0.9~1、高 1~1.2 米。顶部平坦，内高外低，直壁，底部近平且内外基本呈水平状，底部与墓道底部存在高 0.05~0.1 米的台阶。

长方形墓室较短，内外基本等宽，顶部垮塌严重，从残存顶部可知为拱形顶，弧度较大，内高外低，顶、壁转折明显，转折处有窄平檐，斜直壁。底部较为平坦，内高外低，近口部有一高约 0.05 米的台阶，大致呈"U"字形。墓室进深 3.1、面阔 2.3~2.35、高 1.95~2 米（图版 4-29，2、3）。右后方有一长方形连岩棺床，长 2.2、宽 0.5~0.6、高 0.1~0.2 米。

台式灶台位于墓室左前角。平面近似长方形，长 0.6、宽 0.55、高 0.35 米。单眼灶，灶眼为圆形，直径约 0.25~0.3 米，后部有窄长烟道。灶门大致呈半圆形，门梁缺失，朝向后端，与墓室中轴线平行。

甬道和墓道右侧有一条窄长条形排水沟，残长 3.05、最宽 0.15、最深 0.2 米。

不见任何装饰、葬具以及墓主人骨骼。

墓道侧壁有较粗的斜向平行线状凿痕，墓室和侧室壁面保留有圆点状凿痕。

随葬品均因为盗扰破碎且脱离原始位置，从填土陶片中辨认出 1 件釜、1 件罐、1 件钵、1 件不明

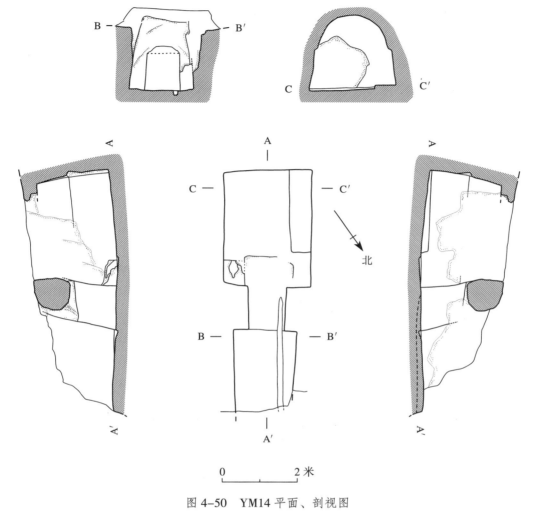

0 ————— 2 米

图 4-50　YM14 平面、剖视图

容器、1 件执甾箕俑、1 件拱手俑以及 1 件陶塘模型。

陶釜　YM14：3，仅存口部，泥质灰褐陶。侈口，宽斜折沿，沿面微内凹，薄方唇。素面。口径
20、残高 3 厘米（图 4-51，1）。

陶罐　YM14：2，仅存底部，泥质灰褐陶。深斜腹，平底。素面。底径 7.6、残高 7.5 厘米（图
4-51，2）。

陶执甾箕俑　YM14：1，保存完好，夹细砂红褐陶。体量相对较小，站立姿态，头戴平巾帻，身
着右衽深衣，衣摆触地，仅鞋出露，右手执甾，左手微屈，执箕，甾竖直位于正中央，箕位于腰左侧。
宽 10.8、高 30.6 厘米（图 4-51，3；图版 4-29，4）。

一五、YM15

被盗扰。位于南区墓群中部，西侧距 YM14 约 5 米，东侧紧邻 YM16。墓道开口高度与 YM14、

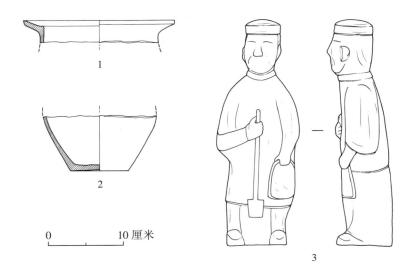

图 4-51　YM14 随葬陶器

1. 陶釜（YM14：3）　2. 陶罐（YM14：2）　3. 陶执畚箕俑（YM14：1）

YM16 相近。

墓向 21°，与 YM14 之间夹角超过 10°，与 YM16 之间夹角超过 5°。

单室墓（甲 Bb 型），残长 6.4、宽 2.8 米（图 4-52）。

墓道呈长条形，内宽外窄，残长 2.35、宽 1.65~1.8 米。底部近平，内高外低（图版 4-30，1）。

墓门斜立，与墓葬底部夹角约 80°，顶部残缺，立面呈长方形，残高 0.95、宽 0.8~0.9 米。单重门框，无门楣。

长方形甬道，进深 1.15、面阔 0.9~0.95、高 0.95~1.05 米。顶部残缺，从两壁残留痕迹可知顶部平坦，内高外低，直壁，底部近平，内高外低，底部与墓道底部连为一体。

长方形墓室较短，内外基本等宽，顶部部分垮塌，拱形顶，弧度较大，内外基本等高，大致呈水平状，顶、壁转折明显，转折处有窄平檐，斜弧壁，底部较为平坦，内高外低。墓室进深 2.9、面阔 2.05~2.2、高 1.75~1.9 米（图版 4-30，2、3）。

侧室位于墓室左侧。平面和立面均近似长方形，斜直顶，直壁，平底。面阔 1.75、进深 0.5~0.6、残高 0.5~0.6 米，底部比墓室底部高 0.2~0.4 米。

台式灶台位于墓室左前角。平面近似长方形，长 0.55~0.65、宽 0.4~0.45、高 0.25~0.45 米。单眼灶，灶眼为圆形，直径约 0.2~0.3 米，后部有窄长烟道。灶门大致呈半圆形，门梁缺失，朝向后端，与墓室中轴线平行。

不见任何排水设施、装饰、葬具以及墓主人骨骼。

墓壁风化严重，仅侧室局部壁面保留有圆点状凿痕。

随葬品均因为盗扰破碎且脱离原始位置，仅从填土陶片中分辨出 1 件盆、2 件罐、4 件不明容器、1 件拱手俑、1 件俑头、1 件鸡和 1 件陶房模型。

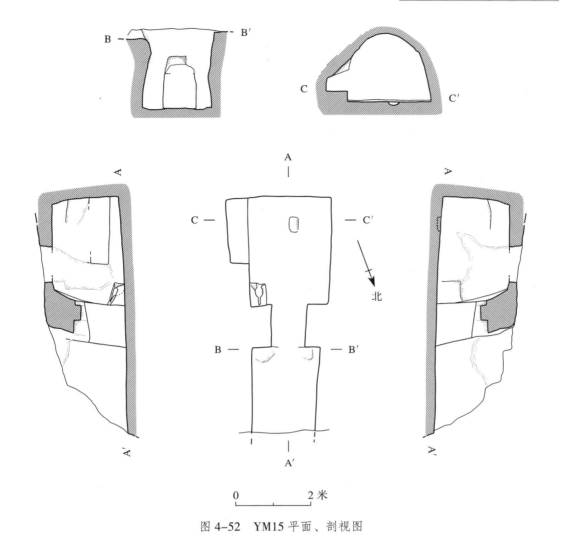

图 4-52　YM15 平面、剖视图

一六、YM16

被盗扰，墓室前端顶部垮塌，且墓室在近现代被改造为水塘，墓室前端还保留有石砌台阶。位于南区墓群中部，西侧紧邻 YM15，东侧距 YM17 约 5 米。墓道开口高度与 YM15、YM17 基本一致。

墓向 29°，与 YM15 之间夹角超过 5°，与 YM17 基本平行。

单室墓（甲 Aa 型），残长 11.05、宽 2.4 米（图 4-53；图版 4-31，1）。

墓道呈长条形，内宽外窄，残长 4.1、宽 1.3~1.9 米。底部近平，内低外高。墓道中轴线与墓室中轴线略有偏角。

墓门斜立，与墓葬底部夹角约 70°，门梁缺失，立面呈长方形，残高 1、宽 0.8~0.9 米。单重门框。

梯形甬道，进深 1.35、面阔 0.9~1、高 1~1.15 米。顶部不存，从两侧痕迹可知顶部较为平坦，内高外低，直壁，底部近平，内低外高，底部与墓道底部连为一体。

长方形墓室较长，内外基本等宽，前半部顶部缺失，从后半部顶部可知为拱形顶，弧度较小，

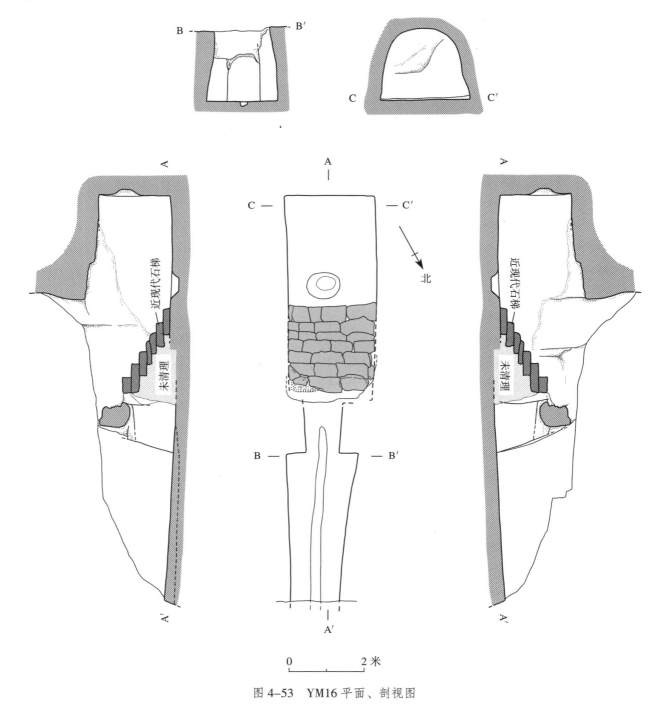

图 4-53 YM16 平面、剖视图

内外基本等高，大致呈水平状，顶、壁转折不甚明显，斜弧壁。底部较为平坦，内外基本等高，近口部有一高约 0.15 米的台阶。墓室进深 5.6、面阔 2.3~2.4、高 1.95 米（图版 4-31，2）。

无侧室，壁龛与灶台情况不明。

甬道和墓道中央有一条窄长条形排水沟，残长 4.8、最宽 0.3、最深 0.3 米。

不见任何装饰、葬具、墓主人骨骼以及随葬品。

墓道侧壁保留有较粗的斜向平行线状凿痕。

一七、YM17

被盗扰，因平整土地导致甬道、墓室和侧室的顶部不存。位于南区墓群东部，东、西分别距YM18、YM16 各约 5 米。墓道开口高度与 YM16、YM18 大体相当。

墓向 34°，与 YM16 基本平行，与 YM18 之间夹角超过 10°。

单室墓（甲 Bb 型），残长 9.95、宽 3.05 米（图 4-54；图版 4-31，3）。

墓道呈长条形，内宽外窄，残长 4.95、宽 0.8~1.45 米。底部不甚平整，内低外高。

墓门斜立，与墓葬底部夹角约 70°，顶部不存，立面呈长方形，残高 0.7、宽 0.8~0.85 米。单重门框。

梯形甬道，进深 1.4、面阔 0.85~1、残高 0.95 米。直壁，底部近平，内低外高，底部与墓道底部连为一体。

长方形墓室较短，内外基本等宽，从后壁痕迹可知为拱形顶，弧度较大，顶、壁转折明显，转折处有窄平檐，斜弧壁。底部较为平坦，内低外高，近口部有一高约 0.15 米的台阶。墓室进深 3.6、面阔 1.95~2.1、残高 1.85 米。

侧室位于墓室右侧。平面和立面均近似长方形，斜直顶，直壁，平底。面阔 1.95、进深 0.9、残高0.7 米，底部比墓室底部高 0.3~0.35 米。

复式灶台位于墓室左前角。灶台平面形状不规则，长 0.55~0.6、宽 0.2~0.4、高 0.4 米。灶龛立面大致呈半圆形，斜直顶，直壁，面阔 0.25~0.35、进深 0.15、高 0.45 米。单眼灶，灶眼为圆形，直径约0.2 米。灶门大致呈半圆形，高 0.2、宽 0.15 米，朝向右侧，与墓室中轴线垂直。

不见任何排水设施、装饰、葬具以及墓主人骨骼。

墓室和侧室壁面保留有少量圆点状凿痕。

随葬品均因为盗扰破碎且脱离原始位置，仅从填土中分辨出 1 件陶瓮、4 件陶罐、1 件陶钵、5 件陶拱手俑、1 件陶鸡、1 件陶房模型以及 1 枚铜钱。

陶瓮　YM17：2，肩部部分残缺，泥质灰褐陶。属 Bb 型，宽扁体，大侈口，卷沿，方圆唇，无领，圆肩，深腹，小平底。素面。口径 21.6、底径 14.4、残高 21.3 厘米（图 4-55，5）。

陶罐　均为泥质灰褐陶。属 Ab 型，高体，侈口，卷沿，圆唇，领部甚矮且微内敛，圆肩，深斜腹，平底。YM17：1，保存较好，肩部多饰一道旋纹。口径 10、底径 9.2、高 20 厘米（图 4-55，4；图版 4-32，1）。YM17：4，肩部部分残缺，素面。口径 10.8、底径 8.8、残高 11 厘米（图4-55，6）。

陶钵　YM17：3，拼对复原，泥质灰褐陶。属 A 型，直口微敛，尖圆唇，浅腹，上腹微鼓，下腹斜收，上、下腹之间转折明显，平底微凸似假圈足。素面。口径 26、底径 14.8、高 9.8 厘米（图4-55，2；图版 4-32，2）。

陶拱手俑　保存较好，夹细砂红褐陶。体量相对较大，站立姿态。头披巾，身穿右衽触地深衣，双手合握于腹部并隐于长袖之中。YM17：7，头似戴平巾帻，宽 8.9、高 24.1 厘米（图 4-55，3；图

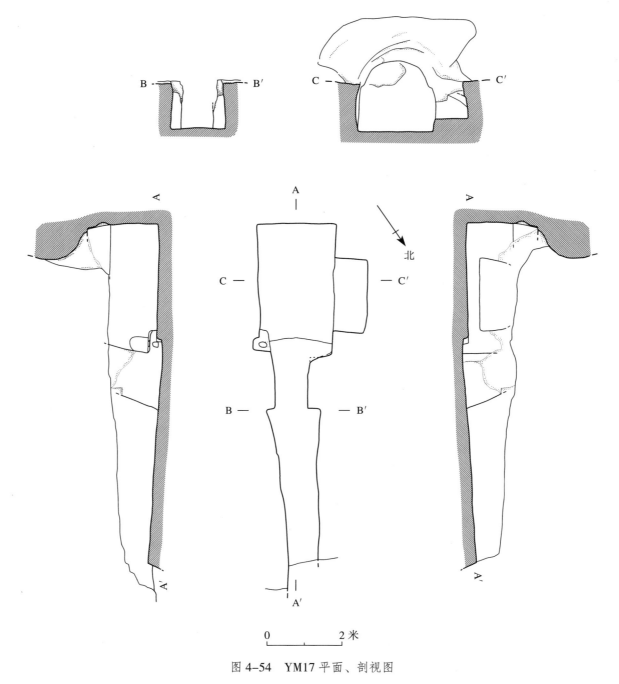

图 4-54 YM17 平面、剖视图

版 4-32，3）。YM17∶8，宽 5、高 14.9 厘米（图 4-55，1；图版 4-32，4）。

一八、YM18

被盗扰，因平整土地导致甬道、墓室和侧室的顶部均不存。位于南区墓群东部，西侧距 YM17 约 5 米，东侧紧邻 YM19。墓道开口高度与 YM17、YM19 基本一致。

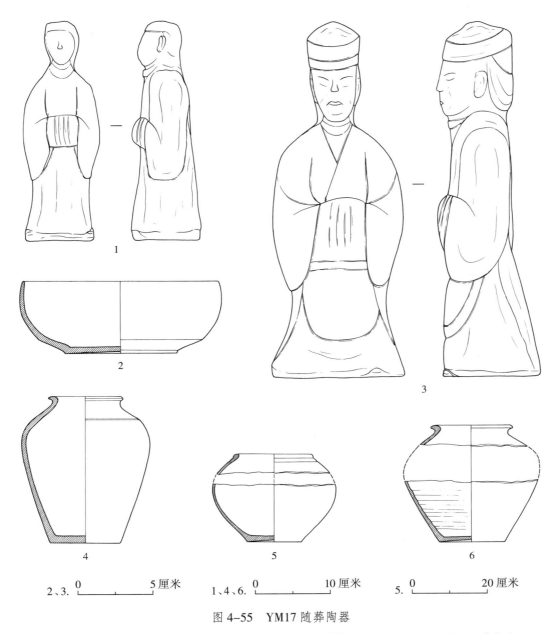

2、3. [scale] 0 — 5厘米　　1、4、6. [scale] 0 — 10厘米　　5. [scale] 0 — 20厘米

图 4-55　YM17 随葬陶器

1、3. 陶拱手俑（YM17：8、YM17：7）　2. 陶钵（YM17：3）　4、6. 陶罐（YM17：1、YM17：4）　5. 陶瓮（YM17：2）

墓向 22°，与 YM17 之间夹角超过 10°，与 YM19 基本平行。

单室墓（甲 Ab 型），残长 13.2、宽 4.25 米（图 4-56）。

墓道呈长条形，内宽外窄，残长 6.8、宽 1.15~1.6 米。底部近平，内外等高近呈水平状，近墓门的底部中央有一长方形浅坑，坑底与甬道底部相连（图版 4-33，1）。

墓门斜立，与墓葬底部夹角约 80°，顶部缺失，立面形状呈梯形，上端略窄于下端，残高 0.7~1.05、宽 0.7~0.75 米。单重门框。

长方形甬道，进深 1.2、面阔 0.75~0.85、残高 1.05 米。直壁，底部近平，内高外低，底部与墓道

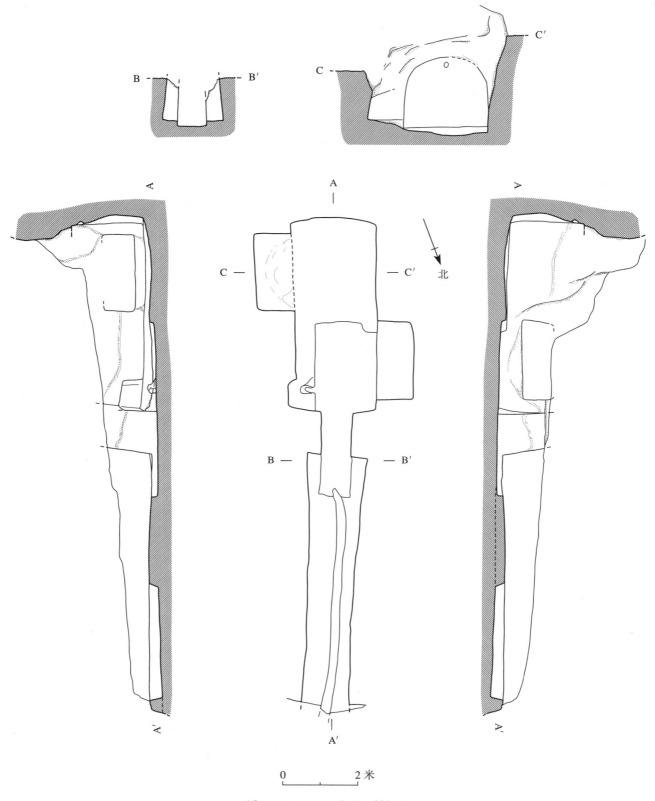

图 4-56　YM18 平面、剖视图

底部中央连为一体。

长方形墓室较长，内外基本等宽，从后壁痕迹可知为拱形顶，弧度较小，顶、壁转折不甚明显，斜弧壁。底部较为平坦，内高外低，中部有一高约 0.1~0.15 米的"U"字形台阶。墓室进深 5.2、面阔 2.1~2.3、残高 1.9 米（图版 4-33，2、3）。

两个侧室，分处墓室左、右两侧。平面和立面均近似长方形，斜直顶，斜直壁，平底。左侧室面阔 2.05、进深 1、残高 0.85 米，底部比墓室底部高 0.35~0.4 米。右侧室面阔 2.1、进深 0.85~1、残高 0.75 米，底部比墓室底部高 0.35~0.65 米。

复式灶台位于墓室左前角。灶台利用台阶左侧部分开凿而成。灶龛立面大致呈长方形，平顶，直壁，面阔 0.6~0.75、进深 0.2、高 0.5 米。单眼灶，灶眼为圆形，直径约 0.25 米。灶门大致呈半圆形，门梁缺失，朝向右侧，与墓室中轴线垂直。

墓道中央有一条窄长条形排水沟，残长 6.1、最宽 0.25、最深 0.35 米。

不见任何装饰、葬具以及墓主人骨骼。

墓道侧壁有较粗的斜向平行线状凿痕。在墓室后壁上方中央保留 1 个小圆孔，可能是开凿崖墓保留痕迹。

随葬品均因为盗扰破碎且脱离原始位置，仅分辨出 1 件陶俑和 1 件陶房模型。

一九、YM19

被盗扰，墓室和侧室顶部垮塌严重，左侧大部分填土未清理。位于南区墓群东端，西侧紧邻 YM18。墓道开口高度与 YM18 一致。

墓向 25°，与 YM18 基本平行。

单室墓（甲 Ab 型），残长 12.15、宽 3 米（图 4-57；图版 4-34，1）。

墓道呈长条形，内宽外窄，残长 6.15、宽 1~1.8 米。底部不甚平整，整体内高外低。靠近墓门的两侧有小斜坡。墓道中轴线与墓室中轴线略有偏角（图版 4-34，2）。

墓门斜立，与墓葬底部夹角约 70°，门梁缺失，立面呈长方形，残高 1、宽 0.7 米。单重门框。

梯形甬道，进深 1.35、面阔 0.7~0.85、高 1.1 米。顶部缺失但从两侧痕迹可知较为平坦，内高外低，直壁，底部近平，内高外低，底部与墓道底部连为一体。

长方形墓室较长，从前壁痕迹可知为拱形顶，弧度较小，内高外低，顶、壁交界较为明显，斜直壁。底部较为平坦，内高外低，近口部有一高约 0.15 米的台阶。墓室进深 4.65、面阔 2.1、高 2.1 米（图版 4-34，3）。

侧室位于墓室右侧。平面和立面均近似长方形，斜弧顶，斜弧壁，平底。面阔 2.3、进深 0.85、残高 0.8 米，底部比墓室底部高 0.4~0.65 米。

台式灶台位于墓室左前角，靠近壁龛。平面近似长方形，长 0.55、宽 0.45、高 0.5 米。单眼灶，灶眼为圆形，直径约 0.2 米，后部有窄长烟道。灶门大致呈半圆形，门梁缺失，朝向后端，与墓室中轴线平行。

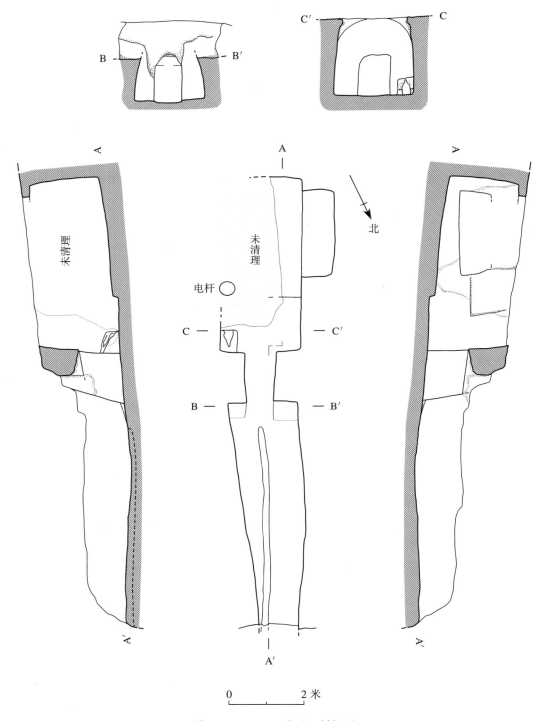

图 4-57 YM19 平面、剖视图

墓道中央有一条窄长条形排水沟，残长 5.4、最宽 0.25、最深 0.2 米。

不见任何装饰、葬具以及墓主人骨骼。

墓道侧壁有较粗的斜向平行线状凿痕，墓室和侧室壁面保留有圆点状凿痕。

随葬品均因为盗扰破碎且脱离原始位置，从填土陶片中辨识出 1 件执畚箕俑、1 件鸡、3 件不明俑以及 1 件陶塘模型。

陶鸡 YM19：1，头部残缺，夹细砂红褐陶。属 A 型，体量较大，站立姿态，双脚分开塑造。残长 16.8、宽 9.2、残高 20.6 厘米（图 4-58；图版 4-34，4）。

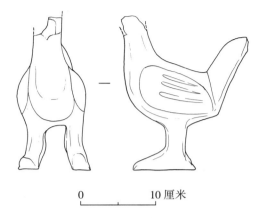

0   10 厘米

图 4-58 YM19 随葬陶鸡（YM19：1）

第五章　结　语

第一节　墓葬年代

一、墓葬形制分析

除了未开凿完毕而只有墓道的 LM1、LM2、LM26、LM27、LM29，以及因为安全原因未发掘完毕而不明墓葬形制特征的 LM14、LM20、LM28、HM8、HM12、YM7、YM12 之外，三处墓群的其余墓葬已经按照整体形制特征划分出类、型以及亚型。根据三处墓群不同类型墓葬之间的形制特征相似情况，可合并为三类、七型、十二亚型：

华强沟崖墓类型	刘家大山崖墓类型	黄狗坳崖墓类型	岩洞梁子崖墓类型
甲 Aa	甲 Aa		甲 Aa
甲 Ab	甲 Ab	甲 Ab	甲 Ab
甲 Ac	甲 Ac	甲 Ac	甲 Ac
甲 Ba			甲 Ba
甲 Bb	甲 Bb	甲 Bb	甲 Bb
甲 Bc	甲 Bc	甲 Bc	
甲 C		甲 C	
甲 D		甲 D	
乙 A	乙 A		
乙 Ba	乙 Ba	乙 Ba	乙 Ba
乙 Bb	乙 Bb	乙 Bb	
丙			丙

华强沟崖墓的各部分构造特点，多数应该与年代没有关系。墓道的形制、尺寸与崖墓所在的山体有很大的关系，山体倾斜度小则墓道长，倾斜度大则墓道短，与崖墓的年代没有必然关系[1]；主室、侧室的数量多少与墓葬埋入死者数量有直接关联，与年代关联较小；崖墓内各种建筑、人物和动物俑的有无和雕刻精细程度，则主要反映墓主人等级、财力的区别，与年代无关。墓门、甬道、侧室、壁龛、灶台以及排水沟占崖墓整体的比例甚小，其形制可变性较小，难以体现年代早晚的区别。此外，封门本身与年代有关，但华强沟绝大多数崖墓的封门被严重破坏，难以考察。

　　墓室作为崖墓的主体，不同的细部形制，尤其是墓室底部台阶，反映出开凿者不同的考量，故而应该能体现年代的早晚。侧室、连岩棺床、连岩石棺等的有无反映出埋葬制度和埋葬习俗的变化，因此可以在一定程度上反映崖墓的年代；灶台、壁龛的出现直接取代了随葬品组合中的陶灶、陶仓等，故灶台、壁龛的有无体现出随葬品组合的变化，后者是年代早晚的直接体现，因此灶台、壁龛的有无与年代有关。但是，由于侧室、灶台和壁龛都并非崖墓的固有结构，早期、晚期的崖墓都可能没有侧室、灶台和壁龛，因此二者的有无并不能作为判断年代的绝对标准。

　　据此可将十二个类型的崖墓分成以下七组：

分组	特征	所属类型
一	无侧室，有灶台，无壁龛，有连岩石棺，底部有普通台阶	甲Aa
二	无侧室，有灶台，有壁龛，无连岩石棺，底部有普通台阶	甲Aa
三	有侧室，有灶台，有壁龛，无连岩石棺，底部有普通台阶	甲Ab、甲Ac、甲Bb、甲Bc、甲C、乙A、乙Ba、乙Bb、丙
四	有侧室，有灶台，有壁龛，无连岩石棺，底部有"U"字形台阶	甲Ab、甲Ac、甲Bb、甲Bc、乙Ba、乙Bb
五	有侧室，有灶台，无壁龛，无连岩石棺，底部无台阶	甲Bb
六	无侧室，有灶台，无壁龛，无连岩石棺，有连岩棺床，底部无台阶	甲Ba
七	无侧室，无灶台，无壁龛，无连岩石棺，无连岩棺床，底部无台阶	甲D

　　上述七组崖墓中，侧室的有无变化，与连岩石棺、连岩棺床的有无变化，似乎能够互相衔接起来，连岩石棺从有到无，与侧室从无到有可以正好衔接，而当侧室消失的时候，墓室内出现了连岩棺床，可见这批崖墓的埋葬之所，从一开始的连岩石棺，发展到被侧室替换，之后侧室被连岩棺床替换，直至最后彻底消失。墓室底部的台阶，同样存在着从普通台阶发展为"U"字形台阶，到最终消失不见的演变规律。属于第四组的HM14在开凿墓室左后方侧室时，因无意间凿通了旁边的HM25而放弃继续开凿，表明HM14开凿年代晚于HM25，HM25属于第三组墓葬，表明第三组早于第四组，即可为证。灶台从有到无，壁龛从无到有，再由有到无，似乎也存在时间迭进的关系。因此，上述七组崖墓似乎存在着时间先后关系，即七组崖墓实际上是七个不同的式别。

　　这七组崖墓中，一至二组无侧室，有灶台，有台阶，可以考虑合并为第一期。三至五组有侧室，

──────────
［1］唐长寿：《岷江流域汉画像崖墓分期及其它》，《中原文物》1993年第2期。

有灶台，墓葬数量较多，可考虑合并为第二期。六至七组无侧室、无台阶，甚至第七组墓室形状也变为梯形，与之前的矩形或方形有显著区别，可考虑合并为第三期。

综上所述，华强沟崖墓的类、型、式可介绍如下：

华强沟崖墓根据墓室数量多少分为三类：

甲类 单室墓，包含的墓葬最多。根据墓室形状分四型：

A 型 墓室形状呈长矩形。根据侧室有无及侧室位置分三亚型：

Aa 型 无侧室。根据有无壁龛分二式：

Ⅰ式 无壁龛，仅 LM16。

Ⅱ式 有壁龛，仅 LM19。

Ab 型 侧室位于墓室两侧（或一侧）。根据墓室底部台阶形制特征分二式：

Ⅰ式 墓室底部台阶为普通台阶，呈横"一"字形，包括 LM3、LM8、LM12、LM15、LM17、LM18、LM21、LM24、LM25、LM31、LM32、HM2、HM3、HM13、HM17、HM18、HM20、YM4、YM5、YM8、YM9、YM13 和 YM19。

Ⅱ式 墓室底部台阶呈"U"字形，包括 LM30、HM25、YM18。

Ac 型 侧室位于墓室两侧及后端。根据墓室底部台阶形制特征分二式：

Ⅰ式 墓室底部台阶为普通台阶，呈横"一"字形，特征与 Ab 型Ⅰ式相似，包括 LM6、LM9、LM11、HM21、HM22、HM24、YM1、YM10 和 YM11。

Ⅱ式 墓室底部台阶呈"U"字形，特征与 Ab 型Ⅱ式相似，仅 HM14。

B 型 墓室形状呈短矩形。根据侧室有无及侧室位置分三亚型：

Ba 型 无侧室，特征与 Aa 型相似。仅 YM14。

Bb 型 侧室位于墓室两侧，特征与 Ab 型相似。根据墓室底部有无台阶及台阶形制特征分三式：

Ⅰ式 墓室底部台阶为普通台阶，呈横"一"字形，特征与 Ab 型Ⅰ式、Ac 型Ⅰ式相似，包括 LM4、LM7、LM23、HM6、YM17。

Ⅱ式 墓室底部台阶呈"U"字形，特征与 Ab 型Ⅱ式、Ac 型Ⅱ式相似，仅 HM16。

Ⅲ式 墓室底部无台阶，包括 YM6、YM15。

Bc 型 侧室位于墓室两侧及后端，特征与 Ac 型相似。根据墓室底部台阶形制特征分二式：

Ⅰ式 墓室底部台阶为普通台阶，呈横"一"字形，特征与 Ab 型Ⅰ式、Ac 型Ⅰ式、Bb 型Ⅰ式相似，仅 HM23。

Ⅱ式 墓室底部台阶呈"U"字形，特征与 Ab 型Ⅱ式、Ac 型Ⅱ式、Bb 型Ⅱ式相似，仅 LM10。

C 型 墓室形状呈正方形。仅 HM15 一座。

D 型 墓室形状呈倒梯形。仅 HM7 一座。

乙类 双室墓，数量较少。根据矩形前室的长短分二型：

A 型 前室较长，侧室均位于墓室两侧，与甲类 Ab 型和甲类 Bb 型相似。仅 LM13 一座。

B 型 前室较短。根据侧室位置分二亚型：

Ba 型 侧室位于墓室两侧，特征与甲类 Ab 型、甲类 Bb 型、乙类 A 型相似。根据墓室底部台阶形制特征分二式：

Ⅰ式 墓室底部台阶为普通台阶，呈横"一"字形，特征与 Ab 型Ⅰ式、Ac 型Ⅰ式、Bb 型Ⅰ式、Bc 型Ⅰ式相似，包括 LM22、YM2。

Ⅱ式 墓室底部台阶呈"U"字形，特征与 Ab 型Ⅱ式、Ac 型Ⅱ式、Bb 型Ⅱ式、Bc 型Ⅱ式相似，包括 HM4、HM5。

Bb 型 侧室位于墓室两侧及后端，特征与甲类 Ac 型、甲类 Bc 型相近。根据墓室底部台阶形制特征分二式：

Ⅰ式 墓室底部台阶为普通台阶，呈横"一"字形，甲 Ab 型Ⅰ式、甲 Ac 型Ⅰ式、甲 Bb 型Ⅰ式、甲 Bc 型Ⅰ式以及乙 Ba 型Ⅰ式相似，仅 LM5。

Ⅱ式 墓室底部台阶呈"U"字形，特征与甲 Ab 型Ⅱ式、甲 Ac 型Ⅱ式、甲 Bb 型Ⅱ式、甲 Bc 型Ⅱ式以及乙 Ba 型Ⅱ式相似，仅 HM19。

丙类 三室墓，仅 YM3 一座，墓室形状呈短矩形，侧室位于墓室两侧，特征与甲类 Bb 型、乙类 Ba 型相似。

综合上述分析，可将华强沟各类、型、式崖墓的早晚关系列表如下：

期段	甲								乙			丙
	Aa	Ab	Ac	Ba	Bb	Bc	C	D	A	Ba	Bb	
一 1	Ⅰ式											
一 2	Ⅱ式											
二 3		Ⅰ式	Ⅰ式		Ⅰ式	Ⅰ式	√		√	Ⅰ式	Ⅰ式	√
二 4		Ⅱ式	Ⅱ式		Ⅱ式	Ⅱ式				Ⅱ式	Ⅱ式	
二 5					Ⅲ式							
三 6				√								
三 7								√				

未发掘完毕的崖墓中，YM16 尽管被近现代石阶阻挡而未发掘墓室前部，但前后墓室底部具有一定高差，显然底部有台阶，且该墓无侧室，无连岩石棺，与第一期 2 段的 LM19 较为相似，可归入。YM12 墓室后部未发掘完，尚不明确是否有侧室，但墓室底部有横"一"字形台阶，可归入一期 1 段、2 段或二期 3 段。LM20、LM28 和 YM7 只发掘至墓室前部，确认有台式灶台，近甬道墓室底部两侧并无台阶，可见并非"U"字形台阶，似可归入二期 3 段。HM1、HM10 和 HM11 属于乙 B 型墓，前室底部有"U"字形台阶，故可归入二期 4 段。

二、随葬品对比分析

华强沟崖墓中出土随葬器物的墓葬有 66 座，其中发表随葬品者仅 55 座。随葬品的总体情况已在

各章概述中予以介绍。

综合对比出土器物可以基本确定，三个墓群之间的随葬品形制特征没有明显的区别。铁器、玉器、石器以及陶纺轮等陶质工具所见极少，无法进行形制分析。陶俑和陶模型明器尽管有少数器类存在类型区别，但却无法划分式别。陶容器与其他地区出土的对比，亦无明显的年代早晚区别。

现将陶容器进行类型学分析。

釜　根据底部形态分为二型：

A 型　圜底近平。根据腹部形态分为二亚型：

Aa 型　垂腹。标本 LM24：1（图 5-1，1）。

Ab 型　鼓腹。标本 LM22：2（图 5-1，2）。

B 型　平底。根据腹部形态分为二亚型：

Ba 型　弧腹微鼓。标本 HM16：1（图 5-1，3）。

Bb 型　斜弧腹。标本 LM15：2（图 5-1，4）。

盆　根据腹部形态分为三型：

A 型　深斜腹。根据口沿特征分为二亚型：

Aa 型　沿略宽，方唇较薄。标本 LM12：5（图 5-1，5）。

Ab 型　沿甚窄，方唇较厚。标本 LM32：9（图 5-1，6）。

B 型　浅弧腹。标本 LM4：1（图 5-1，7）。

C 型　浅斜腹。标本 HM14：9（图 5-1，8）。

钵　根据腹部形态分为二型：

A 型　折腹。标本 LM4：2（图 5-1，9）。

B 型　弧腹。标本 HM25：9（图 5-1，10）。

瓮　根据口、领部形态分为三型：

A 型　敛口，有矮敛领。根据肩部特征分为二亚型：

Aa 型　窄肩近折。标本 LM16：14（图 5-1，11）。

Ab 型　肩部较宽。标本 LM24：9（图 5-1，12）。

B 型　侈口，卷沿，基本无领。根据肩部特征分为二亚型：

Ba 型　窄肩近折。标本 LM18：4（图 5-1，13）。

Bb 型　肩部较宽。标本 LM21：3（图 5-1，14）。

C 型　大侈口，折沿，方唇，无领。标本 HM14：7（图 5-1，15）。

罐　根据口、领部特征分为四型：

A 型　圆唇，矮领。根据领部特征分为二亚型：

Aa 型　领部外侈。标本 LM13：2（图 5-1，16）。

Ab 型　领部微内敛。标本 YM13：1（图 5-1，17）。

B 型　无领。标本 LM16：6（图 5-1，18）。

C 型　小口，领部微外侈。标本 LM23：3（图 5-1，19）。

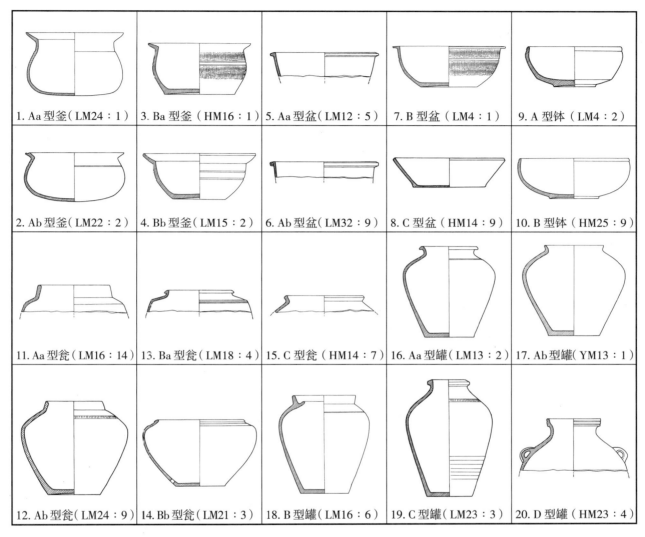

图 5-1 华强沟崖墓陶容器类型划分示意图

D 型　方唇上翻，矮束领。标本 HM23：4（图 5-1，20）。

刘家大山崖墓 Aa 型罐 LM13：2 与新都三和镇互助村 M3 的 B 型罐[1]、绵阳白虎嘴 M25：2 陶罐[2] 接近，C 型罐 LM23：3 与新都马家山 M4：32 陶罐[3] 相似。Ab 型瓮 LM24：9 与绵阳沙包梁 M2：5 陶罐[4] 相近。Aa 型釜 LM24：1 与绵阳白虎嘴 M25：10 陶釜[5] 相似，Ab 型釜 LM22：2 与绵阳白虎嘴 M21：19 陶釜[6] 相近。LM22：4 陶甑与中江塔梁子 M7：3 陶甑[7] 形似。

[1] 成都市文物考古研究所、新都区文物管理所：《成都市新都区互助村、凉水村崖墓发掘简报》，成都市文物考古研究所编著《成都考古发现（2002）》第 332 页，科学出版社，2004 年。

[2] 绵阳博物馆、成都文物考古研究所：《绵阳崖墓》第 94 页，文物出版社，2015 年。

[3] 四川省博物馆、新都县文管所：《新都马家山崖墓发掘简报》，文物编辑委员会编：《文物资料丛刊（9）》第 103 页，文物出版社，1985 年。

[4] 绵阳博物馆、成都文物考古研究所：《绵阳崖墓》第 264 页，文物出版社，2015 年。

[5] 绵阳博物馆、成都文物考古研究所：《绵阳崖墓》第 94 页，文物出版社，2015 年

[6] 绵阳博物馆、成都文物考古研究所：《绵阳崖墓》第 80 页，文物出版社，2015 年。

[7] 四川省文物考古研究院、德阳市文物考古研究所、中江县文物保护管理所：《中江塔梁子崖墓》第 81 页，文物出版社，2008 年。

黄狗坳崖墓 Aa 型罐与新都三和镇互助村 M3 的 A 型罐[1]近似。Ab 型瓮与绵阳白虎嘴 M42：6 陶罐[2]相似。Ba 型陶釜 H16：2 与绵阳白虎嘴 M21：11 陶釜[3]相近。

岩洞梁子崖墓 Bb 型瓮 YM17：2 与绵阳白虎嘴 M42：15 陶瓮[4]相近，YM8：3 陶甗与刘家大山崖墓 LM22：4 陶甗相似。

以上墓葬除新都三和镇互助村 M3 为东汉中晚期以外，绵阳白虎嘴 M18、M21、M25、M42，绵阳沙包梁 M2，新都马家山 M4，中江塔梁子 M7 等墓葬均为东汉晚期。

三、墓葬年代

根据墓葬形制可大致推测出相对早晚关系，如甲类 Aa 型墓较早，甲类 D 型墓较晚。随葬器物年代多为东汉晚期，少数或可至东汉中期。墓葬出土的陶执蛇斧（钺）俑 HM21：3、执镜俑 HM6：2、执刀剖鱼俑 YM10：6 等形体较大，制作较为精美，具有东汉晚期特征。A 型五铢主要为"朱"字上圆折、下方折的东汉五铢，B 型剪轮五铢和无文钱主要流行于东汉晚期。相较于其他墓葬出土的无文钱，甲类 D 型墓 HM7 出土的十分轻薄，质量低劣，且占比最高，HM7 应是这批墓葬中最晚的一座。建安十九年（214 年）刘备占领成都后，"铸直百钱，平储物价，令吏为官市"[5]，华强沟崖墓中并未发现直百五铢，其年代下限可能不会到蜀汉时期。

综上，华强沟崖墓时代主要应为东汉晚期，考虑到崖墓多为几代人延续使用，上限应可至东汉中期。

第二节　墓主身份

四川地区土地肥沃，两汉时期经济发达，《华阳国志·蜀志》载"家有盐铜之利，户专山川之材，居给人足，以富相尚"，"汉家食货，以为称首"[6]。东汉时期，庄园经济进一步发展，蜀地奢侈成风，"蜀土富实，时俗奢侈。货殖之家，侯服玉食，婚姻葬送，倾家竭产"[7]。根据目前四川地区考古发现看，东汉时期盛行厚葬，晚期尤甚。而华强沟崖墓以单室墓为主，规模较小，形制相对简单。壁面装饰较少，多为斗拱、檐椽、窗棂等建筑构件的简单雕刻或彩绘，远不如中江塔梁子和三台郪江崖墓装饰丰富。与同时期的墓葬相比，随葬品亦较少，仅 YM10 等少数墓葬随葬品较丰富。故华强沟崖墓的墓主多数应为普通平民，规模较大、雕刻较多的 LM13 等墓葬的墓主或有一定财力。

[1] 成都市文物考古研究所、新都区文物管理所：《成都市新都区互助村、凉水村崖墓发掘简报》，成都市文物考古研究所编著《成都考古发现（2002）》第 332 页，科学出版社，2004 年。

[2] 绵阳博物馆、成都文物考古研究所：《绵阳崖墓》第 192 页，文物出版社，2015 年。

[3] 绵阳博物馆、成都文物考古研究所：《绵阳崖墓》第 80 页，文物出版社，2015 年。

[4] 绵阳博物馆、成都文物考古研究所：《绵阳崖墓》第 192 页，文物出版社，2015 年。

[5] 〔宋〕司马光编著：《资治通鉴》卷六七《汉纪五十九》第 2130 页，中华书局，1956 年。

[6] 〔晋〕常璩撰，刘琳校注：《华阳国志校注》第 225 页，巴蜀书社，1984 年。

[7] 〔晋〕陈寿撰，〔宋〕裴松之注：《三国志·董和传》第 979 页，中华书局，1964 年。

第三节 相关讨论

华强沟崖墓的三处墓群中，每处墓群都分布有序，且很少存在打破关系，根据墓葬方向和相互靠近程度都可以分成若干组，开凿前应该有一定的规划。开凿崖墓需耗费一定的人力和物力，很多崖墓是在墓主生前开凿，并为子孙预留了位置，如乐山新福寺乡崖墓题记记载："周代造此冢，后子孙率来。"[1] 当然也存在后世子孙对崖墓进行扩建的情况，如三台柏林坡 M1 的中室右后侧室，打破右前耳室西壁和后室东壁，凿痕粗糙，与整个墓葬所遗开凿痕迹迥异[2]，则中室右后侧室应为后人开凿而成。华强沟崖墓整体墓葬形制较简单，多数应为一次开凿而成。LM16 中发现 3 件葬具，多数墓葬都有侧室，一座崖墓应为一个家庭使用，每组崖墓可能为一个家族共同拥有。

LM16：3、LM16：8 陶提袋俑造型相似，HM6：3、HM11：1、HM21：3 陶执蛇斧（钺）俑造型近似，HM6：2、HM25：10 陶执镜俑形制相近，YM9：1、YM10：5 陶执舌箕俑风格近似，同一墓葬或不同墓葬出土相似风格的陶俑，说明它们应该是批量化生产的商品。在成都中医学院附近曾发现一处汉代文化堆积，出土数件形象、大小相同的"说唱俑"残片，王有鹏推测其为制作陶俑工场堆放的遗存，或出售陶俑的商店的遗存[3]。成都市文物考古工作队在石人村清理了一座汉代馒头窑，出土了大量陶棺、陶俑、动物模型残片，发掘人员推测该窑址为生产俑、动物模型和棺的陶器作坊[4]。华强沟崖墓出土的陶俑也应是由专门的作坊生产的，东汉时期墓葬明器的生产和销售已经商品化。

[1] 高文、高成刚编：《四川历代碑刻》第 23 页，四川大学出版社，1990 年。
[2] 四川省文物考古研究院、绵阳市博物馆、三台县文物管理所：《三台郪江崖墓》第 157 页，文物出版社，2007 年。
[3] 王有鹏：《四川汉代陶俑刍论》，《四川文物》1987 年第 3 期。
[4] 资料现存成都市文物考古工作队，转引自索德浩：《四川汉代陶俑与汉代社会》第 222 页，文物出版社，2020 年。

附表一 华强沟崖群墓葬登记表

墓号	墓向（度）	形制	附属构造	墓葬尺寸（米）总体（长×宽）	墓道（长×宽）	墓室（长×宽×高）	随葬器物（有框者为发表标本，余为碎片辨认个体，未标注材质者均为陶器）	备注
LM1	227	—	—	3.1×(0.8~1.2)	3.1×(0.8~1.2)	—	—	未完工
LM2	232	—	—	10.3×(0.95~1.4)	10.3×(0.95~1.4)	—	—	未完工
LM3	176	长单室，2侧室（左2）	壁龛2 灶台1	14.55×2.55	7.15×(0.9~1.15)	6.1×(1.55~1.65)×(1.45~1.75)	罐1、器底2、拱手俑1、执蛇斧（钺）俑1、瞻蜍1、动物2、塘1、俑头1、棒1	被盗扰
LM4	165	短单室，2侧室（左1右1）	壁龛1 灶台1	9.9×2.8（+）	5.45×(1.2~1.7)	3.05×(1.4~1.85)×2.1	盆1、钵1	被盗扰
LM5	172	双室，4侧室（左2右1后1）	壁龛2 灶台1	13.9×3.25	4.65×(1.2~1.5)	前: 2.8×(1.35~1.55)×1.7（+） 后: 2.95×(1.45~1.55)×(1.5~1.7)	盆1、罐1、吹箫俑1、拱手俑1、斧（钺）俑1、俑头1、执蛇俑1、狗1、鸡1、鸡2、鸭2、鸭1、塘1	被盗扰
LM6	174	长单室，3侧室（左1右1后1）	壁龛1 灶台1 排水管1	11.05×3.5	3.95×(0.9~1.3)	3.6×(1.3~1.6)×1.85	甑1、罐1、器底2、拱手俑2、鸭1、俑1、铜钱2	被盗扰
LM7	173	短单室，2侧室（左1右1）	壁龛1 灶台1	6.15×3.15	2.7×1.1	2.4×(1.5~1.7)×1.1（+）	罐1、器底2、拱手俑2、俑1、塘1	被盗扰
LM8	177	长单室，3侧室（左2右1）	壁龛1 灶台1	12.1×3.1	6.4×(1.1~1.25)	5×(1.6~1.8)×(1.8~1.9)	俑1、塘1	被盗扰
LM9	177	长单室，2侧室（左1右1）	壁龛1 灶台1	12×2.45	5.7×(0.85~1.2)	3.7×1.65×(1.5~1.8)	盆1、甑1、罐5、拱手俑2、房2、俑头1、狗1	被盗扰
LM10	161	短单室，3侧室（左1右1后1）	壁龛2 灶台1 未完灶台1	9.5×2.5	3.6×(1.05~1.65)	2.9×(1.2~1.7)×(1.3~1.5)	罐1、执箕俑1、拱手俑1、房1、俑头1、俑1、铁锥1	被盗扰
LM11	169	长单室，4侧室（左2右1后1）	壁龛1 灶台1	13.75×3.2	6×(1~1.15)	4.7×(1.1~1.9)×(1.8~1.95)	罐1、子母鸡1、鸡1、俑1、房2、塘2	被盗扰
LM12	162	长单室，2侧室（左1右1）	壁龛3 灶台1 排水沟1	10.95×3.8	5.25×(1.25~1.5)	4.55×(1.5~1.8)×2	盆4、瓮3、罐6、钵1、舀数俑1、拱手俑6、鸡1、鸡1、塘1	被盗扰

墓号	墓向（度）	形制	附属构造	墓葬尺寸（米）			随葬器物（有框者为发表标本，未标注材质者均为陶器）	备注
				总体（长×宽）	墓道（长×宽）	墓室（长×宽×高）		
LM13	169	双室，4侧室（左2右2）	壁龛1 灶台1 排水沟1	16×3.6	5.8×（1.25~1.4）	前：5×1.85×1.9 后：3.4×1.8×1.85	盆2、罐2、容器1、勺形器1、拱手俑2、拱手俑4、俑头4、狗1、子母鸡1、鸭1、俑2、房2、铜钱4、棒1	被盗扰
LM14	172	不明	排水沟1	不明	4.8×（1.4~1.55）	不明	不明	被盗扰，未发掘完
LM15	172	长单室，1侧室（右1）	壁龛1 灶台1 排水沟1	8.65×3.5	3×（1.3~1.95）	4.55×（2~2.15）×1.7	釜1、罐1、容器1、拱手俑1、俑头1、房1	被盗扰
LM16	166	长单室，0侧室	灶台1 排水沟1	14.5×2.15	6.3×（1.2~1.95）	6.95×（2.1~2.15）×（1.95~2.25）	盆2、盆1、瓮1、罐5、罐1、容器1、扶扬厨俑1、提袋俑2、俑头1、鸡1、鸭1、房2、塘2、井1、铁器1、云母片2	被盗扰
LM17	180	长单室，1侧室（左）	壁龛1 灶台1 排水沟1	13.9×3.25	7×（1.15~1.4）	5.3×2.1×2.05	盆3、甑1、罐2、钵1、狗1、鸡1、俑1、房2、执物俑1、拱手俑1、铜钱3、铜钱1	被盗扰
LM18	178	长单室，2侧室（左1右1）	壁龛1 灶台1	13×3.5	6.9×（0.9~1.3）	4.7×（1.5~1.75）×（1.8~1.95）	釜1、甑1、瓮1、罐3、容器2、俑头1、狗1、俑1、塘1、铜钱2、棒1	被盗扰
LM19	172	长单室，0侧室	壁龛1 灶台1	11.15×2.15	5.15×（1.35~1.7）	4.55×（2.05~2.1）×（1.7~1.9）	甑1、瓮1、罐2、容器6、舞俑1、拱手俑2、俑头2、鸡1、塘1、房2、模型1	被盗扰
LM20	175	残存单室，1侧室（右1）	壁龛1 排水沟1	7.8（+）×3.1（+）	6.5×（0.9~1.5）	2.65（+）×1.9×1.9	釜1、俑1、塘1	被盗扰，未发掘完
LM21	178	长单室，2侧室（左1右1）	壁龛1 灶台1 排水沟1	12.9×3.7	6.95×（1.3~1.65）	4.6×1.7×（1.75~2）	甑1、壶1、瓮1、钵1、俑头2、狗1、房2、塘2、铜钱14	被盗扰

续附表一

墓号	墓向（度）	形制	附属构造	总体（长×宽）	墓道（长×宽）	墓室（长×宽×高）	随葬器物（有框者为发表标本，余为碎片辨认个体，未标注材质者均为陶器）	备注
LM22	169	双室，3侧室（左2右1）	壁龛2 灶台1 未完灶台1	16.85×3.6	8.05×（0.9~1.25）	前：3.4×（1.85~1.95）×（1.8~1.9）　后：3×（1.7~1.9）×（1.85~1.9）	釜1、盆2、罐6、钵2、盏器2、甑1、拱手俑5、俑头1、狗1、子母鸡1、鸡1、房1、塘1	被盗扰
LM23	164	短单室，1侧室（右）	壁龛1 灶台1	12.4×2.8	8.5×（0.75~1.15）	2.85×1.65×（1.75~1.8）	罐1、钵1、铜钱1	被盗扰
LM24	170	长单室，1侧室（右）	壁龛1 灶台1 排水沟2	12.2×3.4	6.2×（1.3~1.45）	4.85×（2~2.1）×（1.8~2.2）	釜1、甑1、盆1、瓮1、罐2、容器1、执镰刀俑1、拱手俑1、俑头1、鸭1、俑1、房1	被盗扰
LM25	182	长单室，2侧室（左1右1）	壁龛1 灶台1	17.15×3	10.6×（1~1.55）	4.7×1.75×（1.8~1.9）	釜1、盆4、甑1、瓮1、钵1、盏器2、执箕俑1、执物俑3、欧萧俑1、拱手俑1、俑头1、狗2、狗1、子母鸡1、鸭1、房1、鸡5、禽鸟1、铜钱9、模型2、铁器1	被盗扰
LM26	183	—	—	5.75×（0.8~1.1）	5.75×（0.8~1.1）	—	—	未完工
LM27	192	—	—	7.5×（0.8~1.2）	7.5×（0.8~1.2）	—	—	未完工
LM28	170	不明	灶台1	9.9（+）×1.8（+）	8.1×（1~1.3）	1.35（+）×1.75×2.1（+）	罐1	被盗扰，未发掘完
LM29	170	—	—	5.75×1.1	5.75×1.1	—	—	未完工
LM30	27	长单室，3侧室（左1右2）	壁龛1 灶台1	11×3.4	5.6×（1.05~1.4）	4.25×（1.3~1.75）×1.65（+）	盆1、罐1、拱手俑3、房1	被盗扰
LM31	32	长单室，3侧室（左2右1）	壁龛1 灶台1	15.1×3.3（+）	8.9×（0.95~1.5）	4.85×1.8（+）×2.05（+）	容器1、狗1	被盗扰
LM32	8	长单室，3侧室（左2右1）	壁龛1 灶台1 排水沟1	13.7×4	7.45×（0.95~1.4）	9.6×（1.85~2）×1.5（+）	盆1、瓮1、罐1、钵1、执物俑3、舞蹈俑1、拱手俑3、俑头1、狗1、鸡3、鸭2、房1、塘1、铜镜1	被盗扰，被改用

续附表一

墓号	墓向（度）	形制	附属构造	墓葬尺寸（米）			随葬器物（有框者为发表标本，余为碎片辨认个体，未标注材质者均为陶器）	备注
				总体（长×宽）	墓道（长×宽）	墓室（长×宽×高）		
HM1	2	残存双室，3侧室（左1右2）	壁龛1 灶台1 排水沟1	10.25（+）×2.75	5×（1~1.35）	前：3.35×（1.8~1.9）×2.1 后：不明	盆2、罐2、钵2、俑头1、狗2	被盗扰，未发掘完
HM2	6	长单室，2侧室（左1右1）	壁龛1 灶台1 排水沟1	9.85×3.35	4.8×（0.95~1.4）	4×（1.5~1.6）×1.8	盆1、罐3、容器1、拱手俑1、羊1、鸡1、塘1、狗1	被盗扰
HM3	12	长单室，3侧室（左1右2）	壁龛1 灶台1	9.25×3.95	3.2×（1.3~1.55）	4.55×（1.8~2）×1.9	盆1、钵1、拱手俑1、狗1、鸡1、鸭1、房1、塘1、井1	被盗扰
HM4	3	双室，4侧室（左2右2）	壁龛1 灶台1	13.95×3.2	5.95×（1.2~1.35）	前：3.15×（1.75~1.8）×（1.9~2）后：3×（1.75~1.85）×（1.85~1.95）	盆1、瓮3、罐3、执镜俑1、拱手俑1、拱手俑1、俑头1、鸡5、鸭1、鸡2、塘1、井1	被盗扰
HM5	19	双室，4侧室（左2右2）	壁龛1 灶台1	10.85×3.75	2.1×（1.15~1.2）	前：3.55×（1.7~1.85）×（1.95~2.05）后：3.3×3.85×1.95	罐1、容器4、拱手俑1、狗1、房1、铜钱1	被盗扰
HM6	35	短单室，2侧室（左1右1）	灶台1	6.5×3.7	2.65×1.2	2.95×（1.85~2）×2.35	罐1、容器2、执镜俑1、说唱俑1、拱手俑1、执蛇斧（钺）俑1、鸡2、俑头1、俑1、房1	被盗扰
HM7	27	梯形单室，0侧室	无	11.05×1.5	8.35×（0.8~1.3）	1.35×（0.95~1.6）×1.5	容器1、铜钱26	被盗扰
HM8	9	不明	排水管1	不明	8.6×（0.9~1.2）	不明	不明	被盗扰，未发掘完
HM9	348	不明	排水沟1	不明	9×（0.7~1.35）	不明	不明	被盗扰，未发掘完
HM10	342	双室，3侧室（左1右2）	壁龛1+ 灶台1	8.1（+）×2（+）	5.55×（1.1~1.4）	前：1.3（+）×2（+）×2.05（+）后：不明	钵1、狗1	被盗扰，未发掘完

续附表一

墓号	墓向（度）	形制	附属构造	墓葬尺寸（米）			随葬器物（有框者为发表标本，余为碎片辨认个体，未标注材质者均为陶器）	备注
				总体（长 × 宽）	墓道（长 × 宽）	墓室（长 × 宽 × 高）		
HM11	347	双室，3侧室（左2右1）	壁龛1 灶台1	8.15（+）×3（+）	5.25×（1.1~1.35）	前：3.3×1.85×1.95（+）后：不明	盆2、瓮2、执蛇斧（钺）俑1、罐2、钵1、容器2、俑2、纺轮1、铜指环1、铜钱1	被盗扰，未发掘完
HM12	20	长单室	灶台1 排水沟1	5.45（+）×1.75（+）	2.25×1.9	2.15（+）×1.7（+）×1.55（+）	罐3、执蛇斧（钺）俑1、狗1	被盗扰，未发掘完
HM13	48	长单室，3侧室（左1右2）	壁龛1 灶台1	11.95×3.65	4.75×（1.25~1.5）	5.5×（1.65~1.85）×（2~2.2）	罐2、钵1、拱手俑2、狗1、鸡1、房1、铜钱2、铁甑1	被盗扰
HM14	51	长单室，2侧室（右1后1）	壁龛1 灶台1 排水沟1	11.9×3.75（+）	3.25×（1~1.3）	5.4×（2~2.2）×1.95	盆1、瓮3、罐3、俑头1、狗1、鸡2、子母鸡1、铜钱2	被盗扰
HM15	97	方形单室，2侧室（左1后1）	壁龛1 灶台1 排水沟1	10×2.9	5.5×（0.9~1.35）	2.35×2.3×1.7	盆1、瓮1、罐6、钵1、鸡1、房1、塘1	被盗扰
HM16	93	长单室，2侧室（左1右1）	壁龛2 灶台1 排水沟1	12.7×3.7	7.55×（0.85~1.55）	3.8×（1.7~2）×（1.9~2.1）	釜2、瓮1、拱手俑1、鸡1	被盗扰
HM17	335	长单室，2侧室（左1右1）	灶台1 排水沟1	12.75×2.7（+）	6.3×（0.75~1.25）	4.4×1.85×（1.7~1.85）	釜3、盆1、俑1	被盗扰
HM18	327	长单室，2侧室（左1右1）	壁龛1 灶台1 排水沟1	13.65×4	6.4×（0.85~1.5）	4.7×2×2	盆1、俑头3、鸡1、子母鸡1、鸭2、房1、匜1	被盗扰
HM19	348	双室，3侧室（左2右1）	壁龛1 灶台1 排水沟1	15.85（+）×3.1（+）	5.75×（1.15~1.55）	前：3.45×1.85×（1.95~2）后：2.8×1.85×1.95	罐1、容器1、拱手俑4、俑头1、狗1、鸡1、房1、棒2	被盗扰，未发掘完
HM20	348	长单室，2侧室（左1右1）	壁龛1 灶台1 排水沟1	12.5×3.4	7.3×（0.55~1.3）	3.95×（1.55~1.7）×（1.75~1.95）	甑1、罐1、舞俑1、执蛇斧（钺）俑1、塘1、模型1	被盗扰

续附表一

墓号	墓向（度）	形制	附属构造	墓葬尺寸（米）			随葬器物（有框者为发表标本，余为碎片辨认个体，未标注材质者均为陶器）	备注
				总体（长×宽）	墓道（长×宽）	墓室（长×宽×高）		
HM21	352	长单室，4 侧室（左2右1后1）	壁龛1 灶台1 排水沟1	12.8×3.45	5.15×（0.85~1.45）	4.55×1.65×（1.75~1.9）	釜1、瓮1、钵1、罐3、吹箫俑1、拱手俑3、执蛇斧（钺）俑1、俑（头）1、房1	被盗扰
HM22	348	长单室，4 侧室（左1右2后1）	壁龛1 灶台1 排水沟1	16.5×3.65	8.1×（0.9~1.35）	5.2×1.8×（1.95~2.05）	瓮1、罐1、容器3、吹箫俑1、拱手鸡1、鸡1、狗1、子母鸡1、俑（头）1、鸭1、俑1、房1	被盗扰
HM23	343	短单室，2 侧室（右1后1）	壁龛1 灶台1	13×2.55	6.9×（0.8~1.4）	3.1×1.65×（1.75~1.85）	甑1、罐1、容器2、拱手俑2、执蛇斧（钺）俑1、俑（头）1、鸡4、子母鸡1、房1、塘1、铜钱5	被盗扰
HM24	305	长单室，2 侧室（右1后1）	壁龛1 灶台1	14.6×3	7.15×（0.85~1.15）	4.45×1.95×（1.95~2.1）	盆1、罐1、拱手俑1、俑2、房1	被盗扰
HM25	110	长单室，3 侧室（左1右2）	壁龛1 灶台1 排水沟1	13×3.8	6.15×（0.95~1.25）	5.7×1.85×（1.95~2）	釜1、盆1、罐5、钵1、执镜俑1、俑（头）1、狗1、鸡2、鸭2、俑1、铜钱5	被盗扰
YM1	53	长单室，3 侧室（左1右1后1）	壁龛2 灶台1	12.05×3.65	4.35×（1.15~1.4）	4.4×（1.75~2）×1.6（+）	盆1、盆1、执箕俑1、拱手俑3、执蛇斧（钺）俑1、俑（头）1、狗1、鸡4、鸭1、房1、塘1、铜钱4	被盗扰
YM2	48	双室，3 侧室（左1右2）	壁龛2 灶台1	13.6×3.65（+）	5.4×（0.8~1.35）	前：2.7×（1.65-1.75）×1.55（+）后：2.85×1.6×1.6（+）	瓿1	被盗扰，未发掘完
YM3	61	三室，3 侧室（左2右1）	壁龛2 灶台1	19×3.8	7.15×（1.1~1.3）	前：3×（1.8~1.9）×1.85（+）中：3.15×（1.8~1.95）×（1.9~1.95）后：2.95×（1.7~1.8）×1.65	容器1、拱手俑3、动物俑1、铜钱1	被盗扰
YM4	73	长单室，1 侧室（右1）	壁龛1 灶台1	7.2（+）×2.85	1.25（+）×1.55	4.55×（1.8~1.95）×1.7（+）	无可辨器类	被盗扰

墓号	墓向（度）	形制	附属构造	墓葬尺寸（米）			随葬器物（有框者为发表标本，余为碎片辨认个体，未标注材质者均为陶器）	备注
				总体（长×宽）	墓道（长×宽）	墓室（长×宽×高）		
YM5	71	长单室，1侧室（右1）	壁龛1 灶台1	10.05×3.45	2.7×(1.3~1.8)	5.85×(2~2.25)×1.65(+)	罐3	被盗扰
YM6	74	短单室，1侧室（右1）	无	3.85(+)×2.6	不明	2.75×(1.85~1.95)×0.8(+)	俑头1，铜剑格1	被盗扰
YM7	76	不明	灶台1 排水沟1	11(+)×1.9(+)	8.9×(0.85~1.45)	0.85(+)×1.9(+)×1.35(+)	不明	被盗扰，未发掘完
YM8	64	长单室，2侧室（左1右1）	壁龛1 灶台1	10.55×3.55	5.25×(0.8~1.25)	4.1×(1.6~1.8)×1.5(+)	甄1，罐1，铜钱7，石踏1	被盗扰
YM9	79	长单室，2侧室（左1右1）	壁龛1 灶台1	12.4×3.45	6.65×(0.95~1.45)	4.45×(1.15~1.7)×(1.8~2)	盆1，罐1，容器1，执耳箕俑1，俑头1，鸡2，子母鸡1，动物俑1，房1，塘1	被盗扰
YM10	71	长单室，3侧室（左1右1后1）	壁龛1 灶台1 排水沟1	13.9×3.4	6×(0.9~1.4)	4.8×(1.8~2)×(1.9~2)	釜1，盆2，罐1，钵4，执耳箕俑1，执刀剖鱼俑1，拱手俑6，俑头1，狗1，鸭1，蟾蜍1，房2，塘1，铁环1，铜钱169	被盗扰
YM11	78	长单室，3侧室（左1右1后1）	壁龛1 灶台1 排水沟1	14.35×3.85	6.7×(0.95~1.25)	4.45×(1.8~1.95)×(1.8~1.95)	盆3，瓮1，容器2，执刀剖鱼俑1，拱手俑1，子母鸡1，俑1，房1，塘2	被盗扰
YM12	19	长单室，侧室 不明	灶台1 排水沟1	9.1(+)×2.9	2.2×(1.35~1.85)	5.6(+)×2.7×1.85(+)	罐1，容器1，拱手俑1，俑1	被盗扰，未发掘完
YM13	23	长单室，2侧室（左2）	壁龛2 灶台1 排水沟1	9.05×3.15	2.4×(1.15~1.4)	5.1×(1.9~2.05)×1.95(+)	罐2，容器5，拱手俑2，鸭2，房1	被盗扰
YM14	35	短单室，0侧室	灶台1 排水沟1	6.6×2.35	2.3×(1.35~1.7)	3.1×(2.3~2.35)×(1.95~2)	釜1，罐1，钵1，容器1，执耳箕俑1，拱手俑1，塘1	被盗扰
YM15	21	短单室，1侧室（左1）	灶台1	6.4×2.8	2.35×(1.65~1.8)	2.9×(2.05~2.2)×(1.75~1.9)	盆1，罐1，容器4，拱手俑1，俑头1，鸡1，房1	被盗扰

续附表一

墓号	墓向（度）	形制	附属构造	墓葬尺寸（米）			随葬器物（有框者为发表标本，余为碎片辨认个体，未标注材质者均为陶器）	备注
				总体（长 × 宽）	墓道（长 × 宽）	墓室（长 × 宽 × 高）		
YM16	29	长单室，0 侧室	排水沟 1	11.05 × 2.4	4.1 × (1.3~1.9)	5.6 × (2.3~2.4) × 1.95	不明	被盗扰、被改用
YM17	34	短单室，1 侧室（右 1）	灶台 1	9.95 × 3.05	4.95 × (0.8~1.45)	3.6 × (1.95~2.1) × 1.85 (+)	盆1、罐2、罐2、钵1、拱手俑1、拱手俑3、鸡1、房1、铜钱1	被盗扰
YM18	22	长单室，2 侧室（左 1 右 1）	灶台 1 排水沟 1	13.2 × 4.25	6.8 × (1.15~1.6)	5.2 × (2.1~2.3) × 1.9 (+)	俑1、房1	被盗扰
YM19	25	长单室，1 侧室（右 1）	灶台 1 排水沟 1	12.15 × 3 (+)	6.15 × (1~1.8)	4.65 × 2.1 (+) × 2.1 (+)	执盾箕俑1、鸡1、俑3、塘1	被盗扰、未发掘完

附表二 华强沟崖墓装饰登记表

墓号	装饰方式	装饰内容	所在位置
LM3	浮雕	垂瓜藻井	墓室顶部
	彩绘	斗拱、枋	墓室左壁和后壁
LM6	半浮雕	斗拱（丁头拱）	墓室左壁、墓室右壁
LM8	浮雕	斗拱（一斗三升）	左前侧室立柱
LM9	半浮雕	檐椽	门楣
LM11	半浮雕	房檐	墓室后壁（后侧室上方）
LM12	浮雕	垂瓜藻井	墓室顶部
LM13	浮雕	垂瓜藻井	前室顶部
	线刻	双阙	前室右壁
	半浮雕	三叉形图案	前室前壁（前甬道上方）、前室后壁（后甬道上方）
	半浮雕	斗拱（一斗三升）	前室右前壁
	半浮雕	斗拱（丁头拱）	前室左壁、前室右后壁、后室左壁、后室右壁
	镂雕	窗棂	前室右前壁
	半浮雕	案桌	前室左前壁（壁龛下）
LM18	浮雕	垂瓜藻井	墓室顶部
	半浮雕	斗拱（一斗三升）	墓室左前壁、墓室右后壁
LM20	半浮雕	斗拱（丁头拱）	墓室右壁
LM22	浮雕	垂瓜藻井	墓室顶部
	浮雕	斗拱（丁头拱）	前室左侧室立柱
	半浮雕	斗拱（丁头拱）	后室左壁
LM23	半浮雕	檐椽	门楣
	浮雕	斗拱（一斗二升）	右侧室立柱
LM25	半浮雕	斗拱（丁头拱）	墓室左前壁
HM1	半浮雕	檐椽	门楣
HM4	浮雕	丁头拱	后室左侧室立柱
HM5	彩绘	屋架	前室后壁（后甬道上方）
HM10	彩绘	屋架	前室左壁、前室右壁和前室后壁
HM13	彩绘	斗拱、枋	墓室左壁、墓室右壁和墓室后壁
	半浮雕	丁头拱	壁龛

续附表二

墓号	装饰方式	装饰内容	所在位置
HM14	彩绘	屋架	墓室后壁（后侧室上方）
	浮雕	斗拱（未完成）	左侧室立柱（未完成）
HM16	彩绘	屋架	墓室左后壁、墓室右后壁和墓室后壁
	浮雕	丁头拱（残）	左侧室立柱（残）
HM19	彩绘	屋架	前室前壁（前甬道上方）、前室后壁（后甬道上方）
HM22	浮雕	垂瓜藻井	墓室顶部
	彩绘	屋架	墓室顶部、墓室左后壁、墓室右后壁和墓室后壁（后侧室上方）
HM24	半浮雕	檐椽、立柱、丁头拱	墓室后壁（后侧室两侧、上方）
YM10	半浮雕	门、窗	墓室右壁前端
	浮雕	丁头拱	右侧室口部两侧
YM11	半浮雕	立柱、斗拱(一斗二升)、檐椽、嘉瓜	墓室后壁（后侧室两侧、上方）
	浮雕	垂瓜藻井	墓室顶部
		斗拱（一斗二升）	左侧室立柱
	彩绘	屋架	墓室顶部、墓室左壁、墓室右壁

Abstract

The Huaqianggou cliff tombs are located in Jingyang District, Deyang City, Sichuan Province. These tombs consist of four small tomb complexes: Liujiadashan, Huanggouao, Yandongliangzi, and Chijiageng. From March to June 2017, a joint effort by Sichuan Provincial Institute of Cultural Relics and Archaeology, Deyang Municipal Institute of Cultural Relics and Archaeology, and the Cultural Relics Protection and Management Institute of Jingyang District, Deyang City, led to rescue excavations of the cliff tombs to facilitate the construction of the Huaqianggou Reservoir. However, the Chijiageng tomb complex was not excavated due to safety concerns, where only two poorly preserved cliff tombs were found. In the other three complexes, a total of 76 cliff tombs were excavated.

Most of the tombs excavated in Huaqianggou are small, single-chamber cliff tombs with relatively simple structures. Some of these tombs have interior decorations of plain carvings or paintings depicting architectural elements such as *dougong* brackets, roof eaves, and window lattices. Only a few tombs, such as YM10, contained significant quantities of grave goods, which consisted mainly of pottery items, including urns, jars, *zeng* steamers, *fu* cauldrons, figurines, and models of houses and dogs. Ironware, jade, stone objects, and pottery tools like spindle whorls were rare, indicating that most of the tombs may have belonged to common people.

The relative dating of these cliff tombs can be determined based on their structural features. Most of the grave goods date to the late Eastern Han dynasty, with a few possibly from the mid-Eastern Han dynasty. Some of the large and elaborate pottery figurines, such as one holding a snake and an axe (or *yue*), another holding a mirror, and a third holding a knife for cutting fish, all are typical of the late Eastern Han dynasty. Type A 'Wu Zhu' bronze coins, which feature the character 'Zhu' within a round fold at the top and a square fold at the bottom, were produced during the Eastern Han dynasty. Type B 'Jian Lun Wu Zhu' bronze coins (with the outer rim cut off) and uninscribed coins were mainly used during the late Eastern Han dynasty. The absence of 'Zhi Bai Wu Zhu' bronze coins (value of one hundred) suggests that the tombs are not from the Shu Han period. Overall, the Huaqianggou Cliff Tombs seem to date mostly to the late Eastern Han dynasty. And since they were used for several generations, the time may extend to the mid-Eastern Han dynasty.

后　记

　　2010 年 10 月底，中共德阳市委、德阳市人民政府规划了旌阳区华强沟水库，并于 2011 年 2 月被水利部长江水利委员会列入《西南五省重点水源工程建设规划》和《长江委水利"十二五"规划》。为配合华强沟水库的建设，四川省文物考古研究院、德阳市文物考古研究所于 2012 年 2 月对水库淹没区进行了文物考古调查与勘探工作。在此期间发现了华强沟崖墓群以及清代墓葬、碑刻等其他重要的地面文物。

　　2017 年 3 月 16 日至 6 月 13 日，四川省文物考古研究院、德阳市文物考古研究所与德阳市旌阳区文物保护管理所联合对华强沟崖墓进行了抢救性考古发掘。本次发掘由四川省文物考古研究院周科华担任项目负责人，负责统筹发掘、整理、报告编写等各个环节工作，参与野外发掘的人员有四川省文物考古研究院雷雨、冉宏林、曾俊、吴长元、焦中义、罗泽云、段家义，德阳市文物考古研究所何普，德阳市旌阳区文物保护管理所邓莉、廖明娟、岳鹏、王唯。参与资料整理的人员有四川省文物考古研究院冉宏林、王彦玉、吴长元、曾俊、罗泽云、江聪、焦中义、张新霁、谢莎、吴宗丽、郭文雪、袁鹏斐，西南民族大学 2018 级本科生张博千石、吴昊，景德镇陶瓷大学 2019 级本科生荣治峰、2021 级硕士研究生李楠，天水师范学院 2019 级本科生齐云鹤、库婷婷、张娟玲、张倩、赵梅含等。

　　本报告由冉宏林、王彦玉共同执笔完成。墓葬现场照片由焦中义拍摄，器物照片由江聪拍摄。墓葬图由焦中义、冉宏林绘制，器物图由罗泽云绘制。铜钱、铜镜、墓砖纹饰、墓室线刻等拓片由曾俊完成。

　　在报告的整理编写过程中，得到了四川省文物局的大力支持和指导，德阳市文物考古研究所、德阳市旌阳区文物保护管理所给予了大力支持和悉心配合。四川省文物考古研究院唐飞、周科华、刘志岩、姚军、谢振斌、刘禄山等诸位领导给予了热心指导。四川大学罗二虎、索德浩，成都文物考古研究院左志强，绵阳市博物馆钟治，德阳市文物考古研究所刘章泽等先生对报告的编写提出了许多宝贵意见。文物出版社孙丹女士对本报告进行了细心编辑。

　　在此一并表示深深的感谢！

　　由于作者水平有限，报告肯定还存在不足之处，真切期望得到专家学者的指正和宝贵意见。

编者

2024 年 4 月

图 版

1. 蓄水前的华强沟（东北—西南）

2. 蓄水后的华强沟（北—南）

图版1-1　华强沟远景

1. 发掘人员

2. 清理墓道与墓门

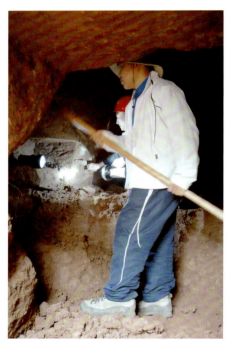

3. 清理墓室

4. 拍照

5. 绘图

图版1-2　发掘工作过程

图版2-1 刘家大山墓群俯视图

图版2-2　刘家大山墓群全景侧视图（西南—东北）

1. 墓室岩体垮塌

2. 植物根系破坏

3. 盗扰

4. 改作他用

图版2-3　刘家大山墓群保存状况

1. 墓道凿刻痕迹（LM22）

2. 崖墓内壁圆形小凹窝以及凿刻小孔
（LM25）

3. 崖墓内壁精细凿刻痕迹（LM23）

图版2-4　刘家大山崖墓开凿痕迹

1. 正视（西南—东北）

2. 侧视（西北—东南）

图版2-5　LM1全景

1. 正视（西南—东北）

2. 侧视（北—南）

图版2-6　LM2全景

1. 墓道（南—北）

2. 墓室前部（内—外）

图版2-7　LM3结构（一）

1. 灶台（内—外）

2. 墓室后部（外—内）

图版2-8　LM3结构（二）

1. 墓室顶部简化垂瓜涤井雕刻

2. 墓室左壁斗拱彩绘

3. 墓室后壁斗拱彩绘

4. 陶蟾蜍（LM3：4）

图版2-9　LM3装饰及随葬陶器

1. 墓道（南—北）

2. 墓室（外—内）

3. 陶盆（LM4：1）

4. 陶钵（LM4：2）

图版2-10　LM4结构及随葬陶器

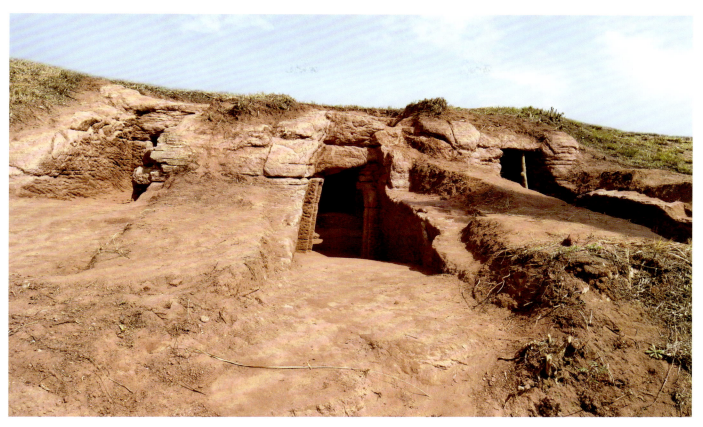

1. LM4、LM5、LM6（南—北，中间为LM5，其左侧为LM6，右侧为LM4）

2. LM5墓道（南—北）

图版2-11　LM4、LM5、LM6位置关系

1. 前室（外—内）

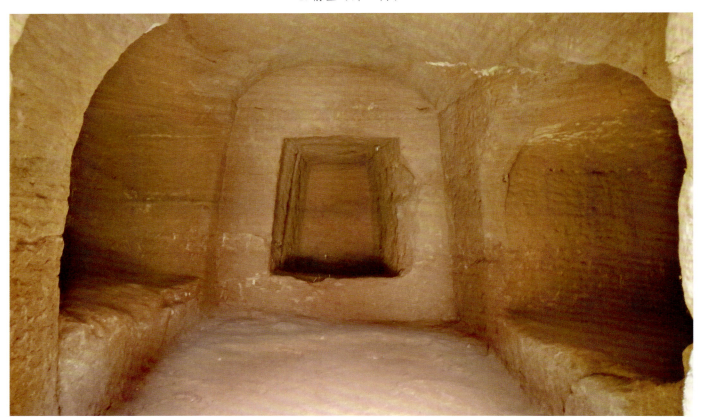

2. 后室（外—内）

图版2-12　LM5结构

1. 后室右前角随葬陶俑

3. 陶鸡（LM5：3）

4. 陶鸭（LM5：2）

2. 陶俑头（LM5：1）

5. 陶鸭（LM5：4）

图版2-13　LM5随葬陶器

2. 残留排水管道（南—北）

3. 墓室（外—内）

1. 墓道（南—北）

图版2-14　LM6结构

1.墓室左侧壁斗拱

2.墓室右侧壁靠前斗拱

3.墓室右侧壁靠后斗拱

图版2-15　LM6装饰

1. 墓道（南—北）

2. 墓室（外—内）

3. 左侧室（东—西）

4. 右侧室（西—东）

图版2-16　LM7结构

2. 墓室（内—外）

3. 墓室（外—内）

1. 墓道（南—北）

图版2-17　LM8结构

图版2-18 LM8浮雕斗拱

1. 墓道（北—南）

2. 墓室（外—内）

3. 门楣装饰（外—内）

4. 陶俑头（LM9：1）

图版2-19　LM9结构、装饰及随葬陶器

2. 墓室（外—内）

4. 铁锥（LM10：5）

3. 陶俑头（LM10：1）

1. 墓道（南—北）

图版2-20　LM10结构及随葬器物

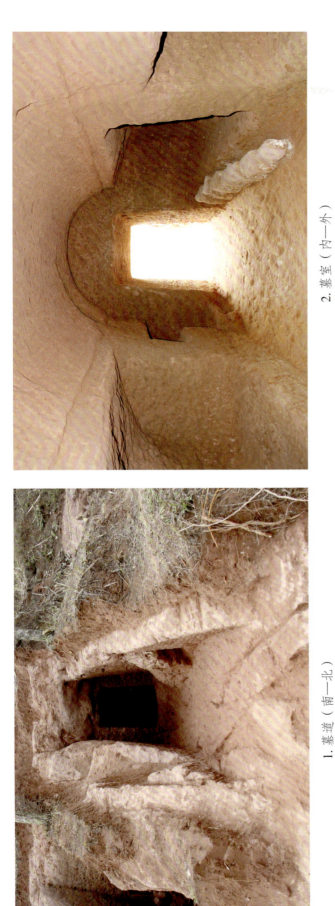

1. 墓道（南—北）

2. 墓室（内—外）

3. 墓室（外—内）

4. 壁龛与灶台（左—右）

图版2-21　LM11结构

1. 墓室后壁雕刻

2. 左前侧室立石（内—外）

3. 陶鸡（LM11：1）

4. 陶子母鸡（LM11：2）

图版2-22　LM11装饰及随葬陶器

1. 墓道（南—北）

2. 墓室（外—内）

3. 后壁壁龛

4. 灶台（内—外）

图版2-23　LM12结构

1. 墓室顶部垂瓜藻井（内一外）

2. 陶击鼓俑（LM12：1）

图版2-24　LM12装饰及随葬陶器

2. 前室（内—外）

3. 前室（外—内）

1. 墓道（南—北）

图版2-25　LM13结构（一）

1. 后室（内—外）

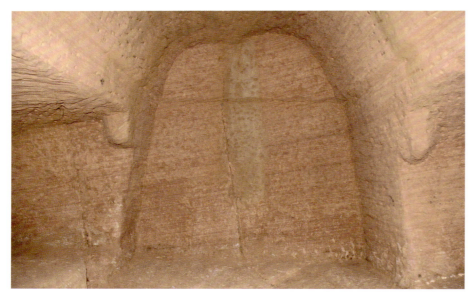

2. 后室（外—内）

3. 壁龛和灶台（右—左）

图版2-26　LM13结构（二）

1. 前室右侧前端窗棂和斗拱（左—右）

2. 前室右壁双阙线刻（左—右）

3. 前室前壁雕刻（内—外）

4. 前室后壁雕刻

5. 前室顶部垂瓜藻井（左—右）

图版2-27　LM13装饰（一）

1. 前室左壁前端斗拱雕刻（右—左）

2. 前室左壁中部斗拱（右—左）

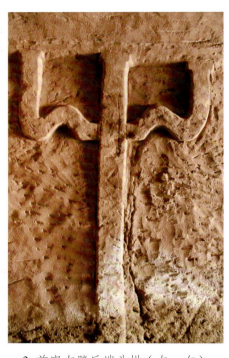
3. 前室右壁后端斗拱（左—右）

4. 前室左壁后端斗拱（右—左）

5. 后室左壁斗拱（右—左）

6. 后室右壁斗拱（左—右）

图版2-28　LM13装饰（二）

1. 陶罐（LM13：2）

2. 陶拱手俑（LM13：1）

3. 陶子母鸡（LM13：4）

4. 铜钱（LM13：3）

5. 铜钱（LM13：5）

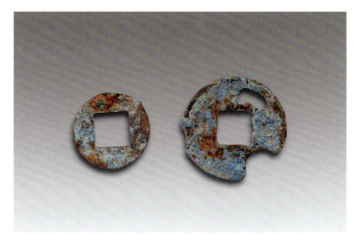

6. 铜钱（LM13：6）

图版2-29　LM13随葬器物

1. LM14、LM15位置关系（南—北）

2. LM14墓道（南—北）

3. LM15墓道（南—北）

图版2-30 LM14、LM15结构

1. 墓室（内—外）

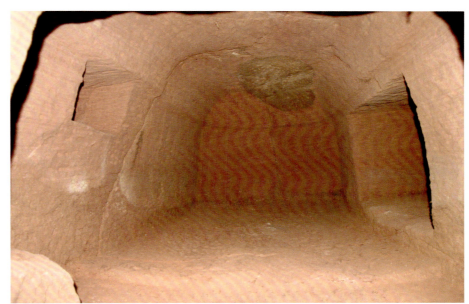

2. 墓室（外—内）

3. 陶釜（LM15：2）

图版2-31　LM15结构及随葬器物

1. 墓道（南—北）　　　　　　　　　　2. 墓门及封门（南—北）

3. 墓室（内—外）　　　　　　　　　　4. 墓室（外—内）

图版2-32　LM16结构

1. 葬具被盗扰场景（外—内）

2. 连岩石棺（外—内）

3. 陶棺（左前—右后）

图版2-33　LM16葬具

1. 陶罐（LM16：6）

2. 陶罐（LM16：9）

3. 陶俑头（LM16：10）

4. 陶井（LM16：7）

图版2-34　LM16随葬陶器（一）

1. 陶提袋俑（LM16：3）

2. 陶提袋俑（LM16：8）

3. 陶扶扬扇俑（LM16：5）

4. 陶鸭（LM16：4）

图版2-35　LM16随葬陶器（二）

1. 墓道（南—北）

2. 灶台（内—外）

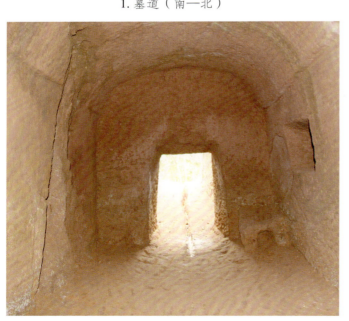

3. 墓室（内—外）

4. 墓室（外—内）

图版2-36　LM17结构

1. 陶钵（LM17：1）

3. 铜钱（LM17：3）

2. 陶执物俑（LM17：2）

4. 铜钱（LM17：4）

图版2-37　LM17随葬器物

2. 墓室（内—外）

3. 墓室（外—内）

1. 墓道（南—北）

图版2-38　LM18结构

1. 陶狗出土位置（内—外）

2. 陶瓮出土位置（外—内）

3. 陶狗（LM18：1）

5. 陶塘（LM18：3）

4. 铜钱（LM18：2）

6. 陶塘（LM18：3）

图版2-39　LM18随葬器物

1. 墓道（南—北）

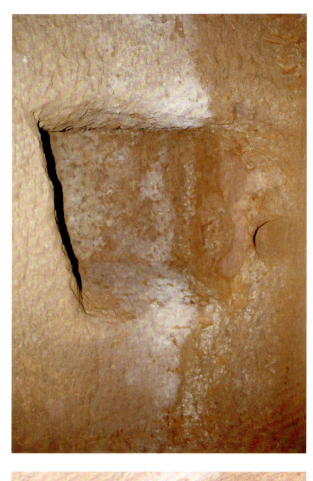

2. 墓室（内—外）

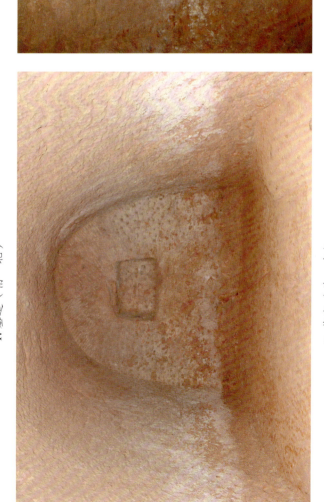

3. 墓室（外—内）

4. 灶台（右—左）

图版2-40　LM19结构

1. 陶俑头（LM19：3）

2. 陶俑头（LM19：4）

3. 陶瓮（LM19：5）

图版2-41　LM19随葬器物

2. 墓室（内—外）

3. 灶台（右—左）

1. 墓道（南—北）

图版2-42 LM20结构

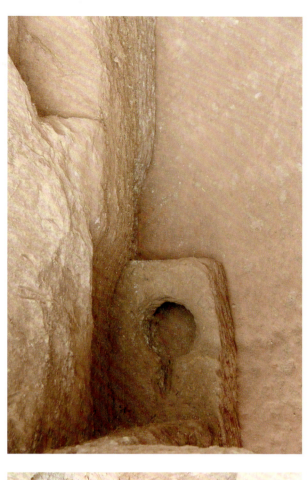

2. 墓室（内—外）

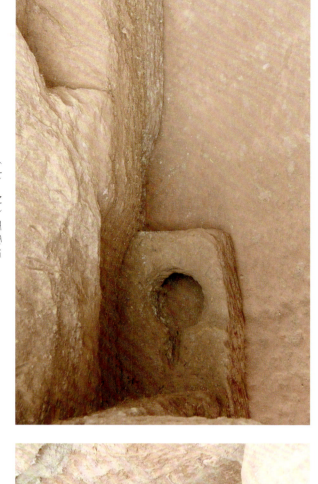

1. 墓道（南—北）

4. 灶台（右—左）

3. 墓室（外—内）

图版2-43　LM21结构

1. 铜钱（LM21：1）

2. 陶瓮（LM21：3）

3. 陶钵（LM21：4）

4. 铜钱（LM21：5）

图版2-44　LM21随葬器物

1. 墓道（南—北）

2. 墓道与墓门（南—北）

3. 前室（外—内）

4. 后室（外—内）

图版2-45　LM22结构

2. 前室左侧室立柱斗拱细节

图版2-46 LM22装饰

1. 前室左侧室立柱斗拱

3. 后室左侧室斗拱

1. 陶狗（LM22：1）

2. 陶釜（LM22：2）

3. 陶甑（LM22：4）

图版2-47　LM22随葬器物

2. 墓门（南—北）

4. 右侧室立柱斗拱

3. 墓室（外—内）

1. 墓道（南—北）

图版2-48　LM23结构与装饰

1. 开凿痕迹

2. 开凿痕迹

3. 陶钵（LM23：2）内底印文

4. 陶罐（LM23：3）

图版2-49　LM23开凿痕迹及随葬器物

1. 墓道（南—北）

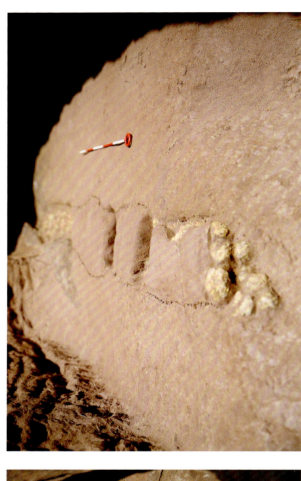

2. 墓道填土（南—北）

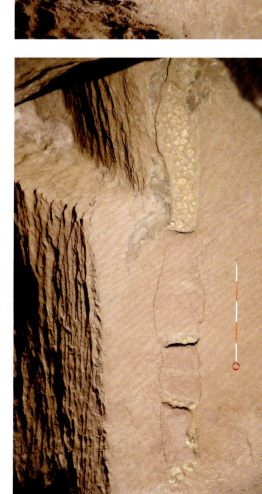

3. 排水设施（左为外端）

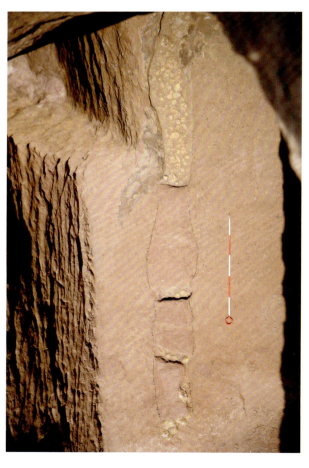

4. 排水设施（南—北）

图版2-50　LM24结构（一）

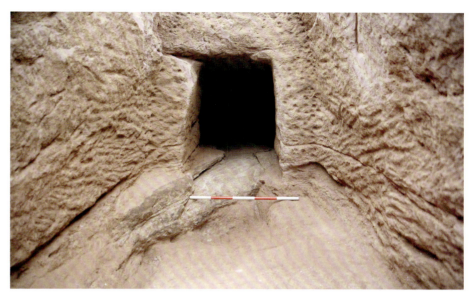

1. 墓门（南—北）

2. 墓室（内—外）

3. 墓室（外—内）

图版2-51　LM24结构（二）

1. 陶釜（LM24：1）

2. 陶盆（LM24：2）

3. 陶瓮（LM24：9）

4. 陶俑头（LM24：7）

图版2-52　LM24随葬器物

1. 墓道（南—北）

2. 墓室（外—内）

3. 灶台（右—左）

4. 左侧壁斗拱装饰

图版2-53　LM25结构与装饰

1. 陶房（LM25：18）

2. 铜钱（LM25：16）

3. 陶钵（LM25：5）

4. 陶甑（LM25：20）

图版2-54　LM25随葬器物（一）

1. 陶俑头（LM25：3）

2. 陶执畚箕俑（LM25：4）

3. 陶俑头（LM25：10）

4. 陶吹箫俑（LM25：21）

图版2-55　LM25随葬器物（二）

1. 陶执物俑（LM25：11）

2. 陶执物俑（LM25：12）

3. 陶执物俑（LM25：13）

4. 陶拱手俑（LM25：15）

图版2-56　LM25随葬器物（三）

1. 陶鸡（LM25：6）

2. 陶鸡（LM25：8）

3. 陶鸡（LM25：14）

4. 陶禽鸟（LM25：9）

图版2-57　LM25随葬器物（四）

1. LM26全景（南—北）

2. LM27全景（南—北）

3. LM28墓道及墓门（南—北）

4. LM29全景（南—北）

图版2-58　LM26、LM27、LM28、LM29全景

1. 墓道（东北—西南）

2. 墓室前部（内—外）

图版2-59　LM30结构（一）

1. 墓室后部左侧（右—左）

2. 墓室后部右侧（左—右）

图版2-60　LM30结构（二）

1. 与LM30关系（西南—东北）

2. 墓道（东北—西南）

图版2-61　LM31结构（一）

1. 墓室（西—东）

2. 墓室右侧（左—右）

图版2-62　LM31结构（二）

1. 墓道（北—南）

2. 墓室（上为内端）

图版2-63　LM32结构（一）

1. 墓室（内—外）

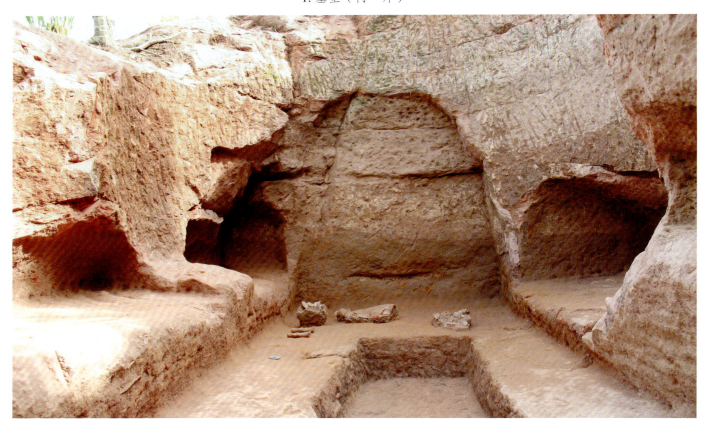

2. 墓室（外—内）

图版2-64　LM32结构（二）

1. 陶钵（LM32：6）

2. 陶鸡（LM32：7）

3. 铜镜（LM32：1）正面

4. 铜镜（LM32：1）背面

图版2-65　LM32随葬器物（一）

1. 陶舞俑（LM32：2）

2. 陶执物俑（LM32：3）

3. 陶执物俑（LM32：4）

4. 陶执物俑（LM32：5）

图版2-66　LM32随葬器物（二）

图版3-1 黄狗坳墓群全景俯视图

图版3-2　黄狗坳墓群全景侧视图（东北—西南）

2. 植物根系破坏

4. 地下水渗透

1. 墓室岩体垮塌

3. 盗扰

图版3-3　黄狗坳墓群保存状况

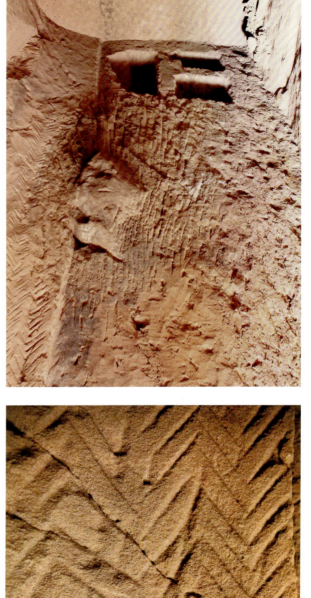

2. 平行粗线状凿痕（HM22）

4. 宽平光滑凿痕及平行细线状凿痕（HM13）

1. 圆点状凿痕（HM15）

3. "之"字形细线状凿痕（HM1）

图版3-4　黄狗垴崖墓开凿痕迹

墓道（北—南）

图版3-5　HM1结构

2. 前室（外—内）

4. 门楣装饰（北—南）

1. 残存封门砖（北—南）

3. 后室（外—内）

图版3-6　HM1结构与装饰

2. 墓室（外一内）

1. 墓道（北一南）

4. 陶羊（HM2：1）

3. 陶羊出土场景（上为北）

图版3-7　HM2结构及随葬陶器

2. 墓室（内—外）

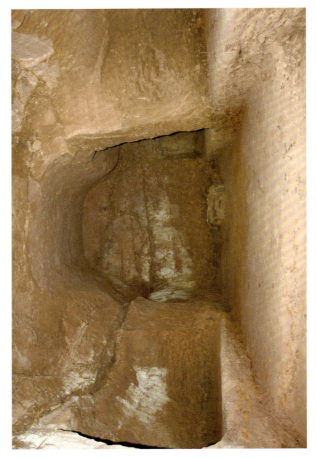

3. 墓室（外—内）

1. 墓道（北—南）

图版3—8　HM3结构

1. 陶鸭（HM3：1）

3. 陶钵（HM3：6）

2. 陶房（HM3：4）

图版3-9　HM3随葬陶器（一）

1. 陶塘（HM3：2）

2. 陶塘（HM3：2）

3. 陶鸡（HM3：3）

4. 陶拱手俑（HM3：5）

图版3-10　HM3随葬陶器（二）

2. 前室（外—内）

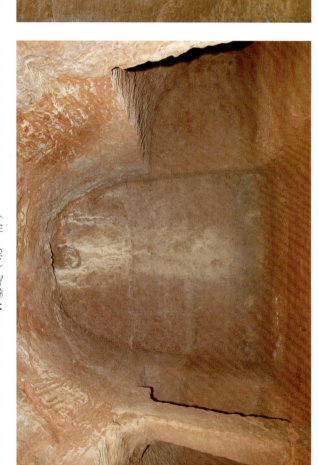

4. 左侧室立柱斗拱装饰（右—左）

1. 墓道（北—南）

3. 后室（外—内）

图版3-11　HM4结构与装饰

1. 陶执镜俑（HM4：1）

2. 陶拱手俑（HM4：2）

3. 陶鸡（HM4：7）

4. 陶鸡（HM4：8）

5. 陶俑头（HM4：9）

图版3-12　HM4随葬陶器

2. 前室（内—外）

4. 前室后壁彩绘装饰

1. 墓道（北—南）

3. 前室（外—内）

图版3-13　HM5结构与装饰

1. 后室（内—外）

2. 后室（外—内）

3. 陶罐（HM5：1）

4. 铜钱（HM5：2）

图版3-14　HM5结构及随葬器物

1. 全景（南—北）

2. 墓道（北—南）

3. 墓室（外—内）

图版3-15　HM6结构

1. 部分随葬器物出土场景（外—内）

2. 陶执镜俑（HM6：2）

3. 陶执蛇斧（钺）俑（HM6：3）

图版3-16　HM6随葬陶器（一）

1. 陶拱手俑（HM6：4）

2. 陶鸡（HM6：6）

3. 陶罐（HM6：7）

4. 陶俑头（HM6：8）

图版3-17　HM6随葬陶器（二）

1. 墓道（北—南）

2. 墓道（上为北）

3. 墓室（外—内）

图版3-18　HM7结构

1. 墓道（北—南）

2. 排水沟（左为北）

图版3-19　HM8结构

1. 墓道（北—南）

2. 墓室（外—内）

图版3-20　HM9结构

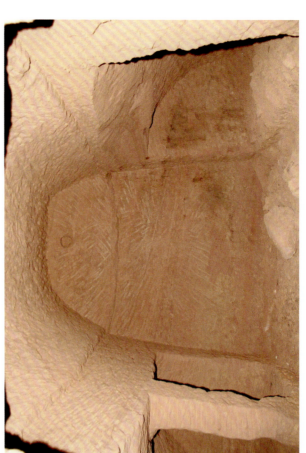

2. 前室（外—内）

3. 后室（外—内）

1. 墓道（北—南）

图版3-21　HM10结构

1. 陶狗（HM10：1）

2. 陶钵（HM10：2）

图版3-22　HM10随葬陶器

1. 墓道（北—南）

2. 前室（内—外）

图版3-23　HM11结构（一）

1. 前室（外—内）

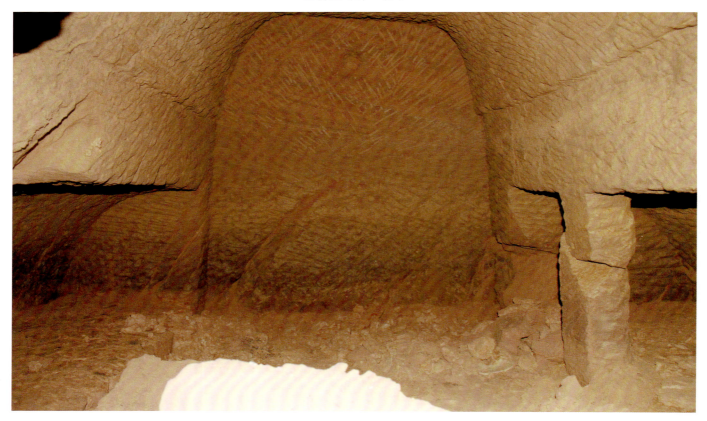

2. 后室（外—内）

图版3-24　HM11结构（二）

1. 陶执蛇斧（钺）俑（HM11：1）

2. 陶俑头（HM11：3）

3. 陶俑头（HM11：8）

4. 陶瓮（HM11：7）

图版3-25　HM11随葬器物（一）

1. 铜指环（HM11：2）

2. 陶纺轮（HM11：4）

3. 铜钱（HM11：5）

4. 陶钵（HM11：6）底部印纹

图版3-26　HM11随葬器物（二）

1. 墓道（北—南）

2. 墓室（左为北）

3. 甬道及灶台（上为北）

图版3-27　HM12结构

2. 墓室（内—外）

3. 墓室（外—内）

1. 墓道（东北—西南）

图版3-28　HM13结构

1. 墓室侧壁黑彩装饰（外—内）

2. 墓室右壁斗拱彩绘（左—右）

3. 壁龛斗拱半浮雕（右—左）

图版3-29　HM13装饰

1. 陶罐（HM13∶1）

2. 陶罐（HM13∶5）

3. 铜钱（HM13∶2-1）

图版3-30　HM13随葬器物

1. 墓道及门楣（东北—西南）

2. 墓室（内—外）

3. 墓室（外—内）

4. 左侧室斗拱半浮雕（右—左）

图版3-31　HM14结构及装饰

1. 陶鸡（HM14：2）

2. 陶俑头（HM14：8）

3. 铜钱（HM14：3）

图版3-32　HM14随葬器物

2. 墓道（东—西）

1. 全景（上为东）

4. 陶钵（HM15：1）

3. 墓室（外—内）

图版3-33　HM15结构及随葬陶器

2. 墓室（内—外）

3. 墓室（外—内）

1. 墓道（东—西）

图版3-34　HM16结构

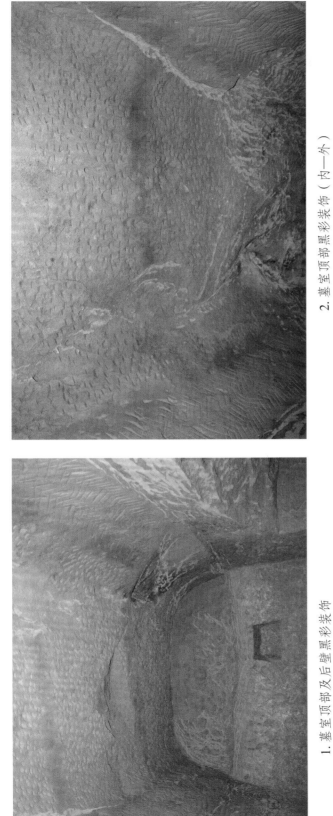

1. 墓室顶部及后壁黑彩装饰

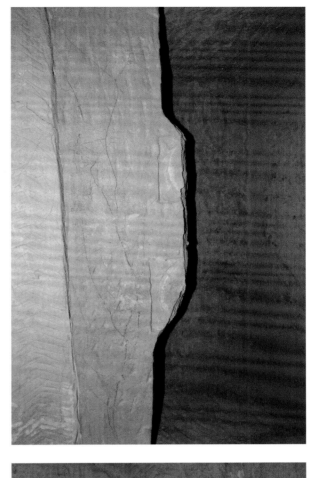

2. 墓室顶部黑彩装饰（内一外）

3. 墓室顶部黑彩装饰及开凿痕迹（右一左）

4. 左侧室立柱斗拱装饰（右一左）

图版3-35　HM16装饰

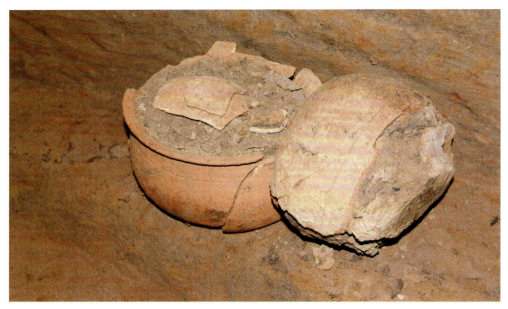

1. 甬道处随葬陶釜（内—外）

2. 灶台与随葬陶釜（内—外）

3. 陶釜（HM16：1）

4. 陶釜（HM16：2）

图版3-36　HM16随葬陶器

2. 甬道及墓室前端（上为西北）

1. 墓道（西北—东南）

3. 墓室左侧（西—东）

4. 墓室右侧（东—西）

图版3-37　HM17结构

2. 残存封门（西北—东南）

1. 墓道（西北—东南）

图版3-38　HM18结构（一）

1. 墓室（内—外）

2. 墓室（外—内）

图版3-39　HM18结构（二）

1. 陶俑头（HM18:1）

2. 陶鸭（HM18:2）

3. 陶井（HM18:8）

4. 陶俑头（HM18:3）

5. 陶俑头（HM18:7）

图版3-40　HM18随葬陶器

1. 墓道（北—南）

2. 前室（内—外）

3. 前室（外—内）

4. 墓室前壁黑彩装饰（内—外）

图版3-41　HM19结构与装饰

1. 陶鸡（HM19：1）

2. 陶鸡（HM19：2）

3. 陶鸡（HM19：3）

4. 陶房（HM19：4）

5. 陶俑头（HM19：5）

图版3-42　HM19随葬陶器

1. 墓道（北—南）

3. 陶罐（HM20：1）

2. 墓室（外—内）

4. 陶舞俑（HM20：2）

图版3-43　HM20结构及随葬陶器

2. 墓室（内—外）

3. 墓室（外—内）

1. 墓道（东—西）

图版3-44 HM21结构

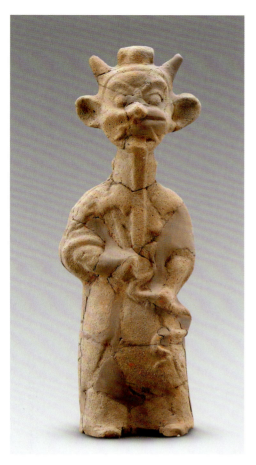

1. 陶执蛇斧（钺）俑（HM21：3）

3. 陶钵（HM21：5）

2. 陶俑头（HM21：4）

4. 陶房（HM21：6）

图版3-45　HM21随葬陶器

1. 墓道（北—南）

2. 墓室（内—外）

图版3-46　HM22结构（一）

1. 墓室（外—内）

2. 后侧室（外—内）

图版3-47　HM22结构（二）

1. 墓室顶部彩绘（外—内）

2. 墓室后壁彩绘

3. 墓室顶部垂瓜藻井浮雕（上为北）

图版3-48　HM22装饰

1. 陶俑头（HM22：1）

2. 陶吹箫俑（HM22：5）

3. 陶鸭（HM22：2）

4. 陶瓮（HM22：6）

图版3-49　HM22随葬陶器

2. 墓室（内—外）

1. 墓道（北—南）

3. 墓室（外—内）

图版3-50　HM23结构

1. 铜钱（HM23：1）

2. 陶俑头（HM23：2）

3. 陶子母鸡（HM23：3）

图版3-51　HM23随葬器物

2. 墓室（内—外）

1. 墓道（西北—东南）

3. 墓室（外—内）

4. 墓室后壁建筑浮雕

图版3-52　HM24结构与装饰

1. 陶房出土场景（外—内）

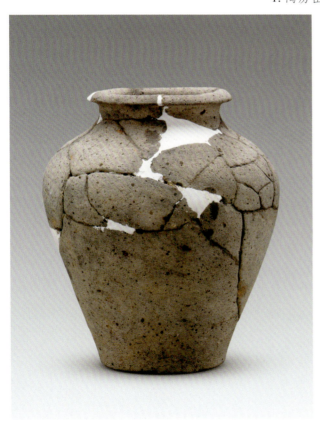

2. 陶罐（HM24：1）

3. 陶房（HM24：2）

图版3-53　HM24随葬陶器

1. 墓道（东—西）

2. 封门（东—西）

图版3-54　HM25结构（一）

1. 墓室（内—外）

2. 墓室（外—内）

图版3-55　HM25结构（二）

1. 陶盆（HM25：1）

2. 陶钵（HM25：9）

3. 铜钱（HM25：6-1）

4. 铜钱（HM25：3）

图版3-56　HM25随葬器物（一）

1. 陶罐（HM25：2）

2. 陶执镜俑（HM25：10）

3. 陶俑头（HM25：11）

4. 陶鸡（HM25：12）

图版3-57　HM25随葬器物（二）

图版4-1　岩洞梁子墓群（北区）全景俯视图（右为北）

图版4-2　岩洞梁子墓群（北区）全景侧视图（东北—西南）

图版4-3　岩洞梁子墓群（南区）全景俯视图（上为北）

图版4-4 岩洞梁子墓群（南区）全景侧视图（东北—西南）

2. 植物根系破坏

4. 改作他用

1. 岩体垮塌

3. 盗扰

图版4-5　岩洞梁子墓群保存状况

1. 墓道（东北—西南）

2. 墓室（上为东北）

3. 墓室（外—内）

图版4-6　YM1结构

1. 铜钱（YM1：1-2）

2. 铜钱（YM1：2）

3. 陶狗（YM1：3）

4. 陶执蛇斧（钺）俑（YM1：4）

图版4-7　YM1随葬器物

2. 前室（上为东北）

3. 后室甬道（外—内）

1. 墓道（东北—西南）

图版4-8　YM2结构

1. 墓道（东北—西南）　　　　2. 前室（外—内）

3. 中室（外—内）　　　　4. 后室（外—内）

图版4-9　YM3结构

1. YM4（东北—西南）

2. YM5墓道（东北—西南）

3. YM5墓室（外—内）

图版4-10　YM4、YM5结构

1. YM6（东北—西南）

2. 铜剑格（YM6：1）

3. 陶俑头（YM6：2）

图版4-11　YM6结构及随葬器物

1. YM7墓道（东北—西南）

2. YM8墓道（东北—西南）

图版4-12　YM7、YM8墓道

1. 墓室（内—外）

2. 墓室（外—内）

图版4-13　YM8墓室

1. 石凿（YM8∶1）

2. 铜钱（YM8∶2）

3. 陶甑（YM8∶3）

4. 陶罐（YM8∶4）

图版4-14　YM8随葬器物

2. 墓室（内—外）

3. 墓室（外—内）

1. 墓道（东北—西南）

图版4-15　YM9结构

1. 随葬陶器全景（北—南）

2. 陶执畚箕俑出土场景（右—左）

3. 陶塘出土场景（右—左）

4. 陶执畚箕俑（YM9：1）

图版4-16　YM9随葬陶器（一）

1. 陶塘（YM9：2）正面

2. 陶塘（YM9：2）侧面

3. 陶鸡（YM9：3）

4. 陶俑头（YM9：4）

图版4-17　YM9随葬陶器（二）

图版4–18　YM10墓道（东北—西南）

1. 墓室（内—外）

2. 墓室（外—内）

图版4-19　YM10墓室

1. 墓室右壁前部装饰全景（左—右）

2. 半浮雕门（左—右）

3. 右侧室口部浮雕斗拱（左—右）

图版4-20　YM10装饰

2. 陶狗出土场景（左—右）

4. 陶蟾蜍（YM10：1）

1. 随葬器物全景（内—外）

3. 铜钱出土场景（外—内）

图版4-21　YM10随葬器物（一）

1. 陶提罐俑（YM10：2）

2. 陶执畚箕俑（YM10：5）

3. 陶执刀剖鱼俑（YM10：6）

4. 陶狗（YM10：3）

图版4-22　YM10随葬器物（二）

1. 陶井（YM10：4）

2. 陶罐（YM10：7）

3. 铜钱（YM10：8）

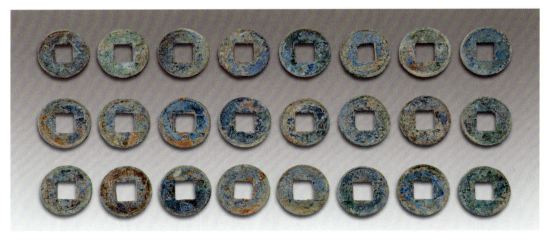

4. 铜钱（YM10：8）

图版4-23　YM10随葬器物（三）

2. 墓室（内—外）

3. 墓室（外—内）

1. 墓道（东北—西南）

图版4-24　YM11结构

2. 左侧室立柱浮雕斗拱（右一左）

1. 墓室顶部和两侧浮雕彩绘（外一内）

4. 墓室后壁浮雕装饰细部

3. 墓室后壁浮雕装饰

图版4-25　YM11装饰

1.陶执刀剖鱼俑出土场景（右—左）

3.陶拱手俑（YM11：3）

4.陶子母鸡（YM11：4）

2.陶执刀剖鱼俑（YM11：2）

图版4-26　YM11随葬陶器

1. 全景（上为北）

2. 墓道（北—南）

3. 墓室（外—内）

4. 陶拱手俑（YM12：1）

图版4-27　YM12结构及随葬陶器

1. 墓道（东北—西南）

2. 墓室（外—内）

3. 陶罐（YM13：1）

4. 陶罐（YM13：2）

图版4-28　YM13结构及随葬陶器

1.墓道（东北—西南）

4.陶执畚箕俑（YM14∶1）

2.墓室（内—外）

3.墓室（外—内）

图版4-29　YM14结构及随葬陶器

2. 墓室（内—外）

3. 墓室（外—内）

1. 墓道（东北—西南）

图版4-30　YM15结构

1. YM16全景（左为东北）

2. YM16墓室（外—内）

3. YM17全景（右为东北）

图版4-31　YM16、YM17结构

1. 陶罐（YM17：1）

2. 陶钵（YM17：3）

3. 陶拱手俑（YM17：7）

4. 陶拱手俑（YM17：8）

图版4-32　YM17随葬陶器

1. 墓道（东北—西南）

2. 墓室（上为东北）

3. 墓室（外—内）

图版4-33　YM18结构

4. 陶鸡（YM19∶1）

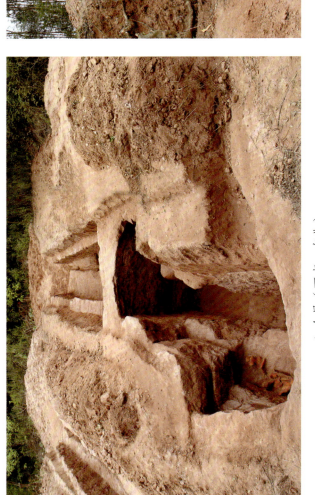

2. 墓道（东北—西南）

1. 全景（西南—东北）

3. 墓室局部（外—内）

图版4-34　YM19结构及随葬陶器